投融资方略
续 集

刘慧勇 著

中国金融出版社

责任编辑：黄海清　李　哲
责任校对：潘　洁
责任印制：张也男

图书在版编目（CIP）数据

投融资方略续集（Tourongzi Fanglüe Xuji）/刘慧勇著．—北京：中国金融出版社，2017.7
ISBN 978 - 7 - 5049 - 9107 - 2

Ⅰ.①投…　Ⅱ.①刘…　Ⅲ.①投资—研究—中国②金融—研究—中国
Ⅳ.①F832.48

中国版本图书馆 CIP 数据核字（2017）第 174900 号

出版　**中国金融出版社**
发行

社址　北京市丰台区益泽路 2 号
市场开发部　（010）63266347，63805472，63439533（传真）
网上书店　http://www.chinafph.com
　　　　　　（010）63286832，63365686（传真）
读者服务部　（010）66070833，62568380
邮编　100071
经销　新华书店
印刷　北京市松源印刷有限公司
装订　平阳装订厂
尺寸　169 毫米 × 239 毫米
印张　25.25
字数　397 千
版次　2017 年 9 月第 1 版
印次　2017 年 9 月第 1 次印刷
定价　65.00 元
ISBN 978 - 7 - 5049 - 9107 - 2
如出现印装错误本社负责调换　联系电话（010）63263947

序　言

　　本书选编作者 2008 年至 2017 年 10 年间写作发表的 90 篇文稿，是中国金融出版社 2007 年出版的《投融资方略》的续集。书中各文提到的政策建议，有一些已经实施，但多数有待实施，仍然还是鲜活的。从这个角度说，此书既是旧文集，又是新论著，希望关心国事的读者，共同思考书中讨论的各项政策法规，是否具有必要性与可行性。愿此书能够对加快实现中国梦有所贡献。

　　为此目的，入选本书的文章，不按写作或发表的时间排序，而是按研讨内容划分为"宏观经济政策概论""健全社会保障""创新土地制度""提升科教　增加就业""加快江河治理""优化城乡布局""持续改善住行""消除金融压抑""善用财政负债"与"构建清廉政府"10 章。在各章之内，按文章标题之间的逻辑关系排序，每篇文章的原载刊物与发表时间，标于文末。

　　为便于阅读，在每一章之前，都加了简短的"导读"。各章导读，主要说明本章的核心观点、立论依据、所提政策建议的现实意义，以及所选各文之间的逻辑关系。为了突出侧重点，各章导读都加了简明的标题，用以反映该章的最大亮点和最主要的价值。

　　譬如，"健全社会保障"一章的导读标题为：现阶段第一要务，旨在强调我国现阶段健全社会保障制度与立法的紧迫性与重大意义。"创新土地制度"的导读标题为：稳定发展的基石，凸显土地制度是确保社会经济持续稳定发展的基本条件。"提升科教　增加就业"的导读标题为：以人为本，反映该章的内在灵魂。"加快江河治理"的导读标题为：内陆水面贵如油，呼吁社会各界高度重视水面占比对内陆地区气候与生态环境的长期影响。

通过各章导读，可以清晰地看到贯穿全书的总体目标：尽快让全体国民衣食无忧，城乡面貌显著改观，住行条件明显提升，生态环境趋向改善。从中还可看到实现这一目标的基本思路与对策：健全社会保障，创新土地制度，提升科教水平，消除金融压抑，善用财政负债，构建清廉政府。

在上述对策建议中，最难理解的可能是增加财政负债。从这个角度说，第9章是真正读懂全书的关键所在。公债是完善现代社会治理、提高人民福祉的一把金钥匙，在有魄力的执政者手中，可以发挥神效，办成很多利国利民的好事。在观念保守的执政者手中，公债则是烫手山芋，不敢大胆使用，结果很多该办的公益事业都由于缺钱而办不成。两者的天壤之别，源于心中一念。

因此建议读者，阅读此书，开卷首先翻到第9章，先看其导读：惧怕公债梦难圆。读懂此篇导读，看透公债本质，再读该章各文。把该章读明白了，再读其余各章，你就会发现：本书篇篇浅显，策策可行，如果能够实施本书建议的各项政策，办任何公益事业，都不差钱。

不信你就试试看！

作　者
2017 年 5 月 4 日

目　　录

第1章　宏观经济政策概论

导读：发展还是硬道理

本章由 10 篇论文组成，讨论的问题涉及整个宏观经济，不限于某一特定方面，因而整章标题为：宏观经济政策概论。其中写作时间较早的《愿新经济政策 30 年持续富民强国》一文，原载《中国投融资研究报告》2008 年第 10 期，最能体现本书与《投融资方略》之间的紧密关系，清楚表明两书在宏观经济政策导向上，彼此呼应，一脉相承，确实为姐妹篇。

贯穿两书的政策导向，就是邓小平所说的：宁肯欠债，也要加强，发展才是硬道理。在《投融资方略》中，仅从其各章标题，便可见这一政策导向十分明显。譬如，其第 1 章的标题为：经济建设能快则快，第 2 章标题为：宁肯欠债也要加强基础建设，第 7 章标题为：多方筹资助推城市化进程，第 9 章标题为：不宜为控货币而压缩投资，都是强调要持续不断加快经济发展。

对接上述政策导向，《愿新经济政策 30 年持续富民强国》一文所说的"新经济政策"，是指 2008 年秋为应对由美国次贷危机引发的国际金融危机，党中央、国务院出台的以"扩大内需十项措施"为核心内容、积极财政政策与宽松货币政策紧密配合的一系列经济政策。为贯彻落实这一政策，中央决定在 3 年内追加 4 万亿元投资。

从 2008 年第四季度中央追加的 1 000 亿元投资的使用方向看，34% 用于农村民生工程和基础设施建设，26% 用于铁路、公路和机场建设，13% 用于发展医疗卫生与教育，11% 用于生态建设，10% 用于安居工程，6% 用于自主创新。由此不难看出，上述每一项投资都符合社会需求，都是为民造福、为国图强。

明眼人一看便知，上述任何一类投资建设，显然都不可能在短短几年内彻底完成，而是至少需要经过一代人的艰苦努力。因此，该项政策一公布，笔者立即撰写前文，在高度赞同中央决定的同时，热切希望上述政策能够在2008～2038年的30年内持续实施，而不要仅仅作为短期应急之策，中途放弃或者发生摇摆。

尽管上述新经济政策曾经一度中断过，而且至今仍然有人还在贬低甚至奚落"4万亿"，但笔者从未怀疑在30年内持续实行这一政策的客观必要性。刊载于《中国投资》2013年第9期的《万亿的由来与去向》，就是依据4万亿元投资的实际成效对奚落"4万亿"者们的反驳。稍后发表的《更新投资观念》，进一步剖析了新经济政策奚落者们的观念偏差。《我国投资率剖析》一文则从宏观经济比例角度，为坚持上述政策导向提供理论依据。

其实，完稿于2008年5月19日的《灾后需要全方位反思公共政策》和写作于2008年国庆节期间的《增加公共投资 应对全球危机》，都是在2008年10月中央发布新政之前，针对当时我国的客观经济形势提出的政策建议。从2008年5月算起，至2017年9年时间过去了，举国上下又开始盼望增加投资，不要说3年增加4万亿元，1年投资"50万亿"还嫌太少。可见，当初我愿新经济政策持续实行30年，不是没有客观依据，并非不靠谱。此次编辑出版本书，针对的还是老问题，热切希望上述政策能够长期实施，直到我国进入世界最发达国家行列。

本章后4篇文章，《解读中央经济工作会议》、《政通人和 好画蓝图》、《2015：酝酿大规划》与《体现四原则——"十三五"规划的灵魂》，与前6篇相呼应，建议"十三五"乃至"十七五"规划，都能够充分体现上述政策导向。其中《政通人和 好画蓝图》一文提到改善城乡居民住行、增加青年就业等8个领域的发展目标，涉及社会经济与国民生活的方方面面，几乎覆盖本书后续各章，可以看做全书的缩影。

1.1 愿新经济政策30年持续富民强国

国务院近期出台以"扩大内需十项措施"为核心内容、积极财政政策与宽松货币政策紧密配合的新经济政策，受到国内外一致好评，民心振奋，山川雀跃，A股市场应声而涨，基础产业立现转机，各地政府紧急行动，规划未来蓝图，上报投资项目，展现出决心为民多干实事的积极态势。但有人以为这是抵消国际金融危机影响、防止我国经济衰退的临时举措，实行一二年就将退回到原来状态。我不赞同这种看法。现今的新经济政策，并非无源之水，无本之木，而是有着深厚基础，完全适应现阶段我国社会经济发展的客观需求。这种富民强国的经济政策，符合邓小平"发展才是硬道理"的战略思想，应当长期持续实行，直到我国进入世界发达国家行列。

一、新经济政策饱含人本理念、直面百姓需求

新经济政策给我的第一感觉，是其饱含人本理念，洋溢"以人为本"精神，从我国实际情况出发，充分反映百姓需求。从 2008 年第四季度追加的 1 000 亿元中央投资使用方向看，34％用于农村民生工程和基础设施，26％用于铁路、公路和机场建设，13％用于医疗卫生与教育，11％用于生态建设，10％用于安居工程，6％用于自主创新，无一不是为民造福，件件都考虑百姓需求。

尽管改革开放 30 年我国取得了巨大成就，城乡人民生活水平有了极大提高，但同时也应当清醒地看到，由于长期投入不足，在文化教育、公共卫生、能源交通、环境保护、市政设施居民住房等很多领域，还远远落后于发达国家，有些方面甚至落后于世界中低等收入国家和地区。以铁路为例，我国自新中国成立以来近 60 年时间，总计建设铁路不足 6 万公里，与美国 19 世纪 80 年代 10 年间建设 11.8 万公里相比，6 倍时间只修一半铁路。按国土面积计算，我国目前每万平方公里平均仅有 80 多公里铁路，仅为 30 年前欧洲的十分之一，东亚朝鲜、韩国和日本的九分之一，美国和印度的四分之一。如按人口计算，则差距更大。

由此观之，此次新经济政策所采取的各项措施，实际上都是改善民生、增强国力、缩小与发达国家差距所不可缺少的，即使不发生国际金融危机，单纯从民生和民族振兴的角度考虑，我国也应当毫不动摇地坚决实行之。在缩小与发达国家差距这一战略目标实现之前，不能轻易改变战略、转变政策，而应长期坚持，不达目的，决不罢休。

二、新经济政策的哪些方面需要长期实行

新经济政策各项具体措施所针对的实际问题，绝大多数都需要经过长期努力，才能得到彻底解决，不是一朝一夕就能够完成的任务。这种客观需求，决定了新经济政策要有长期性、连续性，不可半途而废。对新经济政策长期性的要求，以下几个方面，尤其突出。

（一）铁路和地铁等交通设施建设

按 1 万平方公里平均 300 公里铁路计算，我国需要建设总长约 29 万公里的铁路运营网络。考虑"后汽车时代"对轨道交通运输的巨大需求，按 1 万平方公里平均 500 公里计算，我国需要约 48 万公里的铁路网。扣除目前的不到 8 万公里铁路通车里程，还需要再建 20 万 ~40 万公里铁路。如果按现规划年均建设 3 000 多公里的建设速度，需要 60 ~120 年才能建成理想的铁路运营系统，显然不行。为满足交通运输需要，我国应当将铁路建设速度，提高到年均 1 万公里以上，争取用 30 年时间建成较为理想的全国铁路系统。

按 30 年后我国城镇化率达到 75% 估计，那时 15 亿总人口中将有 11 亿城镇人口。估计其中可能约有三分之一，即 3 亿 ~4 亿人住在百万人口以上的大城市。城市宜居离不开公交便捷，至少有 1 个地铁站离家不超过 500 米，便于步行，是 21 世纪"后汽车时代"百万人口以上大城市的发展方向，新加坡地铁就按此要求修建。这一地铁密度可直观想象为：每相间 1 公里平列一条地铁，使绝大多数住宅到达地铁线的垂直距离不超过半公里。由此推算，1 平方公里市区面积，至少需建 1 公里地铁。按人均占地 100 平方米，1 平方公里容纳 1 万人计算，上述指标可以换算为每人 10 厘米、1 万人 1 公里地铁。据此估算，30 年后我国应当拥有 3 万 ~4 万公里地铁，1 年需建 1 000 多公里，超过我国现有地铁总里程。

（二）水电与大型水利枢纽工程建设

我国是全世界水电资源最丰富的国家之一。然而，由于长期忽视和抑制水电投资，我国的水电开发利用比率很低，大量的水能资源长年累月白白流淌，这不仅是我国的能源损失，同时也是人类的巨大损失。为了合理利用自然资源，建设节约型社会，我国理应进一步加快水电和风电等可再生能源的开发利用。譬如，有关部门应当积极规划并加快实施怒江和雅鲁藏布江流域

的水电开发，金沙江上的虎跳峡电站建设方案，也值得重新论证。虎跳峡如建成大库容电站，则可进行多年调节，能够使下游白鹤滩、溪洛渡、向家坝和三峡等大型电站，都常年均匀发电，大幅度提高发电量，等于无形中多出1~1.5个三峡电站。至于由此而将被淹没的虎跳峡与长江第一湾等景点，自有广阔水面和众多可通航新奇峡谷取而代之。到那时，于万峰丛中，库区景致，浩瀚幽奇，帆白水碧，另有一番气象。

（三）给排水等市政设施建设

随着城市化进程加快，城镇人口大量增加，客观上要求城市给排水系统和污水处理产业加快发展。同时还应当清醒地看到，由于过去我国很多城市制定的饮用水质量和卫生标准偏低，要普遍提高城市居民的饮水质量，在城市自来水厂和水源地建设方面，还存在着大量的投资需求。基于同样的原因，其他市政设施，例如公共厕所和车站、广场、公园等公共场所适宜安装的饮水设施等，与发达国家相比，也非常落后，显然也是需要大幅度增加公共投资的领域。

（四）城镇住房建设

尽管目前一些城市出现商品房销售下降现象，但由此便以为我国城镇住房建设规模已经能够满足需求，那就大错特错了。其实，当前的商品房滞销现象，主要是由房价偏高和面临拐点而导致的暂时假象，大量的真实住房需求尚未充分表现出来。以北京为例，目前虽然像其他一些城市一样，商品房销售不畅，但只要你离开宽阔大街，到小巷中去走一走，向四合院里面望一望，就不难看到破旧不堪的老旧平房。实际情况是：多数市民还没有住上符合宜居条件的房屋，至于大量外来打工者的居住条件，就更差了。首都尚且如此，其他城市可想而知。

有人根据我国住房和城乡建设部提出的社会经济与城镇中长期发展规划估算，为满足城镇居民改善居住条件、给新进城者提供必要的住房和补偿旧住房的拆迁三项需求合计，到2020年我国城镇总计需要增加200多亿平方米的住宅，年均应当竣工城镇住宅建筑面积17亿多平方米。而目前我国城镇年实际竣工的住宅建筑面积，只有6亿多平方米，其中由开发商提供的商品房销售面积5亿多平方米，供给与需求之间的差距悬殊。因而，要从根本上解决好城镇居民住房问题，必须进一步放开城镇住房的建设与供给渠道，加大住房建设投资，增加住房供给。

三、持续实行新经济政策需要克服的思想障碍

持续实行新经济政策，需要具备主客观两方面条件。我国劳动力充沛，人力不成问题；很多行业产能过剩，建材企业盼订单，物力也不短缺；社会资金充裕，外汇储备很多，不能说缺少财力。因而，我国无疑具备长期持续实行新经济政策的客观条件。孙中山有句名言：行易知难。持续实行新经济政策，不因全球金融危机过去而中途转向，可能出现的最大变数，是认识出问题，当外部压力得到缓解后，就可能不愿继续坚持。因此，持续实行新经济政策需要解决的首要问题，是转变思想观念，扫清理论障碍。

（一）破除国力制约论

年建1万公里铁路、1 000公里地铁、17亿平方米城镇住房，一听此类数字，包括直接受惠的普通老百姓在内的很多人都会说：这些想法固然好，但我国生产力还没有达到这样高的水平，很难办到。其实，在科学技术允许的范围内，人多力量大，只要下决心，人间事情都能办得到。进一步说，国力是在干事的过程中不断增强的，增加投资并不耗减国力，而是增强国力。汶川地震已经震开一些人的部分脑筋，在建筑质量方面，承认此理，舍得投入。但要毫不动摇地持续实行新经济政策，还必须充分发挥"地震解放思想"的作用，彻底破除"国力制约论"。

（二）破除缺钱少资论

此论实为"国力制约论"的一个分支，旧称"资金短缺论"。大凡涉及增加投资问题的时候，最大的阻力往往还是说缺钱，暂时难以办到。其实，财政缺钱，可以发债筹集；并非无人买债，而是肯不肯增发国债，准不准地方政府发行公债。从全社会范围看，债权债务恒等，国债民财，公债非债，即公债越多，国民越富，社会上的钱越多。因此，真正问题，不在钱，而在心，在政策，在法规。政策对，法规良，办事多，钱满仓。

（三）破除经济过热论

此论实与"国力制约论"相互矛盾，既然患在国力低，为何又怕经济过热呢？面对大量闲置的人力物力，只能以防止"经济过热"为由，反对大规模修建铁路、地铁和水电站等必要工程。其实，与人民福祉相比，与交通便

捷和节能环保相比，经济冷热算得什么？改革开放以来，我国经济持续热了几十年，人民生活显著提高，综合国力明显增强。事实说明，像我们这样人均收入世界排名偏后的国家，主要靠自己努力，争取国民经济发展得尽可能快一些，没有什么不好。

（四）破除投资反弹论

此论原名"投资膨胀论""投资饥渴论"等，是"经济过热论"的核心内容。其实，必要投资迟早都要进行，而且投资越早，成本越低，拖得越久，造价越高。此类投资，一时压下，遇到机会，必然反弹。此次反弹不成功，下次还将反弹，直到社会需求得到满足为止。彻底摆脱"投资反弹论"，才能为持续实行新经济政策扫清障碍。

（五）破除通货膨胀论

几十年来，我国一直把控制投资作为预防和治理通货膨胀的首要措施，一提抑制物价上涨，首先想到的办法就是压缩投资。此种思想不破除，总是把投资与通货膨胀联系起来，增加教育、卫生和公共交通投资等积极的经济政策，都难以长期坚持。

四、持续实行新经济政策需要做的基础工作

（一）修改《预算法》，允许地方政府发行市政债券

长期实施新经济政策，需要大量财政资金。能够便利取得足够财政资金的途径，除了增发国债之外，最重要的是修改现行《预算法》第二十八条，允许地方政府发行市政债券，将筹集到的资金用于公共设施和公益事业建设。政府负债建设公共设施、发展公益事业，会使社会上的钱更多，愿意投资于政府债券的人和可以用来购买公债的资金相应增多，从而形成良性循环。

（二）放松对基础设施项目的融资限制

持续实行新经济政策，需要大量产业资金。增强基础产业融资能力，解决产业资金来源问题的有效途径，是健全投融资体制，破除融资障碍。首先，应当降低水电和铁路等能源交通基础产业的项目最低资本金比率，以便商业银行对这类建设项目加大信贷支持力度。其次，修改完善企业债券管理条例，使能源交通等基础产业中的大型企业获得更大的发行债券自主权。譬如，将

铁路的项目最低资本金比率由目前的35%降低到5%，同时允许发行不超过其资本金8倍的企业债券，那么，目前只够建设1条铁路的资本金，就可建成7条铁路。

（三）完善基础产业产品与服务的价格形成机制

妨碍我国能源交通等基础产业投资建设的另一因素，是有些产品与服务的价格长期偏低，降低了投资回报率和偿还债务的能力，进而影响到建设资金的筹集。因此，要理顺基础产业的投资渠道，增加投资来源，就不能忽视其产品与服务的价格水平合理性问题，需要进一步完善基础产业的价格形成机制和管理体制。

（四）大刀阔斧修订中长期发展规划

发展规划对各个领域投资建设的引导与制约作用极大，要持续实行新经济政策，必须大刀阔斧地修订有关领域的中长期发展规划，提出能够满足社会发展需要的新目标。以铁路建设为例，如果不根据实际需要成倍地延长全国铁路网络规划总里程，铁路建设项目和投资额就不可能持续增加。

（五）加强重大工程的勘察设计工作

重大公共工程不仅投资额巨大，建成后的影响往往也很深远，不可草率决策，不能不认真设计。因而，要持续实行新经济政策，必须依据有关领域的长远发展规划，切实做好重大工程的勘察设计工作，为实施项目建设，创造必要前期准备条件。

（原载《中国投融资研究报告》2008年第10期）

1.2 灾后需要全方位反思公共政策

北川、青川、什邡、都江堰……数千名中小学生，因教室坍塌猝死于汶川地震，令人痛心。在灾后重建之时，我们需要痛定思痛，为了更多的孩子，同时也为全体国民和祖国的未来，全方位反思公共政策。只有这样，地震遇难者们的生命，才能换来更多教训，转化为中华民族无穷无尽的精神与物质财富。

一、全民业已清醒反思建筑物的抗震建设标准

地震发生两天后，便有网友发博客说："在所有悲伤信息中，受损最严重的是学校。这让我除了伤心之外，更多了几分愤怒。虽然出事的时候，学校正处在上课时间，孩子们集中度较高，出事的几率也高，而且垮塌的学校的情况各有不同。但我禁不住要问：为什么最先垮或垮得最彻底的，是最应当坚固和损伤最小的学校呢？我们的学校建设过程中，究竟有什么样的问题？在许多国家学校都是作为战备疏散地，是最坚固的建筑，而我们的呢？看着那些从废墟里挖出来的一个个获救的和死去的孩子，想着他们身后那些含辛茹苦养活他们十几年，眼看他们就要长大成材的父母亲，我痛得钻心，也恨得钻心。"

与此同时，也有人转载美国科学家的话，大意是说，像汶川发生的这样强烈的地震，即使发生在美国和日本等发达国家，也难免要造成大量的建筑物倒塌。言外之意，无须过多考虑建筑质量问题，偶遇天灾，不惜代价，军民急救也就是了。

新华社记者赵颖全 5 月 14 日发回的"救援人员在废墟中寻找被困学生"的照片，让人们单凭视觉就能够明显感到美国科学家的上述看法与转载的意图，充其量只对 50%，至少有一半是错误的。因为照片清楚显示：作为救援人员的合影背景，距离坍塌教学楼不过几米之遥的那栋建筑，梁平柱直，墙壁光洁，片瓦未少，完好无损。假若那是教学楼，震时师生正在那里上课，无一死亡，该有多好！

请看图中未倒楼房，并不十分特殊，绝非军事工程，也非富人别墅，安然度过强震，建筑质量达标而已。实际上，北川一中的新教学楼，就没有彻底倒坍，震时正在楼中上课的 500 多名高三师生，无一死亡。由此可见，只要建筑结构好，钢筋用足量，水泥标号高，除非直接遭遇地层断裂或者山体滑坡，再强烈的震动，也不至于让钢筋水泥楼体迅速彻底坍塌。

近日已有多位地质与建筑专家，从技术角度说明了这一点。尽管地震天灾难以短期预报，但这绝非震区人员大量死亡的客观理由。事实上，地震伤亡的 95% 发生在坍塌建筑物内，直接落入地缝和被山体滑坡迅速掩埋者极少。而作为百年大计的建筑设计，根本无法考虑短期地震预报，必须尽可能收集

千年地震资料，根据当地的地质条件，审慎选址，严格执行国家科学制定的防震建设标准，以为百年防御。若能切实做到此种程度，当人们听到地震警报时，或许其第一反应，是急奔可作坚固掩体的邻近建筑物，以防滚石袭击。

几天来，从国家和四川省有关部门负责人的谈话，以及媒体关于一些省市开展建筑质量检查的报道中，可以看出，此次汶川地震已经使举国上下高度重视各类建筑物尤其是中小学与医院等公共建筑物的抗震标准和施工质量问题，都决心当做大事来抓。

这意味着，今后建筑防震的政策导向已经十分明朗，只待贯彻落实。而就我国的人力物力和施工技术来说，只要出政策，肯于下决心，防震抗震房是可以建出来的。因此，我们完全有理由相信，在不久的将来，从城市到农村，由住宅到学校、医院、机关、商店，人人都会感到居处安全，不必为地震难于短期预报而长期提心吊胆、忧心忡忡。

二、需要进一步扩展反思的其他公共政策

汶川地震太悲惨，流血太多，损失太大，仅仅从建筑质量方面接受教训，改善政策，不足以充分补偿。为了从中吸取更多教训，应当由此及彼，举一反三，站到更高角度，进行全方位反思。这样说，绝非小题大做，而是跳出就事论事的狭隘眼界，进行正常的理性思维。具体地说，遵循"以人为本"的基本原则，除了反思抗震建设标准、侧重从建筑方面防范地震伤人之外，我国至少还有以下一些公共政策，也值得进一步推敲。

（一）中小学校车和山区小学教育问题

作为一项公共政策，我国是否可以像其他一些国家几十年前就已经开始做的那样，为城乡中小学普遍免费开校车？城市这样做，可以使多少家长免于在校门口翘首以待；山区这样做，能够让无数学童脱离"六级一堂"的状态！城乡都这样做，可以增加多少就业、扩大多少需求、增加多少产出和财政税收，从而将整个国民经济提升到更高的台阶。

（二）全民医保问题

我国农民和城市低收入阶层，目前最怕的事情，是生病。主要由财政出资，尽快建立包括农村人口在内的全民医疗保险制度，无疑是必要的。为此，即使需要增发公债，划拨或者出售部分国有股份甚至适当提高税率，都是值

得的。

（三）农村饮用水和公共卫生问题

国际货币基金组织的统计资料显示，我国农村卫生设施和饮用水处理比率，远未达到世界中等水平，甚至明显落后于低收入国家的平均水平。要尽快缩小这方面的差距，让绝大多数农村居民都能喝上达到卫生标准的水，无疑需要公共政策有更大作为。

（四）城市公共场所饮水龙头与自来水质量问题

包括北京天安门广场、中山公园等在内的公共场所，基本上都还没有安装饮水龙头，相当多城市的自来水没有达到生饮标准，这也是需要通过完善公共政策给予解决的问题。

（五）城市有轨交通与全国铁路网的建设问题

我国城市的有轨交通建设严重滞后，全国范围的铁路网络密度不够高，不仅给人民的日常生活带来不便，而且不利于节能与环境保护。如何进一步加快城市有轨交通建设，迅速加密铁路网络，也是当前值得认真研究的一项公共政策问题。

（六）集体宿舍人均最低面积与劳动者最低工资问题

直到目前，我国还有不少用工单位给工人的工资很低，提供的住宿条件很差，集体宿舍人均面积很小，相当拥挤。这种情况造成收入差距拉大，贫富过分悬殊已经逐渐积累成为一个突出的社会矛盾，需要通过健全社会分配政策与相关立法加以调节。

（七）环保立法与违法污染企业负责人的刑事责任追究问题

水和大气污染给人带来的实际伤害，不亚于地震与海啸，区别仅在前者缓慢、持久、来自人为，后者激烈、短暂、源于自然。因此，有必要像强震过后反思抗震建设标准一样，认真考虑如何进一步完善环保立法，严肃追究违法污染企业负责人刑事责任，有效制止环境污染的问题。

此外，在失业者与贫困户救济、鼓励节能等方面，也都不同程度地存在着政策法规不健全的问题，需要深入研究，切实改进。

三、需要认真反思的经济论点与观念机制

我国诸多领域公共政策薄弱，不是彼此孤立的个别现象，而是有着共同

根源、相互联系的整体。孙中山有句名言：行易知难。完善我国公共政策的真正难点，不在国力，不在实行，而在认知。妨碍达成共识，让决策层犹疑难断的主要障碍，有"五论点、二观念、一机制"，三类病根。剖析这些病根，是比政策思考更深一层的反思，有助于从根本上解决公共政策的制定与贯彻问题。

第一，有碍完善公共政策的五个经济论点。

下述五个经济论点，多年来在我国广为流行，影响很大。这些论点，从逻辑上看，都有一定的理论依据；在实践中，各有一定的适用范围。但用在研讨我国公共政策的时候，却往往因脱离实际，似是而非，不幸沦为有碍公共政策优化的五大教条。

一是国力制约论。全民医保？提高教学楼抗震建设标准？为城乡中小学免费开校车？公共场所安装饮水龙头？在此次地震之前，一听到此类政策建议，包括将直接受益的普通老百姓在内的很多人都会说：这些想法固然好，但我国人口太多，生产力还没有达到这样高的水平，恐怕短期内很难办到。

其实，在科学技术允许的范围内，人多力量大，只要下决心，人间事情都能办得到。进一步说，国力是在办事过程中不断增强的，实行上述公共政策并不耗减国力，而只会增强国力。环顾全球，强国都是如此造就的。汶川地震已经震开一些人的脑筋，在建筑质量方面承认此理，舍得投入。但要全方位完善公共政策，还必须充分发挥"地震解放思想"的作用，彻底破除"国力制约论"。

二是缺钱少资论。此论实际是"国力制约论"的一个分支，旧称"资金短缺论"，因近年我国"流动性过剩"的情况十分严重，不宜再以"短缺"命名。但涉及上述公共政策的时候，最大的障碍往往还是说缺钱少资，有心无力，因而暂时难办。

其实，财政缺钱，可以发债筹集；并非无人买债，而是肯不肯增发国债，准不准地方政府发行公债。从全社会范围看，债权债务恒等，国债民财，公债非债，即公债越多，国民越富，社会上的钱越多。因此，真正的问题，不在钱，而在心，在政策，在法规。政策对，法规好，事多办钱满仓。

三是经济过热论。如果细心推敲，不难发现此论与"国力制约论"相互矛盾。既然患在国力低，为何又怕发展太快呢？面对大量闲置的人力物力，他们只好把防止"经济过热",作为不实行上述公共政策,不敢大幅度增加中小学投资,不敢进一步加大城市有轨交通和全国铁路网建设力度的理由。

其实,与学童生命相比,与人民的福祉相比,与交通便捷和环保节能相比,经济冷热算什么?改革开放以来,我国经济持续热了几十年,人民生活显著改善,综合国力明显增强。事实说明,像我们这样人均收入世界排名偏后的国家,主要靠自己努力,争取国民经济发展得尽可能快一些,没有什么不好。

四是投资反弹论。此论原称"投资膨胀论""投资饥渴论"等,是"经济过热论"的核心内容。其实,必要投资迟早都要进行,而且投资越早,成本越低,拖得越久,造价越高。此类投资,一时压下,遇到机会,必然反弹。此次反弹不成功,下次还得反弹,直到社会需求得到满足为止。

以大城市公共场所和公共场所饮水龙头为例,二者在全国范围都建设不足,此类投资被长期压下了。但遇上北京办奥运,很多外国人要来,公厕建设投资就不能不有所反弹;限于时间,公共场所饮水龙头,只能在少数地点示范性地建设。如果此次地震尚且不足以引起对公共政策的全面反思,那么,即使在首都北京,公共场所饮水龙头的普及,恐怕也要等下次奥运了。

2008 年初南方大雪,已经提示全国铁路网需要加大建设密度,输电线路应当建设得更牢固。此次汶川地震,又将建设标准问题摆到全国人民甚至世界公众面前。这些领域的投资反弹,实属必然,在所难免。因而,在公共政策制定与实施问题上,摆脱"投资反弹论"的影响,有助于社会经济的良性发展。

五是通货膨胀论。几十年来,我国一直把控制投资作为预防和治理通货膨胀的首要措施,一提抑制通货膨胀,首先想到的办法就是压缩投资。在此种思想主导下,出于对通货膨胀的担忧,增加教育、卫生和公共交通投资等一系列公共政策,都难以出台或者认真实施。

物价关系人民生活,当然需要高度重视。但恰如人体发烧可能源于不同病因,不可总是采用同一种疗法一样,对物价上涨也必须具体问题具体分析,细察原因,判明类型,对症下药。避免胡医乱治。这才是高度重视通货膨胀问题的切实办法。

纵观改革开放以来我国的历次通货膨胀,基本上都与分配关系变动、城乡居民货币收入水平大幅度提高密切相关。正因为如此，尽管每隔几年就出现一次或重或轻的通货膨胀，目前物价与30年前相比，已经不可同日而语，但包括低收入阶层在内的全国人民的生活水平，却显著提高了。进一步说，按30年前的眼光看，高收入者的年金已达天文数字，中等收入家庭远非"万元户"可以形容，高中收入人群日思夜虑的不再是日常生活，而是如何投资理财。

在此种情况下，最受关注和最需要扶持的是弱势群体。扶持弱势群体的有效途径是完善公共政策，首先是增加社会救济和立法强制提高普通劳动者最低工资，其次是大力推进中小学开校车、全民医保、公共场所安装饮水机和多修地铁等其他能够给平民百姓带来实惠的公共政策。如果以防止通货膨胀为由，缓行上述公共政策，其结果必然事与愿违，由于无法有效扶持弱势群体，而达不到防止通货膨胀的根本目的。

第二，有碍完善公共政策的两种传统观念。

上述五个经济论点，之所以能够在我国长期影响公共政策的制定与实施，有其深刻的文化背景和牢固的观念基础。其中对各领域公共政策优化制约最大、影响最深、妨碍作用最直接的，是下述两种传统观念。

一是惧怕公债的小农观念。我国长期流行"公债鸦片论"，有人将发行公债形象地比喻为吸食鸦片，由于支付利息，像吸毒上瘾一样，公债将如滚雪球，越滚越大。这种惧怕公债的小农观念，是上述五论之中"资金短缺论"和"国力制约论"的古老文化基础，极大地妨碍着现代社会各项公共政策的顺利出台。

其实，发行公债究竟像什么，完全取决于利用公债干什么。为完善公共政策而发行公债，较恰当的比喻，是"婴儿喝奶"，越喝越见长，越长越能喝，长到爱吃排骨时，奶就喝少了。与此类似，当城市地铁与公共场所饮水龙头等公共设施已经建设得能够满足需要，无须再建时，商业最繁荣，财政税收大于支出，自然就会逐渐偿还以往发行的市政债券。

经过此次重灾之后的认真反思，我国如能彻底破除惧怕负债的小农观念，尽快修改《预算法》第二十八条，允许地方政府经人民代表大会批准发行审定用途的公债，则诸多领域的公共政策都将很快趋于完善。譬如，就国民教育而言，有此法律和政策作保证，不仅中小学教学楼会建设得可以防震，而且"六级一堂"的深山小班，也将全部合并到邻近的正规小学，让深山学童乘坐公车，喜笑颜开地去接受可爱祖国的正规教育。

二是因陋就简的克己观念。在习惯于因陋就简克己观念的陶冶下，我国民风淳朴，严于克己。譬如，千百万"六级一堂"深山学童的双亲们，真心感谢政府派来了不避艰苦的青年教师，至今尚未萌发要求开校车接送子女到正规小学读书的念头。无论是京城百姓还是外地游人，都还没有呼吁天安门广场安装饮水龙头。尽管早知学校处在地震带上，并常感地震，至今未闻北川一中的领导和教师们此前要求更新或者加固那座现已彻底倒塌的砖混结构教学楼。诸如此类的这一切，无疑从根本上减弱了中华民族完善和优化公共政策的思考能力和舆论动力。

第三，有碍完善公共政策的决策与立法机制。

即使民智未开，观念陈旧，理论有误，如果决定公共政策与审定相关立法的运作机制优良，情况也会好得多。然而，摆在我们面前的现实问题却是我国在制定公共政策及相关立法的过程中，缺少竞争机制，难以优胜劣汰，不利于公共政策的优化与完善。

我国公共政策的立法过程缺少竞争机制的外在表现，是对政策法规不同意见的争论不充分。常言道：真理越辩越明。对于牵涉面很广的政策法规，不经过充分争辩，思虑很难周全。各级人民代表大会及其下设的专业委员会，在讨论和审议公共政策立法问题时，应当吸引更多的民众和媒体旁听，广泛听取各种不同意见。

我国公共政策立法过程缺少竞争机制的内在表现，是各级人大代表和政协委员的产生，缺少"多取一"的竞选环节。如同百米竞赛运动员不上跑道就不能决出名次一样，候选人不向选民公开亮出自己的政策主张，不就政策与立法主张问题与竞选对手在选民面前唇枪舌剑、一争高下，无法判断谁的参政议政能力强，同时也不能给予他们每时每刻深入体察和挖掘民意的动力。

更为重要的是：不经过上述竞选环节，不仅各级人大代表和政协委员的参政议政能力很难提高，而且全体选民的政策思考能力也得不到应有的训练，政治热情很难激发、更难持久。久而久之，整个民族的政治素质都将低下，这肯定不利于公共政策的完善和优化。

通过对公共政策的全方位反思，如能逐步实现各级人大代表和政协委员的"多取一"竞选，候选人们为了争取竞选胜出，必然拼命挖掘民意。这样一来，各项有利于平民百姓的公共政策建议就会不断涌现，迅速形成完整体系。只要国家的政策法规趋于完善，并且得到有力监督，切实贯彻执行，那么最后究竟谁当选人大代表和政协委员，对人民大众来说，其实已经相差无几，不是特别重要的事情了。

经过此次汶川地震，如果我们能够在痛下决心提高建筑物抗震建设标准的同时，更上一层楼，放开眼界，以人为本，重新审视各个领域的公共政策，并且由表及里，追根溯源，从理论、观念和机制等更深层次进行认真反思，那么，中华民族的振兴，必将显著加快，地震死难者的灵魂，也可含笑九泉。

（原载《中国投融资研究报告》2008 年第 1 期，《西部论丛》2008 年第 7 期）

1.3　增加公共投资　应对全球危机

国家统计局 10 月 20 日公布的数据显示，2008 年前三个季度我国经济增长率为 9.9%，比上年同期回落 2.3 个百分点。其中净出口的拉动力明显减弱，同比下降 1.2 个百分点。这表明，国际金融危机已经通过出口途径，给我国实体经济带来一定程度的不利影响。作为应对此次国际金融危机的首选措施，我国需要积极扩大内需，大幅度增加公共投资，争取把外部不利因素，转化为加快中华振兴的发展契机。

一、我国应该不失时机地增加公共投资

（一）增加公共投资是满足国内需求的首选措施

把增加公共投资作为扩大内需、应对国际金融危机的首选措施，并非出自主观愿望，随意地为扩大内需而进行无效或低效的投资，而是因为我国长期以来一直都存在着此种客观需求，是改善民生、增强国力、缩小与发达国家差距的长期需要。其实，即使没有发生当前如此严重的国际金融危机，单纯从"以人为本"和民族振兴的角度考虑问题，我国也应当不失时机地增加公共投资。

尽管改革开放 30 年我国取得了巨大成就，城乡人民生活水平有了极大提高，但同时也应当清醒看到，由于在文化教育、公共卫生、能源交通、环境保护和市政设施等领域投资长期不足，我国在校舍、教学楼、医院、铁路、地铁、水电风电可再生能源开发利用与环保工程等方面，还远远落后于发达国家，有些方面甚至落后于世界中低等收入水平的国家和地区。

譬如，汶川地震已经以惨痛的教训向国人揭示，我国很多校舍与教学楼的建筑质量不够高，需要提高抗震建设标准。在交通设施方面，经过新中国成立后近 60 年的建设，我国的铁路建设总里程不足 8 万公里，比 19 世纪 80 年代的 10 年内美国 11.8 万公里的铁路建设长度还少 3.8 万公里。按国土面积计算，我国目前每万平方公里平均只有 80 多公里铁路，仅为 30 年前欧洲的十分之一，美国和印度的四分之一。按人口计算，与上述国家和地区的差距则更大。

此外，在农田水利、城市基础设施、城乡中小学文化教育设施、公共卫生设施和环境保护工程等诸多方面，我国都是长期投资建设不足，形成了很多欠账。因而，我国的公共投资需求，一直十分巨大。当此金融危机席卷全球、出口受到抑制、需要以扩大内需应对之时，自然应当首先考虑增加公共投资。

（二）我国存在增加公共投资的客观条件

可否大幅度增加公共投资，不仅要看有无社会需求，还必须考虑是否具备大量增加投资的客观条件，有无现实可能性。概括起来说，增加公共投资的客观条件，主要包括人力、物力和财力三个方面。从目前我国的实际情况看，劳动力充沛，就业不足，人力不成问题；很多产业产能过剩，建材企业盼望订单，物力也不短缺；财政大量盈余，资金流动性过剩，外汇储备缺少恰当用途，不能说没有财力。

因此，从供给角度观察，按全社会可以动用的人力、物力和财力衡量，我国现阶段无疑具有大幅度增加公共投资的客观条件。在受全球金融危机影响、出口面临困难的情况下，既有增加公共投资的需求，又有增加公共投资的客观条件，不抓住这个机会，加快国内建设，更待何时？

二、当前哪些方面需要增加公共投资？

为了全面建设和谐社会，尽快缩小与发达国家的差距，我国需要在以下几个方面大幅度增加公共投资。

（一）铁路和乡间道路等交通设施

按国土面积每万平方公里平均 300 公里铁路计算，我国需要建设总长约 29 万公里的铁路运营网络。考虑"后汽车时代"对轨道交通运输的巨大需求，按每万平方公里平均 500 公里的标准计算，我国需要建设总长约 48 万公里的铁路运营网络。扣除目前不到 8 万公里的通车里程，我国还需要再建 20 万~40 万公里铁路，才能形成较为完整、便捷的铁路运营系统。

如果按现规划年均建设 3 000 多公里铁路的建设速度，需要 60~120 年才能建成理想的铁路运营系统，显然是不行的。为满足交通运输需要，我国应当将铁路建设速度，提高到年均 1 万公里以上，高峰年甚至可以达到 2 万公里。

与此同时，我国需要建设和等待提高等级的乡间道路更多。目前我国的人均收入已经达到世界中等偏下水平，但铺敷道路在全部道路中的占比仅有 30%，明显低于下中等收入国家 2000 年时的 56.3%，不到高收入国家 92.5% 的 1/3。我国铺敷道路占比低，主要是因为农村特别是山区未铺敷的土路过多。为建设城乡协调发展的和谐社会，需要成倍地改造或新建铺敷道路。粗略估计，到 2020 年我国县和乡镇政府需要改造 500 多万公里的乡间道路。

（二）水电和风电等可再生能源开发利用

目前我国人均年电力消费 1 000 多千瓦时，远远低于 1999 年世界人均 2 108 千瓦时的水平，与高收入国家的人均消费 8 496 千瓦时相比，差距更为悬殊，因而时常出现电力供应紧张的情况。从长远发展趋势看，我国无疑需要加强电力建设。我国是全世界水电资源最丰富的国家。然而，由于长期忽视和抑制水电投资，我国的水电开发利用比率很低，大量的水能资源长年累月白白流失，这不仅是我国的能源损失同时也是人类的巨大损失。我国风电的开发利用情况与此类似。如此数十年，不知因此而多烧了多少宝贵的煤和油。

为了合理利用自然资源，建设节约型社会，我国理应进一步加快水电和风电等可再生能源的开发利用。譬如，有关部门应当积极规划并加快实施怒江和雅鲁藏布江流域的水电开发，金沙江上的虎跳峡电站建设方案也值得重新论证。虎跳峡如建成大库容电站，则可进行多年调节，能够使下游白鹤滩、溪洛渡、向家坝和三峡等大型电站，都常年均匀发电，大幅度提高发电量，等于无形中多了 1 ~ 1.5 个三峡电站。至于由此而被淹没的石鼓长江第一湾景点，自有广阔水面和众多可通航新奇峡谷取而代之。到那时，于万峰丛中，库区景致，浩瀚幽奇，帆白水碧，另有一番气象。

（三）加快地铁和给排水等市政设施建设

为减少城市交通堵塞，减轻空气污染，节约能源消耗，我国城市普遍应当优先发展公共交通。大城市和特大城市，则需大力发展轨道交通。目前北京市规划的地铁总里程约为 400 公里，与美国纽约早已建成的 700 多公里的地铁相比，显然是不够的，需要成倍地扩大地铁建设规划。特别值得注意的是，我国大多数百万以上人口的大城市，直到目前还没有地铁，这种状况急需改变。因此，今后二三十年，我国各大城市的轨道交通建设，需求量极其巨大。

随着城市化进程的加快，城镇人口大量增加，客观上要求城市给排水系统和污水处理产业加快发展。同时还应当清醒地看到，由于过去我国很多城市制定的饮用水质量和卫生标准偏低，要普遍提高城市居民的饮用水质量，在城市自来水和水源地建设方面，还存在着大量的投资需求。基于同样原因，其他市政设施，例如公共厕所和车站、广场、公园等公共场所适宜安装的饮水设施等，与发达国家相比，也非常落后，显然也是需要大幅度增加公共投资的领域。

（四）城镇住房建设

尽管目前一些城市出现商品房销售下降现象，但由此便以为我国城镇住房建设规模已经能够满足需求，那就大错特错了。其实，当前的商品房滞销现象，主要是由房价偏高和面临拐点而导致的暂时现象，大量的真实住房需求尚未充分表现出来。以北京为例，目前虽然像其他一些城市一样，商品房销售不畅，但只要你离开广阔大街，到小巷中去走一走，向四合院里面望一望，就不难看到破旧不堪的老旧平房。实际情况是：多数市民还没有住上符合宜居条件的房屋，至于大量外来打工者的居住条件，就更差了。首都尚且如此，其他城市可想而知。

有人根据我国住房和城乡建设部提出的社会经济与城镇中长期发展规划估算，为满足城镇居民改善居住条件、给新进城者提供必要的住房和补偿旧住房的拆迁三项需求合计，到 2020 年我国城镇总计需要增加 200 多亿平方米的住宅，年均应当竣工城镇住宅建筑面积 17 亿多平方米。而目前我国城镇实际竣工的住宅建筑面积只有 6 亿多平方米，供给与需求之间的差距悬殊。因而要从根本上解决好城镇居民住房问题，必须进一步放开城镇住房的建设与供给渠道，加大住房建设投资，增加住房供给。

（五）卫生环保与国民教育投资

尽管我国人均收入已经进入世界中等偏下行列，但我国城乡的卫生设施还相当落后，特别是农村卫生设施的使用率很低，不少地方实际上是空白的，远未达到低收入国家与地区的平均水平。在环境保护方面，水与空气污染都相当严重，恶性事件频发，需要在加强法治、严惩肇事企业及其负责人的同时，大量增加环保投入。

在今后相当长一段时间内，中小学教育和成人再就业培训教育，都存在巨大需求。譬如，无论大中城市还是偏远山区，中小学的公费校车基本上都还属于空白，需要中央与地方政府合力，争取尽快改变。事实上，在义务教育领域，仅开校车一项，对公共投资需求就十分巨大。城乡中小学普遍开校车，受益的不仅是广大的中小学生及其家长，还将大量增加就业，从多方面扩大国内需求，有力促进经济增长。

三、增加公共投资需要采取的措施

（一）积极调整有关领域的发展规划

发展规划对各个领域投资建设的引导与制约作用极大，要大幅度增加公共投资，必须首先调整有关领域的发展规划。以铁路建设和交易投资为例，如果不根据实际需要成倍地延长全国铁路网规划总里程，铁路建设项目和投资额就无法大幅度增加。如果不遵循"以人为本"原则，将中小学开校车列入我国义务教育发展规划，教育投资的增加额度必然有限。总而言之，前述相应增加投资的各领域，都需要确定新的发展目标，并相应调整发展规划。

（二）通过立法促进公共投资

对于基础产业的发展，邓小平曾经说过："宁肯欠债，也要加强。"如能通过立法或人民代表大会的决议案，对必要的公共设施明确作出加强建设的规定，政府有钱要加强建设，没钱通过发债借款也必须加强建设，那么，我国的公共设施建设与公益事业发展，肯定会快得多。

（三）依据长期规划加快重大工程论证与设计

重大公共工程不仅投资额巨大，建成后的影响往往也很深远，不可草率决策，不能不认真设计。因而，要把加大公共工程投资作为应对国际金融危机的首选措施，必须依据有关领域的长远发展规划加快重大工程论证与设计为实施项目建设，创造必要条件。

（四）完善基础产业产品与服务价格形成机制

导致我国能源交通等基础产业投资建设不足的一个重要原因，是有些产品与服务的价格长期偏低，降低了其投资回报率和偿还债务的能力，进而影响到建设资金的筹集。因此，要理顺基础产业的投资渠道，增加投资来源，就不能忽视其产品与服务的价格水平合理性问题，需要进一步完善基础产业的价格形成机制和管理体制。

（五）放松对基础设施项目的融资限制

加强能源交通等基础产业的投资建设，最关键的环节是要增强其融资能力。妨碍我国基础产业融资的主要障碍，并非这类产业的偿还能力低，而是现行的企业与项目投融资管理体制和法规不健全。在这方面最突出的问题有二：一是我国特有的项目最低资本金比率规定，限制了基础产业新建项目通过合理负债筹集更多基本建设资金的活动空间；二是在企业债券发行方面没有为基础产业提供更多便利。

因此，要增加基础产业投资，当务之急是进一步健全我国的投融资体制和相关的法规。首先，应当降低水电和铁路等能源交通建设项目的最低资本金比率，以便商业银行对这类建设项目加大信贷支持力度。其次，还需要尽快修改完善企业债券管理条例，使能源交通等基础产业中的大型企业获得更大的债券发行自主权。具体地说，目前我国可以考虑将铁路和大中小水电建设项目的最低资本金比率，由目前的 35% 和 25%，都降低到 5%，同时允许开发建设这类项目的大中小企业，在金融市场上自主发行不超过其资本金8 倍的企业债券。通过此项改革，目前只够建设 1 条铁路的资本金，就可以用来建成 7 条同样造价的铁路。

（六）允许地方政府适当发行市政债券

我国在公共设施与公益事业方面落后的一个重要原因，是长期以来各级地方政府对自己行政区之内的公共设施与公益事业投入不足。而地方政府对公共设施与公益事业投入不足的一个原因，又与我国现行《预算法》第二十八条原则上禁止地方政府发行债券有关，地方政府缺少可供调节中长期财政收支余缺的融资权。因此，要增加公共设施与公益事业方面的投资，非常重要的一条措施就是要适当修改《预算法》第二十八条，允许地方政府在法律允许的数量界限内发行市政债券，将筹集到的资金用于公共设施与公益事业建设。政府负债建设公共设施、发展公益事业，会使社会上的钱更多，愿意投资于政府债券的人和可以用来购买公债的资金相应增多，从而形成良性循环。

（原载《西部论丛》2008 年第 11 期）

1.4　万亿的由来与去向

笔者年轻的时候，大学毕业留校教书，月工资 39.5 元，西红柿 2.5 分 1 斤，1 家住半间小屋，1 年吃 1 个西瓜，没在报纸杂志上读到过"万亿"这个数量词，也没有听说过几万元 1 平方米房价。不要以为我已经 100 多岁了，那情景才过去 30 多年，弹指一挥间。

其实，我对"万亿"的鲜明记忆，始于 2008 年深秋。更早在什么时候接触过这个数词，实在回忆不起来了。人脑不如电脑，主要原因肯定不是印象模糊，真正原因是这样的数量级，在以往言谈中使用的概率很小。

3 年增加 4 万亿元投资，5 年前曾是我国政府鼓舞全世界的提法。2 年前顺利完成了该项惠民计划，汶川震区数十万灾民得以安居，全国 7 300 多座老旧水库被加固，107 万农村无电人口用上了电器，1.23 亿农村居民得到饮水安全，21 万公里农村公路建成通车，516 万家农户用上沼气，8 358 公里高铁投入运营。此外，保障房建设、节能减排与生态建设、医疗卫生与文化教育事业等，都因分享部分投资而有所加强。

让"4 万亿"在我头脑里深深扎根、于我心中荡起波涛的，不是上述真实业绩，不是无电山村通电后看上电视时，老人的感叹与孩子的欢笑，而是 1 年前媒体配合吴敬琏等经济学家，猛杀回马枪，对那"4 万亿"进行的蜂窝状无情刺扎，以致神州大地没有政治家敢公开主张增加投资的计划。我的心，隐隐感觉闷痛。从那一刻起，"4 万亿"在我的意识中已经不再是具体数字，它升华为理念，转变为情绪，内含着道义，表露出心肠。

　　无独有偶，近些日子，媒体又开始热议"新 4 万亿"了！据说新获批的轨道交通项目，需要投资 4 万亿元。加快铁路建设，包括高铁、城际铁路和沟通西部贫困地区的边远铁路，少不了 4 万亿元。公路、小型机、渤海与雷州海峡隧道的建设，需要另外的 4 万亿元。这样仅交通设施就要 3 个 4 万亿元。此外，金沙江、澜沧江、怒江、雅鲁藏布江等西南水电开发，全国环境保护、污染治理与国土整治，科学教育、文化卫生与国防建设等，需要另外 3 个 4 万亿元。

　　以上所言，只是短期的阶段性投资需求。看长远，几年前笔者曾按人均 10 厘米匡算，单是百座百万人口以上城市，30 年内就应建设 4 万公里轨道交通，总计需要 5 个 4 万亿元。其他 5 方面的 30 年总需求，平均说来都需再加 4 倍，也就是各自总计都要 5 个 4 万亿元。如果进一步考虑城镇化需要增加的住房，优化能源结构需要增加的核电设施，为优化人生需要增加的旅游度假景点设施，为支持产业升级需要的技术创新与设备制造，还有为实现中华科技领先梦需要进行的太空探索、人脑解密、新药研制、良种培育及小行星捕捉等，合起来不止 50 个 4 万亿元。

　　即使汇总出 200 万亿元，估计也不会令人惊讶。原因一是按 30 年均分每年不到 7 万亿元，只相当于目前全社会固定资产投资年度数额的 1/4；二是自年初以来热议 100 万亿元 M_2，已经使得人们逐渐熟悉了这个数量级。虽然 M_2 是存量，但其增量也十分可观，按 17% 保守增幅估算，今年增发 17 万亿元，明年增发 19 万亿元，后年就将增发 21 万亿元。面对这样的数量升级趋势，即使有 5 倍媒体配合 100 名经济学家挥枪猛刺狠扎，恐怕也难以阻挡 21 世纪前半期中华民族的海量投资了。

　　回头看由来，从 1978～2008 年的 30 年时间，在亿元之前多了万，出现万亿元。自 2008 年秋至今 5 年，万亿元之前频现数字 100。放眼未来猜去向，再过 25 年，从 2008 年算起 30 年，到 2038 年前后，万亿元前头可能要加汉字千。到那时，千万亿元作为数量单位，或许常见网络与报刊，人们的生活水平必定超过现在，远胜从前，西红柿即使涨到 25 元 1 斤，1 家也可住上

100 平方米住房，1 年吃 100 个西瓜。

（原载《中国投资》2013 年第 9 期）

1.5 更新投资观念

在畏债观念弥漫全国，以"既无内债又无外债"为安的日子里，人们手中钱很少，粮食贱，屋子小；男女老少补棉袄，一日三餐难全饱；几户人家通电话，几趟火车正点跑？改革开放，观念更新，情形为之巨变：粮满仓，房价涨，楼盘销售见日光；万亿短，万亿长，万亿常常挂嘴上。这"万亿"，既用于表述债，又用来表述钱。钱与债，水涨船高，双双进入万亿数量级时代。由此可见，实受制于虚，虚可转化为实。为造福人民，许多观念需要及时更新。

在地球上，过去几十年，中国有别于其他国家的特殊现象之一，是投资观念独特，媒体不断批评投资，政府反复调控投资，投资始终逃不出折腾旋涡。进入新时期，为实现中国梦，急需摆脱这种困扰，正确认识投资，稳健对待投资，力避左右摇摆、忽冷忽热。这就必须更新投资观念，在扩大消费的同时，启动新投资，建设新城乡，营造新环境，美化旧山河，培育新人才，登上新台阶。更新投资观念，最关键、最紧迫的是要摆正以下四个方面的关系。

一、摆正投资与消费的关系

流行投资观念的最大弊端，是割裂投资与消费关系，孤立地、僵化地看投资，以为投资与消费泾渭分明、相互对立，因而觉得二者此消彼长，压缩投资就可增加消费。其实，投资与消费紧密相关，彼此交叉，你中有我，我中有你，一损俱损，一荣俱荣。现代社会，除了极少的野菜、山珍不必通过投资增加供给外，绝大多数消费品与服务，包括干净的饮用水，都需要以投资为先导。缺少某一领域的投资，就无法增加该领域的供给与消费，其产品或服务的价格，难免由于供不应求而大幅度上涨。

进一步说，现实生活中的很多投资活动，其本身就是获取基本消费的必要环节。譬如买房与买车投资，以及与之紧密相连的建房与造车投资，毫无疑问是在向人们提供住与行的消费。单说满足出行的消费需求，所需投资的数量，就极其巨大。把铁路、公路、水运与民航等交通基础设施建设投资，与人们的消费需求对立起来，显然属于观念偏差。

随着时代变迁，人们的消费需求发生变化，满足人们需求的投资重点，理应相应改变。缺粮的时候，建设化肥厂的投资，曾经是紧迫的；少穿的时候，建设化纤厂的投资，也曾紧迫过。水和空气污染到严重损害人们健康的时候，必须加大环保投资力度。农村青年大量进城谋职务工的时候，城镇住房与轨道交通的建设投资，自然要跃升为投资热点。

追求幸福，是人类天性。对此，不仅政府要承认，经济学家与新闻媒体也应当给予充分尊重。将这一原则落实到投资领域，就应当承认和尊重人们的需求结构变化，以及由此而引起的投资结构变化与相应的投资总量增长。这就要求政府、经济学家和媒体，不要怕热，不要以自己的体温与意志为衡量标准，执意打压社会投资热点，而要把自己的心思、智慧与努力方向，及时转移到如何设法增加供给方面来。

二、摆正短期调控与长期规划的关系

流行投资观念的重要误区，是误以为长期投资也可充当宏观调控工具，搞乱了短期调控与长期规划之间的关系，为达短期目标不惜牺牲长期利益。顾名思义，宏观调控属于短期行为，应当与长期规划有所区别。经济的短期冷热，如同天有阴云、人患感冒，不放火箭不吃药，也能转晴变好，不必过分惊慌。即使习惯于吃药，也应当对症下药，服用速效胶囊散剂、多饮茶水而已，不可割肋接指、伤筋动骨。

投资项目的建设周期，有长有短。地铁、输油管线、水利水电枢纽与自来水厂等社会基础设施项目，大型化工厂与重型机械厂等基础产业项目，建设周期一般都比较长，其投资建设应当符合国家和产业的长期发展规划。将此类骨干投资项目，纳入宏观调控范围，作为实施短期调控的一种手段来运用，在一定程度上，就有点儿类似于采取割肋接指的方法治疗感冒。采用这种调控方法，即使短期见到成效，由于伤害长远，也得不偿失。

更新投资观念，就要摆正短期调控与长期规划之间的关系，提高投资建设长期规划的科学性，增强其严肃性，使符合长期发展规划的大中型骨干投资项目，免受短期调控干扰。短期调控，在确有必要时，可以运用财政货币政策等经济杠杆进行适当调节。但短期调控并非高于一切，没有必要不惜代价、不顾法律、不尊重投资者的自主权和市场经济规律，进行过分的行政干预。因一时情况变化而动摇长期战略措施，在任何时候、任何地方，都不是明智的选择。

三、摆正民间投资与政府投资的关系

流行投资观念的另一误区，是割裂民间投资与政府投资之间的关系，僵化地看待上述两类投资，以为二者相互排斥、彼此存在"挤出效应"，增加这一方就会减少另一方。其实，民间投资与政府投资紧密相连，彼此促进，互有需求，抑制这一方就会伤及另一方。这中间的道理，民营企业家们原本都有切身感受，因而在实践中他们都主动靠近政府，积极了解政府和国有企业的投资意向与动态，努力从中发现自己的投资机会。只是由于脱离实际经济学家们的主观臆断和媒体的跟风渲染，才颠倒了民间投资与政府投资相互促进的内在关系。

因而，更新投资观念，不可忽视的一点，就是要树立民间投资与政府投资相互促进的共赢意识，不要违背客观实际，片面强调二者的对立。实现中国梦，有很多事情要做，需要海量投资，单靠哪一方面的投资，都势单力薄，难成大事。在这种情况下，政府无疑应当海纳百川，吸引各方面投资，尤其要大力鼓励民间投资。同样的道理，经济学家和媒体也应当主动放弃缺少事实根据的"挤出效应"论，承认政府投资有其难以替代的用武之地。

必要的政府投资，不仅能够完善社会基础设施，改善城乡环境，直接提升人民的福祉，而且还可从需求角度对民间投资产生一定的"引致效应"，从供给角度给民间投资带来更好的投资环境与经营条件。反过来，民间投资的增多，就业的增加，又要求相应增加公共设施，扩大公益事业，推动政府投资。如此一来，各类投资形成合力，就将共同推动中国更快进步。

四、摆正税费集资与公债融资的关系

如果结合各地实际，进一步深入分析政府投资，就会发现，目前我国的政府投资，总体而言，远未过多，以致挤压民间投资，或者使公共设施完善到了已经让人们过分舒适的程度。实际情况是：我国多数地方的政府公共投资长期欠账，公共设施与服务存在很大差距，远远不能满意城乡居民需要。造成这种情况的重要原因之一，是公共设施建设资金不足。这就涉及流行投资观念的又一误区：过分看重公债风险，未能摆正公共设施建设资金来源中税费筹资与公债融资二者之间的关系。

流行理论认为，发行公债搞建设，必须有可靠的非负债还款来源，否则就存在巨大的信用风险。但 18 世纪以来的世界各国公债史表明，上述看法是片面的，与迄今为止的人类实践明显不符。科学思维必须以事实作为基础，科学论断一定要经得住实践的检验。对于明摆着的事实不予理睬，始终坚持与客观发展趋势相对抗的观点，不是科学的方法与态度。

从 1750 年英国哲人大卫·休谟激烈抨击公债，警告国家不毁公债、公债就将毁灭国家算起，263 年过去了，地球上没有一个国家毁灭公债，也没有一个国家被公债所毁。实际情况是：发达国家的公债余额，全都早已远远超出大卫·休谟的想象，大于他心目中的天文数字。正是这些天文数字，对应着发达，对应着"量化宽松"。假如休谟地下有知，是震惊、恼怒，还是沉思、醒悟？这是对古代哲人智慧与治学精神的现代考验。

实事求是，面对百多年来公债余额趋于增长的事实，明眼人不难看出：偿还公债本息的资金来源，不是财政无偿征收的税费，而是新的负债，不然的话，公债余额怎么会有增无减呢？"借新债还旧债"，正是这句难听的话，准确道出了维持公债生命的"新陈代谢"机理。多种迹象表明，公债是有生命的，它复制自己，扩充自己，使债权人与债务人都不愿意抛弃自己。与人类历史相比，公债或许还处于婴儿期，前景广阔，来日方长。展望未来，笔者猜想，公债很可能要与电子货币一同结束表演，携手离场。

只有这样看待公债，遵循邓小平"宁肯欠债，也要加强"的教诲，充分利用国债和地方债，发展财政信用，融通社会资金，增加各级政府的公共设施与公益事业投资，才能加快实现中国梦。

（原载《中国投资》2013 年第 10 期）

1.6　我国投资率剖析

2012 年 7 月 21 日，暴雨袭击北京，有路段水深 3 米，数十人溺水死亡。这件事如同 4 年前的汶川地震中校舍坍塌、学童惨死一样，以性命无声地告诉人们，我国投资领域的首要问题，不在投资率高低与投资规模大小，而是城市给排水系统与部分校舍等公共设施，长期投资不足，不能完全满足日常民生与紧急防灾的客观需求。因而，对投资率评价与投资调控方针，需要重新思考。

一、我国投资率打压 30 余年不降反升的五方面原因

自 1978 年开始，我国经济界的主流看法，是认定投资率过高，因而对固定资产投资的增长一直采取高度警惕和间歇式反复打压的调控方针。然而，30 余年过去，投资率非但不降，反而趋于升高。具体说，资本形成率从 1978 年的 38.2% 上升到 2011 年的 49.2%，升高 11 个百分点；其中固定资本形成率由 29.8% 上升到 46.2%，升高 16.4 个百分点。后者比前者多升高 5.4 个百分点，是因两者之差——库存率，从 1978 年的 8.4% 下降到 2011 年的 3%，降低 5.4 个百分点。

长期调控未能达到降低投资率的目标，原因何在？是中央政府落实宏观调控方针不够坚决，还是地方政府官员追求政绩的欲望过分强烈？是国有企业不顾大局、重复建设，还是民间资本追逐私利、盲目投资？是限制投融资的法律法规偏少，还是肆意融资投资的违法违规行为过多？是外资扑向中国，投机过猛，还是内资留恋大陆，不愿外投？是城市居民偏爱投资、消费不足，还是农村住户喜好积蓄、过分节俭？上述各项，无一能够带来投资率持续 33 年的长期上升趋势。

反观库存率，没有多少人留意它，更不曾被列为宏观调控的对象，但却悄然地自行下降，而且降低幅度不小。一升一降揭示：投资率高低及其内部构成变化，存在背后因素。就投资剖析投资率，即使把政府、企业、个人与外商的投资行为全都考察遍，也不能找出投资率趋于升高的真正原因。进一步分析投融资法律法规，还会发现，我国对投资项目的融资限制与审批核准

的程序较多，是当今世界乃至人类历史上投融资自主程度相对较低的少数国家之一，更无法解释投资率的上升趋势。

因而，对投资率压而不降的真正原因，需要到投资活动之外寻求。如果抛开对投资的偏见，冷静观察现实，放开眼界在更大范围看问题，那么，就可以看出，改革开放以来我国投资率虽经长期打压，却不降反升的原因，主要有以下五个方面。

原因之一：人均收入提高，由追求温饱转变为重点解决住行问题的阶段。收入水平，决定人们的需求层次，由人均收入水平提高而导致的经济发展阶段转变，是改革开放以来我国投资率趋于上升的首要原因。谋求温饱，重在发展农业，相对而言，对固定资产投资的需求量不是太大。改善住行，必须动用钢铁水泥，比较前者，对固定资产投资的需求数量显然大得多。从这一因素分析，可以说改革开放 30 余年来我国投资率的上升，属于客观必然现象，由发展阶段决定、天时使然，决非主观打压能够见效的。

原因之二：贫富差距扩大，收入分配格局的演变方向，明显不利于消费。富人收入多、有钱消费，但其边际消费倾向低，储蓄投资倾向高。穷人边际消费倾向高，储蓄投资倾向低，但收入少，没钱增加消费。因而，贫富差距畸形扩大、收入分配格局明显向少数富裕人群倾斜的结果，必然使消费增长速度显著低于 GDP 增长率，从而导致消费率下降，也就是促使投资率趋于升高。这是改革开放后，尤其是近十多年来，导致我国投资率升高的另一重要原因。

原因之三：贸易顺差扩大，有一部分投资实际上是为外国提供产品。改革开放以来努力促进出口的各项政策，逐渐使我国的净出口率由 1978 年的 -0.3% 上升到近年平均的 4% 左右。这使我国目前的投资率中约有 2 个百分点是用于为外国提供产品。与前面第一、第二两个因素相比，这一因素的影响不算很大，但毕竟起到推升投资率的作用，也不可完全忽视。

原因之四：项目造价虚高因素导致的投资对消费高比价，向上扭曲投资率。在项目投资、地价操控与资本运作活动中形成的许多中间环节，增加了包括腐败回扣在内的费用支出，加大了投资成本，提高了工程造价。如此造成的投资对消费的高比价因素，必然向上扭曲投资率，使名义投资率高于实际投资率。譬如，按正常价格计算投资 40 元、消费 60 元，实际投资率为

40%，而当投资造价虚高 10 元时，则名义投资率上升为 50/110，达到 45.5%，向上扭曲 5.5 个百分点。如果进行国际比较，在我国的名义投资率中，有很大一部分，是由投资消费高比价带来的一种扭曲。剔除比价扭曲因素，我国的实际投资率会下降很多。

原因之五：城乡房租与其他服务业增加值的统计遗漏，向下扭曲消费率。由于城市房价普遍上升、农村住房大量空置，个人最大支出是买房盖房，因而住房消费实际已经超过吃穿消费，在城乡居民总消费中占有很高比重。但住房消费统计不全，在政府消费统计中，也存在同样问题。其他如餐饮、儿童课外辅导、律师服务费等很多服务业的增加值，也存在不少的统计遗漏。对上述各种消费的统计遗漏，直接缩小名义消费额，降低名义消费率，相应虚升名义投资率。如果消除了统计遗漏，我国的实际投资率，将下调多个百分点。

最后的四、五两项，看似细节，仅涉名义，无关实际，但对投资率高低水平的国际比较，影响甚大，不可轻视。如按国际价格结构与统计精度衡量，我国的实际投资率远没有账面统计表现的这样高，估计应当下调 10 个百分点左右。因而，单单这两个技术性的表面因素，就足以使经济界不少人对我国投资率的真实水平产生误判。

二、改革开放以来我国投资率四个波段升降原因剖析

改革开放以来 30 多年间，我国投资率在趋于升高的过程中，实际表现出如下四个波段的短期升降。仔细分析导致各波段投资率短期升降的原因，排在第一位的当属投资消费比价变动，第二是分配关系调整，第三是包括进出口在内的产业结构变动，第四是统计遗漏的增多或减少，第五是固定资产投资的年度增长率高低。将投资调控视为影响投资率升降的主要因素，属于误解。

（一）分配与价格调整形成 1978～1988 年投资率第一波段

1. 调高粮棉油收购价格和城镇职工涨工资，是此波段前期 1978～1981 年投资率下降的主要原因。上调粮价不仅能促进粮食增产，解决吃饭问题，还会大幅度增加农民收入，提高农民对工业消费品的购买力。提高职工工资，不仅调动工人生产积极性，增加工业产品，而且支持粮油等消费价格上升。

量增价升,共同推动消费额猛增,致使消费率由 1978 年的 62.1% 上升到 1981
年的 67.1%,升高 5 个百分点。相应地,资本形成率从 38.2% 下降到
32.5%,降低 5.7 个百分点(有 0.7 个百分点由净出口率从 - 0.3% 上升到
0.4% 弥补,消费率 + 资本形成率 + 净出口率 = 100%)。固定资本形成率由
29.8%,下降到 26.7%,降低 3.1 个百分点(比资本形成率少降 2.5 个百分
点,是因库存率由 1978 年的 8.4% 降至 1981 年的 5.8%)。

2. 投资价格补涨与经济发展加快,是此波段后期 1982 ~ 1988 年投资率回
升的两大原因。粮棉油收购价格调高后,在一段时间内基本保持不变,但投
资品的价格,却在成本升高的推动下开始补涨,从而使投资与消费之间的比
价关系从 1982 年起发生逆转,使按当年价格计算的名义投资率回升。同时,
由于经济发展加快、城乡居民收入增加,改革开放前人民短缺已久的服装、
手表、自行车、电视、冰箱等,都开始表现出旺盛需求,促使投资快速增长。
两方面的共同作用,使资本形成率从 1981 年的 32.5% 回升到 1988 年
的 37.0%。

(二) 消费与投资价格轮涨形成 1989 ~ 1993 年投资率第二波段

1. 消费价格大幅度上升,导致 1989 ~ 1990 年投资率下降。资本形成率由
1988 年的 37.0% 下降到 1990 年的 34.9%,降低 2.1 个百分点,主要原因是
城镇职工的奖金、实物和"灰色收入"大量增加,农副产品收购价格再次大
幅度上调,消费价格的升幅远远高于投资价格升幅。

2. 投资价格大幅度上涨,导致 1991 ~ 1993 年投资率猛升。以 1990 年为
100,1993 年的投资价格指数达到 159.8,消费价格指数为 126.2,前者比后
者高 33.6 个百分点,相对升幅 26.6%。仅此一项价格因素,即可使资本形成
率由 34.9% 虚升到 40.4% [40.4% = 34.9% × 159.8/(34.9% × 159.8 +
65.1% × 126.2)],虚升 5.5 个百分点。1993 年资本形成率实际为 42.6%,
比 1990 年升高 7.7 个百分点,投资价格上涨所起的虚升作用约占 5/7。

(三) 比价与出口投资等多种因素形成 1994 ~ 2004 年投资率第三波段

1. 消费价格大幅度上涨,导致 1994 ~ 1997 年投资率下降。以 1993 年为
100,1997 年的消费价格指数达到 161.8,而投资价格指数为 123.8,前者比
后者高 38 个百分点,相对升幅 30.7%。这一因素可以使资本形成率由 42.6%
空降至 36.2% [36.2% = 42.6% × 123.8/(42.6% × 123.8 + 57.4% ×

161.8）〕，空降6.4个百分点。1997年资本形成率为36.7%，比1993年降低5.9个百分点，完全是由消费投资比价变动导致的名义下降，并非投资率真的降低。

2. 分配向高收入人群倾斜、消费额统计遗漏增多、出口扩大及外向型经济成分投资快速增长等因素，共同导致1998~2004年投资率回升。消费增长减缓与投资增长加快，使资本形成率由1997年的36.7%上升到2004年的43.2%，升高6.5个百分点，其中固定资本形成率由31.8%上升到40.6%，升高8.8个百分点（1997~2000年资本形成率降低1.3个百分点，但固定资本形成率却由1997年的31.8%上升到2000年的34.5%，升高2.7个百分点。两者的逆向变动，是物流加快、库存率由4.9%下降到1.0%带来的）。进一步分析，消费增长减缓的原因有二，一是分配向高收入人群倾斜、降低了边际消费倾向，二是消费统计遗漏增多。投资增长加快，则主要是在出口增长的拉动下外向型经济成分投资猛增。

（四）修正统计遗漏与城镇化提速等形成2005年以来的投资率第四波段

1. 修正统计遗漏与消费投资比价变动，使2005~2007年的投资率略有下降。2005年进行的全国经济普查，发现服务业增加值存在大量遗漏，适当修正后大幅度调高消费额、提高了消费率，加上消费价格指数高于投资价格指数的比价效应，使资本形成率与固定资本形成率从2004年的43.2%和40.6%，分别微降至2007年的42.3%和40.0%。

2. 应对国际金融危机、城镇化提速、城镇住房需求增大与税收猛增，拉动2008~2011年投资率升高。2011年我国的资本形成率与固定资本形成率分别高达49.2%与46.2%，比2007年分别升高6.9个百分点与6.2个百分点。察其原因，除应对国际金融危机增加4万亿元投资的应急措施外，更主要的是我国城镇化进程提速、城镇住房需求增大、房地产投资快速增长，导致地价和房价大幅度上升以及城镇税收猛增，从而使投资增速显著高于消费增速。

根据投资率波动的上述规律分析判断，目前我国正处于改革开放以来投资率先降后升第四波段结束、第五波段即将开始的转折点，因而有可能从2012年开始，出现连续几年投资率下降，之后再转为持续几年的上升。调整收入分配格局、减轻税负、抑制地价上涨与大幅度修正包括房租在内的服务业增加值统计遗漏等因素，可能在第五波段前期的投资率下降过程中，显示出较大的作用。即将开始的投资率第五波段的下降与上升总时间长度，如按过去 33 年实际出现四个波段的平均数估算，大约应为 8 年，这样到 2019 ~ 2020 年就会转向第六波段。

三、剖析投资率得出的几点结论与政策建议

通过改革开放以来我国投资率的实证分析不难看出，投资率的长期变动趋势与短期波动特点，都不是投资活动本身所能决定的，更强大的决定因素是收入分配格局演变与价格结构变动等。因此，不应把名义投资率水平作为判定投资规模过大的依据，成为不时压缩投资的理由。具体地说，长跨度剖析投资率，可以得出以下几点结论与政策建议。

第一，需要消除对投资的偏见，持续加强基础建设，不要每隔几年就压缩基础建设投资。按供需状况衡量，我国铁路、地铁、水利与大城市给排水系统等基础设施落后，投资长期偏少，这是明摆着的、各方面都公认的事实。既然如此，合乎逻辑的方针政策，本应是坚定不移地持续加强基础设施投资建设，在达到建设目标之前，不受国际国内的任何干扰，绝不中途摇摆动摇，更不宜把基础建设投资作为每隔几年就要改变引导方向的短期调控工具。

第二，坚持扩大内需的发展方针，把满足民生需求放在第一位，不必纠缠名义投资率高低。按人均国民总收入排序，2010 年我国在参加排序的 215 个国家中排第 120 位[①]，比第 108 位的正中位次，落后 12 位。2011 年我国将农村扶贫标准提高到年人均纯收入 2 300 元，农村扶贫对象达到 12 238 万人[②]，占 65 656 万农村总人口的 18.6%。因此，坚持扩大内需、努力改善民生，是我国的长期任务，必须始终放在第一位来抓。切实改善民生，除了提高居民个人的货币收入外，无疑还需要增加保障房、抗震校舍、医院、图书馆、城市自来水、农村饮用水、燃气电力、公园绿地、铁路公路以及城市与城际轨道交通等方面的固定资产投资。一切从实际出发，需要什么就做什么，完全不必顾虑投资率高低。

第三，把优化分配与增加就业作为宏观调控首要目标，实际投资率就会

① 《中国统计摘要（2012）》，中国统计出版社，2012 年 5 月第一版，第 196 页。
② 《中国统计摘要（2012）》，中国统计出版社，2012 年 5 月第一版，第 105 页。

自动趋向合理水平。降低投资率的正确方向，不是压缩关系国计民生的各项投资，而是要设法增加消费。增加消费，需要提高消费者购买力。在有钱人消费过度、没钱人消费不足的情况下，显然需要优化分配格局，增加就业机会，提高低收入与无收入人群的收入。否则，提高消费率只能是空洞的口号，不会产生实际效果。优化分配格局，有利于弱势群体，对强势群体其实也有长治久安的好处，但具体到各个强势者，未必愿意让利。因此，优化分配关系，是一种难度很大、不易贯彻落实的政策调整。如果合理调整分配的政策能够得到落实，由于低收入人群的边际消费倾向很高，必然显著提高消费率，相应地自动降低投资率。

（原载《中国投资》2012 年第 9 期）

1.7　解读中央经济工作会议

上月中旬召开的中央经济工作会议，体现此前的中共中央政治局会议精神，提出 2013 年经济工作总方针，政策导向十分明确。笔者认为以下五点对投融资领域尤其重要。

一、扎实开局先求稳，志在腾飞待创新

以提高经济增长质量和效益为中心，稳中求进，这是中央经济工作会议贯彻中共中央政治局会议精神，确定 2013 年经济工作政策导向的基本指导思想。先求稳，再求进，进退有据。先求稳，首先保持宏观经济政策的连续性和稳定性，同时在行进中注意观察经济新动向，就能够获得最大限度的机动性与可调性，从而牢牢掌握主动权。

这样的稳，不是绝对的稳、消极的稳，而是相对的稳、积极的稳，是在稳定基础上求进。如此求进，短期内不热衷立竿见影，可以小步前行。但从长期看，稳中求进，脚步坚实，胸怀大志，志在腾飞，追求的是中华民族伟大复兴。千里之行，始于足下，扎实开局，厚积薄发，与匆忙急进相比，实现目标的把握更大。

在当今世界，要实现民族复兴、经济腾飞，必须依靠科技创新。今年中

央经济工作会议强调开拓创新，坚持实施科教兴国战略，增强经济社会发展核心支撑能力，注重发挥企业家才能，支持企业牵头实施产业目标明确的国家重大科技项目，是非常正确的。只有科技领先，人才济济，国家、民族才能长盛不衰。缺乏创新力，科技不先进，凭靠吃苦耐劳，拼来外贸盈余，终究还是技不如人，算不上真正腾飞。

鸦片战争之前，在英国奸商还没有大量偷贩鸦片时，我国曾经长期外贸盈余，丝茶瓷器换回大量白银，流入城乡，聚集官商地主家。回头看，很清楚，那不是强盛，是闭塞，是眼界狭窄、思想陈旧、心理高傲、科技落后，民生苦极、国运糟透。尽管那时也有很多地主老财窖藏金银，不少权贵富可敌国，但并非实力。因而，无论遇上外国列强的洋枪洋炮，还是国内义和团的铁矛片刀，都一触即溃。以史为鉴，必须牢固树立"科学技术是第一生产力"的理念，积极开拓创新，在科技水平进入世界先进行列之前，绝不依据其他指标（如 GDP 总量与外汇储备等），轻言富强。

二、培育消费增长点，力促投资结构优

投资与消费之间的关系，作为一个宏观经济问题，长期困扰我国经济界。此次中央经济工作会议明确提出，扩大国内需求，要增强消费对经济增长的基础作用，发挥好投资对经济增长的关键作用。一个基础，一个关键，把二者关系摆平摆正了。增强消费基础作用，重在加快培育一批拉动力强的消费新增长点。发挥投资关键作用，要增加并引导好民间投资，同时在打基础、利长远、惠民生，又不会造成重复建设的基础设施领域加大公共投资力度，促进投资稳定增长和结构优化。

与投资一样，消费也存在结构调整、突出重点的问题。消费是人的行为，宠物猫狗的吃穿，统计为豢养人的消费额。人的行为，未必全都理性。因而，消费并非全都是必要的、积极的、良性的，还有奢侈的，甚至恶性的。作为政府的指导方针，基于积极健康、节能环保的价值标准，无论在何种国内外经济形势下，都应当设法切实保障必要消费，支持鼓励改善消费，加快培育良性消费，适当抑制奢侈消费，依法打击恶性消费。

上述方针的必要性，显而易见。出于道义、维护法律，绝对不可为了刺激经济，鼓励公款吃喝、铺张婚宴与插金戴玉等奢侈消费，默许吸毒、嫖娼

与赌博等恶性消费。既然以人为本，便不应当为了抑制经济过热，而忽视贫困人群吃饭、穿衣、住房与治病等必要消费，抑制居民换车换房、食品安全、饮水清洁与地铁通勤等改善消费，减缓培育运动健身、上网读书、旅游休闲与高铁出行等良性消费。

消费贯穿人生各时段，随着时代变迁，从坐胎到安葬，都有新的增长点不断涌现。进入 21 世纪，我国已有很大一部分人群，在早期胎育、妇产接生、婴幼护理、学前兴趣、课外辅导、在职学历、通讯娱乐、婚宴聚会、老年消费、临终照顾、墓地选购、先人祭奠、宗教仪式等数不清的环节，表现出新型消费需求。不少人及时捕捉到此类商机，迅速致富。此类消费能够自发地强劲增长，无须政府采取特别培育措施，不设法消除统计与税收漏洞，就是切实有力的财政支持。

按需求层次，我国正处于重点解决住行问题的阶段，真正需要采取措施加快培育的拉动力强的消费增长点，无疑集中在住行、食品安全、饮用水达标、医疗保健、青少年素质教育、成人职业培训、旅游度假与科学试验等必要的、改善的与良性的消费领域。估计在今后 20~30 年，这种消费增长格局不会发生根本改变。在这些领域培育拉动力强的消费增长点，无疑需要加大其基础设施的投资力度。

事实上，所有投资都应当直接或间接地为最终消费服务。反过来说，绝大多数消费品与消费服务，都需要通过投资来增加供给能力。无须投资就能实现的消费（如婴儿吃母乳），在现代经济统计中所占比重很小。因此，需要加快培育的消费增长点，同时也就是投资结构优化倾斜重点。为改善城乡居民住行，需要加强地铁高铁等交通基础设施与住房建设投资。为保证粮食安全、增加绿色食品供应，需要加强农业投资。为提高饮用水质量与防灾，需要加强城镇供排水系统建设投资。为加快发展科技，需要加强科研机构与科研设施建设投资。对浪费资源、污染环境的"两高"和产能过剩行业的盲目扩张投资，当然必须严控。

三、积极推进城镇化，"三农"工作列前头

此次中央经济工作会议把解决"三农"问题与积极稳妥推进城镇化紧密联系在一起，作为经济工作的重中之重，极具战略眼光。要提高土地节约集

约利用水平，有序推进农业转移人口市民化，必须增强城镇综合承载能力。城镇化是解决"三农"问题的根本出路，解决"三农"问题约等于在全国实现现代化。因而，推进城镇化、解决"三农"问题与实现现代化，实际上是从不同侧重面对同一件事的不同提法。

实事求是地说，目前我国对城镇化的最迫切需求，既不是来自城镇居民，也不是来自全体农民。究竟来自哪里？来自农村剩余劳动力转移和全国人民对粮食日益增长的需求。目前我国分散的农业生产组织形式，已经严重妨碍农田的充分利用与农业劳动生产力的发挥，从粮食种植面积与单产两个角度，双向影响粮食总产量的增长。不改变分散的农业生产组织形式，主要靠粮价调动农民种粮积极性，在劳动力跨区域流动、农民收入来源多元化的情况下，粮食生产存在很大的不确定性和危险性。

过去农民家庭收入单一，必须尽全力种好承包地。现在对打工经商的农户来说，几亩田种不种无妨，耕地容易被撂荒。这种情况持续下去，神州可能出现粮荒，全球的粮食市场，填不满中华粮仓。真到那时，不知要有多少人，辘辘饥肠。13 亿人口要"把饭碗牢牢端在自己手中"，除了稳定完善强农惠农富农政策，提高农业综合生产能力，严格保护耕地，大兴农田水利，加强科技服务，不断提升农业物质技术装备水平外，还必须在农民自愿基础上，创新农业经营体制，加快发展现代农业，逐步改变小农户分散种植与养殖的状态，努力向农场化大生产的方向转变。

农机农药的使用，已使我国具备实现上述转变的技术条件，正在步入转变关键期。这个转变期与城镇化完全同步，可能延续 30～50 年。按城镇化水平由 1978 年的 17.9% 升至 2011 年的 51.3%、年均上升 1 个百分点的速度推算，2040 年城镇化率可升至 80%，2050 年农村人口比率将趋近 10%，基本完成上述转变。那时的乡村，不再炊烟缭绕，大量秸秆，远离灶口，返回农田。秸秆纤维中的蛋白质、氨基酸，夹带氮磷钾，增肥土壤，恢复地力，少施化肥，减轻水系污染。

粮食安全、农村劳动力转移与土地资源保护，迫切要求城镇化进程提速。为此需要着力提高城镇化质量，增强城镇的综合承载能力与凝聚力。除了必须在市政设施建设方面增加投资，提供硬环境支撑外，还需在土地流转、户籍制度、就业待遇、住房保障、义务教育、医疗与养老保险等方面，进一步深化改革，以利农业转移人口市民化。同时要把生态文明理念和原则全面融入城镇化全过程，走集约、智能、绿色、低碳的新型城镇化道路，构建与区域经济发展、产业布局紧密衔接的科学合理城市格局。

四、差距有赖保障缩，红利多自改革生

缩小行业之间、企业内部、城乡与地区之间等方面的收入差距，是保持社会稳定的当务之急。此次中央经济工作会议特别强调加强民生保障，坚持把人民利益放在第一位，使发展成果更多、更公平惠及全体人民。这是从低端抬升入手，切实缩小上述差距的一条捷径。会议在这方面的提法很明确、很具体：重点保障低收入群众基本生活，做好家庭困难学生资助工作；注意稳定和扩大就业，做好以高校毕业生为重点的青年就业工作；善待和支持小微企业发展，强化大企业社会责任；加强城乡社会保障体系建设，继续完善养老保险转移接续办法，提高统筹层次；继续加强保障性住房建设和管理，加快棚户区改造。

只要包括教育、就业、住房与城乡医保等在内的低收入群众的基本生活得到切实保障，各层人群的体质情况与平均寿命，就不会出现大差距。抛开社会贡献不论（因为贡献与收入未必成正比，尽管巨额财理应来自贡献，但也有人取自垄断、贪腐或欺骗），对于同种类的生命个体而言，最具代表性的生存质量指标，不是吸纳多少，而是活力强弱与寿命长短。低收入人群最需要明了此理。明了此理，心理易平衡、情绪会更好，免疫力提高、医药费减少，无病寿命长、阖家幸福了，不必如贪官夜夜梦逃跑。

加强民生保障，钱从何来？归根结底，只能从脑力与体力劳动中来。但激发这些劳动，用于民生保障，则需要深化改革。因而，加强民生保障的钱，需由改革红利提供。为尽早释放改革红利，会议强调要全面深化改革，扎实推进重点领域改革，扩大营业税改征增值税试点地区和行业范围，健全资源性产品价格形成机制，深化医药卫生体制改革，推进国有经济和农村改革，抓好科技、教育、文化、行政审批等领域改革。

在改革提供红利的整个传导机制中，最重要的环节是扩大有支付力的需求。需求扩大，劳动激发，价值创造，供给增加，改革红利，惠及大家。譬如，深化教育与医药卫生体制改革，使教育更平等、医疗有保障，首先就是

扩大教育和医疗领域有支付力的需求。可用于满足这些需求的劳动与技术，本来就是存在着的，缺少支付力，不去激发它，就会白白浪费。一经改革，提供了支付力，原本将被浪费的潜在劳动得到激发，不仅使受教育者与得医疗者获得必要的社会保障，同时还使提供服务者得到报酬。教育和医疗领域劳动者增加收入，有能力增加支出，进一步拉动其他方面的需求，调动更多的潜在社会劳动，创造更多的社会价值，并按一定税率增加税收。由此可见，一项改革深，四处红利流。但所有红利的真正根源，都是一个：被改革激发的潜在劳动。

五、宏观政策小调整，实体经济略轻松

中央经济工作会议确定，2013 年要继续实施积极的财政政策和稳健的货币政策，充分发挥逆周期调节和推动结构调整的作用。这表明，体现扎实开局，2013 年要保持宏观经济政策的连续性和稳定性，不会有大的政策变动，但在具体政策内容上，不排除小调整与新重点。总的来看，2013 年宏观经济政策的某些调整，可能在一定程度上减轻实体经济的税利负担。

在实施积极财政政策方面，会议强调要结合税制改革，完善结构性减税政策。这对企业减轻税负，无疑是利好消息。与减税相适应，会议强调各级政府要厉行节约，严格控制一般性支出，把钱用在刀刃上。这意味着2013 年的各级财政支出，也要有利好的结构性调整。

在实施稳健货币政策方面，会议强调要注意把握好度，增强操作的灵活性。从会议所提的具体金融措施看，增强货币政策操作灵活性的总体倾向，是要适当扩大社会融资总规模，保持贷款适度增加，保持人民币汇率基本稳定，切实降低实体经济发展的融资成本。这意味着社会融资平均利率有望适当降低，经营实体经济的企业，利息负担可能略微减轻。

（原载《中国投资》2013 年第 1 期）

1.8　政通人和　好画蓝图

政通人和，便于画好国家发展蓝图；蓝图画好，有助人和政通。本文侧

重从投融资角度，粗线条勾勒新时期发展战略参考图。

一、以钢筋做骨架，画更坚更暖城乡居民居住蓝图

习近平总书记在 2012 年 11 月 15 日常委见面会上，面对中外记者深情地说："我们的人民热爱生活，期盼有更好的教育、更稳定的工作、更满意的收入、更可靠的社会保障、更高水平的医疗卫生服务、更舒适的居住条件、更优美的环境，期盼着孩子们能成长得更好，工作得更好，生活得更好。人民对美好生活的向往，就是我们的奋斗目标。"这话讲得实，讲得好！本文以此为指导、以人民向往作目标，首先从"更舒适的居住条件"说起。

看当前，人民的哪一种向往最强烈？除痛恨腐败、盼望清明，人民改善居住条件的向往最强烈。是因为住房太少吗？不，现在不少家庭的住房面积与质量，比房改前大很多，好很多。问题恰恰出在这里，从前连做梦都想不到的高档小区，如今近在咫尺，日行其侧，夜梦其形，怎能不令人向往？按人类共同本性推断：改善居住条件的历史潮流，既然已在中华大地掀起，不达目标，不会平息。从现在算起，这一潮流达到顶峰，可能还需经历 15 ~ 20 年时间。换言之，改善居住条件的大潮方兴未艾，不仅房屋建筑与销售面积趋于扩大，设计标准与装修质量也将更新换代。

面对浩荡潮流，古有鲧禹之鉴，只能疏，不可堵；今有经济学常识，以供给，对需求。这是第一层次上的大势判断与主流认定问题。依据大态势，冷静看主流，确定总方针，无疑应当设法多渠道增加住房供给，尽量满足各层次日益增长的住房需求。至于当前的住房需求究竟有多大，其中含有多少投资与投机需求？这属于第二层次的行情估计与支流剖析问题。无论其答案如何，都不可动摇总方针，不必改变大战略，不要影响绘蓝图。

绘画城乡居住蓝图，第一要务是防震抗震，争取 5 年后明显减少、10 年后完全避免地震坍房灾难。假如 2023 年之后偶遇大地震，还出现大面积坍房死人事件，必将丢尽中华民族脸面，世人将视任何中式漂亮话，均属作态空谈，缺少执行力。第二要务是科学规划，放松管制，在符合空间规划前提下，允许多主体、多渠道供地建房。第三要务是规范标准，除要求房屋坚固抗震外，还必须节能、环保、宜居，适当讲究造型美观与周边和谐。

二、以钢轨做线条，画更密更快交通运输网络蓝图

从需求层次看，我国目前正处在重点改善住行的发展阶段。住与行、行与住紧密相关。从住对行的影响看，优化住房体制，允许单位持有内部廉租房产，增加就近上班人数，可以提高步行比率，改善城市交通。从行对住的影响看，发展快速交通，构建 1 小时 200 公里半径都市圈，能够显著增加远郊不宜农建房用地，在改善居住条件、大幅度降低房价的同时，促进城乡融合。

发展快速交通的一条重要途径，是打造以大中城市为枢纽的全国轨道交通网。10 年后，百万人口以上大城市的轨道交通出行占比，应争取达到 35% 以上；其中 300 万人口以上特大城市的轨道交通出行比率，应超过 50%。城际铁路应当覆盖大城市 200 公里半径范围内的所有 10 万人口以上中小城市，同时鼓励其沿线不宜农土地多主体、多方式优先开发利用。这样做既可以保护大城市近郊良田，留下更多绿色，又能够使远郊不宜农荒漠变为繁华社区，带动农村发展。

在城际铁路覆盖 10 万人口以上中小城市、市内轨道交通发达并且换乘便利的条件下，全国区际铁路网的功效能够得到更充分发挥，将会有更多的人愿意选择乘坐火车旅行。这就必然从建设条件改善与需求增大两个方面同时促进全国铁路网的扩展与铁路密度的提高。这里说的铁路建设条件改善，是指扩展到 200 公里半径范围的城际铁路，无疑会拉近原本不同铁路的相邻城市之间的铁路末端距离，使铁路容易接通。铁路交通便利、旅程缩短，自然就会增大需求。这就在客观上使我国的铁路建设面临新形势，需要研究大战略。

三、以休闲做祥云，画更多更均青年就业机会蓝图

表面上，休闲与就业风马牛不相及，其实二者密切相关。全社会总工作量除以劳动人口数，即人均工作时间，低于每周 40 小时，便不能充分就业。由于科技进步加快，劳动生产率迅速提高，近年此数已减少到妨碍全球经济复苏的程度。如果不适当增加休闲，减少劳动者全年工作周数，美国即使出

台第四次或第五次量化宽松货币政策，其失业率也难以降到7%以下。如果美国国会足够明智，通过立法将劳动者全年工作时间缩短6%，由50周减到47周，增加3周休假，其就业形势则可立即改观。看似复杂的全球难题，其数学解法就是如此简单。

实际上，我国也需要走这条路。今后10年间，全年人均工作时间缩短4%~6%，劳动者人均增加2~3周休假时间，在其他条件不变的情况下，为弥补就业者增加的休假时间，需要全社会相应增加4%~6%的就业机会。这不仅对减少失业，稳定社会秩序，具有不可忽视的积极作用，而且能够使劳动者过得更舒适，身体更健康，从而提高全民的生活质量。这种"均忙闲"的做法，所产生的"均贫富"效果，很可能胜过均田地，所增添的人生乐趣与社会文明，很可能不亚于读经书。

四、以公益做彩带，画更真更实贫富差距缩小蓝图

表面看，发展公益事业与缩小贫富差距，关系不大，其实不然。实际上，贫富差距有账面差距与真实差距之别。贫富的账面差距，看收入高低，按钱财多少计算。贫富的真实差距，看衣服新旧，按寿命长短计算。钱多者，可能饮酒过量，不利健康；缺钱者，八分饱，或许寿命长，病痛少。缩小贫富真实差距，可以双管齐下，同时从调节收入分配与增加公益实惠两方面着手。

在一定时期内，通过发展公益事业，缩小贫富真实差距，可能见效更快，更实在。在今后10年间，提供更好的义务教育、更可靠的社会保障、更广的医疗保险与高水平医疗卫生服务、更舒适的保障性住房、更优美的生活居住环境、更清新的城市空气、更便利的公共交通、更长些的带薪休假，与提供更稳定的工作、更满意的收入，有着异曲同工之效。两方面相配合，彼此促进，其效更佳。

贫富真实差距缩小，低收入阶层生活安定，无忧无虑，就会逐渐对富人不那么羡慕。富人被羡慕的强度降低，难免降低更富兴趣，有人会转而更加看重人文价值，从更深层去领悟生命的意义。看到域内富人与穷人都是这般情趣，有的贪官或许减弱贪腐欲望。这样说，即使多半是在以善人之心度恶人之腹，但毕竟还剩余少量真实成分。随着时间的推移，少量真实成分会越长越大，终将逐渐平和民族心态，多数人不再为钱而浮躁。相信这一天终将

到来，加快发展公益事业，就是缩短时间距离的彩带。

五、以校车做亮点，画更慈更善义务教育平等蓝图

画义务教育蓝图，5 年后更好的义务教育，比目前的义务教育至少应当填补一项内容——普遍开公益校车。如果各级财政与教育主管部门，以慈善胸怀，把边远山区的学童也能当作自己的亲生儿女看待，那么，公益校车就不难迅速推开。因为钱并不是真正的问题所在，为千秋万代，为祖国未来，完全可以发行地方债。美国市政债所筹集的资金，80% 用于发展包括普遍开公益校车在内的义务教育。环顾全球，不发债，谁能把科技强国办起来？

公债非债，国债民财。在当今世界，不敢利用公债加快发展公益事业，就是自废武功，自甘落后，甚至可能被动挨打。其实，公债与税收同为财政资金来源，各有妙用。二者虽然紧密相关，但却如孪生兄弟一样，一出母体，便可独立生长，依靠自身细胞新陈代谢，实现自我增殖，自行扩大。只是在发生意外事故的时候，才需要兄为弟输血，或者弟给兄移植器官。

依据此理，在数万年内国债不需要利用税收还本付息，会通过借新债还旧债，越滚越大，受到越来越富有的债券投资人的欢迎。与此同时，公益事业大发展，穷人得实惠，富人增金钱，皆大欢喜。数万年后，世界大同，各国公债转换为地球债。其后数亿年，地球债越滚越大，直至人类移民火星。作为回报，火星新民全额核销地球债；也可反过来说，体现关爱，地球前辈不向火星子孙讨债。无论怎么说，都严守一条规则：只有懂得关爱，敢用公债，为中小学生开公益校车，山区学童不会因家远而辍学的民族，才有资格参与此类游戏；嗜钱如命，不懂"债是钱、钱为债"者莫入。

六、以科普做底色，画更高更新科学技术赶超蓝图

根本差距认准前，真实状态是迷茫。深一层看问题，应当清醒地认识到，我国与发达国家的根本差距在科技，在全民的科学素质。科技领先，才真正领先；科技贡献，是对人类的最大贡献。科技上不去，即使外贸顺差再大，外汇储备再多，黄金堆满地库，充其量算个勤劳民族，称不上睿智民族。在人类庆功宴上，勤劳民族可以光荣入席苦力餐桌，在睿智高雅餐桌上没有席位。

　　是谁定义：平行线永不相交，平面是直线自身的均匀分布？是谁告诉我们：地球是圆的、自转的，任何国家都不是大地中心？是谁揭示：我们身边的物质都由原子构成，原子核距外层电子还有万倍之遥？是谁发明电脑，让我们天天上网，处处接打手机？是谁优化轮胎与钢铁，让我们行有机动车，住有电梯楼？如此提问，不是要挫伤民族自尊心，渲染民族自卑感，而是提醒我们不要模糊根本差距，以便瞄准关键，奋起直追，切不可被外汇储备与窖藏钱财，迷住双眼，沾沾自喜，不知哪头重哪头轻。

　　用科技标准衡量，民族复兴之路还很漫长。其实，如果认真推敲，就能发现：尽管总体上可以讲民族复兴，但在科学领域讲"复兴"并不确切。因为我们今天的科学水平，比以往任何时候都更接近人类的科学前沿。目前的科技差距已经缩至几十年，清末差距百年，魏晋差距千年，春秋战国差距两千年。

　　数学为科学王冠，最能反映科学水平。作为教材成书于公元前3世纪的古希腊欧几里得《几何原本》，直到1607年才有半部（仅译13卷中的前6卷）汉译本问世，但又深藏高阁少人读，迟至清末民初，欧氏几何才渐入学堂。因而，讲科学复兴，值得追忆的辉煌时期模糊难定，容易使人茫然，有碍深究原因，不易激励斗志。莫如干脆实事求是地承认我们民族自古科学思维薄弱，曾长期妨碍发展，以致落后挨打。如今好不容易达到最佳状态，机不可失，必须抛掉历史包袱，找准病根，奋起直追，千方百计从根本上提高全民族的科学素质，争取在科学上为人类作出应有贡献，弥补我们过去的不足。

　　提高民族科学素质，是一项巨大的系统工程，必须从更新中小学教材着手，优化教育体系，加速科学普及，投资建设重点科研机构与设施，侧重从荣誉方面重奖有突出贡献者，积极引导社会舆论，逐渐形成高度重视"数、理、化、天、地、生"的全民氛围。这种氛围，在中共八大之后、"文化大革命"之前，曾经出现过黄金时段，结出人类首次人工合成胰岛素的硕果，可惜被"阶级斗争"中断了。改革开放后，广泛的国际交流带来新知识，缩小了差距。但收入分配差距的畸形扩大，造成普遍"向钱看"的浮躁与贪腐社会风气，严重腐蚀民族灵魂，悄悄改变民族基因。在此状态下，再次形成高度重视科学技术的社会风气，绝非易事，但又必须做到。在所有发展蓝图中，这是最难画但又务必画好的一幅。

七、以科技做依托，画更绿更精农业工业发展蓝图

事物发展通常遵循一种共同的内在规律，往往表现出指数增长倾向与波浪式前进两种外部特征，科技进展也不例外。纵观科技史，指数增长十分明显，由古至今逐步加快，百年来知识大爆炸，近 20 年更是日新月异。细察科技各门类，发现与发明高潮，此起彼伏，波浪式交互推进。在物理化学探明一般物质结构、微观探测深入原子内部的先进理论与实验手段双重助推下，DNA 双螺旋揭开生命奥秘，生物学进入重大发现爆发期。

在此背景下，基因工程开始强烈冲击传统的种植与养殖业，全球关注物种安全，各国农业面临大挑战与大变局。科技进步对工业的推动更全面、更明显，新化工、新医药，新能源、新材料，新信息、新制造、新产品与新手段层出不穷，一场新的产业革命正在全方位推进中。与以往相比，中华民族在这一次产业革命中的起点，距离全球大赛的起跑线最近。如能抓住机会拼命追赶，2050 年前后就可能跻身世界先进列；若因他事牵累而不能全力以赴，则将扩大差距，再失良机。

面对这次以科技全面突破为深刻背景的产业革命，从民族长远与人类整体利益出发，应当排除一切干扰，把"抓创新"与"反腐败、促改革"并列成"三位一体、相辅相成"的首要任务。这就需要高度重视各门类科技专家的看法和意见，深入了解世界各国科技与产业发展动态，集思广益，高瞻远瞩，规划新型工农业发展蓝图，并以有力的财政金融政策，推动实施。

八、以农场做远景，画更优更美乡村城市演变蓝图

正在全方位推进的产业革命，必然极大提高工农业劳动生产率，在增加与改善工农业产品供给的同时，减少工农业的就业人数，显著改变一二三产业之间的比例关系、生产力的区域布局及人口分布，进而影响乡村与城市的面貌。对于这种客观发展趋势，应当有充分的估计。

其实，由于种子改良和化肥、农药、农机的广泛使用，农民作业时间大幅减少，为农村劳动力的转移和新农村的出现，提供了坚实的物质基础。只是由于农村土地流转制度需要在探索中逐步完善，城市吸纳农村转移人口的

能力需要逐渐增强，农业剩余劳动力才有很大一部分仍然闲置在农村，分散的小农户还不能迅速集中为较大的农场。但事实已经非常明显，我国目前的农业生产组织形式落后于生产力水平，严重妨碍农业生产率的进一步提高和农村生活状态的改善。

这种状况显然不会长久延续，随着农村土地流转法律法规逐步完善与城市化进程加速，必将加快农业剩余劳动力向城市转移的步伐。目前主要由分散小农户经营的种植与养殖业，将逐渐向农场经营方式转变。这将使我国农村的人居状况与生活方式，发生几千年未有的巨变。唯有这种巨变，才能从根本上、从科学文化上消除城乡二元结构，使半古老的中华民族整体跨入现代社会。

农村农场化，多半农村人口转入城市，必然要求城市大发展。在大量吸纳农村转移人口的同时，优化城市人居环境，只有大力发展城市群与都市圈一途可行。城市群与都市圈放射状外延，形成网络，而不是环形摊饼，才能更好融合城乡，充分利用城市周边不宜农土地资源。这需要充分发挥快速交通线、供排水管线、文教卫生等公共设施的先行引导作用。如果没有适度超前的城乡一体化发展蓝图作指导，就会陷于被动，盲目发展，给未来的城市留下隐患。

上述 8 个方面，既着眼未来，又立足当前。眼下的实际情况已经充分显现，全世界的整体走向，决定我国今后几十年必须快速发展。预则立，不预则废。深入研究大战略，集思广益绘蓝图，就可以少走弯路；研究不深入，目标不明确，就要多走弯路，耽误时机。因此，建议新一届政府，启动战略研究，制定时间跨度更长的国民经济各领域发展战略规划，以顺应世界潮流，振奋全国人心。

展望未来 30～40 年，上述蓝图绝非冒进，只要努力争取，就一定能够实现。这样说，是基于如下判断：以科学技术突飞猛进为坚实基础的全方位产业革命，将在今后 20～30 年内达到高潮。这将是人类历史上前所未有的一次大跃进。考虑我国学习和利用先进技术的能力，即使落后 10 年，也可在 2050 年前后，实现上述目标。

（原载《中国投资》2013 年第 1 期）

1.9 2015：酝酿大规划

即将到来的"十三五"规划期，在我国社会经济发展长河中，承前启后，继往开来，具有非凡意义。为实现这一规划期应当担负的重大使命，需要以新思路，精心做大规划。这样的大规划，理应于 2015 年酝酿成熟，发挥应有的前期指导作用。这意味着，对于确定我国社会经济发展走向来说，2015 年理应是非凡的一年。

一、既圆满收官又布局未来

"十三五"规划期的最后一年，即 2020 年，是此前我国多项中长期社会经济发展规划的截止年份。接下来的 2021 年，自然是未来新一轮中长期规划的起点。因而，历史赋予"十三五"规划以双重任务，既要为此前的中长期规划圆满收官，又必须面向未来，为实现下一轮新的中长期规划，做好铺垫。

当今世界，科技进步日新月异，图像传播高度保真，毫秒即至，全球化进程明显提速，任何角落、任何方面的肮脏与落后，都将遭受质疑。因此，我们面对的未来，洒满阳光，包括偏远山区的幼童，人人都拥有进入新时代的机会和权利。在此大背景下，仔细对比"十三五"的上述双重任务，不难理解，相对而言，布局未来、做好铺垫比圆满收官更为重要。

在《中国投资》2015 年第 1 期《"十三五"：为永续发展夯实基础》一文中，作者强调制定"十三五"规划必须向前看，谋求永续发展，笔者对此完全赞同，感觉这种提法非常好。制定"十三五"规划一定要摆脱 GDP 增速下降带来的消极心理影响，不是简单被动地设法谋求稳增长，而是要跳出增长率局限，振奋精神，以人为本，讲求实效，放眼未来，以勇追先进的大气魄，制定继往开来的"十三五"大规划。

以人为本，讲求实效，放眼未来，勇追先进，就是要争取缩小国内与国际两个领域内的差距。首先，要下决心，大力缩小国内的城乡差距，这是第一要务。以大气魄制定"十三五"规划，要敢于提出在今后 20～30 年，使乡村人均收入增幅显著高于城镇人均收入增幅，实现城乡人均收入大致相等的战略目标，让"乡下人"的称谓，永远成为历史陈词。在早已习惯城贵乡贱的人们眼里，这个目标或许属于非分之想。但社会在发展，时代在变迁，全世界至今究竟还剩几个城乡人均收入差距超过3倍的国家呢？即使回过头去看古代，纵观整个人类历史，古今中外恐怕也鲜有先例。因此，城乡居民之间的这种巨大差距是不可容忍的，必须尽快改变，各个发展目标一定要纳入"十三五"规划。

其次，要加快缩小我国与发达国家之间的人民生活差距。其实，我国人民与发达国家居民之间的实际生活差距，主要表现在乡村，城市次之。如果单看城市，有城市户口的我国大城市居民的实际生活，除了交通堵塞、空气污染、自来水质量标准和独栋住房占比偏低之外，其他方面的差距并不悬殊。因而，缩小与发达国家之间的差距，关键在于缩小国内的城乡差距。真正消除了城乡差距，与发达国家之间的差距也就不难消除了。

二、应当重点规划的几个领域

为实现上述"两个缩小"的战略目标，制定"十三五"规划，需要重点突出以下几个领域，不仅要规划出明确发展方向，还应当拿出切实可行的贯彻措施，只要这些方面真正上去了，人民普遍得到实惠，GDP增长率无论高低，都是千秋业绩。

（一）加强社会保障，提高国民福利

如果完全从生产劳动角度看，主要依靠发展农业生产和增加农民进城务工机会，来提高乡村人均收入，那么，由于物质生产的增速毕竟有限，在"十三五"规划的5年时间里，并没有切实把握能够大幅度缩小城乡人均收入差距。因而有必要考虑其他辅助措施。现实有效的社会辅助措施，是由中央财政通过发行特别国债筹资，依据乡下人与城里人平等的原则，在社保方面消除对乡下人的歧视，给予乡村居民与城镇居民完全同等的社会保障和国民福利。只要下决心这样做，就能够在"十三五"期间首先消除城乡低保人群之间的收入差距，为彻底拉平城乡整体人均收入，奠定坚实基础。

（二）加强国土整治，保护生态环境

空气污染，江湖污染，土壤污染，严重的污染问题，带来繁重的治污任务。污染对全民族的实际损害，不亚于大规模的外敌入侵。因此，必须向各类污染宣战，立即开始加大国土整治和生态环境保护力度，这是举国上下早已形成的共识。制定"十三五"规划，需要各地区和每个产业都把治理污染、保护环境、整治国土、建设美丽中国的任务摆在首位，提出强有力措施，切实加以实施。

（三）建设新型乡村，推动都市改造

乡村建设的实际作用和巨大影响，不限于乡村本身，而是决定着整个国家的面貌。无论城市的楼房建多高，如果广大乡村的面貌不改变，中国在世界上就永远是一个贫穷落后的国度。更确切地说，如果贫困乡村的落后面貌得不到改变，其他地方越繁荣，反而表明这个国家的公共政策十分落后，各级政府官员及其选民们严重缺乏应有的公共政策意识，甚至可以说整个民族缺少同情心，公共道德很低。仅仅为了证明我们还是个具有平等意识和富有同情心的民族，就有必要把大规模新乡村建设纳入"十三五"规划，启动消灭贫困乡工程。

从全国范围看，经济开发区过多，居民住宅区过密，是很多城市的通病。开发区过多，大量浪费宝贵土地；居民区过密，人拥挤，不宜居。造成这些问题的原因很多，其中最主要的有三点。一是税收制度重商贸环节轻消费环节，促使地方政府大办开发区。二是城乡土地制度不合理，法律禁止市民到郊区购地建房。三是城市郊区的交通与供排水设施落后，客观上妨碍市民移居郊区。由此形成的城市居住格局不符合人性化的未来发展方向，晚改不如早改。因此，建议在制定"十三五"规划工作中，将都市改造问题纳入议程。

（四）发展国民教育，完善基础设施

社会以人为本，人的素质越高，国家越发达，社会越和谐。提高人的素质的重要途径之一，是发展国民教育。展望未来，在发展国民教育方面，我国面临双重任务。一方面，要加快普及 12 年义务教育，稳步提高大专院校升学率，从学历上提高全体国民的平均受教育程度。另一方面，要改革教育制度和教学方法，切实提高从小学到大学和研究生阶段的各级教育水平。

尽管改革开放以来我国显著加快了基础设施建设，但直到目前，我国还有很多地方没有修通铁路或公路，不少城市的公共场所缺少饮用水设施，文体与医疗卫生设施也显不足。制定"十三五"规划，各地都需要进一步完善公共基础设施建设，为普遍提高全民福祉提供坚实的物质基础。

（五）促进科技创新，扶持新兴产业

改革开放以来，我国科技创新与新兴产业发展明显加快，为国民经济登上新台阶作出巨大贡献。从全球范围看，科学技术进步还在进一步加快，新兴产业如雨后春笋般蓬勃发展，任何国家和地区稍有懈怠，都会落后于世界潮流，失去竞争力。在这样的形势下，制定"十三五"规划，当然不可忽视科技创新与新兴产业发展问题，各地区和各产业主管部门，都需提出适合自己情况的促进科技创新、扶持新兴产业的具体措施。

三、需要配套的财政金融政策

落实上述规划，需要有足够的资金。只要资金充足，上述各种事情都不难办到。目前我国社会资金充裕，外汇储备数额巨大，看总量，资金不少。问题在于手中有钱的人，多数不愿意出钱办上述事情，而有责任办这些事情的各级政府，却缺少所需资金。这是一个资金余缺错位的矛盾。解决这种矛盾，需要改革财政金融体制，优化财政金融政策。在这方面，"十三五"规划需要在思路上有大突破，实践中迈出大步伐。

（一）改革财政体制，优化财政政策

财政筹集资金，从大的方面看，无非 4 条途径。一是征税，二是借债，三是变卖或出租资产，四是政企合股。四者相比，在社会资金充裕的当前情况下，借债最为便利，实际成本最低，对社会其他活动主体的消极影响最小。存在的唯一弱点是不易被理论界和舆论媒体充分理解，往往遭受不应有的质疑和谴责。

"十三五"启动大规划，需要在财政理论上有大突破，以科学方法观察世界主要国家的公债发展史，从中总结出经得住历史时间检验的公债理论。发达国家数百年的实践表明：公债余额趋于增长，旧公债是用新公债偿还的，财政在税收之外利用巨额公债资金，是发达国家之所以能够发达的重要原因之一。借鉴发达国家的长期历史经验，我国在"十三五"规划期间及其之后的 30 ~ 50 年，需要特别注意发挥公债的应有作用，敢于大胆通过发行公债，筹集足够的资金，办好各类必须办的公益事业，兴建各种应该建设的公共工程。

（二）改革金融体制，完善金融政策

金融的重要职能，就是调剂资金余缺，因而是化解上述资金余缺错位矛盾的特效良药。为了更好地发挥金融的资金融通作用，在"十三五"规划期间，需要充分利用网络工具，重点在发展直接融资方面，加大改革力度，加快发展速度，大幅度提高直接金融的占比。在间接金融方面，应当把废除项目资本金最低比例要求，作为"十三五"期间的一项改革重点。

世界上发展时间最长、经验最丰富、运作最成熟的直接融资方式，是债券融资。但时至今日，我国的企业债券融资占比很低，应当在"十三五"期间，尽快消除企业债券发行行政审批的瓶颈制约，充分发挥市场机制的调节作用，积极促进债市发展。与此同时，股权融资与产权交易也需要朝向多层次、多场所的方向加速发展，这已经成为金融业内的共识。此外，1995 年颁发的《票据法》，至今 20 年过去了，需要适当修改，为了与国际接轨，应当赋予企业签发商业本票的权利。与此相应，中央银行有必要考虑公布给予票据再贴现资格的企业名单，促进票据市场更健康、更快速地发展。

（原载《中国投资》2015 年第 2 期）

1.10　体现四原则——"十三五"规划的灵魂

中共十八届五中全会审议通过的《中共中央关于制定国民经济和社会发展第十三个五年规划的建议》，充分体现了习近平总书记一再强调要着力把握的 4 个原则，即目标导向和问题导向相统一、立足国内和全球视野相统筹、全面规划和突出重点相协调、战略性和操作性相结合。这 4 个原则，是制定"十三五"规划不可缺少的灵魂。

一、目标导向和问题导向相统一

发展目标和现存问题，二者紧密相关，共同决定规划的导向。只有按规划期末应当实现的目标确定任务，才能看清当前面临的主要问题是哪些，困难究竟有多大。反过来说，不从眼下迫切需要解决的问题入手，就无法客观确定发展目标，不易找出恰当的路径和方法。坚持目标导向和问题导向相统一，就是要"既从实现全面建成小康社会目标倒推，厘清到时间节点必须完成的任务，又从迫切需要解决的问题顺推，明确破解难题的途径和方法"。

"以人为本"全面建成小康社会，首要目标就是要达到无人无户不小康，全体人民共同迈入全面小康社会。按此目标导向倒推，当前最突出的问题，即最明显的短板，就是存在相当数量的贫困人口，需要在今后5年内"坚决打赢脱贫攻坚战"，实现整体脱贫。从这个角度说，"十三五"规划，将成为我国前所未有的彻底脱贫规划。党中央的这一建议，一经立法机构审议通过，就是党和政府在全世界人民面前对全国人民的庄严承诺。

在全国范围内，使所有家庭全都能够脱贫，必须因人因地施策。除了"对有劳动能力的支持发展特色产业和转移就业，对'一方水土养不起一方人'的实施扶贫搬迁，对生态特别重要和脆弱的实行生态保护扶贫"外，最后兜底的措施，是"实行低保政策和扶贫政策衔接，对贫困人口应保尽保"。党和政府下决心采取这样的社会福利政策，符合世界潮流和我国国情，有足够的生产力作依托，十分正确，极为英明，其成功实现必将在中华民族历史上留下无比辉煌的一页。

对于全面建成小康社会的整体目标来说，与经济脱贫同等重要的，是环境脱污。习近平总书记在对建议所作的说明中强调指出："生态环境特别是大气、水、土壤污染严重，已成为全面建成小康社会的突出短板。扭转环境恶化、提高环境质量是广大人民群众的热切期盼，是'十三五'时期必须高度重视并切实推进的一项重要工作。"与经济脱贫相比，环境脱污的任务更为艰巨。毫无疑问，从"十三五"开始，环境治理与生态文明建设必将成为一场更为艰难与持久的攻坚战。打赢这场攻坚战，离不开自下而上的全民监督，同时又必须加强政府环保机构自上而下的监测监察执法垂直管理。

二、立足国内和全球视野相统筹

"十三五"规划期所处国际环境的一个突出特点，是突飞猛进的科技进步推动全球经济一体化进程加速。这就使得中华民族的振兴和中国梦的实现，有可能充分利用国内外两种资源。习近平总书记反复强调制定"十三五"规划要坚持立足国内和全球视野相统筹，就是要"既以新理念新思路新举措主动适应和积极引领经济发展新常态，又从全球经济联系中进行谋划，重视提高在全球范围配置资源的能力"。这是前所未有的新提法，值得高度重视。

立足本土，放眼全球，不难看到，需要统筹配置的主要是人力与自然两大类资源。从总体上看，与我国丰富的人力资源相比，自然资源相对短缺。我国丰富的人力资源，既包括潜在于农村的数以亿计的富余劳动力，又包括城镇中大量的闲置设备和民营资本。相对短缺的自然资源，主要是土地和矿物。以全球视野制定规划，在全球范围统筹配置资源，就是应当更多利用国外上述的自然资源，适当输出国内富余的资本设备和劳动力，让"十三五"之后的 GNP 显著超过 GDP。

更多利用国外的土地和矿物资源，需要积极地走出去，因而与适当输出国内富余的资本设备和劳动力，两件事高度一致，其实是同一过程的两个侧面。到国外地广人稀、自然资源丰富的地方，去投资经营现代化的农场和牧场，采用先进技术开矿与冶炼，并适当加工制造，有助于繁荣所在国经济，会受到欢迎。对我国来说，如此统筹配置国外自然资源与国内人力资源，既可优化产业结构，促进人口流动，增加就业机会，加速脱贫进程，又能够减轻国内耕地的产出压力，便于实行轮作休耕与牧场养护，适当外移冶炼与制造等耗能污染企业，加快建设生态国家。

三、全面规划和突出重点相协调

习近平总书记在对"十三五"规划建议的说明中强调，坚持全面规划和突出重点相协调，就是要"既着眼于全面推进经济建设、政治建设、文化建设、社会建设、生态文明建设、对外开放、国防建设和党的建设，又突出薄弱环节和滞后领域，集中攻关，提出可行思路和务实举措"。党中央的建议充分体现了这一原则，在第二板块三至七的 5 个部分中，集中笔墨以完整的新理念，高瞻远瞩地阐述和部署了创新发展、协调发展、绿色发展、开放发展、共享发展的各个重点方面。

基尼系数偏高，居民收入差距过大；生态环境恶化，空气、水和土壤污染严重。这是我国当前最突出的两大薄弱环节和滞后领域，对此举国上下早已达成共识，人人企盼尽快得到解决。党中央提出的规划建议，针对这两大薄弱环节，将共享发展和绿色发展，作为突出重点，在全面规划中抓住主要矛盾，组织集中攻关，非常及时，极为必要。事实上，只要切实解决了这两个问题，就是保住了发展底线，人们就会对"十三五"规划给予高度认可。

坚持创新发展、国内协调发展与对外开放发展，是制定"十三五"规划必须紧紧抓住的另外 3 个重点，其中每一项都是实现共享发展和绿色发展不可缺少的保障。确保共享发展，最紧迫的是要积极推动农业经营方式创新与土地流转制度创新，大力促进推动城乡协调发展和区域协调发展，尽快缩小城乡差距。确保绿色发展，最关键的是要深入实施创新驱动发展战略、构建产业新体系、拓展发展新空间、充分利用国外资源，以便大量减少能源消耗与污染物排放，大幅度减轻耕地与牧场的产出压力。采取务实举措，抓好建议强调的上述 5 个突出重点，就能够有力促进"十三五"规划全面实现。

四、战略性和操作性相结合

习近平总书记在"十三五"规划建议的说明中指出，制定"十三五"规划要"坚持战略性和操作性相结合，既强调规划的宏观性、战略性、指导性，又突出规划的约束力和可操作、能检查、易评估，做到虚实结合"。事实上，党的十八届五中全会审议通过的中共中央关于制定"十三五"规划的建议，高屋建瓴，放眼未来，已经充分体现出宏观性、战略性与指导性。这是本次建议区别于以往的一个突出特点。按此建议具体制定规划，需要特别注重在操作性上多下工夫，务求可操作、能检查、易评估，具有很强的约束力。

增强规划的操作性，需要破解的难点，或者说可供选择的捷径，主要有两个方面：一是制度法规的深入改革与大胆创新，二是重大工程项目的立项与开工建设。制度法规合理、机制灵活，企业和个人的积极性和创造力得到充分发挥，规划才能得到落实。为使规划可操作、易实现，"十三五"急需改革创新的制度法规主要有：能够有力促进农业规模化经营的农村土地流转制度及相应的土地法与物权法，可以确保消除贫困的社保制度及相应的社会保障法，有助于激活闲置资金以利社会事业发展的财政投融资制度及相应的公债法，方便企业筹集建设运营资金的融资制度及相应的债券法与票据法等。

为使规划可操作、能检查、易评估，"十三五"规划应当勇于破解疑难问题，果断决策立项并开工建设一批长期备受关注、能够对国土整治产生深远影响的重大基础设施项目。譬如，跨越渤海直接连通东北与山东半岛的蓬旅桥隧，能够增强旱涝调节与淡水资源统筹利用能力的南水北调西线工程，黄河中游具有多年调节功能的甘肃宁夏交界黑山峡水电站，可为滇西补水、形成我国最大人工湖秀美景观的金沙江虎跳峡水利水电枢纽工程，弥补西部交通运输短板的滇藏（昆明到拉萨）与川藏（成都到拉萨）铁路干线，以及从新疆喀什到西藏日喀则的西南沿边铁路等。

（原载《中国投资》2016 年第 1 期）

第 2 章　健全社会保障

导读：现阶段第一要务

本章由《消灭贫困要有新思路》等9篇论文组成，集中讨论如何健全社会保障制度，加速走向福利社会。为什么将这一章紧接在概论之后、列为第一个深入研讨的具体问题呢？简要地说，这是由我国现阶段社会经济形势决定的。当前我国社会经济存在的主要矛盾，是贫富差距过大，其中的主要矛盾方面，在贫困人口和弱势群体一端。通过健全社会保障制度解决这个主要矛盾，是现阶段我国社会经济发展的第一要务。

即使不从人文关怀、社会同情的道德角度思考问题，仅就经济发展动力而言，弱势群体和贫困人口购买力低下，势必妨碍扩大内需，导致经济增长乏力，给企业利润和财政税收的增长带来消极影响。这就是说，单纯算经济账，社会保障制度不健全，大量存在贫困人口，对企业家等强势群体和各级政府来说，也不是一件好事。

如果将问题提高到价值观与精神道德层面进行分析，在产能过剩、急需去库存的条件下，还长期保持弱势群体与贫困人口生活水平低下状况，对国民心理和社会风气的消极影响，就更加明显了。假如真的受制于生产力水平，产出不多，人们再苦再难也能理解，不会造成心理阴影，不会带坏社会风气。明明有足够高水平的社会生产力，却长期让数亿人口生活在贫困线以下，这就不可避免地要造成社会裂痕，危及社会安定，对谁都不利。

由此可见，现代社会已经把贫困人口、弱势群体与企业家等强势群体以及各级政府紧密联系在一起，形成包括全民的巨大利益共同体。在这样的利益共同体中，直接损害其中一部分人，必然间接伤及其他人群；反之，一部分人直接获益，其他人群也会间接受益。

尽管我国社会经济现存主要矛盾的主要方面，是贫困人口和弱势群体生活水平低下，但为解决这个矛盾需要解开思想疙瘩的主要矛盾方面，却是强势群体与党政决策层。只有党政决策层对此问题加深认知，肯下决心，强势群体与富裕阶层真正明白上述道理，诚心赞同，才能早日制定公平的社会保障法，健全社会保障制度。只有依法大幅度提高包括弱势群体在内的全体国民的社会福利水平，通过社保制度彻底消灭贫困，才能使我国经济发展获得强大的新动力，将社会经济推上新台阶，让富裕阶层更富裕。

2.1　消灭贫困要有新思路

古今中外，志士仁人，孜孜以求，消灭贫困。关于消灭贫困的方法途径，以往看法可区分为两大类，一类主张均贫富，另一类提倡救济。从世界各国的实践看，均贫富虽然从主观出发点看理想美好，但实际操作效果不佳，非但不能消灭贫困，反而使贫困普遍化，造成物质短缺，凭票供应生活必需品，甚至在很大区域内出现饿死人的悲惨现象。相对而言，救济的客观效果好得多，但救济以存在贫困为前提，以贫困人群为救济对象，还没有达到消灭贫困的程度。因而，彻底消灭贫困，需要有新思路。

一、研判消灭贫困的生产力基础

厘清消灭贫困的基本思路，应当首先冷静研判其客观可能性。如果缺少客观可能性，则属于美好的空想，可望而不可即。如果说客观上具有可能性，其依据何在？倒退 15 年，在刚刚进入 21 世纪之初，研判这个问题或许还有一定难度，不易统一认识，如今情况则大不相同了，举国上下普遍看到：科学技术已经发展到相当高度，按我国现有产能计算，显然已经具备满足全国居民基本生活需求，即消灭贫困的生产力基础。

从科学技术进步趋势看，对未来发展前景，有理由更加乐观。毫无疑问，今后将会有越来越多的机器人，担负起各种繁重、工作环境恶劣以及高精密度的体力劳动，甚至现场翻译、草拟新闻稿和长篇小说文稿及陪人对弈等脑力劳动。这意味着：不仅消灭贫困的生产力水平将稳步提高，而且还会使更多从事繁重体力劳动的人们减轻劳动强度，缩短劳动时间，增加休闲时光，全面提高国民的物质文化生活水平。

从经济体制改革角度说，对未来发展前景，也没有理由悲观。经过改革开放前后数十年的鲜明对比，全社会已经达成共识：不改革单一的生产资料公有制和计划经济体制，就没有出路；允许个人持有股权、占有生产资料，承认并且依法保护私有财产，有助于提高社会生产力，可以告别物质短缺。因此，在坚持经济体制改革大方向的问题上，今后不会有反复，生产力不会因体制折腾而遭到破坏。

总括起来讲，我国现阶段已经具备消灭贫困的生产力基础，而且越往后这个基础越牢固。因此，"十三五"规划把消灭贫困设定为重要目标，绝非空想，也不激进，而是有着充分的科学依据，完全正确，非常现实。在实施过程中能否真正如期实现，关键要看方法措施是不是切实可行，贯彻的决心与力度是否足够大。

二、从再分配环节加大脱贫力度

既然我国已经具备消灭贫困的生产力基础，那么，实际制约消灭贫困的主要瓶颈，必定不在生活必需品的生产供给方面，而是满足贫困人群最低需求的购买力不足。提高贫困人群的购买力，主要有两条途径：一是在社会生产领域，为贫困人群提供创业就业机会，增加其收入来源；二是在社会再分配环节，增加福利性财政支出，让缺少甚至丧失创业就业能力的人们，都能获得足以告别贫困的购买力。

上述第一条途径，本质上属于产业政策的调节范围，包括发达国家在内的世界各国实践表明，其功效有限，无法覆盖全体国民，总有一部分国民在其效力范围之外。尤其值得注意的是：随着科技进步和社会生产效率提高，这部分人的占比，并未显示出降低趋势，从失业率统计数据看，反倒有振荡升高迹象。追其背后原因，或许是社会生产力已经提高到不允许充分就业的程度，如果人人就业，就要出现大量的产品过剩和积压。

这就是说，单靠第一条途径，不可能消灭贫困。要彻底消灭贫困，必须充分发挥第二途径的作用，在社会再分配上加大调节力度。具体地说，就是要通过增加福利性财政支出，进一步健全社会福利制度，让每个社会成员都能够获得温饱、得到义务教育和基本医疗保障。在这样的社会福利制度下，人人都生活在贫困线以上，没有贫困人口。

三、社会福利制度双轨运行模式

消灭贫困的社会福利制度，中央与地方两方面分工负责、协力实施，可简称"双轨运行"。一是由地方财政筹资，当地政府和社区组织实施，直接为本地居民提供安全接生、义务教育、免费培训、公共图书、健身场所、廉租住房、医疗康复和社区公墓等必要的生活设施与服务。二是由中央财政筹资，社会保障系统经办，统一按月分期向全国居民发放包括水电、食品、服装、交通、房租和若干旅游花销等各项支出在内的基本生活费用。

简言之，上述社会福利制度，实质上就是名副其实的全民社保制度。其运行模式，应当尽量简单，易于操作，最大限度减少中间环节，以降低管理成本，避免中途走样。按此原则，全国居民的基本生活费发放，可根据各家各户的人口年龄段构成，确定各类生活费的应拨额度，由中央社保机构直接划拨到家庭社保专用卡。此卡只能用于支付社保范围内的各种生活消费，不能用于其他支出，不能提取现金，也不可转存其他账户，余额超过年度应拨总额的部分，自动核销。为方便家庭成员使用，一户主卡可以申办多张副卡。

四、简析几个可能产生的疑虑

对于建立上述社会福利制度，不同人群可能会从各自的角度产生多种疑虑。譬如，平民大众出于对国家财政金融状况的担忧，或许会问：贫困人群占比不过10%，为了脱贫，有必要给富豪、中产阶层都发基本生活费吗？岂不是白白浪费10倍的财政资金，这么多的钱从哪里来啊？中产阶层和富裕人群，出于对物价稳定和劳动积极性的担忧，则可能厉声质问：如此发钱，会不会造成严重通货膨胀？这样养懒人，谁还愿意工作？

由于存在种种疑虑，估计在我国当前能够赞同实行上述社会福利制度的人，寥寥无几。即使有代表委员在两会上提出议案，恐怕也会像2016年6月5日瑞士全民公投"无条件基本收入"法案那样，遭到高比例否决。既然明知如此，为什么还要写作此文呢？这是因为笔者确信：消灭贫困只能靠健全的社会福利制度，别无他途。当社会已经充分具备消灭贫困的生产力基础时，人们对福利制度的各种疑虑，实际上都没有必要。

第一，简析"养懒人"的问题。这是个带有哲学意味的根本问题。人是否会因为生存无忧而变懒？即勤奋与懒惰的个体差别，源于个性还是经济条件？世界各国大量事实表明：个性懒惰的人，无论贫富，都依然懒惰；个性勤奋的人，或贫或富，都奋斗不息。因此有理由推断：懒人的占比，同笨人、傻人、其他先天残疾人的占比一样，可随优生优育措施见效而下降，不会因全民福利提高而上升。

第二，简析"帮富人"的问题。为消灭贫困，不单给贫困家庭社保卡划拨基本生活费，而且给包含富豪和中产阶层在内的其他社会成员，一律都发放基本生活费，这是不是毫无必要白白浪费社会资金？肯定地说，不是的，理由有三。其一，社会福利本应一视同仁，充分贯彻平等原则。其二，人有旦夕祸福，富家子弟未必永远绝对不需要社会福利。其三，既然本人及子孙后代的生活都有了保障，社保之上的个人所得就可多交税，富豪和中产阶层由此而多缴纳的税金，会比拨付给他们的基本生活费多一些，不可能浪费社会资金。

第三，简析"资金来源"问题。给包括富人在内的全体国民都划拨基本生活费，所需海量资金从何而来？简言之，来源有二。一是适当调高个人所得税的税率，增加用于社会保障的专项税收，全额拨付给社保基金。二是由中央财政发行社保国债，拨付社保基金，全额弥补社保专项税收与社保支出之间的差额。社保国债可考虑按期限与发行认购对象区分为甲乙丙三种。甲种社保国债期限3~5年，面向社会公众与机构投资者；乙种社保国债期限1~2年，面向吸收存款的金融机构。此两种国债的利率，均略高于银行同期限定期存款利率。丙种社保国债期限30年，由人民银行全额购买，按商业银行在央行清算账户的存款利率浮动计息。

第四，简析"国债偿还"问题。社保国债的偿还，在百年之内，主要通过"借新债还旧债"的途径偿还，其余额趋向滚动增长。百年之后，那时的国民自然会根据当时的情况和他们的意愿，决定究竟是继续沿用我们的方法，还是另外选择他们喜欢的国债偿还途径。笔者推测，他们会选择继续保持较大的国债余额，否则，他们就将大幅度减少自己手中的高质量债权资产。

第五，简析"通货膨胀"问题。鉴于世界各国的通货膨胀率与其国债余额并不相关的海量事实，特别是当我们看到，一些社会福利水平和国债余额相对 GDP 比例都较高的发达国家，多年平均通胀率反而较低的情况，可以肯定地说：用上述方法解决社保资金来源问题，不仅不会导致严重通货膨胀，反而会使大众生活必需品的价格，受福利政策影响显著，因而较为稳定。

（原载《中国投资》2016 年第 7 期）

2.2　呼唤公共服务均等

"稳步扩大支出，尽快覆盖全民，着力均等机会，努力缩小差距，切实提高效率"。上述 30 字，字字万金，是国务院发展研究中心课题组在《民生为本——中国基本公共服务改善路径》一书中明确提出的健全我国公共服务的基本政策导向。切实按照这种导向做，有助于激发中华民族潜在的巨大正能量，可以显著加快中国梦的实现。

此书在充分肯定 21 世纪以来，我国通过健全基本公共服务，在保障和改善民生方面取得显著进展与巨大成就的同时，实事求是地揭示了公共服务总体水平不高、地区人群之间差距大、机会不均等、财政投入数量与效率偏低以及中央与地方政府责任关系没有完全理顺等现存的一系列问题，剖析了正在面临的诸多因素相互交叉、汇集而成的严峻挑战，如老龄化加速、城镇化进程中的大规模人口流动以及人们期望值越来越高等。

针对上述问题和挑战，此书作者通过城乡基本公共服务均等化、流动人口公共服务、构建和谐劳动关系等 11 项专题研究，除了提出健全公共服务政策导向，还归纳出"公平优先、普惠均等，政府指导、多方参与，保基本、可持续"的改善公共服务基本原则，建议在就业、教育、医疗卫生、社会保障和住房等领域，深入进行公共服务均等化改革，相应加强公共财政体制、各级政府责任划分和公众参与等基础制度建设，完善公共服务监测评估指标体系，改革推进方式。

通读全书，使人感受到强烈的时代气息。时代变了，人世间最突出的问题，已经不是产品短缺，而是公共服务短缺与不均。实现中国梦，改善民生，需要把健全公共服务体系摆在首位。其中的重中之重，是要尽快完善流动人口的公共服务。人口大规模流动，是现阶段我国社会经济的突出现象，在有力促进经济发展的同时，也带来众多社会问题。只有完善流动人口的公共服务，才能熊鱼兼得，既加快发展经济，又促进社会和谐，让更多的农民工尽快转化为标准市民，缩短人口大规模季节性跨区域流动的持续时间。

改善公共服务的最大难点是提供平等就业机会，构建和谐劳动关系。这中间牵涉的利益关系错综复杂，不容易处理好，但又必须保证不出大问题。此书指出，当前影响就业和劳动关系的深层原因是收入分配过度向资本倾斜，劳动者报酬比重偏低，劳动力市场存在严重的制度性双重二元分割。而解决这些深层次问题，让强势利益集团让利，则需要高层设计，必须下大决心，表现出大魄力，在加强立法约束的同时，讲清大局观，阐明人生哲理。

通过师资配备和教学用房、体育设施、仪器设备等办学条件的比较，此书作者认为，从教育质量角度看，我国的义务教育均等化还存在很多问题，这使择校行为在城市十分普遍，习以为常，农村中小学生"学不好、吃不饱"屡见不鲜。借鉴同属东亚文化圈的日本与韩国经验，作者建议，各级政府应首先解决认识问题，以教师轮岗和财力均等为抓手，明确制定并坚决贯彻全国统一的义务教育标准体系，加速实现义务教育均等化。这是检验中国梦是否基本实现的最鲜明、最易识别的标志。

（原载《中国投资》2013 年第 5 期）

2.3　健全社保制度战略思考

"建立更加公平可持续的社会保障制度"，是十八届三中全会通过的《中共中央关于全面深化改革若干重大问题的决定》关于社保的最新提法。怎样才能建立起这样的社会保障制度，工作重点与难点在哪里，如何区分轻重缓急，需要通过哪些途径筹集所需资金？恰当解决这些问题，需要从战略层面进行思考。

一、按生产力估量可持续社保水平

已经步入 21 世纪 10 年代中期，政通人和、百业俱兴的社会主义中国，能够对全体城乡居民持续提供何种水平的社会保障？从战略层面思考这个问题，必须实事求是，认真分析我国目前的生产力水平能够切实支撑哪些社保措施。只有这样，才能既防止盲目乐观的偏高估计，又避免偏于保守的悲观估计。

从我国目前已经达到的生产力发展水平看，只要不出现重大政策失误与社会动荡，就有能力为全体居民提供以下五方面的社会保障。其一，保证人人能够基本上吃饱穿暖。其二，保证本地居民和外来务工者有住处。其三，保证本地居民乘坐公交出行。其四，保证本地患者获得必要的医疗。其五，保证本地青少年普遍接受中等教育。吃穿有保障，住行过得去，能治病，可读书，人的最低生存与发展需要，就得到了基本满足。

但中国有老话：天上不掉馅饼，不劳者不得食。这种理念催人奋进，培育全民族的勤劳品格。然而历史经验表明，单凭勤劳未必致富，甚至难以糊口，历次饥荒死于饥饿者，多数属于劳动人民。这是因为劳动需要条件，不是所有想要劳动的人们都能够得到劳动机会。当今世界，包括中国，工作岗位，尤其是稳定的工作岗位，属于稀缺资源。追根溯源，是由于科学技术进步，劳动生产率极大提高，已经不再需要很高百分比的人从事物质生产。勉强让多余的人去生产物品，必然造成产品过剩和资源浪费。发展服务业是增加就业的重要途径，但前提是创造服务需求。人们忙得没时间接受服务，硬去提供服务，肯定讨人嫌。

在这种情况下，如果不缩短劳动时间，增加休假与服务需求，让更多人有机会工作，就只剩一个办法：承认一定待业率的必然性，并给待业者发放足够维持生存的待业救助金。对待业者，不必费力区分其中谁是懒人，因为即使区分出来，也没有工作给他们干，反倒可能招致要求赋予工作权的麻烦。因此，在现代生产力条件下，通过低保养一些自愿待业的懒人，是必要的、有益的，可以腾出稀缺的工作岗位，让更多的勤劳人获得就业机会。对此，国家立法机构与制定社保政策的高层，不仅心胸要宽广，还应细心算小账：由于勤快人比懒人工作效率高，不工作易生病，同样是养，养懒人就比养勤快人更划算。

二、我国社会保障的现状与差距

按生产力可以支撑的水平衡量，我国目前的社会保障状况总体较好，但也存在不容忽视的差距。说总体较好，除了早已普遍实行九年义务教育、温饱问题基本得到解决外，更主要的表现，是近年开始大力加强保障房与公共交通建设，努力提高城乡居民医保水平，设法完善养老保险，严格督查最低生活保障政策落实情况，国务院刚刚审议通过《社会救助暂行办法（草案）》，正在广泛征求意见。短短几年间，社保制度朝着人性化、科学化、规范化、法治化的方向跑步前进，成为新世纪我国社会事业发展的一大亮点，同时也是推动国民经济持续增长的重要因素之一。

目前我国社保制度的差距，概括地说，主要是人性化、科学化、规范化与法治化的程度还不够高，存在保障不够、落实不力、制度"碎片化"等现象，部分人群基本生活有困难。当前社会反映比较强烈的问题，主要集中于社保的公平性，涉及城乡之间的社会保障二元化，城镇中各类职工养老金发放标准差距大，以农民工为主体的流动务工人员转保续保困难，以及农村低保对象确定不公等方面。

除了社会反映强烈的上述问题外，还有一些问题，看似平常，但却特别重要，关系根本，牵一发而动全身，值得给予高度重视。例如，待业保障、妇幼保障与公益校车等。待业，尤其是青年人待业，精神最为痛苦。其实，对待业深感焦虑的不单是待业青年自己，还有他们的父母与祖父母。因此，缺少待业保障，会严重降低全社会的幸福指数，不利于社会和谐稳定，容易引发群体事件，还有可能成为黑社会组织滋生的土壤。妇幼保障与中小学公益校车，由于人生时序靠前，对于构建社会和谐、提高全社会幸福指数，更加重要，在整个社会保障体系中具有基础地位，可以发挥四两拨千斤的作用。进一步完善社会保障制度，上述问题无疑都应当纳进来，加以统筹考虑。

三、完善社保制度的总体思路

克服"碎片化"，构建规范化与法治化的社会保障制度，最简明的思路，就是以人为本，按照人性化与科学化的要求，沿着人生轨迹，分阶段提供相互衔接的保障措施。对幼儿与未成年人，提供包括义务教育在内的成年前保障。进入就业年龄段，提供包括职业培训在内的待业保障或丧失劳动能力救济金。到了退休阶段，提供养老保障。在人生各阶段，都提供住房与医疗保障。除了偶然急需的紧急救助外，其他各种社会保障，如城乡低保等，基本上都可以归并到上述保障中来，显著减少中间环节，最大限度节省社保管理成本。按此思路健全社保制度，立即就可以告别低保户和特困人员的称谓。由于住房与医疗保障，涉及的问题很多，限于篇幅，另文探讨，本文集中笔墨讨论覆盖人生三阶段基本生活的狭义社保。

　　母亲怀孕，婴儿坐胎，只要其父母领取待业保障金或救济金，就由社保部门，按当地标准，按月发放妇幼及未成年保障金，随其父母一方待业保障金的取消与恢复而自动取消与恢复。根据我国汽车业发展水平，可以按世界多数国家早已采取的做法，在义务教育措施中增加公益校车：免费接送义务教育学区内离校超过一定距离的学生。为提高校车利用率，各年级均可分部早晚错时一节课上下学。城镇中小学附近的各条街道，都可在上下学时间布置志愿者，目送步行的学生，并要求学生沿途相遇，自觉按身高入列行走，培养良好习惯。这样，就无须家长到校接送学生，有理由严格禁止妨碍交通的校门外家长停车。

　　处在就业年龄段，向当地公共就业服务机构提交就业申请，不曾拒绝聘用，在 3 个月内未能得到就业，不分城乡，无论其父母子女等直系亲属及配偶的财产多少与收入高低，都由待业保障部门，按照当地标准，每月发放待业保障金，但须扣减其应得的月均土地承包净收入和其本人名下月均所得的利息、股息、房租等财产收益。如发现转移或者瞒报个人财产收益、冒领待业保障金的情况，则按冒领总额加倍没收其个人财产。以上人生两阶段的社会保障资金，须由中央与地方两级财政共同筹集与提供。

　　到达退休年龄，不分城乡，无论个人财产与其他收入多少，都按一定标准发放养老金，对继续承包土地者需要从中扣除月平均地租。养老保障金包含全国统筹养老金、地方统筹养老金与个人参保养老金等 3 个部分。一直在同一地方就业，养老金的差别仅在个人参保部分。曾经跨地就业，根据个人社保账户与社保部门的双向记录，依据其在各地就业的时间比例与标准，计算其地方统筹养老金。各地都在全国社保清算系统开有结算账户，可以很方便地进行清算。个人参保养老金部分累计在个人社保卡账户内，可以随卡自动带到国内任何新的就业地区。

四、完善社保制度的资金保障

在市场经济条件下，仅凭生产力支撑，并不能持续提供人生三阶段的社会保障，还必须妥善解决社保资金的来源与筹集问题。依据经济学原理，社保资金的根本来源，只能是劳动者创造的价值。提供社保资金的主体，从大的方面说，主要是财政、企事业单位与个人三方。依据这个浅显道理，不难理清思路，减少环节，顺理成章地找到更公平、更稳定的社保资金筹集渠道与方式。

既然社保资金的根本来源是劳动价值，主要提供主体是财政、企事业单位与个人三方，那么，公平而又稳定筹集社保资金的核心问题，就可归结为：以适当方式，妥善处理财政、企事业单位与个人三者之间的关系，使三方各尽其责。其中财政一方，可进一步划分为中央与地方两级。为图简便，中央与地方财政筹集社保资金，无须税费分离，都可合并为社保税种，主要采取征税方式筹资，必要时通过发行社保特别国债，弥补全国统筹社保资金缺口。社保特别国债的利率，略高于同期限的一般国债，赋予养老保障机构优先认购权。

由中央财政征收的全国统筹社保税的税率，根据全国统筹社保资金需求总量与全国税源总额两者的比例关系测算。由地方财政征收的地方社保税的税率，根据各地的地方社保资金需求量与本地税源总额的比例关系测算。为了逐步缩小国民社保差距，人生三阶段的全国统筹社保部分，都应该逐渐加大，税率逐渐提高，社保特别国债的发行量也可根据实际需要适当放开限额。相应地，人生三阶段的地方社保部分，都应当控制增长，从而使地方社保税率逐渐降低。

个人与企事业单位，除了通过纳税上缴与买债提供中央与地方社保资金外，还需按薪酬的一定比例，向养老保障机构交存养老保障费。个人与单位交存的养老保障费，都即时记入个人养老保障卡账户，按 10 年期社保特别国债的利率，虚拟计算养老金本利和，作为到达退休年龄时计算个人养老年金的依据。未到退休年龄，提前支取卡上的养老保障金，存入时间在 1 年以上的部分，按银行 1 年期存款利率滚动计息，不足 1 年的部分按活期存款利率付息。到达退休年龄时，如果卡上的个人养老金本利和为零，则仅领取全国统筹养老金与地方统筹养老金两部分，没有个人养老金年金。

（原载《中国投资》2014 年第 2 期）

2.4　社保税债顶层设计思路

贯彻落实十八届三中全会《中共中央关于全面深化改革若干重大问题的决定》，建立更加公平可持续的社会保障制度，需要大量资金。从根本上说，资金源于劳动创造，体现人与人之间的关系。社保过程投入多少劳动，就产生多少价值，支出与收入恒等。因而，从全社会范围看，社保力度越大，产出越多，水涨船高，并无价值缺口。然而在实践中，各项社会保障的劳务提供方与服务接受方，虽然同乘一条船，但却职业不同，位置相反，收支逆向。如同渡江客理应向摆渡人付费一样，社保资金支出与收入的方位交错，要求从战略层面设计社保税费征收与公债筹集方案，以期消除社保运行过程中的资金缺口。

一、加强社保有助经济升级

从国民经济发展面临的客观形势看，现阶段我国最大的国内需求与增长潜力，与社会保障制度的健全程度息息相关。既然社保力度越大，产出越多，水越涨，船越高，那么，国家层面的合理战略思维，就应当是遵循以人为本原则，在生产力可支撑的条件下，依据客观需要，大力加强社会保障，在扩大社保覆盖面的同时，适当提高社保水平。

社保制度不健全，社会保障水平低，为数众多的城乡低收入居民，缺少实际购买力，必然抑制国内需求，减缓经济发展。经济发展动力减弱，失业率必然上升，需要接受社会救助的人增多，社保资金不足，会进一步压低社保水平，形成恶性循环。反之，健全社保制度，提高社保水平，众多城乡居民增强购买力，自然会扩大国内需求，促进经济发展，增加就业，充实社保资金，有助于提高社保水平，从而形成良性循环。

有个具体事例，可以简明印证上述道理。1996 年夏，美国国会通过法案，对非法滞留美国的外籍无业人员，停止发放救济性购物券。实施的结果，导致美国超市销售额当月就开始下降，工厂订单逐渐减少，失业率上升，经济出现萧条。迫不得已，经过广泛讨论，1997 年夏又决定恢复上述人员的购物券发放，经济下滑趋势很快扭转，工厂订单增加，就业率开始回升。

由此可见，救济也是一种生产力。尽管从长期看，救济不可能超越科学技术，排上第一生产力，但至少能排第九生产力，持久发挥保增长作用。从短期看，在特定情况下，救济偶尔还有可能成为医治经济下滑的速效药。其实，现代西方发达国家之所以能够有今天，不单纯靠科学技术，还有赖于加强社会保障。如果没有提高社会保障水平，还像资本主义社会初期那样，残酷盘剥雇佣工人，早就如马克思所言，彻底崩溃了。社会保障既然救了资本主义和帝国主义的命，就应当能够更有力地保社会主义的命。

我国目前恰好进入急需全面健全社会保障制度的历史阶段。这个阶段的突出特点是科技发展已经达到一定水平，不难满足人们的基本生活需求，最难的是实现充分就业。在这样的发展阶段上，如果不提高社保水平，即使生产大发展，也会因产能过剩，而大打折扣，难见实效。因而，只有全面加强包括学前教育等在内的社会保障，切实扩大有效需求，才能有力地推动国民经济转型、增效、提质、升级，切实提升人民福祉，提高全民素质。

二、社保资金主要应由财政筹集

顾名思义，所谓社会保障，就是由全社会提供给社会全体成员的生存与受教育保障，具有明显的公益性。这种社会公益事业所需资金的提供者，是全社会有贡献能力的人们，受益者则包括缺少劳动能力者在内的社会全体成员。因而，具体到每个人，其贡献与受益的资金价值量，未必恰好相等。更确切地说，社保的本质与真正作用，恰恰在于参与者的贡献与受益在数量上不相等。如果二者相等，那就不是社会保障，而是自我保障了。提供个人贡献与受益不对等的社会保障，只能是政府职能，自然应当主要通过财政渠道汇集资金。

（一）以税代费汇集社保资金

财政汇集社保资金，最简便的途径，是以税代费，合并征收综合社保税。目前，用于义务教育、社会救济等方面的社会保障资金，是通过税收征集，由财政预算支出的。养老保险、就业保险和医疗保险等，则主要采取个人与单位缴费的渠道汇集资金，存在明显的行业差异、单位差异和地区差异。为了提高社保水平，逐渐缩小社保差异，使社会更加公平和谐，需要将上述各种缴费社保都一分为二，明确划分为由财政统筹的公共社保与自愿缴费的商业保险两个部分。

由财政统筹的公共社保，没有必要采取缴费方式汇集资金，可以经过测算，分别制定出适合个人与企业的综合社保累进税率，照章征税，及时划拨给社保部门使用。考虑我国目前不同行业与企业间盈利水平和养老金差异较大的实际情况，短期内消除差别难免遇到巨大阻力，可以在一段时间内允许高盈利与高福利企事业单位，为其职工加投商业性的养老、失业与医疗保险。但由企事业单位替其职工缴纳的商业保险金，应当依法纳税，不使其成为一种避税工具。

由于我国目前在不同地区之间客观上存在较大的工资福利及房价差异，立即在全国范围实行统一的公共社保，也不现实。鉴于这一实际情况，在一段时间之内，有必要由中央与地方两级财政，共担公共社保职责。即由中央财政按同一税率征收全国统筹社保税，按相同标准提供全国统筹的各项社会保障；地方财政根据本地实际情况，制定适合自己的地方社保税率，按本地标准提供各项社会保障。随着时间推移，逐步提高全国统筹社保税率，加大全国统筹社保部分，相应减低地方社保税率，逐渐减少地方社保部分。

（二）以债补税充实社保资金

仅仅通过征收社保税，财政未必能够汇集到足够的资金，大幅度提高社会保障水平。这就是说，中央与地方财政都有可能会面临要么提高社保税率、要么维持较低社保水平的两难选择。出现这种情况时，如果纳税人难以承受社保税率的调高，还有一个办法可以尝试，即发行社保公债，以债补税。具体地说，全国统筹部分的社保资金不足，就由中央财政发行社保国债；某些省市政府负责的社保资金不足，就准予他们发行地方社保债。

财政负债筹集社保资金，并非没有先例。事实上，当今世界的许多发达国家，很长时间以来一直都在这样做。这些国家表现发达的一个重要方面，就是其社会保障水平比较高，青少年得到良好的义务教育及底层人民生活有保证。这些国家之所以能够提供较高水平的社会保障，不是因为他们的财政有盈余，而是他们的财政肯负债。发达国家的财政负债率都很高，尽管没有单列出社保债种类，但其债务大部分都是用于社会保障，以致没有必要特别标明其中多大部分为社保债。

发达国家通过增加财政负债提高社保水平的做法，近年受到质疑，尤其是我国舆论界，普遍不予赞许。但这是不可逆转的客观趋势，人民从中受益。人民福祉提升，是实实在在已经得到的实惠。而财政负债增加，危害究竟多大，还有待观察。有的人说，财政负债增多，危及债权人的资产安全。另有人说，财政负债增多，危害的是财政，因为财政需要向债权人付息。或许还有人会说，上述债权债务双方都不是受害者，真正受害的是没有债权的国民，因为他们的肩头被压上了债务。究竟危害谁呢？没有一个公认的说法。在这种情况下，更多的人倾向于认为：危害的是公债最终偿还者。

三、社保公债的最终偿还者

谁是社保公债的最终偿还者，他们将会受到什么样的危害，严重程度如何？这是个既有趣又有价值的全球通用宏观财政金融理论问题。科学地回答这个问题，需要划分以下三个时段，逐一加以分析。第一时段：民族国家各自独立时代。第二时段：高度全球化的地球人时代。第三时段：人类移居火星或者土卫六的太空人时代。

在上述第一时段，只要财政守信用，利率适当，社保公债不难卖。因而，各民族国家的财政都可以顺利地"拆东墙补西墙"，借新债还旧债，一直保持最终偿还者的姿态，直到进入地球人时代。在第二时段，全体地球人的财政信誉更高，社保公债更好卖，可更大规模借新债还旧债，保持最终偿还者的雄姿，直到太空人时代。在第三时段，人人成为天仙，个个粪土金钱，无心双方论债，有意再度远迁，最终偿还者与最终索债人，一同失联了。

其实，偿还公债的真正付出者，不在未来，而在当代。当代人提供劳务，或挥汗建房，或迎风种粮，或凌晨驾车，或深夜查床，使各类社会保障能够于今日得以实现。在此过程中，公债发挥出不可或缺的媒介作用，但这一切与后代人的劳动付出，毫不相干。因此，敢于利用公债弥补社保资金缺口的国家，容易发达；畏惧公债的国家，人民福祉不易提高。长期不悟此理，日后悔之莫及！

（原载《中国投资》2014 年第 4 期）

2.5 "十三五"：起步迈向福利社会

纵观历史，人类社会发展的总趋势，是在科技进步与劳动率提高的有力推动下，逐步提升社会福利。今后 30 ~ 40 年，科技进步将明显加速，可为提高社会福利提供更好的客观条件；从社会稳定角度看，又有通过提高福利缩小贫富差距的社会需求。两方面结合，在即将到来的"十三五"规划期，无疑需要动身起步，朝向福利社会迈进。

一、本文所说福利社会的基本含义

尽管各种含义的福利社会，都不可缺少较高水平的社会福利，但不同的福利社会概念之间，却存在不容忽视的差别，甚至表现出明显对立。本文所说的福利社会，是指对社会每个成员从生到死的人生各阶段都一律提供足以维持正常生活的福利待遇，但不禁止个人拥有生产资料和债券、基金、股票、存款等金融资产，不反对任何人依靠合法收入购置豪宅、豪车等高档消费品享受奢华生活。

在这样的福利社会中，有富人，有平民，占比最高的是中产阶层，但没有穷人。这样的福利社会，存在阶层差别，没有阶层对立。富人和中产阶层都衷心赞同向全体社会成员提供较高水平的社会福利，为此他们付出实际行动，不仅积极购买并持有社会福利基金与公债，甚至还愿意接受较高的税率。他们采取这种态度，不完全出于公德心，更主要的是因为这样的福利制度符合他们的利益。如果不给每个社会成员普遍提供较高的社会福利，就会大幅度降低社会总需求。社会需求萎缩，富人将失去不少赚钱的机会，中产阶层要丢失很多工作岗位，恶性循环下去，对谁都不利。

在这样的福利社会中，平民不憎恨富人，不嫉妒中产阶层。平民具有这种心态，不完全由于他们性情柔和、本性谦卑，更主要的是因为他们享有从生到死的福利保障，与人攀比的实际意义不大。而他们享受的社会福利，主要来自中产阶层的劳动付出和富人们的依法纳税、积极购买公债。如果社会上没有富人，财政征收的税就少，福利公债也将由于缺少购买力而难以发行，社会福利就缺少足够的资金来源。

社会各阶层之间的关系，犹如家庭成员，彼此联系，相互影响，往往一损俱损，一荣俱荣。譬如，富人购置豪宅豪车，享受奢华生活，对平民与中产阶层来说，其实就有不少好处。首先，扩大了社会需求，增加了就业机会，工薪阶层由此受益。其次，富人的豪宅豪车一般人买不起，却可以看得见，形成一景，让世界多彩多姿，有利观瞻。更重要的是富人先行购买价格昂贵新潮高档的消费品，有助于打开新产品的初期市场，支持科技进步，为这些物品日后落入寻常百姓家，以致最终被更先进的产品淘汰，创造必要条件，奠定坚实基础。

因此，这样的福利社会，不把富人阶层埋进坟墓，却将贫困群体留给历史。有些人转向另一极端，赞同个人拥有生产资料，经营致富，但却反对通过社会福利措施尽快消灭穷人。他们持有这种观点的主要理由有二，一怕人们因此变懒，社会失去发展动力，二怕财政负担过重，难以为继。出于上述担心，他们支持适当搞些福利，但不赞成福利社会的提法。如果说这种观点在我国改革开放以来的前35年确有一定道理的话，那么，现在则显然落后于世界形势，不合情理啦！今后35年，从现在算起，到2050年，人类生活将发生巨变，机器人将在包括工业生产和家庭服务的很多领域大显身手，互联网与高速公路等将为人们提供更多的社会共享，我国也不能例外。在这样的形势下，拒绝为一部分活人变懒提供福利条件，机器人就会失去发展动力，国家就要因此而落后，财政才会真的没有出路。

二、"十三五"规划可采取的福利措施

距离2050年机器人在诸多领域大显身手、全球主流国家进入福利社会的时代，还有35年时间。这35年不短不长。由于时间不算太短，可有足够时间认真规划，稳步前行；因为时间不算太长，在即将到来的"十三五"规划期，就要开始行动，朝着福利社会的大方向推进。根据实际需要与现实可能，"十三五"期间宜从"老、少、孕、病、残"5个基本方面起步，采取切实有力措施，大幅度提高社会福利。

养老是人生的最后阶段，为使国人都能够安度晚年，"十三五"规划期应当着手缩小城乡养老差距。具体地说，可以考虑每年一小步，五年一大步，争取在2020年把农村养老金的发放标准提高到城镇退休养老金的最低水平，

为 2030 年彻底消除城乡养老差别，做必要的准备。

少儿是人生之初，祖国的未来，应当善待。从"十三五"规划期开始，可以考虑给每个初生儿，无论父母贫富，都发放育儿金，直到上小学为止。育儿金的数量，建议"十三五"暂以县市为核算单位，根据当地幼儿园包括饭费在内的平均收费总额确定。进一步强化义务教育，中小学全部免费，提高课本印刷质量，实行借阅制，损坏赔偿。公立幼儿园和公立中小学，都在规定的就读区内免费开校车。

孕妇和产妇需要得到良好的照顾与优待，产前产后，夫妇双方，都应适当延长带薪假期。其实这是一种社会互助，只要人人肯于为此作出贡献，那么反过来，人人就可以分享到此种待遇。这项带薪休假措施，有助于增加城镇的就业机会，对于农民进城工作，转化为市民，能够起到一定的拉动作用。

我国各地近年不断增多、愈演愈烈的医患冲突表明，仅靠医疗保险是不够的，需要考虑在"十三五"期间选择若干市县，开展试点，以适当方式恢复公费医疗，由公立的福利医院直接为本区居民提供免费的基本医疗保障。公立福利医院的一切经费，包括医务人员工资，都由当地财政拨款。不满足于基本医疗保障的人们，可以根据自己的实际情况，自愿选择加入商业性医疗保险，到商业性医院求诊就医。

根据劳动能力大小有无，可对残疾人作适当的细分。对于完全丧失与部分丧失劳动能力的残疾人，为减轻其亲人的负担，在"十三五"期间适当提高救济标准。对劳动能力受到一定限制的残疾人，继续实行鼓励企事业单位吸收就业的政策，同时考虑给予业主以适当的财政补贴。

此外，还有些社会福利措施，也可在"十三五"期间首先在一些行业或地区开展试点，取得成功经验，再在以后的五年规划期中逐步向全国推广。譬如，增加带薪休假天数，适宜从金融、通信、电力等目前薪酬较高的行业进行试点。公租房适宜首选办公地点较为固定，需要就近上班，而人员调动较为频繁的党政军机关进行试点。这样做可以防止党政军机关附近住宅的产权被私人占有，避免现职公务员远距离上下班，能够提高政府办事效率，有助于应对突发事件和紧急军事情况。

（原载《中国投资》2015 年第 3 期）

2.6 家庭社保卡创新设想

作为消除贫困的重要措施之一，在本刊上期《消灭贫困要有新思路》一文中，笔者简略提到："全国居民的基本生活费发放，可根据各家各户的人口年龄段构成，确定各类生活费的应拨额度，由中央社保机构直接划拨到家庭社保专用卡。此卡只能用于支付社保范围内的各种生活消费，不能用于其他支出，不能提取现金，也不可转存其他账户，余额超过年度应拨总额的部分，自动核销。为方便家庭成员使用，一户主卡可以申办多张副卡。"本文对此设想进一步展开讨论。

一、家庭社保卡的制度基础与基本功能

（一）家庭社保卡的制度基础

上述家庭社保卡的设计基础，是全民统一社保制度，或称社会福利制度。能够消除贫困的全民社会保障，需要由中央与地方两方面合理分工，双轨运行。地方政府应当筹集资金，直接为本地居民提供从出生到安葬整个人生过程中必要的公共设施与服务。此类公共设施包括中小学校园、公共图书馆、廉租住房、公立医院、社区公墓等；公共服务包括义务教育、免费培训、公费医疗等。中央财政适宜统筹全国社保资金，划拨给社保系统，按规定标准为全国城乡居民的家庭社保卡充值。没有这样的全民社保制度，家庭社保卡便缺少根基。因而，家庭社保卡的创新设想，实质上就是对全民社保制度的全新设计。

（二）家庭社保卡的基本功能

作为实现全民社保的重要工具，家庭社保卡的基本功能是消除贫困，按月分户根据家庭人口年龄结构统一为全体国民划拨基本生活费用。这些费用足可在线上线下市场购买到满足基本生活需要的消费品与服务。

为简化基本生活费用的核定，家庭人口年龄结构可以简单地区分为成年人与未成年人两个档次，成年人的基本生活费用标准高于未成年人。如果将年满18周岁作为进入成年的标准，那么，每个人在他18周岁生日的那一天，都会发现他们家的社保卡收到一笔补差，其数额等于该日距离月底的天数占

全月天数的比例乘以成年人与未成年人的月基本生活费用。

　　"统一为全体国民划拨基本生活费用"的具体含义，是不分城乡、不分地区、不分贫富、不分男女的，只分成年与未成年，都在每月第一天，按统一标准，给家庭社保卡充值。在基本生活费用问题上，我们的传统观念是城乡有别、地区有别、贫富有别、男女有别。创新社保制度，首先需要克服的就是上述传统观念，树立"社会保障人人平等"的观念，避免无休止的攀比与争论。譬如农民有地，可以种粮种菜，但不应以此为由降低他们的社保基本生活费用标准。这样说，不仅因为在自家田地上种粮种菜的劳动价值不及进城为他人打工，同时还考虑到：向农村供货需要更多的运费，农村人外出打工、看病、旅游，都需要更多的时间与路费。方方面面，各有短长，争争讲讲，无尽无休，莫如一视同仁，同一标准，不做细分。

二、家庭社保卡的划拨额度与支用限制

　　（一）家庭社保卡的划拨额度

　　那么，怎样核定家庭社保卡每月基本生活费的划拨额度呢？这既是政策问题，又是技术问题。为了提高政策的稳定性与严肃性，建议由全国人大审议通过一项立法，以法律形式明确规定我国居民脱贫的"基本生活消费品与服务清单"。随着科技进步和生产力水平的提高，五年修订改善一次，成为今后五年规划中不可缺少的法规修订事项。以此为基础，责成社保部门按照该清单核算每月基本生活费的划拨额度，并根据上年物价指数，一年一调整。

　　（二）家庭社保卡的支用限制

　　根据家庭社保卡的基本功能与划拨额度的核定依据，顺理成章，卡内社保资金的支用范围，应当仅限于社保法明确规定的"基本生活消费品与服务清单"，不能用于购买超出社保清单范围的其他支出，更不能提取现金或转存其他账户，卡内资金不生利息。此外还有一条：卡内余额超过家庭年度应拨总额的部分自动核销，即卡内余额一旦达到家庭年度应拨总额时，即暂停增拨。附加此条限制的主要目的，是促进必要消费，提高城乡居民生活质量。出于同一目的，与严格限制支用范围形成鲜明对照，在家庭成员使用此卡方面，则尽可能提供便利，具体体现就是"一户主卡可以申办多张副卡"。

三、家庭社保卡的资金来源与宏观效应

（一）家庭社保卡的资金来源

为家庭社保卡充值的资金主要来源于两个筹集渠道：一是征收社保费税，二是发行社保国债。

1. 征收社保费税。将目前由个人和单位上缴的社会保障金，改为按个人纯收入一定百分比征收社保费，同时对企事业单位征收社保税。取消个人社保缴费账户，征收的社保费与社保税统归中央社保部门，用于为家庭社保卡充值。纯收入明显高于平均水平的人们，上缴的社会保障费，肯定比他们得到的家庭社保卡充值多，多出的部分实际上补助了本期没有收入及收入低的人们。具体到每个家庭每个人，补贴与被补贴的关系，不是一成不变的，有的人可能在短期内就发生逆转。永远处在给他人提供补贴地位的人们，其实是幸运的，也是幸福的，他们的生活质量一直较高。

2. 发行社保国债。当社保部门收到的个人社保费和企事业单位社保税总额不够给家庭社保卡充值时，可由中央财政发行社保国债弥补。社保国债的第一发行对象，是社会公众与机构投资者，吸收存款的金融机构，期限3~5年。第二发行对象是吸收存款的金融机构，期限1~2年。第三发行对象是中国人民银行，期限30年。通过发行社保国债筹集的资金，由中央财政拨付给社保基金，足可弥补社保费税与社保支出之间的差额。

（二）家庭社保卡的宏观效应

1. 财政效应分析。从积极方面说，通过家庭社保卡给全国居民统一发放基本生活费，可以显著提高贫困人口和弱势群体的购买力，扩大必要消费品和服务的生产销售总额，因而能够增加财政税收。而当企业感到税收负担过重时，国家还可考虑适当增发社保国债，相应调低社保税，为企业减负。从消极方面看，发行社保国债，无疑会增大国债余额，提高财政负债率。但由于有央行认购社保国债在后面压阵，金融机构、社会公众与机构投资者购买持有国债，都可免除违约不按时偿还之忧。而央行购买社保国债的能力是无限的，国债到期可以再次购买，因而中央财政不会出现偿债危机。

2. 金融效应分析。那么，从金融角度看，中央银行在必要时直接购买社保国债，弥补社保资金缺口，会不会导致货币供应量恶性扩大呢？货币供应

量是个多层次的概念，目前在我国最受关注的货币供应量指标是 M2。中央银行购买社保国债，补充社保基金，为家庭社保卡充值，直接增加的是存放在全国城乡居民家庭社保卡中的基本生活费拨付额度，不能提取现金，不能转存，因而不计入 M2。有了这样的家庭社保卡后，城乡居民的存款欲望会普遍降低，以 M2 为基础的间接金融占社会信用总规模的比重趋于下降，直接金融的比重将显著上升，我国的金融结构将因此而得到明显改善。

3. 物价效应分析。环顾世界各国，不难发现，国债占比与社会福利水平都高的国家，通胀率一般都比较低。大量的经验表明，健全社保制度，善用家庭社保卡，不仅不会导致大幅度的物价上涨，反而有助于稳定大众生活必需品的价格。

4. 经济效应分析。健全社保制度，利用家庭社保卡消灭贫困，大幅度提高贫困人口和弱势群体的购买力，其宏观经济效应必然是有力地拉动生产供给，为整个国民经济增添活力，给企业提高经济效益带来转机。

5. 社会效应分析。健全社保制度，利用家庭社保卡消灭贫困，其直接目的与社会效应，就是从低端开始加快缩小贫富差距，同时又不挫伤富有者追求更加富有的积极性。由此带来的间接社会效应，则是社会更加和谐，社会风气逐步得到改善。

（原载《中国投资》2016 年第 8 期）

2.7　制定社会保障法　助推供给侧改革

我国有关社会保障的法律法规，目前是由《社会保险法》（内含"基本养老保险"、"基本医疗保险"、"工伤保险"、"失业保险"、"生育保险"等），《城市居民最低生活保障条例》、《农村五保供养工作条例》、《老年人权益保障法》、《妇女权益保障法》、《未成年人保护法》、《残疾人保障法》、《军人抚恤优待条例》、《伤残抚恤管理办法》、《住房公积金管理条例》、《廉租住房管理办法》等众多法规与条例共同组成，尚未形成一部完整的《社会保障法》。为了消除贫困，加快实现中国梦，急需改变这种状况，尽快制定完整的新型《社会保障法》。

一、制定新型《社会保障法》的必要性与可能性

（一）制定新型《社会保障法》的必要性

我国现行社会保障法律法规的外表碎片化，是其内在差异化的外在表现。社会保障的内在差异化，建立在城乡二元化、官民等级化、人群细分化的基础上，不能一视同仁地为每个社会成员提供相同的社会保障。追其根源，是人的平等观念薄弱，全体社会成员之间，缺少深层的关爱。在此前提下制定的各种碎片化法规与条例越细，不同群体之间的合法壁垒就越分明，社会保障的实际差距就越明显。

首先是城乡社保差别。我国城乡居民之间的社会保障差别很多，远远超过一些国家之间的社保差距，以致可以视为两种不同的国民——城里人与乡下人。自从实行土地集体所有、消灭乡绅文化之后，我国农民就逐渐习惯了这样的城乡差别，完全认同了自己的"乡下人"身份地位，因而这种差别并未引起直接冲突。但这种身份默认，却在乡下人心理、农村精神面貌和农村人口素质等诸多方面，给我国社会带来难以估量的消极影响和长期隐患。乡下人的这种集体无声，成为整个民族的悲哀，经历30多年的改革开放，至今仍未彻底改变。

其次是蓝白领社保差别。在城镇中，包括工程师在内的企业退休人员，与行政事业单位退休人员，退休养老金发放水平不在同一档次，相差悬殊。这种差别在一些地方已经引起矛盾冲突，爆发了群体事件。今后有可能在更多地方，出现企业退休人员的街头抗争，甚至波及企业在岗工人，发展成为影响社会和谐的巨大不安定因素。

此外，事实上还广泛存在国企与民企之间的社保差别，以及行政事业职员不同级别之间的社保差别等。这些差别，与城乡差别、蓝白领差别的本质相同，都是社会成员之间的社会保障不平等。当人们追求社会平等的意识普遍增强后，这些差别都有可能引发群体性事件，给社会带来不安定。在暂时还没有引发群体事件之前，其危害实际上也是存在的。这种危害在国民经济方面的主要表现，是社会基本消费需求总量被压低，抑制经济发展，加重产能过剩，扭曲产业结构。在社会关系方面的主要表现，则是不同行业与人群之间的攀比心理增强，人们普遍缺少安全感，以致降低社会诚信，一些人为

捞钱而不惜索贿受贿，市场上假冒伪劣、互害行为盛行。

为了消除现行差异化社保对国民经济与社会关系的上述消极影响，既增强经济发展活力，又从根本上改善社会风气，有必要按照社会成员社保平等的原则，彻底打破现行社保法规的内在差异化与外表碎片化，制定一部完整的新型《社会保障法》。期待这样的《社会保障法》，能够为每个社会成员提供基本生活保障，让人人无生存之忧，从而极大增强全体社会成员的安全感和凝聚力，一扫社会互害风气，恢复华夏淳厚民风。

（二）制定新型《社会保障法》的可能性

如果提前 5 年，在 2011 年讨论制定新型《社会保障法》问题，可能还有些理想化，缺少现实可能性。时间虽然过去仅仅 5 年多，我国的经济社会形势已经发生很大变化。首先是国民经济进入新常态，GDP 增速放缓，相当多的行业产能过剩，库存增多，企业财务效益相应下降，支付融资利息的能力减弱，整个社会的就业压力逐渐加大。这样的经济形势，给实行新型《社会保障法》，为全体社会成员提供基本生活保障，奠定了坚实可靠的生产力基础。

与生产力基础同样重要的是："十三五"规划确定了全面建成小康社会、全民脱贫的发展目标。这是党和政府向全体国民作出的庄严承诺。要真正兑现这种承诺，光靠发展生产力是不够的，必须通过健全社会保障来兜底。党和政府在实践中充分认清这一点后，就会下定决心推动新型立法，大幅度提升社保水平。只要党和政府下定决心，以往对统一社会保障的种种阻碍和疑虑，都将烟消云散。

与党和政府为实现脱贫承诺而决心推动社保立法同等重要的是：近年有迹象表明，我国财政金融界的理论观点和政策思路，已开始由保守转向开明，从而有可能扩展社保资金的筹集渠道。反映这一变化的突出事例有二。一是全国人大常委会 2014 年 8 月 31 日审议通过了《预算法》修正案，解禁地方公债，允许地方政府发债。二是 2015 年 12 月中央经济工作会议，史无前例地提出"阶段性提高财政赤字率"，据此 2016 年 3 月通过的财政预算将财政赤字率由上年的 2.4% 提高到 3%，安排预算赤字 2.18 万亿元，比上年增加5 600亿元。

总括起来，从物质生产力水平、资金筹集渠道与"十三五"经济社会发展目标等方面情况看，新型《社会保障法》的制定实施，具有了可能性。只要党和政府下决心，完整的新型《社会保障法》不仅可以制定出来，而且能够顺利实施，很快显现出积极效果。因此，决定新型《社会保障法》能否顺利制定的最关键问题，就在党和政府的决心大小，此决心大小则取决于完善社会保障的指导思想是不是明确。

二、新型《社会保障法》的指导思想与创新要点

（一）新型《社会保障法》的指导思想

明确新型《社会保障法》的指导思想，并非易事，至少需要排除以下三种成见和疑虑。

首先是条件差异论。持有此类观点的人们认为：城乡居民的社会保障本不该相同，因为农民有地；各地区、各城市的社保不能没有差别，因为房价不同、物价不同、生活费用有高有低。如此比较不同，人与人之间的不同之处就太多了，譬如山区农民可以说我们到城市医院去治病要比城里人多花很多的路费和住宿费，产业工人说我们干体力活要比公务员多吃不少饭。这样比来比去，永远谈不上统一的社会保障。要制定新型《社会保障法》，就必须忽略上述各种差别，牢固树立人人平等的观念，以"同等对待全体国民"作为社会保障立法的指导思想。

其次是社保养懒论。持有这种观点的人们认为：给全体国民提供同等的社会保障，就是鼓励不劳而获，会使一些人变懒，从而降低整个社会的经济活力。其实，勤奋与懒惰的个体差别，主要源于个性而不是生活条件。懒惰之人，无论贫富，都依然懒惰；勤奋的人，或贫或富，都奋斗不息。在科学技术日新月异，机器人越来越精，生产能力过剩，就业岗位不足的当今社会，懒人最好吃社保、不工作。因为懒人实际上属于一种特殊的病人，他们办事常误事，生产废品多，与其让他们挤占勤奋人的工作岗位，不如把他们养起来，更能提高全社会的工作效率。

最后是劫富济贫论。持有这种观点的人们认为：羊毛出在羊身上，给没能力和没机会工作的人们提供可以满足基本生活需求的社会保障，肯定是拿富人的钱救济贫民。这样讲，不能说毫无道理，但眼光偏短，心胸过窄，缺少动态的辩证观点。其实，现代化商品生产不同于自给自足的小农经济，在

现代社会中，救济已经成为提高生产力的一种要素。如果不给包括失业者在内的贫困人口提供社会保障，导致社会需求不足，就会进一步增加失业，形成恶性循环，以致一些企业倒闭，富人不免受牵连，减少利润，甚至赔钱。因此，普遍提高社会保障水平，绝非劫富济贫，而是济贫助富。

排除上述成见和疑虑，牢固树立"同等对待全体国民，确保人人无忧生存"的社保指导思想，才能制定出既简明易行，又合理高效的新型《社会保障法》。

（二）新型《社会保障法》的创新要点

体现"同等对待全体国民，确保人人无忧生存"的社保指导思想，新型《社会保障法》至少需要包含以下六点创新。

第一点：同等对待国民，消除社保碎片。按照上述社保指导思想，同等对待全体国民，就应当消除社保法律法规的碎片化，制定统一完整的《社会保障法》。完整的社保法简单明了，现行的很多社保法规与条例，如《社会保险法》《城市居民最低生活保障条例》《农村五保供养工作条例》《老年人权益保障法》《残疾人保障法》《住房公积金管理条例》等，都可以相应废止。这不是多部法律法规的汇编与合并，不是简单的形式统一，而是真正体现法律内涵的巨大变化。

第二点：中央地方政府，社保分工清晰。要使社会保障"同等对待全体国民，确保人人无忧生存"，需要中央和地方政府明确分工，各司其职。可以花钱购买，能够刷卡支付的基本生活费用，由中央财政统筹资金，每月都在同一天划拨到全国各地各家各户的社会保障卡上。需要当地提供的必要生活设施与服务，由省市县三级地方政府适当分工，各自筹集资金，分别组织建设，委托公益机构管理运营。

第三点：必要消费保障，国债资金兜底。中央财政统筹全国居民的基本生活费用资金，如果征收的专项税费不足，可以根据实际需求，发行各种期限的社会保障专项国债。全国人民代表大会对社会保障专项国债的余额，不设上限。

第四点：公租住房保障，县区政府提供。摆脱上层建筑和生产关系的束缚，仅就生产力而言，凭借现代建筑技术，保障居民住房，比野兔打洞造窟还容易。因而，无须在更大范围调动人力物力，只要立法责成县区政府找地筹资，交由乡镇街道建设经管，就完全应当能够解决。公租房的防灾抗震与卫生设施标准，须由国家统一颁布并监督检查，至于公租房建设与出租的具体管理办法，则可由各地县区政府自定。

第五点：医疗卫生保障，依靠所在地市。从医院设施建设、医疗设备采购和医生培养聘用的角度看，地级市应当有能力对本市城乡居民提供最基本的本市就医公费医疗保障。征收医疗保障专项税费不足的地级市财政，可以发行医疗保障专项市政债。

第六点：义务教育保障，统归省级政府。中小学教育质量，关系人生，决定民族整体素质。为提高教育质量，增加开通公益校车等义务教育内容，应当将义务教育的社会保障责任落实给各省、自治区和直辖市政府。征收义务教育保障专项税费不足的省级财政，可以发行义务教育保障专项公债。

三、新型《社会保障法》对供给侧改革的助推作用

按上述指导思想制定新型《社会保障法》，将在短时期内大幅度提高我国各族人民物质文化生活的整体水平，促使社会风气和人的精神面貌为之一变，人们的诚信和道德水准有望逐渐返璞归真。限于篇幅，本文侧重从国民经济效应角度，集中分析新型《社会保障法》可能对供给侧结构性改革产生的助推作用。

（一）扩大有效需求，为供给侧改革铺路

制定新型《社会保障法》，从吃穿住行和教育医疗等诸多方面，为全体国民提供基本生活保障，显然会迅速扩大有效需求，相应增加有效供给。这就为供给侧结构性改革铺平了道路，增添了市场动力。不通过这种途径扩大社会需求，势必面临如下两难局面：不是眼看着需求不振，就是人为制造短期泡沫。上述两难局面的共同特点，是无法为供给侧改革提供市场动力。新型《社会保障法》恰好可以破解这个难题，使供给侧改革与民生息息相关，紧紧与弱势群体的生活改善相联系，脚踏实地促进经济结构优化。

（二）提高人口素质，促进产业升级

按照新型《社会保障法》，数亿贫困人口和弱势群体可以在短短几年内就改变命运，大幅度提高物质文化生活水平，同时还可使1亿多名中小学生喜洋洋乘坐公费校车，肯定会提高教育质量和人口素质，为科技创新和产业升

级换代提供宝贵的人力资源。人是生产力诸要素中的决定因素，提高人的素质，改善人力资源供给，是最重要的供给侧改革。

（三）增加旅游休闲，降低就业压力

新型《社会保障法》至少能够从两个侧面增加旅游休闲。首先是新型《社会保障法》会规定适当增加在职人员的休闲度假时间。其次是原本没钱旅游的农村贫困人口，今后有可能用自产粮菜结余下来的生活费用出门旅游。两方面结合，会逐渐形成喜欢旅游休闲的社会风气，出现国民生活新常态。这种国民生活新常态，会从两个角度降低就业压力。一是在职人员增加的休闲度假时间，需要适当增人来补充；二是旅游休闲的人次增多，要求增加相应的服务。这两个因素，都会扩大就业需求，降低就业压力。

（四）壮大科研力量，增添发展后劲

科学技术是第一生产力。新型《社会保障法》平等对待全体国民，保障人人无忧生存，会使天性喜欢思考研究、观察探索的人们，摆脱生活压力，更多从事科学研究，积极进行技术创新。这样的社会氛围，显然适宜创新创业，能够为社会经济发展增添后劲。

（原载《中国投资》2016 年第 9 期）

2.8　略论新型《社会保障法》的框架结构

按照"同等对待全体国民，确保人人无忧生存"的社会保障指导思想，制定完整的新型《社会保障法》，整合社保法规的外表碎片，消除社会保障的内在差异，将显著提升我国基层人民的生活水平，深刻改变全体国民的精神面貌，具有强烈的现实意义和深远的历史意义。为了推动此项立法，本文对新型《社会保障法》的框架结构提出粗略设想，希望能够起到抛砖引玉的作用，引起更多的关注和更加深入的研讨，形成更加完善的法案。

一、《社会保障法》的篇章结构

一部完整的新型《社会保障法》，要能够为每个社会成员提供从出生到安葬的终生社会保障，初步考虑至少需要由以下 11 章组成。第一章　总则，第

二章　基本生活保障，第三章　特别救助，第四章　休假保障，第五章　住房保障，第六章　医疗保障，第七章　义务教育，第八章　公共设施保障，第九章　中央社会保障资金来源，第十章　地方社会保障资金来源，第十一章　附则。

新型《社会保障法》的总则，统领全篇，特别重要，内容需要大胆创新，简明扼要地提出社会保障立法新的指导思想，说明社会保障应当遵循的新原则和运作新模式。其中最关键的是要在新型《社会保障法》总则中申明：社会保障是对社会全体成员的基本生活保障，因而需要同等对待全体国民，确保每个社会成员都无生存之忧。

这样的社会保障，与社会保险不是同一个概念，而是有着根本区别。社会保险需要被保险人缴纳保险费，被保人未来领取的保险金数额，与其以往的缴费挂钩。从本质上说，这种需要先交保费的社会保险，不是真正的社会保障。顾名思义，真正的社会保障，应当平等地提供给每个社会成员，而不以被保障人事先缴费为前提。

制定新型《社会保障法》，健全社会保障制度后，我国《社会保险法》目前规定的基本养老保险、基本医疗保险、工伤保险、失业保险与生育保险等需要用人单位和职工缴纳保险费的各类社会保险，均可取消或者转型为投保人叠加保险档次、进一步提升生活质量而自由选择的商业保险，各级政府不再参与。新型《社会保障法》有必要在总则中申明此点。

二、《社会保障法》第二至第四章的核心内容

在新型《社会保障法》第二章基本生活保障中，不可缺少的核心内容是要明确规定：为使全体国民都能够平等获得基本生活保障，由中央财政统筹资金，经全国社保机构，区分成年人与未成年人两个档次，按月向城乡居民的家庭社会保障卡拨付基本生活保障费。基本生活保障费，包括用于食品、服装、水电、房租、教育和每年半个月旅游休闲花销等基本生活消费支出。成年人与未成年人基本生活保障费标准，由全国人民代表大会审议批准，根据生活必需品价格水平变动情况，一年一调整。

全国各地区之间的基本生活消费水准，难免存在高低差异。为保证基本生活消费水准较高区域的居民也能够获得基本生活保障，制定基本生活保障

费标准，需要就高不就低，确保千家万户"一卡在手，生存无忧"。在此原则下，为了避免基本生活消费水准显著偏低区域的居民家庭将多余的基本生活保障费挪作他用，本章应当规定：家庭社会保障卡只能用于支付基本生活保障范围内的各种生活消费支出，不能用于其他支出，不可提取现金或转存其他账户，卡中累积余额超过年度应拨付总额的部分自动核销。

实行这样的社会保障制度，必将使全国居民的生活必需品与服务得到充足供给，并且促使各地区的生活消费价格总水平逐渐趋同，全社会更加安定和谐。在此条件下，为消除社会保障法规的碎片化，我国现行的《城市居民最低生活保障条例》、《农村五保供养工作条例》及《城市生活无着的流浪乞讨人员救助管理办法》等，均可相应废止。

在安定和谐的社会中，凭靠基本生活保障费，绝大多数国民都可安稳生活，没有冻饿之忧。但事情总有特殊，不能排除少数人出现意外的不幸，需要给予特别的救助。因而在新型《社会保障法》中有必要专设第三章特别救助，对遭遇伤残、丧失成年子女的老人、丧失父母的未成年人以及遭遇灾害的各类特困人群，规定适当的特别救助原则，并要求有关部门依法制定实施细则。

凭我国现有的生产力，不仅能够解决全体国民的温饱问题，还可以让人们有一定的旅游休闲时间。随着科技进步，将节省更多的脑力和体力劳动时间，劳动者休闲时间有望进一步增多。为适应此发展趋势，提高全民生活质量，促进旅游休闲产业健康发展，新型《社会保障法》需要在休假保障一章中规定：所有企事业单位与行政部门，每年都必须在法定假日之外，至少给予员工 14 天带薪休假时间。员工带薪休假的法定最低天数，由全国人民代表大会审议批准，根据劳动生产率提高幅度和失业率变动情况，五年一延长，直到全年工作时间缩短到 183 天时再考虑是否停止增加休假天数的问题。

三、《社会保障法》第五至第八章的核心内容

建筑施工与建材生产技术发展到今天，住宅建设已经是一件轻而易举的事情，就相对难度而言，可能比古人搭建马棚还容易。那么，为何住房保障反倒成为现代社会一个很普遍的难题呢？核心问题就是城镇土地价格升高，致使楼盘易筑，地基难求。尤其是在地方财政高度依赖土地出让金的情况下，

地方政府要增加土地财政收入，就必须推高房价。要推高房价，就必须优先发展商品房，不可能真心实意提供保障性住房。

改变上述状况，健全住房保障，触动多方利益，必然明里暗里遭到激烈反对，短期内很难通过相应的立法。明知如此，本着以人为本原则，从国民整体利益出发，着眼未来，为完善新型《社会保障法》，还是建议在第五章住房保障中明确规定：建设住房本非难事，应由区县政府寻地筹资，交由乡镇街道建设经管公租房。公租房建设与出租的具体管理办法，由各地区县政府自定。国家统一颁布公租房的防灾抗震与卫生设施标准，由省级职能部门负责监督检查。

与建房相比，诊疾治病复杂得多，不是在区县范围内就能够完全搞定的，需要适当提高医疗保障责任主体的行政级别。从医院设施建设、医疗设备采购和医生培养聘用等几个方面看，地级市应当有能力为本市城乡居民提供最基本的本地就医公费医疗保障。因而建议在新型《社会保障法》第六章医疗保障中规定：地市级政府负责统筹本地居民的医疗保障。征收医疗保障专项税费不足的地级市财政，可以发行医疗保障专项市政债。

相比医疗，青少年义务教育工作更为经常，无论对个人成长还是民族整体素质的提高，影响都更为深远，因而需要在更大的范围力求公平。建议在新型《社会保障法》第七章义务教育中规定：各省、自治区和直辖市政府负责统筹本地义务教育，必须按国家统一要求的防灾抗震标准建设教学楼和学生宿舍，为划定学区内居住较远的学生免费提供宿舍或者校车。征收义务教育保障专项税费不足的省级财政，可以发行义务教育保障专项公债。

在我国城镇中，图书馆、公园绿地与简单健身器材等公共设施，已经基本上能够满足市民的需要。建议在新型《社会保障法》第八章公共设施保障中，重点对如何加强农村文化设施建设、改善农村文化生活，作出适当规定。

四、《社会保障法》第九至第十章的核心内容

中央财政筹集社会保障资金，主要有两条渠道。一是征收全国社会保障税，二是发行社会保障专项国债。通过立法建立起上述较为完善的社会保障制度，中华人民共和国境内任何居民及其子孙都将永无生存之忧，因而凡是通过劳动和经营而取得收入的人们，都应当而且也有条件缴纳一定比率的全

国社会保障税。

全国社会保障税全额划转给全国社会保障系统，专款专用，绝不允许挪作他用，其税率略高些，有助于提高社会保障水平，而不会降低纳税人的基本生活质量。但在我国现阶段，要在显著提高社会保障水平的同时，既不影响就业者和富裕人群的消费，又不削弱企业投资，全国社会保障税的税率不宜太高。由此可能出现的全国社会保障资金缺口，需要通过发行国债来弥补。

基于上述考虑，建议在新型《社会保障法》第九章中央社会保障资金来源中规定：如果中央财政征收的社会保障税不足，可以根据社会保障的实际需求，随时发行各种期限的社会保障专项国债。全国人民代表大会对社会保障专项国债的余额，不设上限。与此同理，建议在新型《社会保障法》第十章地方社会保障资金来源中相应规定：如果省市区县各级地方财政征收的本级社会保障税不足，可以根据本地社会保障的实际需求，随时发行各种期限的社会保障专项地方公债。各级地方人民代表大会对本级社会保障专项地方公债的余额，不设上限。一句话概括，上述建议的实质，就是"社会保障，公债兜底"。至于这样做是否可行，将在下一篇"新型《社会保障法》释疑"一文中，展开讨论。

（原载《中国投资》2016 年第 10 期）

2.9　新型《社会保障法》释疑

知难行易。制定施行新型《社会保障法》的最大难点，不在于贯彻实施，而在于能否取得共识。有了共识，通过立法，实施起来，非常简单。按照《中国投资》第 9、第 10 两期"制定社会保障法　助推供给侧改革"与"略论《社会保障法》的框架结构"两文阐述的社会保障指导思想和原则，制定新型《社会保障法》，触及社会制度，无疑将给我国社会带来巨大变化。对于如此巨大的社会变化，社会各界难免存在诸多疑问。限于篇幅，本文释疑其中最为根本的三个问题，欢迎读者提出批评意见，以便加深研讨。

一、"福利制度"有无活力

不可否认，制定实施新型《社会保障法》，实际上就是实行惠及全民的社会保障或者说"社会福利制度"。鉴于改革开放前生产资料一律公有的惨痛教训，提到全民福利，很多人都会在心中产生如下疑问：社会生产会不会因此而丧失活力？对这个问题，我们的解释是：由新型《社会保障法》规定的社会保障或社会福利制度，不同于生产资料一律公有的财产制度，不可将二者混为一谈。

决定人们创业与生产经营积极性的制度因素，主要是财产制度，而非社会保障或福利制度。允许并立法严格保护财产私有，包括各种生产资料在内的私有财产不可侵犯，就可以激发人们的创业与生产经营积极性，从而使社会生产保持足够的活力。改革开放前后两个 30 年的鲜明对比，民营企业雨后春笋般的崛起和人民生活水平显著差异，已经在实践中充分证明了这一点。

在严格保护私有财产、允许生产资料私有的前提下，健全社会保障，提高社会福利，不仅不会削弱经济发展动力，反而将进一步提高整个社会的活力。健全的社会保障，使包括弱势群体在内的城乡居民都永远告别贫困，人人生活无忧，自然会提升国民在科学技术、文化艺术、经营管理模式等各个领域的创造力。较高的社会福利，肯定会提高社会购买力，显著增加消费，从需求侧拉动并优化供给。因此，对于健全社会保障、提高社会福利可能降低经济活力的担忧，完全是多余的，毫无必要。

二、能人富户真要吃亏吗

对新型《社会保障法》，城乡弱势群体，无疑求之不得，关键问题在能人富户怎么看，是不是需要他们为弱势群体提高社会福利而买单？国人熟知一条哲理：羊毛出在羊身上。据此推想，弱势群体获得的社会福利，必定由强势群体付出。这就使多数富户能人内心不情愿，往往以"我国社会经济还没有发展到那样高的水平""社会不能养懒人"等多种理由，表示不赞成普遍提高社会保障水平。其实，这是一种既缺少辩证观点和大局意识，又无实际经验的狭隘偏见。

拓宽视野，辩证地看问题，制定实施新型《社会保障法》，一视同仁地提高全体国民的社会保障水平，不仅有益于弱势群体，同时也有利于能人富户。表面看，能人富户需要为健全社会保障、提高社会福利而多纳税，似乎吃了亏。深一层分析，通过健全社会保障、提高社会福利，社会需求显著扩大，国民经济趋向繁荣，由此带给富户能人的好处更多，不仅能够连本带利加倍收回他们多缴纳的社会保障税，而且可以更多分享社会和谐带来的安宁。

把情理剖析到如此地步，或许还有一些富户能人感觉不平，原因不是他们真的在收支绝对量上吃了亏，而是由于弱势群体的社会保障水平显著提高，社会上没有了贫困人口，他们与社会底层的相对差距明显缩小，优越感受挫。此种心态不值得同情，立法者没有必要照顾他们的不健康感情，因为怀有这种感情的人，可以归类于古语所说的为富不仁者。

观察世界其他国家的实际经验，可以证明上述逻辑分析并非假想与空谈。在 20 年前的 1996 年夏季，美国议会曾经通过一项议案，停止给非法滞留美国、生活无依靠的外来人员发放救济性购物券。结果不到半年，美国市场渐趋萧条，厂家也减少了订单，超市和生产企业都开始裁员，经济呈现加速下滑势头。于是 1997 年 2 月又开始讨论要不要恢复上述人员的购物券发放问题，该年夏季的国会通过了恢复发放的议案，美国经济因此由萧条走向回升。这一事例说明：救济也能激发生产力，不仅有益于被救济者，同时也有利于全社会。

三、"公债兜底"是否可行

不知起于何时，总而言之，目前我国的社会风气，已经变得特别看重钱，非常惧怕债，尤其惧怕政府增加负债。在这种风气下，即使要办对公众有极大好处的事情，往往也首先问：钱从何来？制定新型《社会保障法》，提高全民福利，无疑是一件大好事，但钱的来源，则是人们心中难以迈过的坎。说到公债兜底，更是令人生畏，以为奇谈。

于是乎，即使多次出现自费拼车的学童被撞死的惨祸，也不肯由财政出钱，为中小学生开公益校车。即使贫困山村的居民衣衫褴褛，也不肯由中央财政统一筹资，消除反映各种差别的社会保障碎片化。对公债兜底社会保障的不屑与畏惧，充分反映出重钱怕债价值观。因而，讨论"社会保障公债兜底"，不是单纯的经济理论问题，在更深的层次上，必然触及社会观念。

这就是说，真正要用公债兜底社会保障，必须首先改变社会风气与观念，务必重视人、关爱人，把消灭贫困、提高全民福利摆上优先地位，即使为此需要大幅度增加政府负债，也义无反顾、在所不惜。树立起这样的观念，事情就好办了，就可以进一步讨论公债余额增长与财政债务负担限度的经济理论问题。

从经济理论角度研讨"公债兜底"问题，焦点在于"赤字率"和"财政负债率"有无上限？具体地说，随着 GDP 与财政收入的增长，公债余额可以相应增加，理论界对此并无异议，但对于公债年度增发额相对于当年财政收入的"赤字率"和公债余额相对于 GDP 的"财政负债率"有无上限，理论界则看法分歧。目前全球理论界的主流观点认为，上述两个比率均有上限，前者上限为 3%，后者上限为 60%。欧盟就是以此作为其成员国入盟的趋同标准。

只要稍微动一下脑筋，便不难发现上述主流观点中的自相矛盾之处。其中最显眼的就是两个上限的对应关系。无论年财政收入与 GDP 的比值平均为 1:3 还是 1:4，即使从零负债开始，按每年 3% 的赤字率累积下去，总会在 60 年或者 80 年后的某一年，突破 60% 的财政负债率上限。规定这样的上限，究竟有什么意义呢？其次是 3% 的赤字率上限本身。公共支出需求少的年份，赤字率可以很低，甚至为负值。那么，在出现特殊情况，公共支出大幅度增多的年份，赤字率为什么就不可以突破 3% 呢？

事实上，世界上一些国家（譬如日本）的财政负债率早就突破 100%，奔向甚至超过 200%，既没有出现偿债危机，也没有出现通货膨胀。欧盟的希腊等国出现了偿债危机，追其原因，不可忽视的一点，是他们没有了本国货币，没有独立自主的货币发行权，因而也就无法发行本币公债。

外币公债的偿债风险高，本币公债的偿债风险低。为健全社会保障、提高国民福利而发行的社会保障专项本币国债，偿债风险更低。更确切地说，本币国债是完全没有偿债风险的，理由是万一债券市场投资者不愿意继续购买，中央银行可以立即出手购买，确保社会保障专项国债如期借新还旧，因而能够绝对避免债务违约。因此，在拥有货币发行自主权的主权国家，用公债兜底社会保障资金的缺口，是最简单有效的可行方法，应当大胆使用。

（原载《中国投资》2016 年第 11 期）

第3章 创新土地制度

导读：稳定发展的基石

本章由 8 篇论文组成，其中《土地制度变革步入战略机遇期》后面的 4 篇文章，侧重谈改革土地制度的紧迫性与必要性。前面的《改革创新土地制度》等 4 篇近作，更多探讨改革创新土地制度、制定《土地法》的基本原则与改革要点，是全章的重点内容。

将本章紧接"健全社会保障"之后，排在研讨其他具体问题的各章之前，意在表示改革土地制度与健全社保制度具有同等重要性，是确保社会经济持续稳定发展的两大基石。这是因为明晰的财产制度，是稳定人心、激励创业、优化资源配置的根本保障，而土地制度则是财产制度的核心。没有严格保护各类主体的土地财产权的立法，整个财产制度就缺少明确理念和牢固支柱，因而也就难以长久稳定人心，妨碍土地合理流转，不利于实现农业的规模化经营和社会资源的优化配置。

进一步说，土地财产权不明晰，无法按市场规律进行土地流转，就会把大量的农村人口吸附在土地上，严重妨碍农业现代化进程，阻碍人口合理流动。人口缺少流动性，社会就要失去活力，处于僵化状态。因此，改革开放之前，禁锢农村人口的土地制度，曾经迅速地将我国城市与乡村分割为两个显著不同的区域，把农村人与城里人撕裂成为具有不同身份的两类人。一国之内两类人之间的鸿沟之宽，远超国界。

改革开放以来，上述情况有所缓解，农民可以进城务工开店了。但由于土地财产权仍不明晰，不能合法进行地产交易，土地还在吸附过量的农村人，"小小农、碎碎田"的农业生产经营格局基本未变。这种古今中外极端落后、以致谈不上"原始"的特色农耕模式，造成粮食生产的人力成本居高不下，导致我国粮食价格毫无国际竞争力，普通农民根本无法主要依靠务农为生。

为扭转这种被动局面，使我国的农业、农村与农民尽快获得新生，必须大胆改革创新土地制度，不折不扣地赋予农民可交易的土地财产权，从制度和法律上确保土地合法流转。这就是本章各文的写作目的。

阅读本章之前，最好先读前一章"健全社会保障"。社会保障制度健全了，作为一国的国民，无论有无地产，人人都有社会保障，均无生存之忧。在此社会环境下，目前流行的要以土地作为农民的最后生活保障，不肯赋予农民土地产权、不允许农民出售地产的种种说辞，也就不攻自破了。

3.1　改革创新土地制度

无论在我国的乡村还是城镇，都急需进行土地制度的改革创新。这已经成为举国上下的共识，关键问题是应当如何改革、怎样创新？为了少走弯路，避免不必要的折腾，本文在保持土地公有制的大前提下，认真观察、虚心借鉴当今世界土地制度长期稳定有效国家的实践经验，深入探讨既简明又稳定高效的全国土地制度改革创新方案。由此得出结论：我国的土地所有权与财产权应当分置，土地所有权必须一元化，土地财产权需要多元化。

一、土地所有权与财产权分置

土地是占据空间、位置固定的特殊自然资源，具有领土与地产二重性。坚持土地公有制，就是要把全国土地的所有权牢牢把握在全体国民手中，不允许私有，以便在必要的情况下由拥有所有权的国家征用。但具体到每一块土地，又是一份物质财产，理应纳入物权法的保护范围。遵循物权法的基本原则，土地财产权必须明晰，能够分清楚属于张三还是李四，并有国家土地管理部门颁发的产权证书为凭。

这就是说，土地的空间属性与财产属性并存，决定了它的所有权与财产权应当分置。采取所有权与财产权分置的土地制度，在土地的具体用途问题上，土地财产权持有人不得对抗土地所有权拥有者，即为了保证国民利益的长远化与最大化，土地所有权拥有者有权严格规定并根据客观需要变更土地的用途。与此同时，土地财产权必须受到应有的尊重和严格的保护。因而当土地所有权拥有者决定改变土地用途时，如果必须同时改变土地财产权持有人或者其财产权持有人认为变更用途后的土地不再适合自己持有，土地所有权拥有者有义务按合理价格收购。

土地财产权内含的使用权、经营权、受益权、出租权、转让权、赠与权与继承权等项权益，彼此紧密相连，全都派生于财产权，从属于财产权，因而不宜分置给不同的主体。譬如说张三拥有某一块土地的财产权，那他就应当既有权使用、经营、受益，又有权出租、转让、赠与，还可以由法定继承人或者遗嘱继承人予以继承，否则就是不完整的或者说是受到侵犯的财产权。土地承租人可以在租期之内获得该块土地的使用权、经营权和受益权，但这属于市场交易行为，是正常的租赁关系，并非法律上、制度上的权利分置。

二、土地所有权必须一元化

将土地所有权与土地财产权分置开来的首要目的，是为了确保土地的使用价值能够实现最大化。土地的空间属性决定了其地理位置不可改变，与地理位置紧密相关的土地使用价值，如生态价值、国防价值、交通价值等，对当地居民乃至整个国家来说，不是用金钱可以度量的。要保证土地使用价值最大化，必须实行一元化的土地国有制，即所谓"普天之下莫非王土"，由中央政府代表全体国民掌握全国土地所有权。

我国目前的土地所有权，是二元化的，即城镇土地实行全民所有制，农村土地实行劳动群众集体所有制。这种二元化土地所有权制度的弊端，集中表现在农村土地集体所有制方面。劳动群众集体的内涵与外延，自 1958 年人民公社化以来的数十年间，几经变化，至今也还不是十分明确。因而曾产生过农民由于害怕牛马被无偿调走而大量宰杀分食本村役畜、严重破坏农村生产力、粮食大幅度减产、有些地方出现饿死人现象等极其严峻的社会经济问题。改革开放实行家庭联产承包责任制，虽然调动了农民生产劳动积极性，提高了粮食产量，结束了粮棉油和肉蛋鱼等主要副食品凭票限量供应的困难局面，但仍然存在农民的土地征用费被所谓的集体组织高比例非法侵占、阻碍农业现代化进程、妨碍土地使用价值最大化、不利于生态环境保护等一系列新问题。

为了彻底消除土地所有权二元化的上述弊端，应当抓住主要矛盾，针对产生问题的根源，在明确分置土地所有权与土地财产权的改革中，将农村土地的所有权全部收归国有，在全国城乡一律实行统一的土地全民所有制。这样一元化的土地国有制，可以减少中间环节，能够避免很多矛盾，让农民直接取得自己应得的土地财产权，严格按照国家确定的土地用途，更加自主、更加灵活地处置自己的地产，加快农业现代化进程。

三、土地财产权需要多元化

实行土地所有权与财产权分置，按照土地所有权一元化原则，将农村土地全部收归国有，在全国范围确立单一的土地全民所有制，需要相应地对土地财产权进行多元化改革。土地财产权多元化的根本目的，是为了明晰产权，以便依法严格保护产权人的土地财产不受侵犯。国内外的历史与现实经验充分表明，只有采取能够清晰划分财产权归属并受到法律严格保护的地产制度，才能紧跟农业科技进步，适应生产力的发展水平，相应改进农业生产的组织形式，优化土地经营规模，较快提高农业劳动生产率和土地利用效率。

土地财产权多元化的具体含义，按产权主体的类型划分，就是各级政府、各类法人和自然人，三类主体都可以拥有土地财产权。进一步细说，土地财产权多元化，是中央政府、省级政府、市县政府、乡镇政府、企业法人、事业法人、社团法人与自然人，八种产权主体均可拥有土地财产权。在产权主体多元化的框架之内，无论拥有的土地财产权数量多少，各个产权主体之间的法律地位，都是相互独立、彼此平等的，没有高低上下的主从关系。

用土地财产权多元化的上述含义进行衡量，立即就可以发现，我国的土地财产权现状问题多多。首先是从中央到乡镇的各级政府之间，没有明确划分各自的土地财产权，也就是各级政府之间的土地产权不明晰。这种状况导致上下级政府之间的土地权益互有侵犯，从全国范围总的来看，上级政府的土地财产权受到下级地方政府侵占的情况偏多。究其原因，主要是土地财产权观念缺失，而土地财产权观念缺失的客观原因，则是没有建立起明确划分土地财产权的制度，缺少相应的土地制度立法。

出于同样的原因，我国民间的各类法人与自然人，目前都还没有获得明确的土地财产权。这就从制度层面造成我国民间的土地产权整体不清晰，各类法人与自然人的土地权益，都得不到应有的法律保障，极易遭受侵犯。近年来，我国农村时常爆发征地冲突，频繁出现土地转让金被乡村干部高比例贪污侵占的案件，土地款真正分到农民手中的比例一般都很低。如果不加紧进行土地制度的改革创新，明晰多元化的土地财产权，将民间的土地财产权具体地落实到每个法人与自然人，此类案件今后还会增多，以致成为社会不安定因素。

进一步观察，不难发现，比爆发征地冲突和发生贪污侵占土地转让金案件危害更大、无时无刻不在起消极作用的问题，是土地产权不清造成的土地流转困难。土地流转，事关重大，影响深远，不可小瞧。如同血流不畅会给人体造成致命伤害一样，农地不能正常流转，就会使农业丧失活力，无法随着农业科技进步而相应优化农业的生产组织方式。这是我国农业生存方式明显落后，农业现代化进展缓慢，粮食生产成本高于国际市场价格的根本原因。举国上下已经看到上述差距，实际上也在多方设法促进土地流转，但由于不敢触及最为根本的土地财产权多元化问题，因而没有能够取得显著成效。今后要切实加快农地流转，优化农业生产方式，大幅度提高农业生产效率，果断实行土地财产权多元化改革，是不可绕行的必由之路。限于篇幅这里对此不能多说，留待本系列的后续文章再作更深入的研讨。

（原载《中国投资》2016 年第 12 期）

3.2　优化农村土地产权结构

按照土地所有权与财产权分置，土地所有权一元化，土地财产权多元化的土地制度改革创新思路，可从以下四个方面优化我国的农村土地产权结构。一是明确规定农村土地财产权的多元主体，二是清晰划分各产权主体的地产边界，三是切实维护农村土地财产权的完整性，四是稳步推进农村土地财产权顺利流转。

一、明确规定农村土地财产权的多元主体

贯彻土地所有权一元化原则，在将农村土地的所有权全部收归全民所有的同时，实行土地财产权多元化制度，首先要解决的问题，就是在法律上明

确规定可以拥有农村土地财产权的多元化产权主体。从我国农村土地所有权与财产权的实际占有状况看，在农村土地所有权全部上交国家的大前提下，目前有资格获得土地财产权的产权主体，有如下三类9种。第一类是中央、省级、市县、乡镇4级政府，第二类是农村的企业、事业、团体3种法人，第三类是农户与村民个人2种自然人。

按土地面积排序，我国农村土地的最大产权主体，应当是各级政府。这里说的农村，是指除城镇用地之外的其余国土。在如此广大的区域中，除了宜耕宜牧已经开发的农田和草原之外，还有人迹罕至的深山、奔腾的江河、大片的沼泽和无边无际的荒漠。这些看似缺少直接经济价值、尚未利用的土地，其实也是非常宝贵的土地资源。从原则上说，中央政府不仅需要代表全体国民持有全国的土地所有权，同时还应当成为上述广阔无人区的土地财产权的产权人，切实担负起保护国家地产的责任。相应地，省级政府和市县政府，应当成为临近城镇与农牧区的大片尚未占用土地的财产权持有人；乡镇行政区划内未占用的零散土地的财产权，应当保留给当地的乡镇政府。

按土地面积排序，我国农村土地的第二大产权主体无疑是农牧民自然人。已经被开发利用、富有直接经济价值的农村土地，绝大部分都是农田和牧场，按现行土地制度属于村和村民小组集体所有，在一定期限内承包给农牧民经营。如果按照所有权与财产权分置原则改革创新土地制度，将农村土地所有权全部收归国有，那么，承包农田和牧场的农牧民，则应当获得他们所承包土地及所分宅基地的完整财产权。为使农村土地财产权更加明晰，农牧民不仅可以家庭为单位在户主名下共同持有所获农田、牧场和宅基地的土地财产权，还应当允许将土地财产权细分到农户中的个人名下。

按土地面积大小，企事业单位和团体法人则是排序靠后的农村土地财产权主体。在我国现行土地制度下，具有法人资格的农村乡镇企业、事业单位和团体，目前实际占用的土地总面积不是很大，其中一部分属于集体所有，一部分属于国拨。按照所有权与财产权分置原则改革创新土地制度，这些土地的所有权显然应当全部收归国有，财产权归谁则是需要妥善处理的问题。依据土地财产权多元化的原则，企事业与团体法人应当有资格持有土地财产权，成为这些土地的法人类财产权主体，原先拨付给他们土地的集体或者某一级政府，可以通过清产核资将其土地转化为一定比例的股份。

明确农村土地财产权多元化主体，是特别现实、非常重要的一个问题，要依法给予行政村和村民小组明确的团体法人地位。在我国现行土地制度下，行政村和村民小组虽然拥有农村集体土地的所有权，被定义为村民自治组织，但却没有依法登记为法人。按土地所有权与财产权分置原则将土地所有权收归国有、村民承包土地的财产权确权给承包者后，尚未承包出去的集体土地，其财产权显然应当归属于行政村或村民小组。行政村和村民小组既不是企业，也不是事业单位，为明确其法律地位，可以登记注册为社团法人，以法人资格从政府土地管理部门领取土地产权证书。

二、清晰划分各产权主体的地产边界

明确了农村土地财产权的三类 9 种多元主体后，接下来必须尽快解决的问题，就是要清晰划分各个产权主体的地产边界。按紧迫程度说，由于直接关系农民个人和集体的利益，首先需要划分清楚的是行政村和村民小组作为团体法人与承包土地的村民自然人之间的地产边界。按照土地承包合同，哪个村民具体承包了哪几块本村土地，原本十分清楚。但自 1997 年初以来的 20 年间，承包农户的实际用地边界发生了一些不可忽视的变化，在土地确权过程中有必要进行适当调整，作出更清晰合理的划分。

笔者在东北多地农村看到，原本在农田两端具有水土保持作用的公共荒草地，被承包农户逐渐犁成了农田，致使雨水可以顺着地垄沟直接流到路边，以致时常冲毁乡间土路，毁灭路边的小树林，造成严重的水土流失。为了保护生态环境，同时也是为了保护农田和农民的长远利益，在将农民的土地承包权转变为土地财产权时，应当将承包之初原本属于集体所有的地头荒草地边界重新划分出来，将其财产权收归行政村或村民小组，并按国家规定恢复为能够保持水土的草地及路边树林。

承包临近荒坡与河滩的边沿耕地的农户，多数都逐渐向外垦荒，把临近的荒坡与河滩最大限度地扩展为农田，扩展面积有的甚至显著大于其承包地面积。当初没有被开垦为耕地的山坡与河滩，并非没有价值，那里长树长草长野花，具有不可忽视的生态保护功能，现已消失的河边柳条林，曾经是每年春天"黄豆瓣儿"与"臭姑姑"等候鸟的聚集地，一度鸟语花香。基于前面所说的道理，也应当将其财产权收归行政村或村民小组，较大河滩的土地财产权甚至需要收归乡镇或市县政府，主要用于生态环境修复。

由于过去土地财产权观念淡薄，地产主体未作多元化细分，在作为团体法人的村民小组、行政村与乡镇政府之间，乡镇、市县、省级与中央四级政府之间，严格地说也存在地产边界模糊的问题，也需要进行清晰划分。首先是村民小组与行政村，分别登记注册为具有从属关系的两级团体法人，究竟哪些未承包的土地归属村民小组，哪些应当归属行政村，需要细分边界，由政府土地管理部门通过颁发土地财产权证书予以确认。

行政村与乡镇政府之间的地产边界，原本分属集体与国家所有，存在所有制性质差别，其界限理应十分清楚。但这种界限主要是在已开发利用的土地上受到重视，对未开发利用的河谷山坡，并非都作出了明确划分。行政村登记注册为社团法人，有必要与自己的乡镇政府划清界地。在各级政府之间，由于原本认为自己的土地都属于国有，缺少地产细分观念，地界更不清晰，一些理应属于上级政府的土地，往往被下级政府无偿开发利用。将政府明确划分四级产权主体，就必须明确划分地产边界，以便加强各自的地产管理。

三、切实维护农村土地财产权的完整性

明确划分各产权主体的地产边界并由土地管理部门颁发边界清晰的地产证书后，更为实质性的工作，是要依法切实维护农村各类产权主体的土地财产权完整性。完整的土地财产权包括受益权、经营使用权、出租权、转让权和继承权等各种应有的权益。这些从属于财产权的权益，是彼此紧密相关的整体，不可分割、不宜分置。譬如，甲拥有某块土地的财产权，却将经营使用权和出租权从其财产权中分置出来，赋予乙，只有乙才有权经营或出租给丙使用，甲不得干预。这样的权益分置，显然荒谬绝伦，是对财产权的粗暴侵犯。

需要切实维护土地财产权完整性的重点保护对象，首先是作为自然人的农户与村民个人，其次是作为团体法人的村民小组和行政村。至于企事业法人和各级政府，由于具有维权力量，其土地财产权的完整性不易受到侵犯，本文略而不论。对农户与村民个人来说，维护其土地财产权完整性的核心内容，主要集中于以下两方面。一是要立法规定农户土地财产权中包含出让权。完整的财产权，必须包含出让权。不得买卖的财产，不是真正的财产，很可

能是一种变相的枷锁。二是要在出让权中包含独立议价权，确保在出让土地财产权时不被他人暗中截留应得价款。村民小组和行政村维护土地财产权完整性，日常需要做的是认真守护业已清晰标明的地产边界，免受附近农地的侵蚀；在出让土地财产权时，务必管好用好所得的土地价款，或在村民之间及时进行合理分配。

四、稳步推进农村土地财产权顺利流转

明确划分地产边界，颁发地产证书，立法维护农村土地财产权的完整性，直接作用是严格保护各个产权主体的土地财产权，更深层目的则是为了充分发挥市场机制的资源优化作用，让农业生产组织方式能够随着农业科技进步而及时得到改善，尽快提高农业生产效率，造福全体国民。国内外大量的实践经验表明，优化农业生产组织方式，需要达到一定的经营规模，这就离不开土地的合理流转。

与农业发达国家相比，我国目前的农业经营规模与生产组织方式不仅十分落后，而且差距还在不断拉大。究其原因，主要是受到落后的土地制度严重制约，农地缺少市场化流转机制。如果这种落后状态不能尽快转变，我国的农业将彻底失去国际竞争力，粮食生产成本将大幅度高于国际到岸粮价，让产粮农民与吃粮市民两方面都不满意。必须清醒看到，这是极其严重的经济社会问题，必须设法解决！因而，立法维护农村土地财产权的完整性，赋予土地产权人出让或购买土地财产权的权利，大力促进土地流转和农业生产方式转变，实在是我国体制改革的当务之急。

毋庸置疑，承认土地财产权的完整性，允许农村土地财产权顺利流转，客观的发展趋势必然是强烈冲击目前的农田分散状态，致使土地财产权与使用权趋向集中，加快实现农业规模化经营。换句话说，这将在今后或长或短的一段时间内导致过半的、甚至2/3、3/4的农民出让自己的土地，不再拥有土地财产权。想到这样的前景，有的人会说好，有些人则不寒而栗。说好的人们觉得，长期困扰我国的"三农"问题，有望自此彻底解决，逐步实现"农户专业化、农业智能化、农村休闲化"的美好前景。悲观的人们，则为"失地"农民的生活出路而忧心忡忡，因而持坚决反对的意见。

上述两种截然相反的观点，究竟哪一种正确呢？争论很难形成一致意见，

如同对"文化大革命"、对合作化与人民公社等运动的评价一样，在人群当中恐怕永远都会持有两种不同的看法。因而笔者不奢望能够说服任何读者，只明确表露自己的基本观点：从事农业生产的人数占总人口的百分比，应当与农业产值占 GDP 的比重大致相适应。把很高比例的人口留在农村从事农业生产，从比例关系上说，显然不合理，不可避免要对留在那里的人们造成伤害，不可能长期维持下去。

进一步分析，允许土地财产权顺利流转，"失地"农民的生活出路未必堪忧，理由如下。"失地"农民出让土地财产权的缘由多种多样，多数是积极的，目的是把自己的财产转化得更符合实际需要，从而给自己带来更大实效。对于这样的"失地"，于情于理于法，都不应当反对。少数人有可能是被动出让自己的土地，但认真剖析给他造成这种被动的原因，可以肯定地说，一定不是因为他失去了地产，而是在他还拥有地产的时候出现了被动。设法让他保住地产，维持现状，就能够消除他被动的原因吗？其实，既然现状已经明显不利于他们，还不如允许他们谋求变化，或许还能够闯出一条新路。

当然，创新路不会都成功，总会有创不好的。对于这些没有种好地，也干不好其他事情的人们，最佳方案不是禁止他们出让土地，逼迫他们低效率种地。对整个社会、对他们本人，最有利的方案，是允许他们把土地出让给更善于利用土地的买主，以增加农业总产出。只要社会总产出增加了，生产效率提高了，才能够有条件健全社会保障，普遍提高弱势群体的社会福利待遇，从社会保障制度上彻底消灭贫困。

（原载《中国投资》2017 年第 1 期）

3.3　理顺城镇地产关系

改革创新土地制度，实现土地财产权多元化，不仅可以促进农村土地顺利流转，优化农业生产方式，而且能够进一步理顺城镇土地产权关系，优化城镇的土地财产权结构，有助于改善城镇生态环境和居住条件，推动房地产业持续健康发展。

一、城镇土地单一产权弊端显现

1979 年 12 月，深圳特区创造性地与港商签订新中国第一份为期 30 年的土地有偿使用协议。自此以来，随着改革开放的不断深入，工商企业的生产经营用地和普通市民的商品住房用地，都实行了有偿使用的土地租用制度。土地租期：商业用地 40 年、工业用地 50 年、住宅用地 70 年。土地制度的这一改革，立见成效，给我国城镇带来大量财政收入，有力促进了城市基础设施建设，显著加快了城镇化进程。但随着租用土地的临近到期，城镇土地"只租不售"的单一产权制度，逐渐显露出内在的弊端。

首先是 20 世纪 80 年代投资建设的商场，即将到达 40 年土地租用期限，接下来陆续就会有日益增多的工业用地和城镇居民商品房用地到期。这些有偿使用的土地到期后应当怎么办？其中绝大部分显然是不能不继续使用的，那么，继续使用是否需要重新缴纳土地租金？如果不再缴纳租金，免租继续使用，租期还有什么意义？如果重新缴纳租金，租金应按什么标准收取？工商企业能否承担得起？对居民商品房来说，还牵涉到拟议中的房产税问题。既然建房的土地是租用的，房价中必然包含不同比例的土地租金，如果决定征收房产税，应当如何扣除其中不属于房主的地产成分？

由于上述问题在人类历史上极其特殊，没有成熟经验可供借鉴，现在这样定过几年又可能改变，这就给工商企业的未来生产经营成本和城镇居民的住房支出带来很大的不确定性。从近两年我国海外投资迅猛增长的趋势看，这种不确定性已经成为促使一些企业到海外买地建厂，不少中产以上家庭到海外买房的一个重要因素。虽然从长远看一部分国民移居海外未必是坏事，但上述不确定性给人们带来的不安，其本身毕竟不能说是好事。

二、划清各类产权主体的城镇地产

要一劳永逸地消除上述弊端，根本途径是深化土地制度改革，在土地所有权全部国有的大前提下，实行城镇土地财产权主体多元化。像《中国投资》上期讨论的农村土地产权主体多元化一样，城镇土地的财产权主体，也应当有三类 9 种，即中央、省级、市县和区镇 4 级政府，企业、事业和团体 3 种法人，居民家庭与个人 2 种自然人。当然，这是就城镇总体而言的，并非每个城镇都必定会有中央政府和省级政府的地产。

在城镇土地的三类产权主体中，第一类四级政府之间的土地产权关系，最容易理清。易于被各方接受、切实可行的划分原则，就是目前实际上由哪一级政府机构使用的城镇土地，其财产权就划归该级政府。譬如，新华社和军队等中央所属单位在全国各个城镇的驻地，其土地财产权都应当划归中央政府。同样道理，省级政府与市县政府派出机构在自己辖区内各个城镇的驻地，其地产也应当相应地划归省级或市县政府所有。

目前我国城镇法人的用地，有的来自国家无偿划拨，有的则是有偿租用国有土地。因而，划清城镇中企业、事业与团体 3 种法人土地财产权的工作，需要区别对待，相对说来稍微复杂一些。对于租用土地的法人单位，如果愿意继续采取租赁方式在一定期限内使用土地，那么，该土地的财产权就应当归属与其签订土地租约的那一级政府。如果租地法人单位愿意获得所用土地的财产权，也可通过协商补充一定数额的购地款，实现该土地财产权的有偿转让。

对于无偿划拨土地的事业与团体法人，如果经划拨土地的政府重新评审，认定其职能不可缺少、有必要作为政府所属法人单位长期存在的，譬如学校与科研机构等，可以考虑将其用地的财产权确权给这些法人单位。如果经过重新评审，划拨土地的政府认为已经没有必要将其作为自己所属的法人单位予以保留的，则应当收回这些法人单位用地的财产权，这样的法人单位愿意继续在原址开展业务，需同政府议价购买或者租用以前划拨的土地。

对于无偿划拨土地的企业法人，有三种方案可供选择。一是"地转股"，即与划拨土地的政府协商，将原本属于政府的土地财产权转变为一定比例的政府股份，所用土地的财产权归属企业法人。二是"现金买地"，即企业通过增发股票、发行企业债券或者申请银行贷款等多种渠道筹集资金，按协商价格向政府购买原先划拨土地的财产权。三是土地财产权属于政府，改为企业按协商价格与期限租用。

在城镇土地的三类产权主体中，理清城镇自然人地产的工作，社会影响面最广，需要仔细设计，力争形成能够长期稳定人心的地产制度。城镇自然人购买的房屋，无论是住宅还是商铺，只要是"上接天、下着地"的，其地产边界都不难划定。不管有偿使用的租期多长，都可以考虑将其土地财产权划归给房屋产权人，颁发地产证书，到达原先约定的租期以后，再开始按一定的税率征收地产税。最不容易理清地产关系的，是上不接天，或者下不着地，尤其是既不接天又不着地的房屋。目前的城镇居民住宅，绝大多数属于这种情况，下面以多层公寓式住宅为例，对此进行探讨。

三、多层公寓式住宅土地产权归属探讨

多层住宅楼中的每一套住房都不是空中楼阁，都必须以土地为建筑基础。正因为如此，其中任何一套住宅都无法独占某一块土地，只能是共同占有承载它们的地块。按以往惯例，这样的公寓式住房，最适宜租赁，不适合分套出售。但 1998 年以来的房改实践表明，通过开发商租地建设住宅小区，再分套出售给市民，不仅显著加快了建房资金的回收、增值和流转，从而加快了住房建设，极大地改善了市民居住条件，而且迅速扩大了个人住房信贷规模，给商业银行带来了前所未有的商机。同样重要的是城市政府得到了巨额的土地出让金，加快了城市基础设施建设。这是一项成功的突破，尽管伴随有一些大城市的房价过快上涨，但在总体上还是应当给予充分肯定。

那么，进一步深化土地制度改革，实现土地财产权多元化，应当如何理清多层公寓式住宅的地产关系呢？有以下两种方案可供选择。

第一种可选择的方案，是保持多层公寓式住宅的土地租用关系，即土地的财产权仍然属于政府，购买公寓式住宅的业主们买到的只是房产，不包括地产。同时需要相应规定，多层公寓式住宅建设用地的租期延展为无限期，并在到达首次约定的租期后，将土地租金附加到房产税中，不再单独收取。

第二种可供选择的方案，是给予多层公寓式住宅小区业主委员会团体法人地位，由小区业主委员会团体法人持有小区的土地财产权，每位业主都根据自己住房的面积大小按比例拥有地产。这样地产税就可以合并到房产税中，作为统一的房地产税，一并征收。与第一种方案相比，第二种方案的好处是在发生地震毁坏房屋之类的特别灾难时，因灾害损失房产的业主们还保有地产。这样就可以通过集体协商，或者一同出售地产，或者一同重建住房，努力寻求利用自己的地产来最大限度减少损失的方案。

四、城镇居民购地建房前景展望

人均土地少这一特定国情，决定了我国城镇大多数居民需要住多层公寓式住宅，但具体的适当比例，并非一成不变。日本的人口密度比我国高，但受地震频发的制约，即使是在大城市，也鲜有高层住宅，却有不少独栋住房。随着我国城镇居民对空气质量和居住条件要求的提高，独栋和联排的别墅式住房的占比，今后应当呈现稳定上升的趋势。独栋和联排的别墅式住房，与质量好的农民住房类似，只要能够购得适当的建房用地，没有开发商参与也能够建设得各具特色，而且可以大幅度降低造价。

随着土地制度改革的深入和快速轨道交通建设的发展，旧的思路可能被打破，包括住宅建设布局在内的我国城镇化发展模式将会得到创新。为了加速实现城乡一体化，改善城乡居民的居住条件，今后将有越来越多的城市政府提升规划水平，通过扩大郊区路网，延长快速轨道交通线，外迁学校和医院等措施，努力打造美丽乡镇，积极引导一部分市民到郊区小镇购地建房。预计这种新思路和新模式，将在今后二三十年内使我国绝大多数城市及其郊区大为改观。与此同时，将会使一定比例的市民通过购地建房而获得自己的住宅地产，进一步优化我国市民的财产结构。

（原载《中国投资》2017 年第 2 期）

3.4　急需修订《土地管理法》

中国共产党第十九次全国代表大会即将隆重召开，选举产生的新一届中央委员会，肩负的最重大历史使命，就是深化体制改革，打赢改革体制攻坚战。从经济领域看，最硬的体制改革攻坚战，就是深化土地制度改革，相应修订现行《土地管理法》，制定出一部层次更高、可以作为《物权法》主体内容、能够经得住时间检验、让自然人和法人都对自己的地产安心、保证社会经济长期持续健康发展的《土地法》。

一、《土地法》特色：所有权与财产权分置

我国现行《土地管理法》的一个突出特色，是将土地的所有权和使用权

分置。紧接在此法第一章"总则"之后,以"土地的所有权和使用权"为题的第二章,明确地将土地使用权从土地所有权中分置出来。为了进一步完善市场机制,健全我国的财产制度,更好地保护家庭自然人、各类法人和各级政府的财产,制定《土地法》需要将分置出来的土地使用权扩展为土地财产权,实行土地所有权与财产权分置。

通常理解:所有权即财产权,财产权就是所有权,二者是一回事。对动产和地上地下建筑物等一般物来说,上述理解是正确的。但对土地而言,其所有权与财产权自古以来就有区别,事实上一直都是分置着的。我国西周灭商、秦统一六国、汉武帝扩疆展土,所得土地的所有权都归帝王,即"普天之下莫非王土",其实质是归帝王代表的国家所有。同样的情况也表现在西方,西班牙、葡萄牙和英法等征服者,发现新陆地,开辟新的殖民地,都声称所得土地的所有权归属各自的国王,但土地的财产权则归于占有者或者封臣,因为他们对所占土地既有经营使用权,又有出租权、出售权、赠与权和继承权。

在市场经济条件下,为了实现合理的要素流动,客观上必然要求在土地使用权和受益权之上,进一步附加出租权和出售转让权。这是因为随着时间的推移,由于体力、资金、技术和比较效益等诸多方面的原因,难免有一些土地使用权持有者不再适宜亲自经营使用土地,而是需要把土地租赁出去或者出售转让,否则就会降低土地资源的利用效率。在使用权之上增加出租权和出售转让权,必然进一步牵引出赠予权和继承权,因为出售后所获现金可以赠予和继承。

上述一连串相互关联的客观需求,势必要求将土地的使用权扩展为财产权。这就是市场经济需要把"土地的所有权与使用权分置",进一步升级为"土地的所有权与财产权分置"的内在逻辑。为了充分体现市场经济条件下《土地法》的这一特色,清楚表明土地使用权持有者升格为土地财产权拥有者的法律地位,不仅需要在《土地法》第一章"总则"中就开宗明义地申明土地所有权与财产权分置的基本原则,还应当将现行《土地管理法》第二章"土地的所有权与使用权",相应地修改为《土地法》第二章"土地的所有权与财产权",充分说明这种分置的意义和内含。

二、《土地法》突破：单一所有权与多元财产权

我国现行《土地管理法》规定的土地所有权，是二元化的，简要地说就是城镇土地归全民所有，农村土地归集体所有。深化土地制度改革，制定新的《土地法》，不可缺少的一项重大立法，就是需要将土地所有权由上述的城乡二元化分割，变革为可以消除城乡割裂、全国一致的土地所有权一元化，实行单一的土地全民所有制。这就是说，要把目前农村的集体土地的所有权，全都收归国家，全部土地都归国家所有。

在现行《土地管理法》中，只规定了土地所有权，土地财产权被土地所有权完全覆盖了。因而，目前我国的土地财产权实际上是伴随土地所有权，也被分成城乡二元化的，即城镇土地属于全民财产，农村土地属于集体财产。除了全民和农村集体之外，地方政府、企事业单位法人和个人家庭都不允许持有地产。这样的土地财产权制度显然不适应市场经济的长期稳定发展，制定新的《土地法》必须体现的另一项重大改革，就是要将土地财产权由上述的二元化变革为多元化，进一步健全我国的财产制度，让各级地方政府、企事业单位法人和个人家庭，都可以依法拥有自己的地产。

为了清楚表达新《土地法》的上述重大突破，首先需要在新《土地法》第一章"总则"中扼要说明立法规定土地所有权一元化和土地财产权多元化的必要性和重大意义。接下来就要在第二章"土地的所有权与财产权"中，明确规定土地所有权与土地财产权各自的内涵和外延，清晰界定二者的联系与区别，确认有资格持有土地财产权的多元主体，并提出有效保护土地所有权和土地财产权的原则与手段。

三、土地法重点：保护巩固土地所有权

在所有权与财产权分置的土地制度下，保护巩固土地所有权具有如下两层含义。一是捍卫国家领土完整，确保每一寸土地的所有权都免遭他人侵占。这一层含义属于国防职责，无须在《土地法》中细说。二是确保土地利用符合全民的整体和长远利益，可以有效防止、制止和纠正偏离国土利用规划的行为。此层含义是《土地法》不可缺少的核心内容，必须为此制定周密的法律条款。

为了从第二层含义上切实保护巩固土地所有权,在新《土地法》第二章"土地的所有权与财产权"中,应当明文规定:土地所有权包含土地用途规划与监督权,以及必要时对土地财产权的有偿征收与租用权。在土地用途方面,土地财产权持有人与土地承租人都不得对抗土地所有权人。

这就是说,土地财产权持有人与承租人,都必须严格按照国家的国土利用规划使用自己的或者承租的土地,不得擅自改变土地的用途。当国家根据社会经济发展新需求和客观形势变化,适当调整修订土地利用规划,改变某些土地的用途时,如果相关土地的财产权持有人或承租人可能并愿意按照新规划调整改变其土地用途,对于由于土地用途改变而产生的损失,国家应当给予适当的补偿。如果相关土地的财产权持有人或承租人不能或者不愿按照新规划调整改变其土地的用途,国家应当按市场价格进行土地征收或者租用。

我国现行《土地管理法》,从第一章"总则"到第八章"附则",总共8章86条。其中第三至第七章,计5章68条,主要是对土地用途管理的有关规定。因而,这5章可合并为新《土地法》第三章"土地所有权保护",大量删减其中具体的管理性条款,凸显土地所有权保护目标和原则,以提升立法层次。

权利伴随责任。既然规定土地所有权包含土地用途规划与监督权,那么,保护土地所有权的关键,自然首先就是要制定科学的、有远见的土地利用规划,其次是进行有效的监督,第三才是对违法行为的及时惩处。如果土地利用规划制定得不科学,没远见,漏洞百出,势必从源头上给土地所有权带来严重伤害。科学制定土地利用规划,对于我们这样的大国来说,并非易事,仅凭良好的主观愿望显然不够。因而,制定新的《土地法》,务必在其第三章"土地所有权保护"中增加足可促进科学制定土地利用规划的法律条款。

四、土地法灵魂:明晰并保护土地财产权

将土地所有权与财产权分置,能够让人们对自己的财产安心,可以保证社会经济持续健康发展的《土地法》,其灵魂简言之就是7个字:明晰并保护地产。明晰地产是保护地产的前提条件,土地的财产权不明晰,说不清究竟属于谁,显然难谈保护。保护地产是长期维护稳定土地制度的基本原则,地产得不到有力的保护,土地就很难在市场调节下得到有效利用,无法保证社

会经济持续健康发展。因此，制定《土地法》，首先就要在"总则"中就毫不含糊地讲清这一灵魂。

《土地法》需要规定明晰地产的条款，是因为我国目前的土地使用者都仅有土地使用权，没有土地财产权，这使土地产权关系至今尚不清晰。因而，在当前情况下，明晰地产最急需的法律依据，就是要通过《土地法》赋予中央、省级、市县与乡镇 4 级政府，企业、事业与团体 3 种法人，家庭与个人 2 种自然人，都可以拥有土地财产权的法律地位，并且明确规定确权原则与程序。待明晰土地产权的工作在全国范围完成后，再进一步修订《土地法》，简化用于明晰地产的相关条款，使《土地法》更侧重于保护地产。

保护地产是《土地法》的永恒主题。与汽车轮船、住宅商厦、厂房设备等一般物权以及作为金融资产的债权相比，因土地本身的空间不变性与稀缺性，而使土地财产权具有永不衰减的价值，在社会财富体系中占有基础地位。只有全面切实地保护土地财产权，使持有地产的每个产权主体都不仅可以通过使用经营自己的土地获得收益，而且要能够在必要的情况下，于适当的时机以市场价格，出租或出售自己的土地，才能让宝贵的土地资源在市场机制调节下，以适当的方式得到高效利用。

尽管保护土地财产权对于保证社会经济健康发展如此重要，但由于缺少独立的土地财产权概念，现行《土地管理法》并没有为保护土地财产权设立专章。为加强土地财产权保护，弥补上述缺陷，制定新的《土地法》，除了在第一章"总则"和第二章"土地所有权与财产权"中说明土地所有权与土地财产权分置的原则和意义外，还应当紧接在第三章"土地所有权保护"之后，设立详细规定"土地财产权保护"相关法律条款的第四章。

只要树立起保护地产的法律观念，并明确赋予各级政府、各种法人和家庭自然人拥有自己名下土地财产权的法律地位，那么，《土地法》第四章"土地财产权保护"究竟应当列入哪些条款，就有很多国家、经过长期时间检验的成熟《物权法》，可供我国法律界和全国人民代表大会充分借鉴，不是什么难题。

（原载《中国投资》2017 年第 3 期）

3.5　土地制度变革步入战略机遇期

近几年来媒体和理论界一直在说：我国改革已经进入深水区，处于攻坚阶段。十八大决定深化改革，政府积极释放改革红利。财税改革、金融改革、社保改革、国企改革、分配机制改革、户籍制度改革、国家机构与行政体制改革，在这多头并进的改革大潮中，土地制度变革正在步入战略机遇期。

一、土地制度改革逢遇千载良机

1997 年初，我国农村实行为期 30 年的新一轮土地承包，再经 3 个月即将过去 17 年，还剩 13 年时间，此轮承包即将到期。凡事预则立，不预则废。在未来 13 年中，前 3~5 年最关键。如果花 5 年时间，到 2019 年元旦之前，还不能在我国农村实行稳定的土地制度，依然需要到期重新承包，将使农民心态不稳，投入减少，地力下降，危及粮食安全。

进一步观察，1997 年之后出生的青少年和外面结婚来到本村的妇女，在本村都没有土地。与此相反，1997 年之后死亡的和由于各种原因外出工作定居的人们，则都还在本村拥有土地。这种人地分离现象，已经相当普遍，随着时间的推移无疑还将进一步加剧。仅此一点，就已经使绝大多数农民心盼土地制度赶快改革。

基于上述实际情况，我国理论界与新闻媒体，包括各级党政官员，对农村土地制度必须加快改革的大方向，有着高度共识，没有公开反对意见，只是对具体改革方案存在一些不同看法。纵观数千年，对土地制度变革的人心企盼与上下共识如此一致，在我国历史上从来没过。这是千载难逢的绝好机遇，一定要抓住，千万不要错过。

二、需要恢复农民土地所有制

解放初期，我国曾经成功建立农民土地所有制。1950 年颁布的《中华人民共和国土地改革法》第一条申明："废除地主阶级封建剥削的土地所有制，实行农民的土地所有制。"什么是农民土地所有制，该法下述两条讲得十分清楚。第六条规定："使全乡村人民均获得相等的土地并归个人所有。"第三十条规定："土地改革完成后，由人民政府发给土地所有证，并承认一切土地所有者自由经营、买卖及出租其土地的权利。"

到1952年底，全国土改基本完成。从那时至今的60多年，可以划分为前后两大阶段。前30年为第一阶段，农村土地制度经历了剧烈震荡。刚刚实现的农民土地所有制，经过互助组、初级社、高级社，很快就在1958年转变为以人民公社为核算单位的农村土地集体所有制。实践表明，这次土地制度大转变很不成功，大量耕畜被宰杀聚餐，农业生产力遭受严重破坏，粮棉油大幅度减产，上百万人死于饥饿，个别地方甚至出现易子而食现象。

难以估量的损失与严酷现实，换来必要调整。1962年以人民公社为核算单位的农村土地集体所有制，被调整为"三级所有、队为基础"。退到以生产队作为核算单位，农民不再宰杀耕畜，农业生产有所恢复。但不是每个农民都尽心竭力参加集体劳动，"大锅饭"造成很多人出工不出力，粮食单产难以提高，粮油棉布肉蛋鱼短缺，不得不凭票限量供应，勉强维持城乡居民最低生存需求。

粮食长期低产表明，退到以生产队作为核算单位的调整，尽管效果不小，但并不到位。对此，并非无人知情，但在反对"单干风"，狠批"三自一包"的激烈路线斗争环境中，不可能进行更深入的改革。直到邓小平复出，否定"两个凡是"后，才默许安徽凤阳等地以"大包干"名义实行"包产到户"。结果一包就灵，增产效果显著，各地争相效仿。1979年全国只有1.02%的生产队实行大包干，1980年上升到14.4%，到1984年家庭联产承包责任制的占比达到99%。

此后30年为第二阶段，全国农村实行土地承包责任制。抛开产权关系不论，暂不涉及土地的买卖问题，主要就土地使用与经营而言，这种农民土地承包制与土改后实现的农民土地所有制，实际上已经没有多大区别。从这个角度看，这次自下而上的调整，基本到位了，接近1952年的出发点，土地经营效果良好，粮棉产量提高，粮票布票取消。

总结过去60多年正反两面的经验教训，下一阶段的农村土地制度改革，应当走向何方呢？笔者猜测：可能需要将现行的农民土地承包制回归为《中华人民共和国土地改革法》规定的农民土地所有制。具体实施办法非常简单，就是由人民政府向承包土地的农户颁发土地所有证，承认其土地产权，赋予

"自由经营、买卖及出租其土地的权利"。

采用上述简单办法，有一个值得注意的时间界限，就是需要在未来 3 ～ 5 年实行。如果超过这个时间界限，事情就可能变得相当复杂，这是因为再过 5 年，此轮土地承包期就只剩 8 年了。8 年的盼头，可能会使少地农户强烈要求等到 2027 年重新承包土地时，调增了自家的土地面积后，再行改革。而到那时再改革，将极大延缓我国的农业现代化与城镇化进程。

三、无须担忧农村土地买卖

是否应当通过颁发土地所有证，将现行的农民土地承包制，回归为农民土地所有制，最大分歧点在土地买卖。这是因为在《中华人民共和国土地改革法》规定的土地所有者 3 项权利中，自由经营权早已实现，出租土地的情形客观上也已经存在，没有谁对土地出租进行限制。所以，目前唯一存有异议的，只是可否给予持证者土地买卖权。

土地买卖是实现土地流转的重要交易方式。对于土地流转的现实必要性与未来发展趋势，举国上下有着高度共识，可能没有多少人会觉得人均不足几亩地的小农经济，能够维持长久。小面积的种植业，已经严重束缚了农业生产力的发展，妨碍土地有效利用，即使单从农民家庭收入的角度看，也无法长期支撑。因而，目前几乎人人皆知土地流转与适当集中，是大势所趋，势在必行。

面对这样的客观形势，仍然有人不赞成给予农民土地买卖权，这是为什么呢？他们不赞成的主要理由，是担心农民出卖土地后，失去生活保障，引发社会动荡。这是一个极其严重的社会问题，谁都不敢掉以轻心。但同时这又是个双重虚假的命题，要看清其中真相，需要连续剥开两层皮。

其一，他们所持的理由，与他们承认的土地流转与适当集中必然趋势之间，存在着明显的矛盾。既然土地要流转，就得有人出售。既然多数农田将会集中为适合现代化家庭农场经营的较大地块，那么，家家都将少量土地保持自己手中，充当生活保障，就是不可能的事情。反过来说，如果农田不可买卖，那么，现代化家庭农场经营所需的较多土地，从何而来？

其二，如果人们的生活必须依赖土地保障，那么，日益增多的城市人口又当如何保障他们的生活呢？所有城市化率超过 70% 的发达国家，都能验证一个简单的道理，国民生活保障不必建立在占有最重要生产资料——农田的基础上，真正需要依靠的，是完善的社会保障制度。

包括农田在内的一切生产资料，都应当按照提高使用效率的原则进行配置，由市场进行调节，该集中就集中，该分散就分散，不宜强制均分，充当社保工具。稳定与公平的社会保障制度，应当按照人文关怀的精神，一视同仁地进行设计，不宜人分两等，长期保持二元结构。须知，中华民族已经随同全人类一起，步入了21世纪。

效率与公平之间，存在着有机联系。生产资料的利用效率提高了，粮食、衣料、药品与建筑材料等各类产出增加了，社会保障也就有了更加雄厚的物质基础。忽视这种联系，企图通过牺牲土地利用效率的办法，来保障农民的生活，与现代法治社会的运行理念相去甚远。其实施结果，将南辕北辙，不仅要延长土地对农村剩余劳动力的束缚时间，同时还会延缓新型城镇化的进程。

四、城镇土地制度需要相应改革

由于我国商业用地使用权的租用期限仅为40年，工业用地为50年，随着第一批工商用地使用权租用期限的逐渐临近，已经迫切需要对城镇土地制度的改革给出一定的说法。城镇住宅建设用地使用权的租用期限，虽然略长一些，为70年，但涉及的人数众多，同样备受关注。

一个国家，在重大财产制度方面，长期存在某种程度的不确定性，总是让人难以捉摸，不知将会出台什么政策，不是一件好事，不利于稳定，因而也就并非明智之举。如果上面讨论的农村土地制度改革进展顺利，有所突破，那么，城镇土地制度的改革，就应当乘机跟进，彻底解除人们的后顾之忧。

处于繁华地段的一座高档商厦，经营久了或许形成商誉，即使楼体破损难修，重新翻建的商业价值也可能很大。对此类商家租用的商业地产，每隔40年就要重新商定1次土地使用权租金，是利国利民的必要行为吗？果真如此实行，不知要有多少官员，误入贪腐陷阱，将被投入牢狱。

为减少不必要的麻烦，消除难以捉摸的烦恼，上述商业用地的产权，不妨出售给商家。同理，工业用地的产权，也可以出售给工业厂家。住宅用地的产权，可以出售给业主。至于国家与商家、厂家及业主之间的利益关系，完全可以运用税收工具进行调节。对于工商企业因成本降低而增加的利润，可以通过征收所得税收取。对各类房产与地产的大幅度升值，可以通过物业税收取。总而言之，政府真要向富人收钱，比从穷人身上收钱，办法多得多，不必百分之百垄断城镇地产。

五、各级政府之间也需要明晰地产

把确权给农民的农村土地，与确权给工商企业、商品房业主和各类事业单位、社团法人的城镇土地，全都加在一起，按总面积 36 亿亩匡算，折合 240 万平方公里，相当于四分之一的国土面积。另外四分之三的国土，属于各级政府。为了更好地保护、整治和利用这些土地，即使各地明确职责，为了防止相互侵占，在各级政府之间，也有必要进一步明晰各自的地产。

如此明晰土地产权，是否会把国家分割得七零八落呢？不会的。这里需要明确一个与土地财产权相区别的大概念——土地占领权。国家占领的土地，称为领土；国家占领的海洋，称为领海；国家占领的天空，称为领空。国家独享占领权，任何人、任何集团、任何其他国家，都不得染指，任何地区、任何势力都不得图谋分裂。从占领权角度说，普天之下莫非王土。这是不允许存在任何异议的，但土地占领权与土地产权是两码事，不可混为一谈。

土地作为一种财产，需要和其他财产一样，给予法律保护。只有这样，土地才能充分发挥其财产功能，激励人们的积极性，使人们肯于为之付出全部精力与汗水，肯于为之向国家缴费纳税。这是地产之妙。认清这一点，善于利用这一点，在战乱时期可以夺取政权，在和平时期可以繁荣经济；忽视这一点，不善利用这一点，会使国民经济临近崩溃边缘。

在任何国家，相邻地方政府之间的地界，一般都是清楚的。但这种地界标示的是行政管辖权范围，不等于地产划分。在地方政府的行政区划内，可能存在属于中央政府和上级政府的地产，本级政府不得悄悄侵占。由于缺少明确的法律规定和清晰的地产划分，多年来我国事实上存在着地方开发区和地方政府转让土地的项目，侵占中央政府地产的现象。譬如，海岸线一定距离内的滩涂，全都应当属于中央地产，永远作为公地保留，可是有些已经被占用了，使得游人无法沿着海边游览通行。随着改革的深入，各级政府之间的地产划分，也将逐渐提上日程。其中首先要解决的，是包括高山大河、战略要地与国家公园等在内的中央地产的圈定。

（原载《中国投资》2013 年第 10 期）

3.6　城镇化要求农村土地产权明晰化

我国目前正在进行的城镇化，无疑将给城镇和乡村都带来巨大变化。但在此过程中，比较而言，城镇自身的变化，属于量变，乡村则将发生质变。乡村质变的关键之处，在农村土地集体所有制。农村土地制度变迁，不仅改变社会经济基础，还会影响上层建筑，意义极其深远。只有对此高度重视，清醒认识，精心设计、适时推进农村土地制度改革，城镇化才能顺利进行，少走弯路。

一、城镇化人口转移红利离不开土地流转

我国人民是幸运的，在增加劳动力的人口红利即将消失之际，城镇化进程提速，人口转移红利又接踵而来。2011 年我国城镇居民人均可支配收入21 810 元、消费支出 15 161 元，分别是农村居民人均收入 6 977 元、消费支出5 221 元的 3.1 倍与 2.9 倍。按农民进城 5 年内收入与消费平均提高 1 倍粗略估算，城镇化进程中人口从农村向城镇转移带给 GDP 增长的红利，显然不可忽视。

城镇化产生的人口转移红利，不仅体现在进城农民人均收入与消费支出增加一个方面。从另一方面看，农村人口减少，人均土地资源增多，由此带来的农户人均收入增幅更大。上述两方面，统称城乡人口转移红利，将在今后几十年内，一直支撑我国的经济增长速度居于世界前几位。

城乡人口的转移，必然伴随大量的土地流转；离开土地流转，人口转移红利难以获取。这种土地流转，按发生的时间顺序说，先城镇周边，后平原山区。经过一定时间之后，按发生流转的土地面积计算，小部分发生在聚集人口的城镇周边，绝大部分将发生在人口外迁的广大农村。当土地流转扩展到以广大农村为主的时候，人口转移红利将趋于最大。

二、土地流转需要明晰产权

无论从城镇周边农村土地转变为国有建设用地看，还是就农户之间转让农田来说，土地流转客观上都需要明晰产权。按现代物权法观察，我国现行农村土地集体所有制，产权关系不明晰。所谓集体，是个模糊概念，法律主体不确定，随意性很大。在这种制度下，即使把土地具体分配到每家每户，其产权也似有似无，只能称之为"承包"。世上没有自己承包自己财物的道理，因而"承包"显然意味着：承包者对自己的承包物，实际上并没有产权。

其实，这种法律主体模糊的农村土地集体所有制，在其建立之初就曾给我国人民和执政党，造成过巨大的经济与政治灾难。1949 年解放战争的胜利和 1952 年土地改革的完成，使我国农村土地制度发生翻天覆地巨变，真正实现了"耕者有其田"。但紧接着开展的互助合作运动迅速升温，在 1956～1958 年的短短两三年时间里，由初级社跨越式经过高级社，急剧升高为人民公社。以公社为单位的农村土地集体所有制，导致农业生产率下降，粮食大幅度减产。

险恶的经济形势，迫使我国进入三年经济调整期。以人民公社为单位的农村集体所有制，降格为"三级所有、队为基础"，农业生产开始恢复。但在生产队的集体劳动中，农民的生产积极性仍然不够高，粮油棉单产低，粮、油、肉、蛋、鱼等主副食品与布匹供不应求，不得不在相当长的时期内凭票限量供应。改革开放后，在全国范围内推广"包产到户"，按家庭承包土地，作为农村集体所有制基本核算单位的生产队不复存在，才调动起农民生产积极性，逐渐取消了粮票与布票。

如果城镇化进程不加速，无须土地流转，那么，挂名于家庭承包之上的现行农村土地集体所有制，或许子承父业，代代承包，再经历很多年也不会显露出其中的产权漏洞。但社会在进步，消费需求多样化，食品消费占人们总支出的比重已经不高，仅靠种植粮食已无法使 6 亿多农民获得满足其最低生活需求的收入。为了生活，他们当中的多数人必须拿出多半时间外出打工。农民打工促进城镇化，城镇化加快需要土地流转，土地流转要求土地产权明晰化，致使现行农村土地集体所有制面临新挑战，又到了再次变革关头。

三、明晰产权可以采取农村土地家庭所有制

财产权在本质上是排他的，保护财产权，就必须在法律上承认私有财产不可侵犯。农村土地是农民极其重要的财产，严格按照财产属性说，农民土地所有权无疑也应当遵从上述原则，认为土地产权不可私有，其理由只能来自土地的极端重要性。那么，农村土地是否真的由于其重要性而不宜私有，私有必然会造成社会不公、让农民失去生活保障呢？

对此问题，不同理论体系和不同利益集团给出的答案不同，人类逻辑无法使不同学派得出一致结论，检验真理的途径与标准唯有实践。发达国家的实践表明，农村土地像其他财产一样可以私有，必要的社会公平与社会保障可以通过其他途径提供。从沙俄到苏联再到当前俄国的曲折实践表明：地产私有胜过集体农庄。1952 年至今我国 60 年的经验教训是：公社范围的土地集体所有制曾造成农业生产率的下降，在以生产队为核算单位的土地集体所有制下粮油布必须凭票限量供应，承包到家庭的土地集体所有制救活大陆，基本解决了温饱问题，如果不遇到城镇化带来的土地流转问题，这种土地所有制似乎还可长期坚持下去。

然而，如今摆在国人面前既喜人又严峻的现实是：城镇化进程不可逆转，土地流转已经首先在城镇周边发生并开始向广大农村蔓延。在此过程中，土地集体所有制本身固有的产权不明晰弊端，已经为腐败提供了适宜的土壤，不仅让转让土地的农民利益屡屡受损，同时也使不少党政官员身败名裂，甚至遭受牢狱之苦。这就使国人与执政党，有必要重新审视我国现行的农村土地集体所有制，深入思考变革途径。

只要思想肯解放，变革途径很简单。最简单的土地改革路径，就是立即回到 63 年前，照抄重申 1950 年 6 月颁布的《中华人民共和国土地改革法》（以下简称"土改法"）第三十条："土地改革完成后，由人民政府发给土地所有证，并承认一切土地所有者自由经营、买卖及出租其土地的权利。"这种土地制度，在该法第一条中被称为"农民的土地所有制"。

在我国，农民实际上是以家庭作为产权持有者与经营单位的。因而，可以考虑将上述的"农民的土地所有制"，改称为"农村土地家庭所有制"。这样改称，有以下三项好处。第一项好处：符合"土改法"关于土地产权归农

户所有的原意，土地所有者的指代更加明确具体，不易被误解成宽泛模糊的农民群体概念。第二项好处：能够与现行的"农村土地家庭承包制"无缝对接，将"承包"二字换为"所有"，农户都高兴。第三项好处："家庭"一词介于"集体"与"个人"之间，称"农村土地家庭所有制"可以减弱反私产流派的逆反心理。

从集团利益角度分析，能够借土地集体所有之名、乘土地产权主体模糊之机，在农村土地流转过程中不当取利的人们，最有可能成为农村土地产权明晰化的反对者。但他们能够摆上桌面的反对理由并不多，说来说去最主要的说法可能就是土地流转后农民的生活保障问题。但这实际上属于社会保障制度设计问题，与土地制度并没有必然联系。假如社保制度健全到北欧程度，即使耕地私有，也可缩小贫富实际差距，做到"富人苦心积累财产，穷人安心享受闲暇"。

（原载《中国投资论坛》2013 年 6 月号）

3.7 对农民土地财产权的理解有待时间检验

学习中共十八届三中全会的体会，我看大家的理解多数都一致，主要在一个领域里分歧比较大，就是土地改革。大家说土地改革了，农村、农民也有财产权了，好像宅基地也可以抵押、交易了，挺高兴。但是，农业部的部长、副部长说理解有偏差，属于误读，农委主任说土地改革有三条底线。

笔者模模糊糊地觉得，争议最大的，可能就是最关键的，影响最长远的。中共十八届三中全会关于土地改革的基本精神，究竟谁理解偏了、误读了，最终很可能还得要靠时间来检验。因为这涉及国家的财产制度问题，理解不同是难免的。我们国家自 1956 年以来，经济发展之所以出现很多问题，甚至在 60 年代饿死不少人，与财产制度不健全有直接关系。

如果一个国家的财产制度存在缺陷，产权不明晰，就缺少效率，容易让少数有权有势的人钻空子，在公有的名义下，理直气壮地侵占他人财产和劳动成果，严重挫伤大多数人的生产经营积极性。这种毛病发生在农村土地制度上，就会降低农业生产效率，严重的时候就会减产粮食，甚至饿死人。财产制度存在缺陷，还会使富人不安心，不敢把财产全都放在自己的国家里，如同谨慎的人不敢把鸡蛋都放在一个篮子里一样。

笔者预感，中共十八届三中全会将来最突出的历史功绩，很可能就是触及到了财产制度变革，特别是提出了农民也要有财产权的问题。在工业与商业领域，基本上早已退回到1956年工商业改造以前的财产制度，机器设备与厂房、超市等生产经营资料，都可以私有了。此外还有房地产开发商，网络运营商等，总之除了农民以外，个人都可以拥有生产资料，拥有几百亿元的私人财产。实践证明，这种财产制度的回归，极大地促进了生产力的发展。

现在农民的人均土地已经很少，南方一家、北方人均能够承包到三五亩地就不少了，土地再贵几亩能值多少钱？这样一点儿地产，为什么只能承包，不能确权为农民个人所有，一定要说成是集体所有？这种说法带来的实际效果就是：一旦遇上个处置机会，以集体为名，这层分一些，那层拿一块，结果农民所剩无几。有人坚持说，这样做是为了保护农民的利益，是留给农民的最后生活保障，因而千万动不得。

我觉得上述的"土地生活保障说"的说服力不强，缺少事实支撑。世界上多数国家没有实行集体土地承包经营责任制，尤其发达国家，全都不搞集体土地承包，他们的农民为什么状况更好一些，根本不知土地承包权为何物的人们，为什么也有生活保障？答案很简单，就是有社保制度。我们也有社保制度，近几年进步还很快，但城乡之间的社保差别仍然巨大。不从完善社保制度的角度想办法，而是让最重要的生产资料——农田来体现社保功能，很不明智。

一切生产资料，都应当按照效率原则进行配置。尤其是农地的资源配置，直接关系粮食生产，而粮食是社会保障的最基本物资，配置原则必须坚持效率优先。效率提高了，粮食产量多，什么都好说。效率不高，粮食产量上不去，必然要有一些人无法得到保障。必须清醒认识，农田是最重要的生产资料，不是社保工具。按社保工具进行土地配置，难免降低使用效率，迟早会酿成灾祸。

我家在农村，兄弟姐妹7人当中，5家承包土地，2家没有地，有地的全都赶不上没地的。这不是一家的个别现象，而是很普遍的社会现象。所以我现身说法，就土地与社保之间的关系，写过一个顺口溜："早年离土进城来，如今退休身安泰。但得保障制度公，解忧何必占资财？"意在说明完善社会保障制度，对于深化土地制度改革的极端重要性。

（原载 2013 年 12 月《中国投资 50 人论坛》第 2 期）

3.8　又到制度变迁时

法律出版社 2012 年 8 月出版的刘承韪著《产权与政治——中国农村土地制度变迁研究》，独树一帜，从法律与政治结合的视角，深入研究中国农村土地的财产权问题。作者认为："集体所有权是一个产权怪胎。在现代民法体系中，根本就没有集体所有权这个概念。"这种所有制对农村土地产权归属的界定模糊，不利流转，急需改革。

该书扼要概述了农村土地集体所有制的产生与演变过程。凭借执政党的崇高威信和政府的强大政治力量，1952 年土地改革顺利完成，中国真正实现"耕者有其田"。紧接着开展的互助合作运动，在 1956～1958 年迅速升温，跨越式地由初级社、高级社升高到以人民公社为核算单位的集体所有制。农业生产力遭受破坏，粮食大幅度减产。1962 年开始调整，集体所有制降格为"三级所有、队为基础"，农业生产有所恢复，粮油棉布可以凭票得到限量供应。20 世纪 80 年代推广"包产到户"，家庭获得土地承包经营权，取消生产队核算单位，农民生产积极性提高，基本解决了城乡居民温饱问题。

从 1952 年的"耕者有其田"，到 1984 年农民家庭获得土地承包经营权，30 余年画了一个螺旋式上升大圈。土地又归还给耕者经营，但属于承包，经营者不拥有产权。产权与经营权的分离，使上述大圈没有完全闭合，从而表现为螺旋状。在土地不需要流转的情况下，产权与经营权相分离的矛盾不易显现。然而，进入新世纪，随着城镇化进程加快，包括农村土地集体所有制内在的产权模糊弊端暴露出来，征地成为滋生腐败的温床之一，"导致社会矛盾冲突不断，上访成为常态"。据此此书作者敏锐地感觉到：我国农村客观上再度面临着土地制度的变迁。

关于农村土地制度下一步究竟应当如何变迁，此书作者虽有多种设想，但最终并没有给出明确和肯定的答案。作者在比较各种改革设想后认为，最有效最根本的变革途径是实行土地私有制，但由于政治体制和意识形态的影响，要从根本上改变中国的土地所有制几乎是不可能被执政当局所认可的。这使作者退而求其次，在现有土地所有制框架内，分别从城市化进程中的征地制度改革、农业现代化过程中的农地流转未来方向、可替代土地保障的新型农村社会保障制度等不同方面，总结各地的实践经验，推荐多种显现一定成效的运作模式，力图化解矛盾，走出困境。

该书针对不同问题推荐的多种可选模式，回避土地产权制度，虽然短期内可有一定效果，但缺乏长期稳定性。从这一点看，此书或许存在不足之处：对执政当局总结历史经验的能力和锐意改革的决心，估计不够充分。实际上，执政当局已经开始着手进行农村土地确权工作，未必不愿意简单修改两个字，即将"家庭承包制"改成"家庭所有制"，具体法律内涵完全照抄 1950 年 6 月颁布的《中华人民共和国土地改革法》第三十条："土地改革完成后，由人民政府发给土地所有证，并承认一切土地所有者自由经营、买卖及出租其土地的权利。"当然，作为必要的配套措施，须将农民纳入统一的社会保障体系。

（原载《中国投资》2013 年第 7 期）

第4章 提升科教 增加就业

导读：以人为本

科学技术是第一生产力，从根本上决定人们的生产与生活方式。相比其他动物，人类的最大长处，是掌握科技。相比其他国家，一国的最大优势，是掌握最新科技，并转化为现实生产力。在历史长河中，一个民族为人类所作贡献的大小，主要看科技创新成果多少，而不是看其武功曾经多么辉煌。

本章包括9篇文章，其中前3篇，重点谈发展科技对中华民族振兴的重要性和应当抓的重点。针对社会上一些人仅凭GDP接近美国与外汇储备全球第一，就以为我国已经足够富强的骄傲情绪，笔者在书评《诺奖未多缓称富》一文中恳切指出：真正的财富，不是库存金银或者巨额外汇储备，而是人才，是知识。凭人才与科技强国，才是真实可靠的富强。

至于如何加快科技发展，《实施科技强国战略需要先正风气》一文提出：最省钱、最有效的措施，是树立"热爱科学、追求真理"的社会风气。如何才能树立起这样的社会风气呢？该文提出一些想法和建议，但近期内是否能够得到推动，心中实在没底，只能寄希望于国家的运气了。但从长远看，笔者对此信心满满，相信中华民族一定会摆脱"一切向钱看"与"权钱至上"的不良社会风气，以懂科学为荣，在科技创新方面，为人类作出与自己人口成比例的应有贡献。

本章中间2篇，侧重讲提高教育水平的重要性与措施。《教育兴邦：抓两头带中间》一文，开宗明义：家富国强，最终都是为了人好。人的素质不高，终归还是枉然。实现中国梦，宁肯发公债，也要搞好国民教育。针对我国教育的薄弱环节，建议加强教育要"抓两头带中间"。一头要充分挖掘幼儿与小学教育潜力，另一头要加强高等与成人教育，在此基础上进一步提高中学与职业教育质量。

《公益校车　强国之举》一文，与原载于《人民论坛》2004 年增刊，编入《投融资方略》第 3 章的《用市政债券开通中小学校车》遥相呼应，再次大声呼吁要从立法层面，将中小学校车作为义务教育内容，纳入社会保障范围。能否采取此项措施，是检验各级政府是不是肯于为民办实事、立法机构是不是真正代表民意的试金石，其背后则反映了一国公民的理念与素质。

本章后 4 篇，集中讨论就业问题的重要性以及就业与休闲之间的关系。《从全球科技发展战略高度思考就业问题》一文得出的结论是：单纯就生产力而言，客观上需要缩短全人类的平均工作时间，人类有条件、有必要大量增加休闲。从休假制度上确保更多的人获得就业机会，既能消除失业者的痛苦，又可显著提高就业者的生活幸福指数。人们物质文化整体生活水平的提高，会直接扩大社会总需求，给经济增长增添动力。

4.1　诺奖未多缓称富

真正的财富，不是库存金银或者巨额外汇储备，而是人才，是知识。梁衡著新版《发现——数理化通俗演义》，以章回小说形式，演绎世界科学历程，无愧中国科普作品一等奖。其情节曲折惊奇，近似侦探小说，人物献身精神，胜过壮士荆轲。书中展现的人类进步脉络，任何国家的史书都难以企及；即使将各国通史都汇集到一起，仍然显得破碎支离。不读此书，不易轻松了解真实完整的世界史；读过此书，可以顿悟地球人何以成为一个整体。

作为通俗演义，为增添趣味、吸引读者，书中少不了场景虚构。但通观全书，展现在读者面前的，无疑是人类进步的真实足迹，一步一个脚印，一步一个阶梯，每前进一步，都拓宽人类视野，每登高一阶，都缩短族群距离。从公元前 500 多年的毕达哥拉斯定理，到公元前 300 余年的欧几里得《几何原本》，两百年间数学思维与逻辑推理的高歌猛进，为其后物理学、化学、天文学、地理与生物学等基础学科的深入发展，提供了锐利武器，自此掀开 2 500 多年有文字记载的人类辉煌科技史。

哥白尼以日心说取代地心说，牛顿用万有引力揭示天体运行规律，达尔文的进化论颠覆了物种神造论，麦克斯韦方程定量描述电磁理论，门捷列夫排列元素周期表，卢瑟福用射线探知原子结构，爱因斯坦质能互换方程拉开人类利用核能序幕，华特生与克里克的 DNA 双螺旋模型解开生物遗传奥秘。每一项重要的科学发现，都转化为巨大的生产力，使地球人共同的文明日益光辉灿烂。

概括起来说，此书演绎的"数、理、化、天、地、生"科学发展历程，反映的是人人随时都能够在自己的吃穿住行、收支通信、娱乐网聊等日常生活中切实感受到巨大变化的正能量累积史。站在人民立场，严格按提升人类生活质量与智力水平的作用衡量，与这部人类正能量累积史相比，能量有正有负的各国内战与内政史、国家与地区之间的战争和外交史，全都黯然失色。

此书讲述的科学家跨国交流、共同攻关、亲如师友、比拼争辩的故事，生动体现出：科学没有国界，超越种族界限，冲破语言壁垒，消灭阶级烙印。面对科学，人类不分肤色，是一个整体。在真理面前，没有贫富尊卑，人人平等。纵观科学发展史，还可以看到，科学不仅能丰富人对自然的知识，提高人的素质与生产力，而且对人类社会政治制度的发展完善，也不乏贡献。因而，对于付出辛勤劳动甚至生命、作出突出贡献的科学家，理应得到各民族、各阶层懂得感恩人们的一致敬佩。从内心深处敬佩科学家的民族，易于形成热爱科学、投身科学的社会风气。得此社会风气的国家，能够以科技育人，凭科技强国。缺少这样社会风气的国家，在追求民族振兴的道路上，需要付出更多努力，经历更长的时间。

结合现实，阅读此书，笔者最大的感悟是：真正的财富，不是库存金银或者巨额外汇储备，而是人才，是知识。凭人才与科技强国，才是真实可靠的富强。因此，在科学技术没有领先之前，诺贝尔数理化与医学生物学奖项还不够多的时候，不要因外汇储备较多就急于宣称自己富有。大胆使用外汇储备，大力发展科技教育，加快提高民族素质，才能更快地走向富强。

（原载《中国投资》2013 年第 6 期）

4.2　投资偏爱科技

"这本书极富感染力，一旦你打开了它，就会越来越想读下去"，美国生物技术企业家、Absalus 公司创建者 Jim·Larrick 这样谈他阅读莱茵哈德·伦内贝格所著《生物技术入门》一书的感受。无独有偶，四川大学生命科学学院杨毅教授一见此书，便如获至宝，认作科普精品，立即组织同事与学生进行翻译。考虑此书篇幅较大，科学出版社将德文版原著按章分为 10 册，作为一套丛书，冠名《生物技术入门系列》。

应当感谢著者、译者与出版社共同做了一件好事，读者可以在原子分子层次，深入浅出、图文并茂地了解生命奥秘。宇宙间，生命现象最复杂。而在各类生命中，有能力探索生命奥秘的生命最神奇，神奇到当自己进化至最神奇状态时，却忽略自己，错把风雨雷电、高山大河、日月星辰等简单事物，尊崇为神，顶礼膜拜。但神奇者毕竟非凡，经过不断研究，终于发现：与自身相比，其他一切都简单得出奇。

拍拍额头，看看双手，宇宙最高机密就在你眼球背后的大脑里。尽管这项机密目前尚未彻底揭开，但只要愿意，人人都可把自己的 DNA 存储于芯片，作为个人医疗信息随身携带。要了解生物技术在食品工业的应用，可读该丛书第 1 册《啤酒、面包、奶酪——生物工艺与美食》。想了解生物技术在化工产业的应用，可读第 2 册《酶——在生活与工业中广为使用的超级分子催化剂》与第 4 册《白色生物技术——作为合成工厂的细胞》。要在原子分子层次了解你身体的构造与运行机理，可读第 3 册《基因工程的奇迹》与第 10 册《分析生物技术与人类基因组》。想知道疾病成因与人体抗病机理，可读第 5 册《病毒、抗体和疫苗》。想知道特效药物的研发生产动态和医疗技术新进展，可读第 9 册《心肌梗塞、癌症和干细胞——生物技术拯救生命》。想了解生物技术如何应用于环境保护，可读第 6 册《环境生物技术——从"单行道"到自然循环》。要了解生物技术在种植业与养殖业的应用，可读第 7 册《绿色生物技术》与第 8 册《胚胎、无性繁殖系和转基因动物》。

生物技术的应用，从农业、工业到医疗，遍及一二三产业。寻找投资机会，需要关注生物技术的最新进展。其实，飞快发展的各类新技术，都能给投资带来高产出、高回报。创新的"领头羊"是高科技，高科技的社会基础是科学普及，全民族科学素质的提高。阅读这套书，还有助于改善饮食结构，合理控制食量，丰富食品、医药、医疗与防病知识，增强全家人的身体素质。

这套书的显著特色是插图丰富，从中能够看清纳米尺度上病毒的真容与

DNA 的双螺旋结构。众多科学家的肖像与重要试验场景向你展现：科学家们具有怎样的奉献精神，使你切实了解古往今来究竟是哪些人在真正推动人类进步。同时还可看清，包括贪腐官员在内，一切动植物细胞核中的大分子及构成这些分子的碳氢氧氮磷硫等元素，时刻都在分裂中聚合，聚合后分解。由此你会更加珍惜生命，热爱科学，不恋金钱，蔑视贪腐，心态超然。

（原载《中国投资》2013 年第 2 期）

4.3 实施科技强国战略需要先正风气

科学技术是第一生产力。世界近现代史表明，凭科技强国，才能真正强国，靠勤劳致富，富而不强。站到更高境界，不论富强，讲对人类的贡献，也是科技创新贡献大，简单重复劳动贡献小。历史上曾经驱使奴隶从事简单劳动，今后趋向用机器人代劳。正因为如此，我国政府早就明确要实施科技强国战略。

一、风气无形胜有形

实施科技强国战略，需要从多方面着手，政府和企业都必须适当增加科技投入，适当提高科技人员的工资待遇，但最省钱、最有效的措施，是树立"热爱科学、追求真理"的社会风气。好的风气，显示无形正能量；坏的风气，具有极大破坏力。风气好坏，一正一负，天壤之别，尤其对于科技发展，务必作为头等大事来抓。

搞科技，需要勤动脑筋。脑筋是否勤动，动向哪个方面，取决于兴趣。不肯动脑，当然无法搞科技。即使很爱动脑，日夜思考，如果兴趣不在自然科学，而在四书五经、圣贤之言、科举名次、官位金钱，则无助甚至妨碍科技发展。晚清洋务运动之前、科举未废之时，多数读书人热衷科举功名，对科技缺少兴趣，未能形成热爱自然科学的社会风气，曾经致使我国在科技方面长期落后于人。

比较欧洲相应时期，尤其是文艺复兴后，激发了创造性思维，科学探索与观察实验成风。在这样的社会环境下，哥白尼、布鲁诺、伽利略、开普勒、笛卡尔、波义耳、牛顿、哈雷、赫歇尔、拉瓦锡、道尔顿、法拉第、达尔文、麦克斯韦、赫兹、焦耳、汤姆逊、门捷列夫、伦琴、瓦特、诺贝尔，巨人辈出，硕果累累。科学发现推动技术创新，技术创新显著提高生产力。

欧洲社会爱科学、重技术的风气，跟随移民，传入美洲，在美国进一步发扬光大，产生了更多的诺贝尔物理学、化学、生物与医学奖得主。如今全人类，包括我国在内，很多人都在交通通信、网络交流、影视娱乐、居家旅游等日常生活中，切实感受到了科学技术带来的便利。作为回报，科技创新国的新产品销售利润与专利收入也很丰厚。

二、新风衰落"文革"中

从 1848 年到清末，经过半个世纪的反复较量，两千年来一直把儒道经典作为育人治国瑰宝的统治集团，终于开始认识到科学技术的重要性，在废除科举制度的同时，政府曾官派留学生出国学科学。进入民国，特别是在新文化运动中，知识界开始深刻反思传统文化与教育体制，更加重视科学，如雨后春笋般兴建起来的新式学校，大多都把数理化列为重要教学内容。但这种重视科学的良好气氛，未能持续多久，便被接连不断的国内战争与抗日战争打断了。

新中国成立后，科学教育得到高度重视。特别是 1953 年第一个五年计划开始实施后的十来年间，国家经济建设快速发展，需要大量科技人才，大专院校增加理工科招生，中学普遍加强数理化教学。"学好数理化，走遍全天下"的民谚广为流传，中学生学习理科的热情高涨，一股热爱自然科学的社会新风蔚然兴起。大学师生也都积极从事科研，有的科研项目，如北京大学与中国科学院合作完成的人工合成牛胰岛素等，达到当时世界领先水平。

遗憾的是，这股新风又没有能够持续多久，便被"文化大革命"中断。邓小平强调科学技术是第一生产力，使教育事业得以恢复。但由于先富起来的人群，取得成功的经验多数不在运用新科技，而是看准市场，抓住机遇，或者善处人际关系，发挥酒文化沟通效力，或者凭借国企垄断地位使分配向少数管理层倾斜，个别的还有行贿受贿、官商勾结、内线骗贷、合谋转移国有资产等不法行为，致使整个社会非但没有树立起爱科学的良好风气，反倒走向反面，热衷追求金钱。

这种"一切向钱看"的不良风气，不仅使科学家在多数学生家长的心目中失去光辉，很少鼓励子女钻研自然科学，更为严重的是使那些本性酷爱自然科学、学习成绩优异的青年学生，多数都想寻找出国深造的机会，学成后多数不愿回国，想要留在外国搞科研。这样的风气与人心所向，显然有碍科技强国战略的贯彻实施，必须设法改变。

三、激励青年爱科学

并非没有人看到上述问题，而是人们对此早已司空见惯，普遍感到没有办法改变，久而久之，也就不愿再提了。其实，只要党和政府下决心真办，就没有办不成的事。下决心端正社会风气，以利科技强国战略贯彻实施，首先要做好舆论宣传，从思想认识和精神层面激励青年热爱科学。

第一，需要大力宣传科学技术对人类进步的巨大作用和杰出科学家的不朽贡献，引导青年树立正确的人生观和价值观。

生活在地球上不同肤色的族群，从来没有像今天这样，更接近一个整体。人类作为一个整体，能够由粗野愚昧走向文明智慧，不断前行，最持久、最强大的推动力，是科学技术。与秦皇汉武、唐宗宋祖等风流一时、评价不一的英雄人物相比，牛顿瓦特、赫兹焦耳等杰出科学家与发明家，对人类作出的实际贡献，有目共睹，万世不朽，值得有良知、肯感恩的人们一致尊敬、永远爱戴。

电视电影广播，报刊书籍网络，各种媒体都应提高对科技的重视程度，进一步加强科普宣传，及时报道科技动态，增加科学家传记、科学发现历史故事等科普作品播放时段与出版物数量。青年学生阅读一些好的科学家传记，通过电视电影看到科学家献身科研、作出不朽贡献的故事，有助于他们树立正确的人生观与价值观，可以使他们更加热爱自然科学，引导更多青年投身科技事业。

为使各类媒体能够自觉加强科技宣传，减少盲目反对扩建 PX 项目、进口转基因大豆等违反科学的不良舆论，急需提高我国媒体从业人员的科学素质。总的来看，我国媒体从业人员的整体科学素质较低，这是全民科学素质不够高的一种反映。造成这种情况的一个重要原因，是现行教育体制存在弊端，为了应试而忽视素质教育，文理科课程过早分离。要从根本上改变这种状况，无疑需要从中小学抓起。为应急治标，有必要对各类媒体从业人员，尤其是记者和编辑，定期进行科普培训，系统讲授科学简史，增加科技知识。

第二，应当理智评价中华民族在人类科技发展史上的贡献，清醒认识自己的差距与不足，激励青年奋起直追。

我国科技落后于欧洲，并非始自科举。实际上，早在科举未行之前，远在百家争鸣的春秋战国时代，就与当时的古希腊、古埃及与古巴比伦存在千年差距。成书于公元前 300 年左右的欧几里得《几何原本》13 卷，内容包括平面几何、立体几何、代数与数论，充分展现了古希腊人的逻辑推理能力与开放的时空观。比具体内容更为重要的，是书中从定义、公设与公理出发一步步推证定理的逻辑演绎体系。具有如此推理能力，什么智力难题不可破解！人类智力已经做好充分准备，其他科学发现需要等待的，主要是观测手段的改进与观察资料的积累。

凭借数学知识和逻辑推理，古希腊人很早就从月食过程，看到脚下大地的球形投影，形成以观察者为中心的接近真实的空间观念。基于这种空间观念，运用几何定理，亚历山大里亚图书馆馆长埃拉托色尼（公元前 276～前 195），根据夏至正午测量到的阳光倾角，加上正南方阳光直射井底的已知直线距离，便轻松计算出地球赤道的周长（与现代精确值仅差 100 公里），得知地球大小。

相比之下，由于缺少必要的数学知识和逻辑推理，到了千年之后的唐宋时期，聪明智慧如李白、苏轼、沈括等，尽管经常观月咏月，也见过月食，仍然未闻地球有影，还都以为天圆地方。时光流逝 1900 年，直到公元 1607 年，明末科学家徐光启与意大利传教士利玛窦合译《几何原本》前 6 章，才使东西方科学水平与逻辑体系之间的陡峭坡度，开始缓缓趋降。又过 300 年，进入 20 世纪，才在教会学校早期参与下培养出若干数学教师，可以在新学校开设《几何》课程。

不充分了解，甚至主观上不愿意面对上述事实，自以为唐宋之前的古代科技水平不逊色于西方，经常强调在某些方面曾经世界领先，以此保持民族自豪感。表面看，这样做似乎有一定好处，其实害处很大，严重妨碍民族弱点的克服，对提高民族素质极其不利。只有纵观全球科技史，客观理智地分析包括逻辑思维体系在内的我国科学水平落后于人的时间起点、程度大小与深刻原因，才能获得自知之明，正确认识自己，痛下决心弥补不足，激励青年奋发图强，为人类科技发展作出与人口比例相称的贡献。

四、真正实现中国梦

《新华字典》附录中的"科学技术的重大发现发明"，记载了从 380 万年前起到公元 1280 年止的前 20 项人类科技重大发现发明，其中有 12 项出自中国，占 60%。最先开始使用火 1 项，占 5%，为包括中国在内的全人类共同发明。另外 35%，包括《几何原本》在内的 7 项发现发明，其中 2 项出自古希腊，5 项依次出自古巴比伦、波斯、欧洲、阿拉伯与印度（见商务印书馆 2001 年修订版第 1 375 页）。这是社会广泛使用的工具书对我国古代科技贡献的一种评价，反映了一种民族心态与愿望，也是一个真实梦想。中华民族最大的心愿和梦想，就是要科技领先。

要真正实现这个中国梦，必须脚踏实地，付出艰苦的努力，千方百计激励青年热爱自然科学，投身科技事业，奋力追赶世界先进水平。而这首先就需要引领青年具有科学态度，以科学精神分析一切，看待一切，包括客观评价本民族对人类科技进步的历史与现实贡献，容不得半点虚伪和骄傲。因而，要较快、较彻底地端正社会风气，除了前边提到的舆论宣传，还必须认真做好以下两件事。

第一，通过网络征询意见慎重修改词典与教科书中有关我国古代科技水平的评价，在理论界树立实事求是的科学态度，培育一丝不苟的科学精神。

如果连理论界都缺乏实事求是的科学态度和一丝不苟的科学精神，那么，不管这个国家和民族手中暂时有钱无钱，其前途都令人担忧，更难期待科技领先。如何评价公元 1280 年元朝之前我国古代的科技水平和对人类科技进步的历史贡献，这本身就是一个科学问题，可以用来检验作为评价主体的整个国家与民族的科学研究能力和科学态度。

如果以百分之一的实事求是态度，稍加认真思索，发现在人类科学技术前 20 项重大发现发明中我国独占 12 项的记载不够准确后，不作任何解释，便悄悄去掉，也有违科学精神。因为这样的做法，一点儿都不触及灵魂，不仅没有纠正不良心态，而且连违背历史事实的流行提法都无法改变。为了增强我们民族的科学精神，培育坦荡求实、积极向上的良好心态，需要重视讨论过程的功效，通过网络征询意见，在慎重修改工具书与教科书中不当提法的同时，纯洁灵魂。知识界的灵魂纯洁了，全社会的风气自然正。

第二，通过收入分配与税收调节政策等直接针对科技人员的物质刺激措施，间接从精神层面激励青年热爱科学。

对于形成良好社会风气来说，舆论宣传十分重要，但仅靠舆论宣传是不能持久的，还需要做些实事，运用必要的政策措施，间接激励青年热爱科学。譬如，通过颁布收入分配调整指导意见及相关法律法规，适当提高企事业单位科技人员的薪酬水平和福利待遇，就能够让青年学生及其家长看到，从事科技工作，是不坏的职业。适当上调具有一定学历或技术职称科技人员的个人所得税起征点，或者降低一两个百分点的个人所得税税率，就可以向全社会表明：国家高度重视、特别优待科技人员。

此外，中央财政适当增加科研拨款，根据需要增设国家级科研机构，增加人员设备，改善科研条件；增加科研奖励基金，完善奖励办法与评奖程序，重奖真正作出突出贡献的科技人员；地市级财政专项拨款提供奖金，年年举办辖区内初二与高二年级的数理化竞赛等物质激励措施，都有助于间接从精神方面激励青年学生热爱科学，形成重视科技的良好社会风气。

（原载《中国投资》2013 年第 7 期）

4.4　教育兴邦：抓两头带中间

提高人的素质，既是兴邦的重要手段和必由之路，又是强国的根本目的与终极目标。家富国强，最终都是为了人好。人的素质不高，终归还是枉然。影响全民素质的因素很多，不限于教育，但教育无疑是其中最重要、最基本、最长效的因素。因而，实现中国梦，必须搞好国民教育。

一、宁肯欠债也要搞好教育

所谓"必须搞好"，就是无论如何都要搞好，搞不好绝对不行。其中包含"不差钱"之意，即不以财政有钱作为搞好教育的前提条件。就是说，财政有钱要搞好教育，没钱借钱也要搞好教育。在我们这个 M2 相对于 GDP 比例非常高的国家，一涉及具体问题，说来说去，最后的拦路虎，往往都是"差钱"，结果不了了之。为了避免兜圈子，白费口舌，本文把钱的问题摆在最前头，解决不了钱的问题，免谈其他问题。

现代的钱，都是他人的债，体现债权债务关系。债的背面是钱，钱的反面是债，钱与债数量恒等，增加钱必然相应扩大债。发达国家实践表明，单靠财政税收，能够有钱搞好教育的国家极少。譬如，当今世界实力最强的美国，早就靠财政负债搞教育，每年通过发行市政债券筹集的资金，80%用于中小学义务教育。笔者估计，如果单靠征税收费，完全从纳税人口袋取钱，300 年内我国财政也筹集不到搞好教育的足够资金。因此，本文建议负债搞教育。

负债搞教育值不值？偿债资金哪里来？如何回答前一问题，取决价值观。以人为本看问题，国家负债搞教育相当于父母借钱救孩子，肯定值。在视钱如命、视债如虎的人们看来，答案则会不一样。怎样回答后一问题，取决于公债理论。动态看，公债非债，国债民财，偿还到期公债本息的资金，来自投资者购买更多公债的钱，"以新还旧"的新陈代谢，是公债市场的正常生长机制。静态看待公债清偿，视公债如鸦片，崇尚"既无内债又无外债"状态，必然另有说法。

人类的思想史表明，不同的价值观与社会理论学说，罕有通过辩论取得统一认识的案例。有鉴于此，笔者不阐述公债理论，只讲程序，建议对拟议的重大教育举措及其筹资方式进行公民表决。公民或他们的代表，多数否决就不办，多数赞成就办。对于决定办的事情所需资金，多数赞成通过增加税收来筹集，那就立即增税；多数赞成通过发行公债来筹集，就立即发债。

本文主张进一步加强教育。至于所需资金，如果可以通过增税筹集，而又不抑制个人消费，不加重企业负担，不削弱实体经济的活力，当然很好。如果个人和企业难以承担更重税负，笔者的观点是：宁肯欠债也要加强教育。那么，欠债搞教育有无限度？上述观点内含如下两个条件：一是任何时候加强教育的措施本身都是有限度的，过分加强没有必要，甚至有害；二是对贪污浪费教育经费的犯罪行为零容忍。落实必要的教育发展措施，需要多少钱就筹集多少钱，这是本部分标题"宁肯欠债也要搞好教育"的具体含义。

二、加强教育需要抓两头带中间

目前我国教育事业的状况是，中学教育总体上相对较好，幼儿与小学教育潜力很大，高等教育急需调整，成人教育有待加强。针对上述现状，加强教育的战略方针应当是：抓两头带中间。一头要充分挖掘幼儿与小学教育潜力，另一头要加强高等与成人教育，在此基础上进一步提高中学与职业教育质量。

（一）向广深处挖掘幼儿教育潜力

当前我国的幼儿教育，最薄弱环节在广大农村。挖掘幼儿教育潜力，首先要向广大农村拓展学前教育。较为现实的一个办法，是在市县教育局设立幼儿教育科，统筹管理辖区内的幼儿教育，大力培训幼师，适当配备校车，使所属城镇和较大村庄的幼儿园，都有能力派出师资，轮流带领数名大中班孩子，到周边没有幼儿园的村庄去办流动学前班。

乡村流动学前班，刚开始试办时，可以 1 周 1 次课，每次 2 小时，以后逐步增加到每周 2~3 次，甚至 5 次。幼儿园的外出巡回教学师生，上下午各去 1 个村庄，中午固定在其中某个教学点食宿，设备由结对的 2 个村庄协商提供。距离城镇超过 1 小时车程，不宜由幼儿园师资带领大中班孩子去教学的较远村庄，可在当地培训幼师，每人负责 2~4 个教学点，骑摩托车流动办学。

城镇尤其是大城市的幼儿园，需要向深度挖掘育人潜力，更加注重幼儿视力保护、习惯培养与智力开发。对幼儿身体发育来说，保护视力，牵一发而动全身，为避免久坐凝视，自然就会增加运动。为此需要适当充实师资，丰富幼儿园活动内容，增加户外活动时间，尽可能通过游戏与手工活动，开发智力，增强动手能力。

（二）在课堂上发挥小学教育潜力

受应试机制驱动，目前小学教育普遍存在家庭作业过多问题，学童课外活动偏少，不仅妨碍身体发育，而且影响智力发展和动手能力的提高。其实，比起 20 世纪 50~60 年代划分上下午班的情况，现在小学生的在校上课时间已经很多，家庭作业想要达到的训练目的，应当能够在课堂上完成。因而对于教育部减轻小学生负担的有关规定应当坚决执行。

改善课堂教学，向课上时间挖掘潜力，应当作为发展小学教育的主攻方向。为此需要加强小学教育的先进经验交流与优化方案研究，从课本内容编辑、课堂练习册设计、课时安排、师资培训与课堂观摩等环节，全方位挖掘课时利用潜力，努力提高教学效果，使学生高效率利用在校时间。小学生在校时间效率低，是对人生最宝贵时光的最大浪费。

（三）立足长远改革调整高等教育

一方面是在校大学生占全国人口或同龄人的比重明显偏低，另一方面是大学毕业生就业比率下降，这是我国高等教育面临的最突出的两难问题。单靠教育界，肯定无法解决这种两难问题。高等院校应当做也能够做得到的，是根据社会需要及时调整学科设置，更新优化教学内容，使培养出来的毕业生能够受到社会欢迎。单单这一任务，就是很沉重的，需要全国高等院校付出艰苦的努力。

逐步提高在校大学生占同龄人的比重，提升全民族的文化素质，是与城镇化、信息化、农业现代化等并行的长期任务，需要以城乡人均收入水平倍增作为经济支撑。这是一种迟早都将实现的客观必然趋势。为顺应这一趋势，我国高教界需要增强时代感，具有全球眼光，敢于攀比世界顶尖院校，学习他们的先进教育理念和教学方法，造就高水平的师资队伍。我国高校不在这方面奋起直追，很难减缓大学生源外流趋势。

（四）区分轻重缓急加强成人教育

当前我国急需从以下两个方面加强成人教育，一是在岗职工定期岗位培训与待业者技术培训，二是党政干部与新闻媒体从业人员的科普教育。前者有助于提高劳动力素质和产品质量，增加就业机会，降低待业率。后者有助于提高行政效率与科学决策水平，提高全民族的文化素质与道德水准，减少迷信与腐败现象，促进社会和谐。

国家科学技术委员会曾组织科学家认真编写《现代科学技术基础知识（干部读本）》，1994 年由科学出版社与中共中央党校出版社联合出版。时任中共中央总书记、国家主席江泽民同志，以《用现代科学技术知识武装起来》为题作序，明确表达了编写出版此书的主要意图，是"供县级以上干部阅读，以丰富大家的科技知识，提高领导现代化建设的水平"。

将近 20 年过去了，此时此刻正在济南中院审理的重庆市原党委书记薄熙来案，前不久审结的原铁道部部长刘志军案及近年相关的一系列官员腐败窝案与丑闻等，都说明县级以上党政干部的整体素质仍然不容乐观。但不能由此否定对干部进行科普教育的积极作用与紧迫性。恰恰相反，上述情况说明，对干部的科普教育力度不够大，有必要进一步加强。笔者具体建议从以下四方面加强科普教育。

一是重在引导人生观与价值观，不仅使干部了解现代科学技术的进展情况，更要熟悉自古以来的著名科学家如何作出伟大贡献。二是丰富科普内容，为达上述目的，除及时修订《现代科学技术基础知识》，还应增编《世界科学史》（趣味读本）。编写这样的读本，可以参考曾获科普作品一等奖的梁衡所著的《发现——数理化通俗演义》一书，增强可读性。三是扩大干部必修范围，不仅县级以上干部必须人人阅读，所有公务员都要人手一套。四是严格考察学习情况，从干部录用时算起，每隔2年接受1次闭卷考试，必须达到规定的分数下限。如此形成风气后，效果就会逐渐彰显出来。

科技进步是人类共同文明的核心推动力。上述科普教材，不仅适合干部培训，对所有成年人都有益，应当逐步扩大使用范围。从我国现实情况看，首先急需扩展到新闻媒体从业人员的科普教育，以端正社会舆论，减少盲目反对金沙江与怒江水电开发、PX项目建设与转基因农作物种植等违反科学的有害炒作。随后就应扩展到包括幼儿园幼师与大中小学在内的全体师资，并推荐给所有成人教育机构。

（五）因材施教细化中学与职业教育

进入初中阶段，已经能够大致看出学生的兴趣爱好与特长，可以适当考虑因材施教问题。为此，初中三年级的教学组需要会同学生家长，仔细观察、慎重判断每个学生究竟适宜升高中还是考取职业学校。实际上，目前学校与家长都在这样做，但有的学校做得好，有的学校做得差，提升的潜力主要在学校方面。全国中学应当高度重视这个问题，当做一件大事来抓，加强经验交流，开展学术研究，普遍提高教学组的学生流向指导水平。这方面工作好坏，直接影响学生的人生道路。从全社会的角度看，则关系到人力资源能否得到充分利用。

高中学生面临的重要问题，是文理科的适当划分。同初中阶段一样，这方面的潜力也主要在学校，需要通过学术研究与经验交流，提高学校的高中生文理分班指导水平。当前值得特别注意的一点，是要在文科班开设科学史与现代科技前沿的简明课程，并纳入高考内容，使文科生能够在总体上概括了解人类科技发展的历程和现状。

三、加强教育需要提高统筹领导层次

加强教育的各项措施涉及面很广，单靠教育部门显然难以全面贯彻实施。因而，要将教育兴邦战略真正落到实处，必须提高全民教育的统筹领导层次。"文化大革命"后，在邓小平亲自主抓下，教育事业很快拨乱反正，得以恢复，为日后国民经济的快速发展提供了关键的人才保障。借鉴这一经验，至少应在狠抓教育的最初 5 ~ 10 年内，能够有一位政治局常委级的党和国家领导人出面，分管全民教育事业，主持制订教育改革整体方案。

教育有关社会公平，各地区之间的差异不宜过大。因而，在经费方面也需要适当提高统筹层次。按此原则，为加强教育而必须追加的教育经费，大部分应当由中央财政统筹，其次是省级财政配套，市县财政担负较小部分。目前我国中央财政转移支付占地方财政支出的比重不低，从中单列出一部分教育发展经费，专款专用，并非难事。

为了不挤占其他领域的发展资金，不加重企业和个人税负，可以考虑通过立法，允许中央财政根据加强教育的资金需求，发行较长期限的"教育兴邦专项国债"。为便于地方财政资金配套，应当立法允许省级与市县级地方财政，按各自分担的教育经费比例，发行与中央财政同样期限的"教育配套地方公债"。法律应当允许此种国债与地方公债无限次滚动发行，直到我国教育事业与科技水平赶上发达国家，居于世界领先地位。为了维护中华民族的核心利益，作出伟大民族对人类进步应有的贡献，充分弥补以往的科技贡献不足，教育发展不达预期目标，决不放弃此项"量化宽松"国策。

（原载《中国投资》2013 年第 9 期）

4.5　公益校车　强国之举

近年接连发生的学童车祸，引起社会舆论深切关注。紧急落实温家宝总

理在第五次全国妇女儿童工作会议上的讲话精神，国务院法制办于 2011 年 12 月 11 日公布《校车安全条例》征求意见稿。为深化研讨，本文从义务教育内容、社会保障范围、公共财政职能和地方债券风险等角度，对发展公益校车问题，谈几点探索性意见。

一、校车非凡车　理念可强国

在已跨入 21 世纪第二个十年的现代社会，是否从立法层面，将中小学校车作为义务教育内容，纳入社会保障范围，是检验立法者群体理念的一块试金石。其背后，反映了一国的公民理念与素质。而公民的理念与素质，从根本上决定着民族兴衰、国家强弱。

有人说：美国财政为中小学生提供校车，是因为该国富强。其实，早在真正富起来之前，美国就有公益校车。当人类没有发明汽车时，美国小学曾经使用过马车。从根本上说，能否为学童开公益校车，不是穷富问题，而是理念问题。有了先进理念，只要发明出车辆，人们即使穷，也能让学童乘坐校车。为学童开校车，可以拉动社会需求，促进国家富强。此间因果，需要详查，值得深思。

校车作为义务教育内容，纳入社会保障范围，并不是说每个中小学生都必须乘坐公益校车。离学校近的，无须乘车；跨区择校的，没有公益校车运行路线。在义务教育覆盖的社区范围内，超过适宜步行的距离，才是需要乘坐公益校车的学生群体。这一群体相对学生总数的占比，学校密集的大城市较低，居住分散的农村较高。具体比例和各年度的确切人数，一经学校登记调查，立即明了。

二、财政为教育　不妨发公债

论乘坐公益校车的学生比例高低，农村比城市更需要校车。而农村财力远不及城市，这是一个尖锐的矛盾。解决这个矛盾的途径，除了需要中央与省级财政一定的转移支付外，各市县财政还可依据人民代表大会的决议和授权，经信用机构评级，在国内债券市场上滚动发行地方公债，筹集资金。

从世界范围看，为普及义务教育而发行公债，并非没有先例。引人深思而又颇有趣味的是："宁可欠债，也要加强"这句邓小平同志的名言，似可作为美国校车的真实写照。其实，美国中小学的公益校车，基本上都是靠地方财政负债开动的。平均说来，美国各州发行的市政债，80% 用于中小学义务教育，其中包括为学童开校车。

负债发展义务教育，是否存在财政风险呢？实践是检验真理的唯一标准。至少从美国这个先例看，时至今日，100 多年过去了，尚未显露负债教育将会失败的迹象。退一步说，即使在率先登上火星之后，美国有的州因为负债发展义务教育而破产，那也将是虽败犹荣，因为人类不会忘记先行者的足迹。

可能有人会问：为提高义务教育水准发行公债，偿债资金从何而来？从具体操作环节说，在一定时期内可滚动发债，以新偿旧。从长期效果与根本来源看，则来自国民素质提高，来自科学技术进步，来自社会需求扩大，来自就业机会增多，来自经济发展，来自税收增加，来自国土升值，来自国家富强。当国家富强后，则可能有外国人愿意出钱买债，充当他们的外汇储备。

三、内债非纯债　国债即民财

为开公益校车，提高义务教育水准，应当尽量利用内债，而不借外债。在我国目前社会资金大量盈余且持有巨额外国债券的情况下，内债足矣，完全没有必要发行外债。

公债非债，就整个国家而言，内债并非纯粹债务，同时也为国人债权。这中间的道理，与父母子女之间的债权债务关系类似。在一家之内，父母的债务被子女的债权抵销，整个家庭对外并无负债。譬如一父有 3 子，3 子都有意中人，6 人各存万元银，唯独老父无分文。结婚个个要新房，父向 6 人借钱粮，雇他 3 对动泥浆，先让兄嫂配成双。戏法一式变 3 轮，3 个儿媳娶进门，资产负债三六万，无涉外国不干邻。倘若老汉无此勇，何年何月抱长孙？

由此推知，劳动创造财富，善于利用内债激活潜在劳动的国家富强，无债但多闲置劳动的国家落后。债权债务恒等，国债必为民财。用公债办实事，国民双重受益，在增强国力的同时，增加个人金融资产。接下来的问题是：这样形成的民财究竟是好是坏，会不会带来财政危机？答案是：只要把钱用在刀刃上，不愁偿还。其实，国民并不真正愿意政府把公债都偿还了，因为把钱全买股票的风险太大。

四、公益校车开　好事接踵来

通过立法将校车作为义务教育内容，纳入社会保障范围，在"十二五"规划期间内，有条不紊地加紧实施，不仅会减少学童交通事故，提升义务教育水平，而且还将给整个国家和全体人民带来诸多好处。

第一，增强民族自尊心，消除贫穷自卑感。我们民族，在包括校车在内的许多公益事业上，往往自甘落后于人。察其心理原因，是以往贫穷带来的自卑感，以致影响自尊心。当符合国家安全标准、色彩统一、一望即知的公益校车，在城乡形成亮丽的风景线，无疑将有助于消除上述自卑感。这种景象会增强民族自尊心，使人们相信：别人能够办到的事情，我们也能够办得到，至少是别人100年前做的事，我们现在也可以开始做。

第二，提升国民理念，优化社会风气。校车座椅的安全与舒适，可能比其外表色彩更强烈地触动人们的心灵。自幼乘坐规范校车上下学的山沟穷孩子，对公益事业的理念与社会责任感，将不同于他们的父母。他们不会再觉得，公益事业主要是政府的事情，与自己家庭关系不大。更不会认为在公益事业与卫生标准方面，我们可以落后于人。他们会自然觉得，我国在各方面都可与发达国家平起平坐。这有助于提高全民族的文明程度，优化社会风气。

第三，扩大内需，增加就业。在"十二五"期间加紧推广公益校车，必将从校车生产销售、司机培训聘用、车队管理、原材料供应、消费品购买、服务业发展等方面，直接或间接地扩大国内需求，增加就业机会。就业增加，反过来又会增强社会购买力，进一步扩大内需。

第四，促进经济增长，增多税收。在现代技术装备条件下，社会需求是决定经济增长率高低的首要因素。需求扩大，设备利用率就会提高，就业也会随之增加，经济增长速度必然相应加快。GDP增加，必然相应增加税收。目前我国税收与同期GDP之比接近40%，按投资乘数约为3计算，即每增加1亿元投资，可以增加GDP 3亿多元，增加税收1亿多元。因而，在全国范围算总账，因财政出资购买校车而最终所引起的税收增加额，可能与财政支出大体相当。

第五，降低农村辍学率，增加优秀人才。在广大农村逐步推广公益校车，有助于降低辍学率，让更多的农村孩子集中到较好的学校，有机会接受更好的教育。这不仅会普遍提高农村人口的素质，还可能涌现出更多的优秀人才，因为接受较好教育的总人数增多，培养出来的优秀人才必然相应增多。

第六，神州仁政史，校车添一笔。中华民族，神州大地，校车善举，焉能不记！在公益校车可能带来的诸多好事中，有一件将是优化历史记录：紧接不忍卒读的学童车难之后，以醒目标题增记国家通过立法大力推广公益校车的深情一页。缺少这一页，我们民族将为学童车祸死难事件频发而长久蒙羞，当政者与立法者也将为此留下历史遗憾。

（原载《中国投资》2012 年第 1 期）

4.6　从全球科技发展战略高度思考就业问题

当前的就业困难问题，不可小瞧，不能简单地将其视为美国次贷危机引发的金融海啸向各国实体经济蔓延的突发事件和短期现象，而应当更上一层楼，放开眼界，从全球科技发展的战略高度，甚至从人类社会生产力发展历史阶段的视角，挖掘其真正成因，思考治本之策。

一、社会生产力达到新高度需要缩短人均工作时间

经过 20 世纪，特别是近 50 年，科学技术的迅猛发展，人类社会的生产力水平已经达到前所未有的高度。在这样的生产力水平下，满足全人类必要的物质生活需求，实际上已经不需要多数人长时间工作了。可以预见，今后科学技术的发展速度将进一步加快，单纯就生产力而言，客观上需要缩短全人类的平均工作时间。换言之，进入 21 世纪，人类不仅已经有条件，而且有必要大量增加休闲。

当然，从全球范围看，包括我国在内，目前的确还有不少人生活在贫困线以下，一些儿童还在忍饥挨饿，相当多的家庭住房困难、无钱就医。但造成这种状况的真正原因，并非社会生产力水平低下，而是生产关系与经济体制的制约，政策法规与人的观念等上层建筑存在障碍，此外还有国际金融秩序混乱与经贸关系不顺等多种因素。

上述各种非生产力因素，在导致一部分家庭贫困的同时，降低了社会需

求，增加了失业人口。反过来说，失业已经成为许多家庭贫困的直接原因，并在表面上充当了降低社会需求的罪魁祸首。失业对家庭生活与社会经济影响的极端严重性，恰恰能够为解决贫困问题提供捷径。抓住就业问题，可牵一发而动全身，将其背后的各种消极因素，或深或浅暴露出来，以便综合治理。

二、缩短人均工作时间的理想办法是提倡轮流休假

从现实情况看，由科学技术进步决定的人均工作时间减少，主要通过一部分人待业或失业的方式来实现。在此模式下，技术进步越快，失业率越高。高失业率既给待业人员和失业者带来生活困难与内心痛苦，又使就业者因休闲不足而人生幸福程度打了折扣，还带来大量社会问题，妨碍国民经济发展。对政府来说，这无疑是道难题。对企业而言，也并非好现象，尽管高失业便于压低工资，但市场需求不足给企业生产销售造成的损失则更大。

兼顾社会各方利益，顺应科学技术进步大趋势，减少人均工作时间的最理想办法，是"调控劳动机会"，大力提倡轮流休假，让失业者与就业者彼此互通有无，取长补短，提高全民福祉。所谓轮流休假，就是在现行"1 日 8 时、每周 5 天"工作和现有法定假日基础上，每年再加 1 ~ 2 个月便于旅游休闲的假期。这样原本 10 人全年 120 个月的工作，需要 11 ~ 12 个人做，可以增加 10% ~ 20% 的就业机会。今后几十年或一百年，当机器人被广泛应用于包括家务劳动在内的各领域时，从全球范围看，还可能出现人均半年轮流工作的国家和地区。

三、推广轮流休假须在更新观念基础上完善立法

尽管轮流休假"增就业、治贫困"的功效必定极其显著，但实行起来，却绝非易事。最不情愿的是用人单位，尤其是私人企业，其次是已经有了较为稳定工作的就业者。出于自身直接利益，可能立即举双手赞成的，只有旅游业。但他们的赞成，大半只是欢迎其他行业尽快实行，并不包括自己，理由是游客猛增，简直应接不暇，实在忙不过来。

总之，除了大中小学师生、要进城的农民和城镇失业者以外，恐怕很少有人会积极要求自己轮流休假。至于企业，大部分都不会赞成，很可能强烈

抵制。但以较为平均的方法而不是"闲者愁死"的方法缩短人均劳动时间，则是现代科技与民主政治条件下的大势所趋，世界各国或迟或早都将走上这条路；否则，将忧患不止。

我国要顺畅踏上这条正路，首先需要更新人们的观念，看社会问题不能总是局限于个人和自己的企业，眼界必须放宽，心中应有大局。通过反复论证，要让人们懂得：轮流休假，增加就业，扩大需求，稳定社会，无论对企业、对国民，还是对国家，都是长期利好，可以促使整个中华民族快步进入文明与和谐程度更高的现代生活状态。

在更新观念、获得多数人理解的基础上，需要进一步改善相关立法。譬如，在《劳动法》中，应当考虑补充强制增加休假的有关规定，不能按规定获得正常的轮流休假，用人单位需要支付双倍工资。在《税法》中，对于积极实行轮流休假、对保就业有贡献的企业，应当给予一定的税收优惠；相应地，对于不能实行轮流休假制度的企业，则可以考虑适当征收"就业调节税"。

在上述法律框架下，企业为了自身利益，将会愿意实行轮流休假制度。全国各行各业普遍实行轮流休假制度，国内企业都在同一竞争起跑线上，在本国范围内，也就不存在劳动成本不公平的问题。至于国际竞争，如果我国出口企业因实行轮流休假制度，而使其产品中的工资成本提高 10% ~ 20%，总成本提高幅度不到 10%，则将是有利无害的。

我国出口产品这一幅度的成本上升，有助于减轻人民币升值压力，并可在一定程度上缓解"外汇储备肥胖症"。目前我国经济理论界对于如何运用好过多的"外储肥膘"，讨论较多，对肥胖成因及减肥办法思考较少，很难提出治本之策。其实，最重要的事情是治疗自己体内的疾病，至于怎样用膘，相对而言，属于小事，不应本末倒置。外贸企业实行轮流休假制度，提高出口产品中的工资性成本，正是调节内分泌，医治"外汇储备肥胖症"的一剂温凉药。

（原载《中国投融资研究报告》2009 年第 3 期）

4.7　考虑人口问题不可忽视人工智能与机器人

作为反方,我要提醒天勇,研究人口问题,需要注意科技发展,时代变迁,人工智能与机器人对人力的替代。考虑这一因素,对于您所担忧的出生率低制约经济增长、老龄化带来养老难与养老金缺口扩大等问题,我持有不同的看法。总的来说,我认为对人口数量问题无须过虑,生育多少可以顺其自然,今后政府不必过多干预。学界、政府和企业家们,应当更多关注人工智能和机器人的发展,利用它们为人们造福。具体地说,有以下 5 点考虑。

第一,需要厘清发展观,明确我们究竟追求什么。古代人们追求多子多孙,家族繁衍,那是由于人力是当时最主要的生产力。现在有的国家和民族,人口不多,采取鼓励生育的措施,也可以理解。我国目前情况,是人口众多弹性大,多 5 亿不足 19 亿,少 5 亿还有 8 亿多,都在可允许范围。因此,今后数十年内,没必要采取鼓励或控制生育的措施,可以给年轻夫妇充分的生育自主权。

第二,需要看准增长动力,大力提高人口素质。在科技进步突飞猛进的时代,经济增长的最大动力,不是增加人口数量,而是提高人口素质。在这方面,我国有巨大的潜力可挖。仅从学习年龄段说,就急需通过普及 12 年义务教育,给家远孩子开公益校车,进一步扩大中专与高校招生数量,优化专业与课程设置等途径,提高我国教育水平。

第三,需要通过健全社会保障,持续扩大内需。在我国现阶段,制约经济增长的主要因素,不是供给短缺,而是需求不足。需求不足的主要表现,不是消费人口少,而是弱势群体和贫困人口的消费水平低。究其原因,在很大程度上是由于社会保障制度不健全。对症下药,急需健全社会保障制度,从福利制度上提高贫困人口的消费水平。

第四,只要拓展机器人使用领域,就不愁没人照料高龄老人。机器人将替换下很多行业的就业人员,其中除了接受新知识、获得新技能而去开拓新产业的人员之外,还有很多人可以在智能机器人辅助下,精心照顾老人。因此,不但不要把日益增多的老龄人口看作社会负担,还应进一步认识到对他们的服务,是增加就业、扩大需求、拉动经济增长的积极因素。

第五，只要敢于使用国债，就不愁养老金不足。在健全的社会保障制度下，包括没有工作能力的儿童、残疾人和失去劳动能力的老年人在内的全体社会成员的生活保障费用，并不与他们交纳的税费挂钩。国家社保税费收入与社保支出是两条线，其年度与累计盈亏，都可以通过购买或者发行国债进行调节。

（原载 2017 年 4 月《中国投资 50 人论坛》第 12 期）

4.8　面对危机话休闲

以长远发展眼光看，要较好解决我国就业和内需问题，不能忽视休闲。换言之，新世纪、新世界、社会经济进入新发展阶段的中国，有必要考虑给看似无为的"休闲"，一个恰当的、应有的宏观经济功能定位。

陶渊明有一脍炙人口的诗句：采菊东篱下，悠然见南山。在陶翁那个年代，无论采摘的篱下菊花，还是悠然自得的心情，都不统计 GDP。但这并未抹杀休闲对人生的价值。事实上，古今中外，静思默想、打球跑步、谈心聊天、吟诗作画、养花种草和旅游娱乐等各种方式的休闲，从来都是普通人难得的最大享受。

前些天，一位旅居日本多年的朋友，从东京来电话问我，像日本这样的国家，应当如何应对这场由金融海啸引起的全球性危机。我对日本建议八个字：引导国民，多读陶诗。这不是给日本人出坏主意，也不是开玩笑，而是真心诚意，认真考虑人类历史进程和发达国家已到达的经济发展阶段，慎重提出的积极建议。

其实，按人生真实需求来说，美日欧等发达经济体居民的物质消费，既有需要增加、需要改善的方面，也有过于浪费、反而有损健康、应当节约的一面。就科技水平与生产力而言，这些国家的人均工作时间，客观上存在进一步缩短的可能性。用"以人为本"和可持续发展的科学眼光看，这些国家现阶段乃至今后的一个重要发展目标，应当是增加休闲。如果这些国家的政府，不把增加休闲提升到社会经济发展的战略高度，当做头等大事来抓，将犯战略性错误。因此，假如美国待任总统奥巴马问计于我，我也会同样回答：

引导国民，多读陶诗。

我国国民，最易读懂陶诗。但我国的交通、能源、自来水等基础设施还不能为大众旅游休闲提供良好的服务，一些县还没有脱贫，不少城市居民还没有舒心的住房，因而尚未进入应当把增加休闲作为头等大事来抓的阶段。为了尽快缩小与发达国家的差距，给休闲创造舒适的物质条件，至少在今后二三十年时间里，我国的头等大事，是需要持续不断地加强相关领域的投资建设。为此，财政需要增发公债，工人、农民和科学技术人员，还需要付出艰苦劳动。

事物不是绝对的，总是一分为二的。尽管我国目前尚未到达把增加休闲当做头等大事来抓的时候，但并不意味着我国可以暂时忽视休闲问题。事实上，从解决就业问题角度看，当前我国至少应当把增加休闲，作为仅次于头等大事的第二大事，提上议事日程。这是因为：休闲与就业、进而与扩大内需，紧密相连。

待业青年和下岗职工，属于被迫"休闲"，有空余时间，无休闲心情。他们的生活困难与内心痛苦，牵动父母亲友，左邻右舍。就业青年和在岗职工，生活质量比待业青年和下岗职工好得多，但休闲时间不足，人生幸福程度因此而大打折扣。

两方可否相济，彼此互通有无，相互取长补短，提高全民福祉。在这方面，一天内的"8 小时工作制"，一周内的"5 天工作制"，都发挥了难以估量的作用，是其提倡者和立法者对人类不可磨灭的巨大贡献。现在到了应当考虑需不需要实行一年内"11 个月工作制"，乃至"10 个月工作制"的时候。

原本一年工作 12 个月，10 人全年 120 个月的工作，在"11 个月工作制"下，需要 11 人顶替，增加就业机会 10%；在"10 个月工作制"下，需要 12 人顶替，增加就业机会 20%。除了教职员工早已实行此种工作制度外，在其他需要连续工作的行业，此种工作制度也可以采取轮流休假的办法，逐步实行，慢慢推广。

在此工作休假制度下，休闲增加就业，就业扩大内需；内需扩大就业，就业才谈休闲。除了通过增加就业而间接扩大内需之外，有一些休闲方式，如打球、游泳、娱乐、旅游等，还可以直接扩大内需，进而增加就业。概括起来说，休闲能够同时通过两条途径，引起就业与内需二者之间的良性循环。

其一是增加休假，促进就业，扩大内需，拉动就业。其二是休闲消费，扩大内需，拉动就业，增加内需。

由此可见，在当今世界，包括今日中国，谈论就业与内需，离不开休闲。离开休闲，就业缺少机会，内需失去支柱。在宏观经济学中，休闲应当占有一席之地；在宏观经济政策中，休闲应当成为重要的考量因素。

将增加休闲纳入宏观经济发展战略，作为一件大事常抓不懈，随着时间推移，内需中休闲类服务需求的占比，将趋于提升，休闲服务业会逐渐发展成为内需的一大支柱。由此将改变我国国民经济核算中 GDP 的产出结构与支出结构。我国目前明显偏低的服务业增加值占比，将因此而得到快速提升，进而显著提高消费率，相应降低投资率。

增加轮流休假，实行"10 个月工作制"，不仅增加就业、扩大内需，改善国民经济核算结构，而且还能够优化人生，增进国民健康，提高全民文化素质，好处多多。真正付诸实施的主要障碍，一在认知，二在企业。企业对成本上升的担忧，归根到底，也属于认识问题。

孙中山有句名言：知难行易。认识统一了，大家都实行，也就习惯和公平了，成本上升最终总会由效率提高来弥补。至于少数行业，一些单位，个别时候，实在忙不过来，也不排除一些变通做法，如适当加班、临时取消休假等。尽管允许适当变通，从全社会的范围看，有此制度和无此制度，毕竟大不一样。

（原载《西部论丛》2009 年第 1 期）

4.9　旅游休闲产业发展战略思考

古人云：行万里路读万卷书。《国务院关于促进旅游业改革发展的若干意见》提出，到 2020 年，境内旅游总消费额达到 5.5 万亿元，城乡居民年人均出游 4.5 次，旅游业增加值占国内生产总值的比重超过 5%。实现这一目标，不仅可以保持合理的经济增长速度，更重要的是能够切实提高我国人民物质文化生活水平，有助于提升全民素质。

一、制约旅游休闲业发展的主要因素

为观赏异地风光，领略他乡风俗，摆脱日常操劳，享受宁静清新而进行的旅游休闲，虽然离不开"行住吃穿"，但却有别于满足必要消费需求的"吃穿住行"，属于更高层次的消费。就个人而言，无疑需要达到一定收入水平，除养家糊口外还有"闲钱"，才能考虑旅游休闲。从全社会看，要使物质生产劳动者都能获得一定的旅游休闲时间，则需要生产力发展到较高水平。

在全球范围科学技术进步日新月异的大背景下，我国坚持改革开放，积极利用人类共同的科技成果，鼓励科技创新，劳动生产率持续提高，已经无须劳动者整年劳作，即可满足人们必要的物质生活需求。在这样的发展阶段上，制约我国旅游休闲产业发展的最主要因素，不是社会生产力低下，而是家庭收入、休假时间和旅游环境等方面的因素。从当前现实情况出发，按制约强度大小排序，这些因素可依次归纳为以下五个方面。

（一）带薪休假制度

目前直接影响我国城镇居民外出旅游休闲年均次数和时间长短的第一因素和最大瓶颈，是带薪休假制度。之所以这样说，是因为 2013 年按五等份分组的城镇中等收入家庭的人均年收入已经达到 24 518.3 元，从中拿出 5% ~ 10%，约 1 200 ~ 2 400 元，用于旅游，论财力没有大问题，但时间方面却存在不小的障碍。目前国庆和春节两次 7 天长假，不仅过于集中，交通紧张，一票难求，更主要的是还要亲朋相聚，约有一半家庭需在家接待亲人，不宜出行。即使能够出游的，7 天之内必须往返，只能匆匆忙忙，游而不休，谈不上休闲。

（二）收入分配机制

制约我国城乡居民外出旅游休闲的第二大因素和第二瓶颈，是收入分配机制。之所以这样说，是因为从统计数字看，2013 年按五等份分组的城镇低收入家庭人均年收入为 11 433.7 元，人均不到 1 000 元，中等偏下家庭人均年收入为 18 482.7 元，月均 1 500 元；农村中等收入家庭的人均纯收入 7 942.1 元，3 口之家全年纯收入不到 24 000 元，中等偏下家庭人均 5 516.4 元，低收入家庭人均全年纯收入只有 2 583.2 元。由此可见，大约三分之一的城镇家庭和多数农村家庭，要每年拿出五六千元安排 1 次外出旅游，不免遇到资金困难。如果不能将此困难归因于社会生产力低下，那就只能说收入分配机制存在一定问题。

（三）社会保障制度

从家庭财力角度看，制约旅游休闲支出预算的因素，不单是普通劳动者收入水平低，相当大一部分手头积累了一些钱的家庭，也因未来收支的不确定性，而不敢用于旅游休闲。其结果是高储蓄低消费，一方面城乡居民积累的银行储蓄存款余额巨大，另一方面是普通民众物质文化生活质量较低。导致我国居民未来收支不确定性较高的重要原因之一，是社会保障制度不够健全。由于怕生病、怕失业、怕粮食歉收，同时还要准备孩子读中专，甚至考上大学，因而必须努力攒钱，不敢轻易花钱。

（四）旅游景区建设

九寨沟、亚丁等发现与开发时间不长的旅游景区，如今在"五一"、"十一"长假和整个暑假，都已人满为患，使很多人望而却步。此类景区短缺现象，不是个别的，而是具有普遍性。旅游景区建设不足的更突出表现，是现在很多人开始觉得国内著名旅游景点都已经去过了，再玩需要到国外去。实际上，我国还有很多不亚于甚至胜于九寨沟的美丽景点，深藏在群山之中，只是由于公路铁路未通，未被世人发现。为了发展国内旅游休闲产业，既有必要又有可能加强旅游新景区的开发建设。

（五）交通运输条件

交通运输设施与能力不足，也是制约我国旅游休闲产业发展的一个因素。改革开放以来，我国明显加快了公路与铁路等交通运输基础设施的建设速度，这是有目共睹的。但由于客货运输的需求增长速度更快，交通运输紧张、一票难求的状况并未得到显著缓解，节假日甚至变得更加紧张。这种状况对大众外出旅游的兴趣影响很大，使一些本想出游的家庭，知难而退。

二、促进旅游休闲业发展的主要措施

主要针对上述制约因素，按实际操作先易后难的顺序，对促进我国旅游休闲产业发展的可行措施，提出以下 5 点建议。

（一）逐步推行"十月工作制"

从世界多数国家的失业率看，就物质生产力而言，人类已经具备了实行

"十月工作制"的客观条件。在 2008 年美国次贷危机引发国际金融危机时，笔者曾发表过上述观点，认为只有缩短就业者的全年劳动时间，才能为失业者提供就业机会，从根本上解决失业率居高不下的全球性问题，其他措施都只能治标，不能治本。6 年时间过去了，包括 QE 在内的各种措施都已用尽，失业率偏高依然还是摆在各国政要面前的最大经济难题。究其原因很简单，药不对症，不适当缩短人均劳动时间，无法解决劳动力过剩问题。

实行"十月工作制"，减少就业者的全年工作天数，相应要求企事业单位和政府机构在现有工作岗位上增多雇员人数，因而可以显著降低失业率。进一步说，由于就业者的全年休假天数增多，人们可以有更多的闲暇时间外出旅游，这就必然增加与旅游休闲相关的各行业的就业机会。这对宏观经济运行和社会稳定来说，显然是极大的利好。

可是如果简单地按劳资双方利益冲突的观点思考问题，则很容易得出增加雇员带薪休假天数，不利于雇主的看法。当初美国工会为争取实现"八小时工作制"而举行大罢工时，不仅雇主，就连美国政府和经济理论界中，也有不少人持有上述观点，以为缩短工时会提高企业的工资性成本，降低美国企业的对外竞争力。然而在被迫接受工会的要求，普遍实行"八小时工作制"后，事实却出乎想象，美国企业的竞争力不降反升。后来的全球实践表明，"八小时工作制"推动了人类进步，不仅对雇员，对雇主来说，也是有益的。

基于普遍实行"八小时工作制"的经验，20 世纪 70～80 年代推行每周的"双休日制度"，就容易多了，包括我国在内都没有遇到多大阻力。其实，每周的工作日由 6 天减少为 5 天，工作时间缩减比例高达 1/6，即 16.7%。目前我国春节与"十一"两假再加上按工龄计算的个人休假时间，总计接近 1 个月。由现行的 11 个月缩短为 10 个月，全年工作时间缩短比例只有 1/11，即 9%，比实行"双休日制度"的缩减比例低了将近一半，应当不难推行。

为稳妥起见，可以先开展行业试点，取得经验后再向其他行业推广。关于试点行业选择，建议与调节行业之间收入分配差距偏大的工作紧密配合，首先选择金融、通信、石油与电力等一般职工工资和奖金高于当地平均水平 50% 以上的行业进行试点。试点方案的主要内容包括相互联系的两个方面：在 5 年试点期间不涨工资，但每年增加带薪休假 5 天。5 年试点结束后，增加带薪休假 25 天，实现"十月工作制"。

（二）全面健全社会保障制度

从有助于促进旅游休闲产业发展，切实提高城乡居民生活质量的角度说，我国当前急需健全的社会保障领域，首推全国城乡统一的大病医疗保险，超过一定金额的医疗费全部报销，并由医院与医保机构直接结算，不需病人垫付，免去国民无钱治病之忧。其次是提高失业与养老保险金额，完善社会救济保障制度，使国民不必为基本生活费用担忧。再次是普及包括中专技校住宿与中小学校车免费在内的 12 年义务教育，让国民不必为子女教育担忧。最后是建立健全公租房保障制度，免除国民无家可归、露宿街头之忧。国民从小到老每个阶段都有相应的社会保障，家庭生活压力减小，旅游意愿自然就会增强。

（三）结合国土整治开发建设新景区

休假天数增多，人们的旅游就不必为赶时间而急匆匆，有条件适当添加休闲的成分，这就必然对旅游景区的开发和休闲场所的建设提出新要求。开发新景区，建设多种多样的休闲场所，完全可以和国土整治、环境保护紧密结合起来，实际上成为建设美丽中国的一项重要举措。结合国土整治开发建设新景区，要有新思路，不局限于绿水青山、人间仙境，搜寻的目光也可投向穷乡僻壤、乱石荒漠，凡是经过宣传能够吸引人们好奇心的地方，都在考虑之列。在这方面，美国建于荒漠中的拉斯维加斯赌城，发展成为全球游人的休闲热土，就是一个成功范例。

（四）大力加强景区道路与公交系统建设

开发建设新景区，最大的投入不是景区本身，而是通往景区的道路与公交系统。其实很多好景区都深藏于群山之中，未经开发，不通公路，游人暂时难以进入。在今后若干年之内，加强旅游景区道路建设是一项繁重的任务，同时又是国民经济的强劲引擎。为了严格保护旅游景区的自然生态，应当禁止各类燃油车辆过分深入景区。大型著名景区还应进一步考虑是否禁止任何私人车辆进入的问题。这就需要大力发展旅游景区的电动公交系统。

发展旅游景区的电动公交，可以考虑采取以下三项措施。一是给日均客流量逾千人的较大景区修建铁路，使外地游客乘火车就能够直接进入大型景区的游客接待中心。二是在旅游景区与临近的交通枢纽之间普遍修建二级以上公路，并开通无轨公交电车。三是在旅游景区范围内，运行电动观光车和电缆车。通过上述措施，逐渐实现全国旅游景区交通电动化，使我国尽快发展成为全球第一旅游大国。

（五）建立合理控制收入分配差距的长效机制

前面把收入差距偏大、普通劳动者收入偏低，作为制约旅游休闲产业发展的第二大因素，紧接在第一瓶颈带薪休假天数偏少之后。这里却将控制收入分配差距问题放到最后来说，是因为调分配的难度很大，建立优化收入分配长效机制的难度更大。但无论多么困难，这个问题终归要得到解决。纵观世界各国的多年实践，治本的途径只有一条：依法建立经常性的劳资双方工资谈判机制。只要各行业的全国性工会能够真心实意代表本行业雇员的利益，每年都依法出面与雇主进行一次有理有据的工资升幅谈判，并有权依法组织平和有序的罢工，行业收入差距悬殊的问题就会得到彻底解决，整个社会也就可以真正实现和谐。

（原载《中国投资》2014 年第 10 期）

第 5 章　加快江河治理

导读：内陆水面贵如油

本章由《江河治理战略思考》等 5 篇文章组成，表达的总体愿景，是要通过治理江河，筑坝蓄水，尽可能扩大我国内陆地区的水面，以此保护利用淡水资源，优化美化国土环境，并在一定程度上改善大大小小水库周边地区的小气候。

一些自称环保主义者的人们，打着保持江河原生态的旗号，反对拦河筑坝，不仅给社会公众造成误解，还影响到云南金沙江虎跳峡、宁夏甘肃黄河黑山峡等大型水利水电枢纽工程以及南水北调西线工程的建设规划与决策。

其实，任何事情均有两面性，江河治理也不例外，关键是要善于权衡利弊。拦河筑坝，显著改变库区地貌，下游河段的水流量也会出现季节性改变，难免给该区域的动植物、自然人文景观与耕地等带来某些不利影响。但与此同时肯定会有不少好的作用，其中最大的好处就是能够更加有效地保护利用水资源。

水是生命之源，是支撑生态环境的第一要素。没有水就没有生命，缺少水生态环境必然脆弱；有了水就有生机、就有绿色。在经过仔细勘测、慎重评价确定的适当地点拦河筑坝，将尽可能多的江河之水存储在内陆的深谷荒漠，形成一串串晶莹的人工湖泊，对于美化山川、吸引候鸟、改善气候，以及增加可以"先得月"的宜居宜游近水台地，其积极作用是无可替代的。

只要能够把周边的生态环境改造得更美更好更宜人，除了必须保护的自然与人文遗址外，其他一般的地方，何必一定要执意地保持原生态呢？

5.1　江河治理战略思考

治理江河，是国土整治的一个重要方面，不仅可以发展水运、防洪抗旱、调剂淡水，而且能够对生态环境和流域气候，产生有益影响。毫无疑问，从我国当前实际情况看，治理江河污染，最为紧迫。但水污染之源，不在江河本身，牵涉面很广，需要进行综合治理。仅就江河治理工程而言，笔者认为应当把巧拦江河、多建水库、尽量扩大陆地水面，作为治理江河的重要措施，列入"十三五"规划，精心设计，加快实施。

一、扩大陆地水面改善内陆气候

水是生命之源。没有水就没有生命，没有动植物，没有生态可言。因而，水是决定生态环境的第一要素，缺水不可能保持良好的生态环境。我国北方，尤其是西北地区，严重缺水，生态环境恶劣。前些年，有人曾经建议把喜马拉雅山凿开一个大缺口，让印度洋的暖湿气流能够北上，增加西北地区的降水。这显然缺少常识，极不现实，只能当做玩笑话来听。但通过拦河筑坝，扩大内陆水面，人工调节区域气候，却不是幻想，而是具有现实可行性。

任何地区，要避免严重干旱，必须保有一定比例的水面。水面与陆地面积相比，达到一定比例，雨水自然就会增多。因此可以说，水面比例原本就应当是一项重要的生态环境指标。具体说到我国的西北地区，比凿山通气现实不知多少倍的办法，是拦河造湖，生云降雨，改善气候。与其让西部江河之水东流太平洋、南泄印度洋之后，再盼其蒸发，幻想通过山口返回水汽，显然不如直接筑坝拦挡，将其留在西部，生成湖海，灌绿树木，就地蒸发，化为雨水。这样久而久之，就可逐渐形成良性循环。

有人以为，在我国的西北干旱地区，即使拦河成湖，也将逐渐被蒸发掉，依然还会回归干旱。这种说法貌似有理，但稍加分析，就会看出其目光的短视。事实上，蒸发升空的水汽，走不很远，就会形成云雾，降落下来，滋润周边沙土。久而久之，在一些沙土当中，就会逐渐泛出绿色。如果有规划地利用所拦湖水，植树造林，灌溉农田，还可加速上述进程。

还有人认为，在西部地区的江河上游筑坝拦水，会破坏下游生态环境。

其实，这也是一种目光短浅的看法。不可否认，在江河的上游筑坝，初期确实会对下游生态产生一定影响。譬如，在上游水库蓄水时，会降低下游河道的水位，使两侧支流过快下泄，流域失水过多；而当水库泄洪时，又会提高下游河道的水位，使两侧支流不能正常排水，可能因积水过多造成内涝。三峡电站建成初期，就曾对江西赣江流域产生过上述的消极影响。但这类消极影响并非不可避免。如果江河治理全面展开，配套进行，无论主流支流，在需要筑坝之处，全都建成水库，普遍增强旱涝调控能力之后，情况就会大不一样。

二、全国江河治理总体构想

如果把一条水系，比喻为一棵大树，干流为树干，支流为树杈，小支流为树枝，那么，小支流上的众多小水库，就犹如片片树叶，干流与支流上的大中型水库，便恰似累累硕果。精心培育、生长良好的果树，必然枝繁叶茂，硕果累累。与此相类似，在干流和大小支流上，都依据水文地质条件，建满大中小型水库的河流，才是得到充分治理、便于调控、既能抗旱又可防涝的优良水系。

基于以上考虑，顺理成章，自然应当对全国的江河治理，作如下总体构想。其一，制定江河治理整体规划，区分轻重缓急，争取经过 3 ~ 4 个五年规划期，在 2030 ~ 2035 年，逐步将全国江河，包括西北干旱地区的内陆河，都建设成为上述的优良水系。其二，与此同时，在已经开展的调水工程基础上，在全国各大水系之间，尤其是在北方缺水的黄河流域与水量充沛的南方水系之间，建成智能化的调水渠道，形成完整的水调剂系统。其三，对关系全局的江河治理重大工程，中央财政不惜增加负债，设法筹资，坚决给予足够的资金支持，同时严厉查处贪污浪费中央治水资金的犯罪行为。

三、急需决策的重大水利工程

为实现上述的江河治理战略目标，需要力排缺少远见的种种非议，对一些影响深远、酝酿多年至今尚未立项的重大水利工程，果断作出决策，抓紧实施。例如，黄河干流甘肃与宁夏交界的黑山峡河段大柳树水利枢纽工程，自 20 世纪 50 年代就开始勘测论证，半个多世纪过去了，都因相邻两省区利益冲突和专家意见不一而久久不能立项。按照在气候干旱地区江河治理尽可能扩大水面的原则，采取"高坝大库一级开发"方案，建设大柳树水利枢纽工程，尽管淹没面积较大，但有助于调节周边气候，从全局和长远看，利大于弊。因而应当果断决策，抓紧项目施工前期准备，争取尽快动工建设。

与黄河大柳树水利枢纽工程存在类似问题，需要高层下决心果断决策的重大水利工程还有很多。如川北巴颜喀拉山南麓通天河、雅砻江与大渡河上游的多项南水北调西线工程，滇西金沙江上的虎跳峡水利水电枢纽工程，怒江流域的诸多可开发水电站等，都因江河治理整体战略观念薄弱，长期众说纷纭，争论不休，迟迟不能立项。西藏林芝雅鲁藏布江上的墨脱水利水电枢纽工程，以及澜沧江、怒江与雅鲁藏布江上的其他可调水工程等，也因水资源观念淡薄而未能得到应有的重视。这些重大水利工程越往后拖，就越有可能遇到国外的阻力，因而应当尽早决策。这些重大水利工程的建设，必将有力带动其他水利工程的实施，加速实现江河治理战略目标，为内陆气候的逐步改善作出不朽的贡献。

四、治理江河的财政投融资措施

解决观念和规划问题之后，江河治理实施过程中的最大问题，是筹集资金。不是每项水利工程都能够获得直接的财务收入，但也并非所有工程都没有直接经济效益。按建成后能否经营及经营效益划分，江河治理工程可以区别为以下三类。一是经营性项目，开发条件良好的水利水电工程，都可划归这一类。二是准经营性项目，开发条件一般、虽可经营但不易保本的水利水电工程，属于这一类。三是非经营性项目，属于此类的主要是没有直接收入、无法经营但却能够改善气候与景观的造湖工程。

对经营性水利水电工程项目，只要取消或大幅度调低项目资本金最低比例要求，就不难通过市场融资，筹集所需的建设资金，无须进行财政投融资。在准经营性水利水电工程与经营性项目之间，其实并没有绝对的界线，其中绝大多数项目都有可能在水价与电价逐渐升高之后，转为长期盈利项目。由于此类项目的投资回收期长，适宜采取政府与企业合作的 PPP 投融资方式。除了上述两类，剩下来必须由政府进行财政投融资组织实施的项目，主要是非经营性的江河治理工程。

　　根据事权划分，大小不同的公益性水利工程建设资金，应当由中央与地方财政分别组织财政投融资。对生态影响跨省区的江河治理重点工程，显然需要由中央财政筹资建设，较小的工程则应当由当地政府筹资建设。财政筹集江河治理重点工程建设资金的途径，应力求简单高效。中央财政最简单、最高效的财政融资办法，就是根据重点工程建设实际需要，通过债券市场竞标，向商业性金融机构发行"江河治理特别国债"。

　　金融机构购买"江河治理特别国债"，在增加所持国债资产的同时，等额增加江河治理专用财政存款形态的负债。资产与负债同时等量增加，金融机构资产负债表总体上是平衡的。随着工程款的支付，金融机构的财政存款减少，企业与个人存款相应增加。一种负债减少，另一些种类的负债等量增加，金融机构资产负债表还是平衡的。但总体平衡，不等于每个金融机构都能够保持良好的流动性。购买国债过多、流回存款偏少的金融机构，则可能产生流动性不足问题。与此相对应，另一些金融机构就会吸收到较多存款，表现为资金富裕。

　　调剂上述两类金融机构之间的资金余缺，最强有力的机构是中央银行。为了配合中央财政发行"江河治理特别国债"的战略性举措，央行可以略低的现值，不限量收购金融机构因资金头寸不足而出售的特别国债，同时按现值向资金富裕的金融机构出售。如此调剂双方的资金余缺，完全可以消除发行特别国债可能给资金市场带来的消极影响，彻底解决金融机构购买特别国债的后顾之忧。运作时间久了，经验积累丰富后，各金融机构自然就会根据自己的江河治理工程回流存款数量，适量购买特别国债，从而缩小金融业内的资金余缺差距。

　　地方政府治理江河，可依据新近修订的《预算法》，模仿中央模式，采取发行江河治理地方公债的财政投融资措施。与此相适应，中央银行在银行间市场买卖特别国债的操作办法，也可扩展到地方特别公债。为防范地方公债风险，需要上级政府对地方特别公债所筹集资金的具体运用，加大监督审查的力度，一旦发现挪用或贪污行为，严惩不贷。

　　至于江河治理特别国债与地方公债的偿还资金来源问题，可以通过"发新债偿旧债"的途径解决。只要利率适当，并且立法给予特别公债"以新偿旧"的法律保障，特别公债就可无限期地一直滚动下去，余额越滚越大。巨大的特别公债余额和利息，会给其持有人带来不菲的收益，可长期提高我国金融机构的财务效益。金融机构效益提高，整体抗风险的能力增强，间接有利于拥有金融资产的广大民众。通过发行特别公债筹集资金，加快江河治理与内陆气候的改善，给国家与国民带来的实际利益更大。乍听起来令人生畏的公债余额滚动增长，实际上可以减轻企业与个人的税负，有百利而无一害。充分理解这一点，需要认真总结国内外公债增长的历史经验，丰富发展公债理论，对特别公债的本质与功能加深认识。

（原载《中国投资》2015 年第 1 期）

5.2　西线调水战略思考

往昔洪水没山村，如今暴雨价等金。长江一夏难存储，黄河三春易满盆。只要从战略高度进行思考，就不难恰当估量南水北调西线工程的宝贵价值。在此基础上，较为容易统一各方面的认识，便于协调西线调水南北相关省区以及长江黄河两流域水电公司之间的利益关系，齐心协力加快调水工程建设。

一、盛汤宜早备瓢盆

或许主要受太阳活动的影响，地球气候变化莫测，我国时有旱涝交替。因此，通常多水的长江流域，有时也会出现干旱缺水的年份。但从较长的时间跨度看，长江流域还不乏多雨季节，还时常有出现过多的水量，需要二滩与三峡等已建成的水电站泄洪。泄洪不仅浪费宝贵的淡水资源，还妨碍水电站正常发电，造成能源损失，理应设法避免。

因环评受阻至今尚未动工的虎跳峡水利水电枢纽工程，是长江流域的龙头电站。此工程建成后，凭借其巨大的库容，可以发挥多年调节功能，在一般年份避免下游电站泄洪。但在川西、藏东与滇西北遇有特大暴雨的特殊年份，即使包括未来建成的虎跳峡工程在内，长江流域的所有水库，也将由于总库容毕竟有限，盛不下巨大的水量，不得不向下泄洪。

遇到上述那样的特殊年份，在暴雨季节，把长江上游过多的江水，调往黄河流域存储，既避免长江上游洪水为患，各阶梯水电站紧急泄洪排险，又为缺水的黄河流域送上宝贵的淡水资源，对南北双方显然都有利。由于淡水的价值越来越高，仅仅为了能够有效利用暴雨季节的过多水量，就值得修建南水北调西线工程。进一步考虑物价变动趋势和工程使用的累计时间价值，不难明白，越早动工修建，工程的造价越低，调用的累计水量越多，工程的经济效益也就越好。这就是本段小标题"盛汤宜早备瓢盆"所要表达的意思。

二、客随主便不恼人

除了个别年份、暴雨季节会给长江上游添乱的过多水量最适宜北调之外，西线调水工程是否可以向北方调用更多一些的水呢？答案是：只要处理好南北关系，客观上有可能适当多调一些水。首先应当明确，南方是供水的"主人"，北方为求水的"客人"。只有客随主便，在用水的先后顺序上，处理好主客关系，才能使南方相关省区真心赞同南水北调西线工程，化阻力为动力，顺利开展工程建设。

水是生命之源，尽管有时水多为患，但总的来说水是最宝贵资源，缺水问题更大，因而古代部族之间就常为水发生激烈拼争。这里讲客随主便，就是说调水公司应当承诺：向北调水要以首先保证南方用水为前提，无论北方如何缺水，都决不能妨碍川滇等省区的正常用水。所谓"正常用水"，是指人们生活及工农业生产用水，不包括单纯的水力发电用水。

遵循上述原则，对于保证川滇地区"正常用水"，建设南水北调西线工程，只有积极作用，没有消极作用。当川西滇北出现旱情，确实需要上游供水的时候，有调水工程，水库可以放水，没有调水工程，反而真的没办法。其实，真正出现需要向下放水的概率很小，这是因为开凿跨流域输水隧洞，客观上要求西线调水工程的坝址都尽可能靠北，紧贴长江黄河分水岭巴颜喀拉山脉南侧。这些拦水坝距离其河流下游需要用水的地区都比较远，中间还有许多流量不小的其他河流，可以筑坝建库蓄水，以备干旱年份使用。因而，除了极其罕见的川西大干旱外，西线调水工程基本上都可以连年充分发挥功效。

三、心窄难算国策账

在暴雨成灾的时候，将长江流域无法存储的多余江水向北调给黄河流域，对于长江流域水电开发公司来说，等于增添一条跨流域泄洪渠道，可以减少因泄洪而造成的发电损失，当然是件好事。但超过此限度，进一步增加调水量，虽然绝不妨碍川滇等省区正常用水，但却会减少长江流域的水能，降低相关阶梯水电站的发电量，给水电公司带来一定的电价流失。为了减小阻力，同时也为公平，应当考虑对相关水电公司给予必要的补偿。

那么，究竟应当由谁给予补偿以及补偿多少呢？在这个问题上，笔者建议，西线调水公司自觉站在国家高度考虑问题，心胸宽广，不算细账，无须剔除暴雨成灾情况，干脆利落地根据实际调水总量，给拦水坝下游各阶梯电站计算电价损失，予以全额补偿。当然，如果相关各阶梯电站，根据自己的计算，实事求是地主动提出应当扣减的泄洪水量，相信北方用水地区的人们，乃至全国公众，都会对于他们识大局、明大体的行为，给予高度赞赏。

由于黄河长江最低级梯水电站小浪底和葛洲坝的海拔高度相差不大，因而南水北调减少的长江流域发电量，绝大部分并不会真正流失，只是发生流域转移，相应增加黄河流域相关阶梯电站的发电量。遵循公平原则调节各方利益，国家有关部门可以要求黄河流域相关水电公司，实事求是地自己计算因西线调水而增加的水流量及发电量，据此核定各电站应当转交给西线调水公司的电费收入，合理参与对长江流域电站的统一补偿。补偿总额减去黄河流域各电站缴费总额的差额，计入调水成本，在水价中回收。为此适当调高水价，是合理的、必要的，可以促进节约用水。

四、胸宽易使浪成金

要使南水北调西线工程能够顺利开工建设，除了上述的南北之间用水与发电利益关系必须合理协调外，不可回避的另一重要问题，就是如何客观评估西线调水的投资效益。有人说西线调水的工程造价高、投资规模大，而真正可以北调的水量并不很多，因而得不偿失。事实究竟如何？怎样回答这个问题，取决于投资理念、视野高度和算账方法。笔者基于"以人为本"理念，侧重从可持续发展的视野，分别从物质与财务的角度，粗略估算两笔账。

（一）西线调水工程的物质账

算物质账，西线调水工程提供的显然是淡水，消耗的主要是能源。无论开山炸药、炼钢焦炭，还是水泥砂石、动力油电，归根结底，工程所用物质，全都来自天然，真正消耗散失的唯有能源。至于工程所需人力，如今已经人人脱离襁褓，个个生于世上。在尚未实现充分就业的我国现阶段，如果对社会富余劳动力不予充分调动，等于白白浪费人力资源，甚至可能使一些人在待业的焦虑中，降低免疫力，缩短寿命。

能源与淡水都是宝贵的，但修建调水工程的能源消耗是一次性的，总量毕竟有限。如果需要，工程技术人员可以精算出整个工程的总耗能量。而调水工程建成后，将长期发挥效益，累计提供的总水量是无限的。以无限对有限，这个账不难算。早建 10 年，多用 10 年，仅仅多调用的 10 年水量，足可抵偿修建工程消耗的能量。此后的工程效益，每年 100 亿～150 亿立方米的宝贵淡水，全都属于无私的奉献。

（二）西线调水工程的财务账

算财务账，西线调水工程支出的是建设成本，收入的是水费。核算建设成本，在能耗价值总额外，还需加上人工费、征地费、各环节税款以及工程建设期内的借款利息。水费收入等于供水量乘水价，水价等于成本加利润。按此原则算财务账，总的来说是不会亏的，问题的关键在于如何确定建设成本的分摊时间，究竟是 20 年、30 年还是 50 年。分摊的时间越长，成本越低，水价也就越便宜。

兼顾淡水用户与投资者双方利益，同时考虑促进节约用水的政策因素，笔者建议以工程投入使用后 25 年作为投资回收期，按此核定成本与水价。如此一来，加上 5～10 年的建设期，总计大约在开工 35 年后，就可以实现无本经营，年年向北流淌在隧洞和渠道中的南方多余江水，浪花上飞溅的全都是黄金。

以上两笔大账都表明：南水北调西线工程越早开工越划算。

（原载《中国投资》2014 年第 1 期）

5.3　水电综合开发战略思考

我国的水电开发，近年遭遇环评困扰，数名业余环保人士和几家媒体，与《纽约时报》等国外传媒的"中国大坝威胁论"遥相呼应，强烈反对金沙江、怒江与雅鲁藏布江等流域的水电建设项目，以致影响到环保主管部门与决策高层对大型水电项目的看法，延缓了水电开发进程。这种情况不能不引发人们对我国水电开发总体战略，进行认真思考。

一、开发水电的战略意义和目标

开发水电的直接目的，是避免江水空流，减少能量损失，充分利用清洁的可再生水能资源，优化能源结构。与此同时，还会伴随而来很多其他好处。譬如，能够改善大坝两岸和库区周边的交通与生态环境，形成新的景区，调节局部小气候，有利于发展渔业养殖和旅游观光，可以帮助流域内的山区人民脱贫致富，减少贫困人口，缩小地区之间的贫富差距。

当然，上述好处全都是从总体上看的。万事万物皆有利有弊。修建山亭，赏心悦目，难免拔掉几棵树木。建筑房屋，供人居住，也会占用几分农田。即使居于偏僻山洞，也有弊端，肯定会妨碍附近其他野生动物的自由活动。如果诸如此类的一切弊端都不可容忍，那么，人类不仅在地球上，恐怕在整个宇宙中，都没有容身之地。

因此，符合人类利益的逻辑，只能是立足长远，统筹考虑，权衡利弊，勇于做利大于弊的事情，尽可能避免弊大于利的事情。遵循这样的逻辑进行思考，按照人类的审美观审视山川变化，不难得出如下结论：对地球上的所有大江大河，都应当经过水利水电与景观专家的详细考察，精心选择坝址，有序进行阶梯式综合开发。世界其他国家都这样做，中国也不该例外。

进一步说，由于我国的水电开发进程远远落后于人，水能损失巨大，作为一种弥补，需要进一步提升水电开发的战略目标，充分利用后发优势，在综合开发方面多做文章，把水电与水利紧密结合起来，将旅游休闲与渔业养殖一并推进，让山川变得更加秀美，使江河成为人类极其宝贵的财富。

二、水电综合开发的战略机遇

立足当前，放眼未来，生态环境日益受到高度重视。环顾全球，审视人生，旅游休闲开始向中低收入人群迅速蔓延。科学技术的快速进步，生产效率的不断提高，人口总数的自觉控制，吃穿用物质消费的总量有限，已经不允许体力劳动者如同前辈那样整日劳作。进一步考虑机器人研发与应用的高歌猛进态势，除了各国学童以及日思夜虑的优秀科研人员、疲于竞选的苦心政客，对于广大的普通劳动者而言，普遍缩短工作时间，逐渐增加旅游休闲，毫无悬念。

刚刚过去的这个国庆节，四川九寨沟等旅游景点，空前火暴，人满为患，以事实印证上述判断不虚。这种情况一旦出现，就将更加迅猛地向前发展，客观上要求大量增加新景区。我国西南崇山峻岭间奔腾的众多河流，不仅携带着巨大的淡水与水能资源，而且早已塑造出无数奇异景观，等待着人们开发。日月穿梭，斗转星移，如今多方面的需求来了。人们不仅需要可再生的清洁能源，更需要奇特壮美的旅游休闲景观和没有污染的养鱼湖泊。潜在资源遇到强烈需求，西南水电大规模综合开发的绝好时机，已经到来。

有人以"保持原生态"为口号，反对在金沙江与怒江未开发河段修建水电站。深受空气污染之苦的城里人，最容易接受这种鼓动，但仔细分析，则属于混淆视听。试想，如果江河真的必须保持原生态，那么，临近人口稠密经济繁荣地带的江河，显然更不宜开发。既然近的都已经优先开发了，而且实践证明效果不错，那么，远的就更没有必要一味保持原生态啦。其实，原生态并非样样都好，不是一沟一坡都动不得。女孩的头发需要日日梳理，江河也必须经过适当治理，才能彻底消除穷山恶水，变得更加秀美。

三、综合开发水电的战略重点

从开发目的看，如今综合开发水电，着眼点不可局限于水能利用一个方面，而是要多目标并重，在高度重视水利功能和生态渔业的同时，把改善生态环境、增加旅游景区、造福库区居民等，提升到战略层面加以考虑。具体地说，对于进行水电开发的每个流域，都应当在发电防洪、农田灌溉、发展渔业、改善生态、增加景区、便利交通与造福山民7个方面，见到显著成效。不然的话，就称不上综合开发。

从地域方面说，综合开发水电的战略重点，显然已经转向大西南。现在的问题是，要进一步加快开发速度，争取在不太长的时间内，把西南大江大河上待建的大型水电站，全都建成发电。这样说，不仅是由于国内对江河的全面治理，已经在上述6个方面表现出强烈需求，同时还因为拖延时间越长，国外的无理反对声音可能越高。快刀斩乱麻，大坝建成，蓄水到位后，事实将会向下游各国人民证明：江河依然流淌，水患自此消除。

就开发河流而言，当前的战略重点，是金沙江、怒江与雅鲁藏布江。在金沙江上，尽管向家坝已经建成蓄水，发电量位于前两名的溪洛渡与白鹤滩也都在建并有机组开始发电，但库容最大、具有多年调节功能的龙头电站——虎跳峡，仍存争议，尚未立项，所以还必须列为战略重点。怒江与雅鲁藏布江的开发，刚刚提上日程，任重道远，一些大型电站的勘察设计工作还没有完成，无疑更是战略重点。

论具体建设项目，眼下影响最大、最为关键的战略重点，是金沙江上的虎跳峡水利水电枢纽工程。这一工程能否通过国家环保部门审查关，尽快得以立项，不仅关系水电开发与水利建设的科学规划、可再生能源与淡水资源的有效利用，而且关乎国家环保主管部门的环保理念与科学依据，甚至涉及社会风气、民族文化素质、媒体舆论导向和高层科学决策水平。因此，有必要将这一工程作为环保典型案例，进行全民公开辩论。

有民众不赞同修建虎跳峡水利水电枢纽工程，主要原因是怕破坏虎跳峡与石鼓长江第一湾两个著名景点。其实，坝址选在虎跳峡景点的上游，建成发电后水流稳定，虎跳峡景点非但不会遭到破坏，反而将常年呈现最佳观赏状态，既避免因水枯而失色，又不会被洪水淹没不见。长江第一湾确实要被淹没，但报之以长江第一湖，万峰环抱，千岛争奇，四面峡谷，百溪涟漪，将出现全球最壮美、最吸引游人的山地湖泊景观，显然十分划算。为使此湖周边无数有水峡谷更长、更漂亮，同时考虑大库容对"滇中调水"和下游各阶梯电站的良好调节作用，笔者作为外行发自内心倾向于海拔 2 012 米的高坝方案。

虎跳峡工程项目的环保论证一旦获得突破，其影响将是多方面的。第一，这证明，只要精心选择坝址，开发水电对环境的影响完全可能利大于弊，笼统地说保持原生态是不科学的。第二，这反映，在深山峡谷地带筑坝造湖，形成较大水面，容易产生综合效益，因而大西南更偏远的怒江与雅鲁藏布江，同样可以开发水电。第三，如此说来，装机容量 3 倍于三峡、发电量全球最大的西藏墨脱水电站，也应加快可行性论证，有望早日开发。第四，这就将在西南横断山脉中形成库区首尾相接的水电阶梯，极大地便利交通，迅速增加新景区，西南旅游也将因此获得蓬勃发展。第五，西南地区将在平静的河流与宽阔的库区中获得理想的高原生态养鱼环境，很多当地居民将因此脱贫，全国人民也将从中受益。从这个意义上说，虎跳峡工程不仅是金沙江流域的龙头电站，同时也是我国大西南所有水系龙头中的龙头。

（原载《中国投资》2013 年第 11 期）

5.4 虎跳峡：水电环评重中重

经过多年环评争议，虎跳峡水利水电枢纽工程何时立项，至今还没有定论。漫长的环评理念纷争和综合开发西南水电的客观要求，使虎跳峡工程的实际影响，远远超过了该项目本身，具有了牵一发而动全身的典型意义，值得从战略层面给予关注。

一、"保持原生态"并非一般原则

影响虎跳峡水利水电枢纽工程环保评价的第一难点，是一些环保人士被"保持原生态"口号搞晕了头脑。严格地说，原生态是相对概念，地球表面任何地方乃至整个宇宙，都在不断变化。因而，"保持原生态"中的时间要素——原时段，只能是指现在，不会是以往。如果欣赏并追求以往某一时段的生态，必须设法恢复，而非保持。就保持现状而言，"保持原生态"的实际含义，不可能是禁止地震等自然因素改变地貌，只能是限制人类活动。严格按照上述要求去做的地方，实际上就是通常所说的"自然保护区"。

自然保护区是科学命名，既表明要严格保护该区域的自然状态，又不违反自然规律，胡乱承诺"保持原生态"。划定自然保护区，需要经过充分论证，通过一定的法律程序加以认定。与之相比，"保持原生态"的提法，随意性则比较大，未经合法程序划定，没有公认的判别标准，如果不加约束地到处滥用，很可能蜕变为一个蛊惑性口号。因此，除了自然保护区之外，不可随意要求其他地方"保持原生态"。

随意利用"保持原生态"口号，乱加"破坏原生态"罪名，既可否定乌江渡和龙羊峡等长江与黄河流域的众多已建水电站，也可否定北京密云水库等大城市周边的已建饮用水水源，还可全面否定人类修建的所有运河与防洪堤，甚至还可否定原始人搭棚挖井，显然极其荒谬！合理的做法应当是：通过科学论证，按法律程序设立自然保护区。在划定的自然保护区之外，不可泛泛以"保持原生态"为由，反对兴修水利水电工程。

水是生命源泉，是宇宙间最宝贵的资源。与生命的紧密联系，使水成为保护生态、美化环境的最基本要素。缺少水，不可能有好的生态环境。但水往低处流，与沿海地区相比，山地与高原的水分布明显偏少，尤其是我国北方，缺水情况更为普遍。因而，我国环保工作的一个战略重点，就是要尽可能多地蓄积淡水，优化水的空间分布，以利改善生态，调节气候。

蓄积淡水最经济的方法，是选择适当的坝址，修建水库，将太阳从海洋蒸发起来、搬往内地、汇集而成的江河之水，蓄存起来，形成大大小小可进行适当调节的山间湖泊。一些人不明白这个浅显的道理，忘记数千年来人类与水打交道的历史经验，盲目认为修堤筑坝就会破坏生态，实在是颠倒黑白，严重妨碍水资源的充分利用，不利于生态环境的优化。

二、水库破坏景观纯属误解

影响虎跳峡水利水电枢纽工程环保评价的第二个难点，是有人担心虎跳峡与石鼓长江第一湾两个著名旅游景点遭到破坏，因而不赞同在虎跳峡修建水利水电工程。其实，这中间存在两种误解，以致把好事反而看成了坏事。为使虎跳峡水利水电枢纽工程能够顺利通过环评，水利水电专业人士和机构，需要通过各种渠道，实事求是地多做宣传解释工作。

（一）建坝将使虎跳峡景点天天可赏

如果虎跳峡水利水电枢纽工程的大坝坝址选择在虎跳峡景点的下游，那么，该旅游景点无疑会被淹没。但实际情况是：拟选的上峡口坝址不在虎跳峡景点下游，而是在其上游。大坝建成后，水流稳定，虎跳峡景点非但不会被水库淹没，反而将全年天天可供游人观赏，既不会在枯水期黯然失色，又不会在雨季淹没于洪流之下。因而，担心虎跳峡景点被淹没，是不了解情况的无根据猜想。

以上前景非常直观，每个游客都会轻松听明白。做这项解释工作投入最小、收效最大的方式与场所，是在通往虎跳峡景点的两岸必经之路上，尤其是在拟选的坝址旁，设立醒目的大幅彩色广告牌，上书"大坝允我建，美景任君游"，让游人一眼就能够看到大坝建成后虎跳峡景点仍然四季常在的壮美景观。如能引起媒体广泛报道，相信人们心中的疑惑，很快就会烟消云散。

（二）建坝将使第一湾拓展为第一湖

虎跳峡建成后，位于大坝上游的石鼓长江第一湾，的确要被淹没，但回报极其丰厚。这份丰厚的回报，就是把长江第一湾扩展为长江第一湖。作为旅游景区，第一湖比第一湾水面广阔多少倍，湖山秀美多少倍，碧水深多少倍，白帆与游人增加多少倍。作为水利枢纽，第一湖的"滇中调水"功能，比起第一湾，一个天上一个地下。作为防洪设施，第一湖凭借其巨大的库容，将使三峡以上的长江上游，永绝水患，对下游防洪也可发挥巨大作用。作为龙头电站，第一湖的多年调节功能，将使白鹤滩、溪洛渡、向家坝与三峡等下游各阶梯电站，年总计保证出力增加 1 379 万千瓦，年发电量增加 346 亿度，等于在其自身发电量外，再添大半个三峡。

当然，取得上述丰厚回报必须付出的代价，不仅是淹没第一湾，还要三面扩展水域，在采取高坝方案，正常蓄水位到达 2 012 米时，将会淹没耕地 16 万亩，8 万人口必须搬迁。其中沿江左岸的金少、上江一带，还是迪庆州的经济开发区，需要给予更多的经济补偿和更好的移民安置。但严格地说，这些都已经不属于环保问题，而是修建任何水库都会带来的经济补偿和移民安置问题。与一般水电站相比，作为多年调节用的龙头电站，虎跳峡水利水电枢纽工程的综合效益很高，只要国家政策允许，完全有能力适当提高补偿与安置的标准。

（原载《中国投资》2013 年第 12 期）

5.5　"十三五"：加速建设生态国家

空气污染，河水污染，土壤污染，水土气三大污染齐聚，令人担忧。必须加快行动，根治污染，保护生态，已经成为国人的共同心声。因此，在"十三五"规划期要重视生态国家建设，不会有人提出异议，无须细说。需要认真讨论的问题是：加快建设生态国家，需要采取何种战略，以什么为重点，主要采取哪些措施？

一、农村包围城市　加强水土整治

建设生态国家，需要采取"农村包围城市，加强水土整治"的战略方针。这样说，主要根据有四。其一，广阔农村是决定一国整体生态环境的主体区域，农村生态环境好，整个国家的生态环境就有根基，坏不到哪里去。其二，农村生态环境破坏的成因，相对而言，较为简单，只要痛下决心，不难转变，先易后难，事半功倍。其三，农村环境污染主要在水土，水土污染的治理，需要经历很长时间，必须先行。其四，农村生态卫生与景观条件变好，可为疏散城市人口、改善城市功能区布局，提供空间条件，有助于城市空气污染的治理。

只要认真思考，上述需要把治理农村水土污染提到首位的道理，简单明了，不难理解。但目前的社会舆论，主要由工作在城市的媒体主导，深受城市居民情绪影响，基于对城市生活的直接感受，难免重城市、轻农村，重空气污染、轻水土污染。科学制定"十三五"规划，需要放长眼光，摆脱上述主观感受和社会舆论的影响，更加重视水土污染问题，下大力气开展农村生态环境的综合治理。

农村水土污染，主要来自两个方面。一是在工矿企业生产过程中，有害重金属扩散与污水排放造成的污染；二是在农业生产过程中，大量使用化肥与农药造成的污染。对工矿业污染，必须加强法治，立即勤查严打，坚决制止新的污染，同时要求造成污染的企业按责任大小出资，限期消除已经造成的污染。从目前的江河水污染源主要是一些中小企业暗中排放，大企业基本上都已采取治污措施的实际情况看，只要严格执法，严惩重罚，就能够迫使不法企业采用先进技术和必要措施，不再污染水土。至于由此带来的此类企业生产成本上升，产品价格上涨，出口竞争力下降，当地财政收入减少等问题，都应在所不惜。因为这本来就是理应付出的代价，企业不承担这些代价，而是转移给国土，也就是转嫁给全体国民和子孙后代承担，必然扭曲成本与价格结构，进而扭曲产业和进出口结构，甚至扭曲人民币汇率，导致外汇储备畸形增长。

对过量施用化肥与农药造成的水土污染，需要进行综合治理。其中最主要的手段，是积极研发推广农业先进技术，设法改良或者取代目前使用的可造成污染的化肥和农药。与此同时，还应进一步考虑适当调整粮肉的进口指导方针及海外投资移民政策，慎重调整计划生育政策。需要研发与推广的农业先进技术，重头在品种改良与种子优选。用以改良与优选的技术手段，不应排斥近年兴起、前途无量的生物基因工程。在这方面，我国不仅必须大量投入科研经费，培养世界领先的科技队伍，支持重大的科技攻关项目，还需要大力加强科普教育，逐步改善社会舆论。

大量使用氮肥，是造成我国水污染和土壤有机氮贫乏的重要原因。土壤缺少有机氮，为保粮食产量，又必须多用氮肥，形成恶性循环。治理由此而产生的水土污染，除了大力推广沼气制造等秸秆变农肥的技术外，还需要换个角度，从适当增加粮肉进口、相应减轻土地产粮压力的方面想办法。有人担心增加粮肉进口会受制于人，其实一旦发生战争，我国的最大弱点是如何保障石油供应，而非粮食。只要生产潜力在，有半年时间勒紧裤带，并暂时停止淀粉糖和氨基酸出口，短期减少工业用粮，就可渡过缺粮难关。最近十多年来，我国粮食需求的增长，主要表现在饲料用粮与工业用粮方面。因而，调整粮肉进口方针，应当把增加牛羊猪肉和工业用粮的进口作为重点，直接食用粮还要保证自产。

人口多需求大，人口数量与土地产粮压力直接相关，人口密度是影响生态环境的基本因素之一。我国东部地区生态环境趋于恶化，与人口增加、人口密度提高不无联系。因此，从减少粮食总需求、减轻土地产粮压力的角度，深入思考治理水土污染的问题，自然应当在人口数量方面动脑筋。具体地说，就是需要在政策上进一步鼓励海外投资和移民，并对计划生育政策的调整，采取慎重态度，根据地区人口密度和城市规模，有区别地顺序实施。

受地理位置和地势影响，我国中西部，尤其是西北地区，水面与湿地占陆地总面积的比例偏小，加剧气候干旱。整治水土，建设生态中华，还需要采取更积极的治理措施，在水流和地形允许的条件下，尽可能早筑坝、多筑坝、筑大坝，通过调水渠，利用人工湖，最大限度扩大干旱地区的水面，浇灌林带，培育绿洲，日积月累，逐步调节改善气候。在这方面，还应加强国际合作，譬如更加积极地与俄罗斯探讨从西伯利亚贝加尔湖调水的可能性，补充内蒙古和京津冀地区的水源。

为使农村生态环境改善能够给城市空气净化提供良好条件，产生积极推动作用，在大力治理农村水土污染的同时，还应加入改善农村交通与卫生条件，普遍提高房屋建设标准与美化外形等方面的内容。在广阔农村，尤其是大城市郊区，形成交通便利、通信发达、清洁优雅、富有乡村趣味的宜居环境，有可能使一部分市民和艺术家等城市自由职业者，愿意到城郊乡村生活与工作。这样就将在大城市周边形成更多的宜居小镇，从而优化城镇居住格局，降低大城市中心区的常住人口密度。

二、依靠清洁能源　净化城市空气

除人口密度，影响城市空气质量的主要因素，是能源消耗与建筑扬尘等，其中能源消耗的影响最大。无论汽车尾气、锅炉烟气，还是燃灶排气，总而言之，城市中污染空气的各种废气排放，绝大多数都源于能源消耗。因此，治理城市空气污染，除了美化郊区乡村、发展周边小镇、疏散城区人口之外，最大的工作重点，就是要围绕能源做文章，设法降低能源消耗，改善能源消费结构，大力研发并积极推广使用清洁能源。

做能源文章，可分为上下两篇。从我国国情出发，考虑能源开发科技进步前景，上篇应当以消费促生产，在"十三五"规划期，首先把能源消费环节作为解决环保问题的重点，以此促进各种清洁能源的生产，尽量提高清洁能源的占比。下篇则需全力以赴，研发吸收利用最新科技成果，大力发展核能，积极迎接热核时代。上下两篇紧密相连，上篇为下篇出台做好推广应用的必要准备，下篇为上篇提供无穷无尽的能量支撑。

在能源消费环节加强环保，净化空气，主要途径是扩大电力的使用范围，在交通运输、供热取暖、炒菜蒸饭、建筑施工、开矿冶炼、工农业生产等各个能源消费领域，都尽力争取实现电气化或电动化。这就需要从立法、价格税收政策与投融资方针等方面，大力支持扩大用电的科技创新，切实鼓励推广应用电力。譬如，可以考虑立法规定城市公交必须全部使用电车，为减少电池污染，绝大部分公交电车应当是有线的。与此同时，还应研究在公路上配置电缆，为长途公交和物流货运专线提供动力的可行性问题。在炊事方面，不仅馍可用电锅蒸，肉可用电锅炖，菜也可用大功率的电锅炒。因而，中餐炊事的电气化，并不存在技术障碍，关键问题是要加强政策调节，在提高居民燃煤燃气税率的同时，增加用电补贴，让家庭用电更划算。

在能源生产环节加强环保，净化空气，从长远看，最根本的途径只有一条，就是利用热核发电，让海水变成取之不尽的清洁能源。水电、风电、太阳能与核裂变等其他清洁能源，由于可利用总量有限，只能起辅助作用。进入 21 世纪以来，可控核聚变试验技术，获得显著进展，已经临近突破点。不能排除如下可能性，在即将到来的 20 年代，攻克可控核聚变技术难关，建成首批热核发电站，30~40 年代迅速改进推广，50 年代迎来热核时代。

基于上述估计，由于短期内还无法利用热核发电，为减少空气污染，"十三五"规划期在大力推动能源消费电气化的同时，在能源生产方面，还必须加强非热核其他清洁能源的开发利用。首先，应当结合江河治理与水利工程建设，在中西部地区，尤其是西南地区的广西、贵州、云南、四川和西藏五省份，进一步加快水电开发，充分利用可再生的水能资源。其次，在工业发达、人口密度高的东部缺电地区，急需加快建设核电站。同时还需在有条件的地方，适当发展风电，合理利用太阳能。通过开发利用上述清洁能源，尽可能取代淘汰污染严重的燃煤发电厂。

我国东部地区目前的空气污染严重，并有加重趋势，确实令人担忧，但却不必悲观。之所以这样说，是因为我们幸运地赶上了人类科技快速进步的新时代，恰好处于能源大革命的前期。热核时代一旦到来，所有燃煤燃油燃气的火力发电厂，以及核裂变发电站，都将被逐渐关闭。核裂变材料作为能源动力，主要是装配在大型海轮上，用于海洋运输。笔者相信，40 年后，即 2055 年后，全中国的天空，都将是蓝色的。

（原载《中国投资》2015 年第 4 期）

第6章 优化城乡布局

导读：关键要素人与地

　　建设美丽城乡，最关键的因素是人，最核心的内容是人口合理流动。其他的事情，如城乡基础设施建设等，尽管需要大量投资，但毕竟都是辅助性的，为人服务。人口从哪里流出，向哪里聚集，未来将会形成怎样的分布？这是规划城乡布局需要首先考虑的问题，因而把《人口流动战略思考》排为本章第一篇。

　　建设美丽城乡，合理利用土地至关重要。第二篇《土地利用战略思考》一文的核心思想，是要尽可能利用荒坡空地搞建筑，立法严格保护良田。为此不惜规划放射状城区，宁肯用快速轨道交通将其彼此相连。要让广阔的农村，大量减少农户，方圆百里，仅见几处炊烟。

　　接下来的《城镇化战略思考》与《城镇化投融资重点选择》两篇文章，为本章第二板块，集中讨论美丽宜居城镇的发展建设问题。表达的主要观点有：城镇化的基本任务是大量吸纳农村转移人口，为农村人变市民提供就业机会；以53%的城镇化率为起点计算，我国城镇人口再增加70%，便可基本完成城镇化进程，各级政府对自己城镇的人口增幅必须客观估量、精心规划；从吸纳人口角度说，城镇化发展的侧重点是地级以上尤其是百万人口以上城市，对中西部大城市应当给予更多政策支持。

　　本章第三板块由《新乡村建设战略思考》《"十三五"：精心规划新型城郊》、《"十三五"：创新提升农牧林区》与《"十三五"：净化美化生态区域》4篇文章组成，集中探讨乡村发展方向问题。表达的主要观点有：为消除城乡人均收入差距，需要3/4以上农村人口离开乡村进入城镇；城市郊区采取"为市民服务"的发展方针，土地附加值升高，人口密度尽管远低市区却可显著高于农牧林区；农牧林区要实现规模化经营，需要进行大规模土地流转；旅游休闲给生态区域带来发展机遇，需要规划建设更多的国家公园和自然保护区。

本章第四板块由《谋划粮食安全》《粮食安全战略新抉择》与《农业现代化急需政策扶持》3 篇文章组成，集中讨论粮食安全与农业发展战略问题。表达的主要观点是：振兴我国农业的关键，是要通过加速土地流转扩大农场经营，为此除了深化土地制度改革外，还应当加大政策扶持力度，由财政贴息鼓励银行发放购地抵押贷款与大型农机贷款等。

6.1　人口流动战略思考

人口流动，自古未息，事本平常，不足为奇。但今日中国，制定发布国家新型城镇化规划，加速城镇化进程，人口流动规模空前，无论对人口的净流入地还是净流出地，都影响巨大。这就使人口流动问题，具有了非凡的战略意义，需要进行深层思考。思考越深入，预测越切合实际，城乡发展规划就越科学，盲目建设也就越少，有助于充分利用耕地和控制 PM2.5，可让乡村更加秀美、城市更加宜居。

一、市县政府人口效益观的转变

改革开放之前，在计划经济时代，农田集体耕种，粮油定量供应，城镇各个严控粮本户口，乡村处处忧虑地少人多。那时市县政府的人口效益观，当然是吃饭的人越少越好。改革开放后，农村实行土地承包，粮食增收，全国取消粮油肉蛋票证供应后，尽管户籍管理制度并未出现明显变化，但市县政府的人口效益观，却逐渐发生根本转变。

首先变化的是东部沿海地区，乡镇企业迅速崛起，港台投资如鱼得水，不单吸收本地乡亲，而且雇用外地民工，中国大陆人口开始出现从中西部向东部沿海地区流动的滚滚浪潮。随着改革开放升温，企业的规模扩大和投资的产业升级，全国城镇竞相设立各种各样的开发区，招商引资成为许多地方政府各项工作中的重中之重。原有的人口与市场优势，使在北上广等一线城市，商家和投资不引自来，新兴产业如雨后春笋，打工与谋职者大量涌入，住房供给出现短缺，房租、房价与地价持续上涨，包括税收和土地使用权出让金在内的财政收入显著增多。

存在决定意识，事实修正观念。人口净流入带来的市场繁荣和财政增收，把绝大多数市县政府的人口效益观，从原来的"人少好吃饭"，更新为"人多地价高"，普遍认为进城打工经商搞开发的人，来得越多越好。这样就在人口东移浪潮之上，又叠加了人口进城浪潮和青年离土浪潮，全国人口以前所未有的规模持续流动，几乎所有城镇都把自己的未来发展，寄于人口增加。

二、人口流动总量与区域差异

毫无疑问，今后 20～30 年，我国城镇的总人口能够以年均 1 000 多万的数量持续增加，直到城镇化率再升高 30 个百分点，接近85%的时候，才会逐渐减少农村人口向城镇转移的数量。但这绝不是说每个城镇，或者所有地区的城镇，都会按相同的百分比增加人口。实际的情况将是表现出明显的区域差异，不单有些城镇的人口数量会不增反降，甚至一些地区的城镇人口总量，都有可能由于人口外流而显著减少。

这样说的主要依据，是我国即将进入人口总量停止增长期。如果进一步考虑正在兴起的向海外投资、经商和移民的客观趋势，更确切的说法，很可能应当是：我国已经临近总人口微降期。在总人口不增甚至有所减少的条件下，有人口净流入的地区，必然就相应出现人口净流出的地区，这是非常简单的算数道理。

分析原因，人口净流出显著的地区，其中心城镇必定缺少竞争力，不仅对外地人缺少吸引力，对本地人的吸引力也不够大。否则，其农村人口即使外流，由于中心城镇人口增加，该地的总人口也不会显著减少。换言之，中心城镇对人的吸引力不大的地区，人口必然显著外流。因而，预测地区之间人口流向的基本方法，就是要仔细观察各地区中心城镇对人的吸引力大小，主要看本地有多少人愿意进中心城镇经营和居住，同时也要看外地人是否愿意来做生意。

从实际呈现出来的人口流动态势看，21 世纪初城区人口达到 50 万的城市，10 多年来都表现出明显的人口净流入，城区人口多数翻倍。进一步观察还会发现，城市越大，对外地人的吸引力越大。这有点类似万有引力与物体质量之间的关系,人口引力似乎与城市人口数量成正比。据此推断,在今后相当长一段时间内,除了人口数量已经接近水资源允许上限的极少数特大城市外,绝大多数现有百万人口以上城市,都将保持人口净流入的客观趋势。

至于支持人口净流入所需的产业发展与就业岗位问题,从城市形成与发展的历史经验看,很有可能是解决问题的途径伴随问题本身形成,恰如世上的路会随同行人增多逐渐形成一样。说到底,产业为人服务,是人的产业,由人的需求和创造力决定兴衰。因而人口超过一定数量界限后,各种需求就会叠加起来,催生相关的产业,增加就业,促进创新,对外产生强烈辐射。城市人口增长与产业发展两者之间的上述关系,似乎可以简要表述为以下八个字:人逾百万,百业俱兴。

三、城市群与都市圈规划重点

考虑上述的人口流动趋势与聚集效应,不难得出今后二三十年我国人口将主要向大城市集中的结论。城市大幅度增加人口、扩大城区后,会显著缩短相邻城市之间的距离,容易形成城市群和都市圈。历史经验表明,城市群与都市圈在聚集人口、提高规模效益的同时,也会带来弊端,形成交通堵塞、住房拥挤、空气污染等大城市病。接受以往教训,为了兴利除弊,需要对城市群与都市圈加强科学规划。

科学规划城市群与都市圈,涉及方方面面,但其中最关键的有两点,一是公共交通体系,二是供排水系统。完善公交体系与供排水系统,犹如疏通血脉,对城市生活的重要性,不言自明。规划城市群与都市圈的公交体系,需要仿生,要向人与马的血循环系统取经,粗细结合,动静分明,即使狂奔,仍然畅通。规划城市群与都市圈的供排水系统,需要服从一个大前提:城市未来人口的总用水量绝对不能超过水资源可供给总量。

对城市群与都市圈的人口总量,水资源构成最强制约。现代生活条件下的城市用水,必须充分考虑洗澡、洗衣与洗车的用水需求,因为其数量已经远远超过淘米、煮饭、洗菜与饮用等维持生命的吃喝用水。水资源可从外地适当调用一部分,也可净化循环使用一部分,但总量毕竟有限,因而对城市人口数量的制约性极强,以致可以肯定地说:水资源决定城市群与都市圈的人口数量上限。我国有些城市群与都市圈,已经临近甚至超过水资源允许的人口数量上限，被迫不得不设法控制用水，降低生活水平。后起的城市群与都市圈，需要借鉴前车，在规划中明确产业优选方针，适当提高水价格，抑制人口过快增长。

四、积极应对人口流出

与城市群、都市圈人口大量流入的趋势相反，广大农村和一些地区的少数中小城镇，会趋向于人口净流出。聪明的、有远见的、真正为民着想的地方政府，应当对此预有准备，并以积极心态进行应对。

其实，人多固然好处多多，但人少也并非纯粹坏事。认真说起来，人少有人少的好处。究竟好与坏，关键看本地的具体条件以及从哪个角度看问题。有条件发展成为繁荣大都市的地方，人口聚集成为都市圈，高度发展经济和文化科技，对本地人和外来人，以致对整个国家，都是好事，甚至可能对全球作出巨大贡献。不少世界级都市圈，确实是这样的，但这些城市加起来，占全球可居住面积的比例很小。没有条件发展成为大城市的广阔地方，把自己的子女一部分输送给大城市，任其驰骋，另一部分留下来保持乡愁，美化山河，也是不小的贡献，也可以看做好事。

那么，应当如何判断某一地区的人口未来究竟会是净流入还是净流出呢？有两个简单的方法可用，一是看最近 5 年的人口实际流动态势，二是看本地青年人的去留意向。近年的人口实际流向能够在很大程度上预示未来，目前人口流入乏力，即意味着该地将来很可能人口净流出。未来属于青年人，本地青年人的去留意向，更是决定性因素。如果相当一部分青年人，特别是接受了较好教育的青年们，愿意离开家乡，到外地谋求发展，那就意味着该地人口将要呈现净外流趋势。

随着城镇化进程提速，一些地方人口净流出的步伐必将相应加快。由于目前我国的城镇化实际比率已经超过 50%，同一数量的城乡转移人口，给城镇总人口带来的增幅会逐年减小，给农村总人口带来的降幅却将逐年增大，人口净流出产生的一系列正负效应，会越来越显著。这种效应在人口净流出的中小城镇中，可能会表现得更强烈。因此，今后几年我国社会对新型城镇化过程的关注重点，很可能由人口净流入的大城市，逐渐转向人口净流出的中小城镇和广大农村。

　　广大农村和若干中小城镇，在人口大量净流出后，出现暂短的、局部的萧条，可以说是难免的、正常的现象。但如果陷入较长时间的大范围萧条，则是不正常、不应当的事情了。近年在一些农村已开始出现外出打工农民的家人无力精耕细作甚至弃耕的现象，影响到粮食产量。还有些农村的学龄儿童随外出经商父母进城，致使当地小学没有多少学童，小学教育显现出衰败景象。此类问题不及时解决，就会逐渐蔓延。问题蔓延到一定程度，危及粮食安全，动摇了国本，就会引起政府的关注。从吉林到广东，由山东至四川，各省区都有类似情况出现，这预示距离将人口净流出问题纳入顶层设计的时间，已经不远了。

　　农村和中小城镇人口净流出带来的负面问题，不是通过城市给农民工落户口、承认市民身份，就能够顺利解决的。这是虽有紧密联系但却截然不同的两个问题。时至今日，户口问题实际上已经不太重要，没有多少实质意义。土地所有权和土地流转，才是关系根本、影响深远的实质性问题。这个根本问题不解决，地产归属始终存在很大的不确定性，就很难在人口大量流出地区，建立起良好的社会秩序，形成文雅的社会风貌。

五、辩证看待海外移民

　　人口流动加速，不仅发生在国内，而且表现于海外。随着经济发展、企业壮大和一部分人的富裕，近年我国对外投资、经商、留学、就业和定居者急剧增多，实际上已经形成规模不小的海外移民浪潮。当然，与此同时，进入我国的外国人也多了起来。但流入的人远没有出去的人多，总的看，是人口净流出。

　　这种事情既然已经开始，就不会很快停止下来。更恰当的估计，应当说是方兴未艾，今后一段时间，大有加快趋势。对此应当辩证地看待，既要看到海外移民带走钱财的一面，又要看到移民者留下土地的另一面。土地比金钱宝贵。如今我国不缺钱、不缺人，只缺地。在此情况下，如果人们都不肯走，就会缺粮、缺肉、缺蛋、缺奶，严重了还可能缺菜。

　　自发地向海外移民，可以解决很多问题。其中最直接的，当然是解决人均土地偏少的问题，间接地还可以解决文化交流问题。尽管改革开放已经30多年，很多人增加了对外了解，但我国多数人还是很闭塞的，对外国文化缺乏应有的了解。以海外移民作窗口，可以直接看到国外更多的好东西，迅速拓宽眼界，从思想观念上，加快我国融入全球一体化的进程。

（原载《中国投资》2014 年第 5 期）

6.2　土地利用战略思考

在各民族国家发展史上，都曾将扩疆展土，视为国运昌盛的重要标志。为争土地，部落与部落之间，民族与民族之间，国家与国家之间，战争不断，直至爆发两次世界大战。但随着人类文明程度的不断提高，高效利用土地的重要性已经逐渐超过扩展疆土。我国新近发布国家新型城镇化规划，提高土地利用效率，更是确保国运昌盛、梦想成真的关键因素。如何才能更有效利用土地，需要从战略层面进行认真思考。

一、当务之急　保护良田　端稳饭碗

从国家战略层面衡量土地利用效率高低，需要以人为本，端正观念。以人民福祉为根本判据，当前我国在土地利用方面的第一要务，是要严格保护良田，以便稳定粮产，让 13 亿人能够把饭碗端在自己手里，确保口粮自给。如果毁坏了良田，吃饭成了大问题，即使赚了很多钱，还是得不偿失。因为钱可能贬值，甚至一钱不值，单纯用钱数表示的效率，或许是虚假的效率，是真正的祸患。

目前我国的良田，受到两大威胁，第一是土壤污染，第二是建设侵占。污染土壤，原因复杂，主要是水与空气的污染，超出了本文的讨论范围。保护良田不被建设占用，需要将良田视为稀缺资源，像保护重点文物、珍稀野生动物和自然保护区那样，严格立法，详细普查，明确划定。对于被划定为保护对象的良田，无论出于何种理由，都绝对不许改作他用，即使出现交通需要，也应当修建地下隧道或者高架路，而不毁田。为此需要尽快制定"良田保护法"，作为新型城镇化规划的配套法律支撑，坚决贯彻实施。

立法保护良田，需要妥善处理良田所有者与全体国民之间的利益关系。城镇郊区的土地，受到城镇基础设施建设的价值提升，级差地租很高，远远

超过良田的种植收益。这种巨大的收益差距，为侵占城郊良田带来强烈的经济冲动。单凭法律强制，不给城郊良田所有者以适当的经济补偿，很难扭转侵占良田的势头。但从另一方面说，这种经济补偿也不宜过高。其主要原因还不是财政负担不起，而是这些良田很高的级差地租来源于市政建设投资，并非土地所有者的投入。因而即使允许转卖他用稀缺的良田，作为市政投资的应得回报，财政也应当从中收取比率不低的增值税。

　　合理制定城郊良田的经济补偿标准，是个不可回避的复杂问题，需要认真调查研讨，慎重提出议案，广泛征求民意，三审通过立法。为了最大限度降低主观随意性，兼顾各方利益，应当参照所在区域规划建设用地转让的市场竞拍价格，扣减市政建设多年投入产生的级差地租，每隔 3 ~ 5 年给良田调一次价。对每块良田，均按其总价计算应得的长期国债年利息额，减去正常的种粮纯收入（不含人工薪酬），即为该块良田应得的年度财政补偿金。上述补贴算法的精神实质与财务效果，大致相当于：政府用国债收购城镇良田，雇用该田出售者负责耕种；但在不计国债的条件下，仍然保留良田所有者的土地所有权。

二、百年大计　清理开发　控制高楼

　　以人为本衡量新型城镇化过程中的土地利用效率，不是建筑系数和人口密度越高越好，更非产业开发区越多越好。事实上，目前我国一些大城市已经高楼林立，不少中小城镇开发区遍地，给我国未来的城市发展带来长期隐忧。因此，从现在开始就有必要从下述两方面挖掘城镇土地利用潜力。一是清理遍布全国的经济技术产业开发区，对多年不见成效或近年已基本停止发展的予以撤销。二是适当控制城镇高层住宅的建设数量和人口密度，不要用行政手段强推小户型。

　　城镇化需要产业支撑，因而适当设立一些经济技术产业开发区是必要的。但按生产力合理布局的要求，产业开发区不可遍地开花，不宜每个城镇都搞。具体地说，服务业需要紧紧伴随人群，不适宜搞很集中的开发区。农业、林业、矿业、水电与风电产业等，离不开资源所在地，更不宜设立城镇开发区。至于适宜集中开发的机械、汽车、电子、化工等行业，为了获得规模效益，增强国际竞争力，多数都应各自聚集在少数几个地区。这就是说，遍布全国城镇的开发区，其实缺少客观需求，迟早会决出雌雄，该没落的终有一天要没落。及早进行清理，该撤的尽快撤，能够腾出大量的闲置土地。

城镇土地稀缺，需要建设一些高层住宅，以便容纳较多人口，但这需要适度。高层住宅楼和小户型住房过多，难免使大城市陷入两难境地：或者因高楼成林，人口过密而不宜居；或者因小户型堆积如山，却大量弃用而显得破败。这种两难境地的共同结果，都将是再次重蹈我国城镇住房30年拆除重建的覆辙，扬起更大、更浓的灰尘。为了防止出现上述情况，让大城市更加宜居，需要放眼长远，以新思维指导新型城镇规划。

新思维的核心理念，应当是看好未来，关爱人民，己之所欲，勿禁他人。具体到城镇规划与住宅建设，就是要摆脱人穷志短造成的观念束缚，勇于告别因陋就简的旧思维，充分理解人们追求美好生活、改善居住条件的心愿，切不可只顾眼前。只有这样，才能搞出百年不落后、千载叹古旧的城市规划，建成20年内不拥挤、30年时未遭拆的宜居住宅区。

三、兴利除弊　城区放射　地用荒偏

怎样才能兴利除弊，熊鱼兼得，既要保护城郊良田，又要让日益增多的市民居住宽松些呢？出路只有一条：尽可能利用远郊原本荒偏、不宜耕种的土地。为此，需要跨越式向外放射城区，把规划确定为保护对象的原郊区良田，包容进新城区之内，形成城乡交融、楼田相间、灯明菜绿、街飘谷香的新型城镇格局。

为了就近利用不宜耕荒偏土地，在制定大城市发展规划时，应当将不宜耕荒地较多的远郊区，选择为新城区的重点扩展方向。前些年不少大城市急速向耕地密布的平坦区域发展，大量侵占良田，除了利益驱动与保护农田观念淡薄的主观原因之外，客观上则是因为缺少相应的立法，良田不难侵占。一旦严格立法，并切实贯彻执行，纳入规划的良田受到严格的法律保护，迫不得已，城市规划者自然就会另辟蹊径，自动按照保护良田的原则规划城市，向存在大大小小荒地的区域，放射状发展新城区。

其实，前几年大城市远郊农村自发出现的小产权房，就有一部分客观上符合上述土地利用原则。如果能够在规划与政策上对大城市远郊的这部分小产权房给予正确引导和适当支持，使之堂而皇之地拥有大产权房身份，就可

能替代近郊良田，为形成城乡交融的新型城镇格局提供必不可少的发展空间。但这中间存在大城市内近郊区政府与远郊区政府之间的利益博弈，远郊区政府往往处于劣势，很难将远郊荒僻的不宜耕土地正式列入近期城市建设规划。博弈结果可能是，强势的近郊区政府将大量良田规划为建设用地，使宝贵的宜耕土地永久消失，一些属于不宜耕土地最佳用途的小产权房却被强拆。

大量事实表明，目前不少大城市的建设用地规划，实际上都是在追求城市财政收入短期最大化，而非国民利益长期最大化。贪图眼前利益，必然带来后患。实施新型城镇化规划，关键是要打破现有利益格局，通过立法严格保护良田，要让那些违法占用良田的市区政府，付出高于非法卖地所得数倍的罚金，直接责任人必须承担法律规定的罪责。只有这样，才能真正实现地尽其用，适宜耕种的用于种粮种菜，不宜耕种的用于建房建厂。

四、应急虑远　快速交通　规划超前

那么，如此严格地保护良田，只准利用不宜耕荒僻之地建房，迫使大城市放射状向外扩展城区，会不会因距离和交通问题而降低城市运行效率呢？答案是：只要公共交通建设规划得当，非但不会降低城市运行效率，反而能够有效防止和医治大城市病。换言之，无论缓解眼下圆饼状大城市的交通拥堵难题，还是缩短未来放射状大都市的出行时间，都需要超前规划、大力发展都市圈快速交通体系。

动物血液通畅，靠的不是躯体球形或者饼状，四肢与手脚，远离心脏，并未妨碍体内代谢物的运输。事实上，动物身体各器官独立成型，肝是肝，脑为脑，彼此之间保持一定的距离，非单不妨碍相互沟通，反而便于整体协调。血液之所以能够在动物躯体各器官之间畅流无阻，依靠的是大动脉、支血管与毛细血管之间的有机配合。规划城市交通，应当虚心仿生，认真借鉴动物高效的血循环系统。

放射状大都市比饼状大城市，外围区与区之间的间隔大，界限明显，更容易规划交通大动脉、支线道路、单行路与步行街道。确保放射状大都市的交通通畅，关键在于超前规划、切实建好快速交通网络。大都市快速交通网络的分布，无须过密，站点之间也应有较大间隔，但里程要足够长，延伸足够远，犹如全身的动脉血管或者生长绿叶的枝条，能够给远郊城乡混合区提供交通便利。大都市有了这样的交通大动脉,彼此畅通的各城区内部的交通问题,如同各器脏之内的血液或者绿叶之内的水分一样,也就不难通畅了。

建设这样的大都市交通体系,是不是太费钱?答案包含两个要点:一是钱有两面性,切莫怕费钱;二是钢铁换良田,全民赚大钱。钱有两面性,是指有支必有收,债权对应债务,此方费钱必是彼方赚钱,花钱越多,创造的财富越多,全社会的钱随之增多。因此,应当视钱如媒人,钱多喜事多,不必怕费钱,怕费钱的国家和民族都比较落后。用钢铁架设快速路,以便荒地代替良田,保住的是良田,消耗的是矿石,储备的是钢铁,创造的是财富,投入的是劳动,获取的是报酬。如此从全民角度算账,建设大都市快速交通体系,显然大赚钱。

五、循名责实 广阔农村 依稀炊烟

大都市的快速交通线,如按时速 100 公里计算,那么,1 小时行程半径的辐射面积,即为 3.14 万平方公里。设其中 90% 为农田,10% 为建设用地,人均城区面积 100 平方米(不含 9 倍于此面积的保留农田),每平方公里城区 1 万人,3 140 平方公里城区面积可容纳 3 140 万人。有 5 个这样的特大都市,就可容纳约 1.57 亿人。

比特大都市略小一点儿的大都市,快速交通线 45 分钟行程半径的辐射面积、城区面积和可容纳人口,都为前者的 9/16,分别约为 1.766 万平方公里、1 766 平方公里和 1 766 万人。10 个这样的大都市,可容纳约 1.766 亿人。依此类推,快速交通线半小时行程半径的大城市,可容纳约 785 万人,30 个这样的大城市可容纳约 2.355 亿人;快速交通线 20 分钟行程半径的城市,可容纳约 348 万人,80 个这样的城市可容纳约 2.784 亿人。

上述 4 个阶梯 125 个 300 万以上人口的大城市,合计可以容纳约 8.475 亿人。如果 300 万人口以下城镇的城区建成面积合计达到 4.6 万平方公里,能够容纳 4.6 亿人,使我国的城镇总人口突破 13 亿人,那么,我国农村总人口就可以减少到 1 亿人左右。目前我国农村约 6.5 亿人,减少到 1 亿人,实际就是要在 6 户当中"留一走五"。农村人口减少到目前的六分之一,尽管还略高于唐宋时期中原地区的农村人口密度,但比现在毕竟大为改观。到那时,多数村庄的晨夕炊烟,都将变薄变淡,可以说是名副其实的广阔农村了。

我国农村务农人口减少到 1 亿人以下，可为高效利用农田提供必要条件。按 18 亿亩耕地红线计算，1 亿农民人均拥有 18 亩耕地，3 口之家平均耕种 54 亩农田，在亩产较高的地区，大约可年产 10 多万斤皮粮，年毛收入 10 万元，全家月均毛收入可以达到 8 000 元。这样靠种地勉强接近小康收入水平，才能使绝大多数农户保持种粮积极性。低于这样的人均耕地数量，单靠种地无法维持体面的生活，必须通过其他途径挣钱才能养家糊口，农民种粮的积极性就很难长久不衰，耕地利用效率自然不易提高。因此，加速城镇化进程，减少务农人口，增加农民的人均耕地面积，这本身就是提高土地利用效率的保障性措施。

（原载《中国投资》2014 年第 6 期）

6.3 城镇化战略思考

李克强总理近来一再强调城镇化的重要性，要求做好城镇化的整体规划，牵住了现阶段我国社会经济发展的牛鼻子，体现出高度的战略眼光。从战略层面思考城镇化，首先需要搞清楚最基本的问题：为什么要大力推进城镇化？

一、端正出发点：善待外来人

如果问到推进城镇化的原因，很多人可能回答说：城镇化拉动内需，能够有力地促进经济增长。在实际工作中，地方政府确实也把城镇化作为"保增长"的首要措施。上述想法和做法不能说没有道理，但仔细分析，就会发现其中包含一定的认识偏差，容易导致政策失误，滋长城市化的消极方面，降低城镇生活质量。

其实，从根本上说，当前我国需要加速推进城镇化的真正原因，不是主观上要拉动内需、促进增长，而是客观形势使然。城镇化是吸纳农村转移人口，实现农业现代化的必然趋势和唯一选择。如果不能大量增加城镇就业机会，将众多的农村外出青年转化为市民，则很难从根本上改变农村的落后面貌，民心不易安定，社会不易和谐，国土环境也难以得到有效的综合治理。说白了，犹如怀胎十月要分娩，我国实际上已经到了非加速推进城镇化不可的阶段。

回顾 1956 年中共八大以来的社会经济发展历程，不难看到，我国的城镇化进程不仅多次遭受政治运动冲击，而且持续受到政策束缚和户籍制度阻碍，在很长时期里没有得到应有的发展，农村劳动力与农村人口长期处于严重过剩状态。改革开放冲破一些束缚，显著加快了城镇化进程，但由于时间较短，历史欠账并未完全补清。目前 53% 的城镇化比率明显偏低，6.5 亿的农村人口，显然还是太多，凭靠人均 3 亩耕地，肯定无法整体步入小康。

因此，推进城镇化的根本出发点，是转移农村人口，逐步让大部分农民进城工作与生活。只有端正出发点，深刻认识城镇化的根本目的是吸纳农民进城，才能真情对待进城农民工，善待外来人。善待外来人，处理好市民与外地人之间的关系，决非小事，更不是空话，而是避免西方发达国家早期城镇化弊端、保障城镇化健康发展的头等大事，需要出台一系列政策法规套餐，才能得到落实。

这就是说，城镇化绝不单是人口的迁徙与集聚，必然伴随社会福利制度和人群之间关系的深刻变革。加速推进城镇化需要在就业机会、劳动报酬、子女教育、住房保障、社会保险与户籍管理等方面，系统调整相关的政策法规，使外来人能够获得与市民相同的待遇。

用全局的、历史的观点看问题，不难理解，市民并非天生，外来人是城市发展的巨大推动力。因而，善待外来人，并不伤害市民利益。相反，排斥外来人，妨碍城市发展，反而不利于市民。同处一城之内，有人贫病交加，有人流落街头，甚至传染病频发，其他人的生活质量无疑要打折扣。只有将进入城市的外来人当做本城人看，充分考虑并尽可能满足他们的需求，城市的整体规划才能更有远见，城市设施的建设标准才能提到应有的高度，整个城市的生活水准，才不至于因外来人的所谓"干扰"而下降。

二、找准支撑点：平等促就业

既然吸纳农村剩余劳动力是城镇化的真正出发点，那么，合乎逻辑的推论必然为：城镇化的最大支撑点，是增加城镇就业机会。按 30 年后全国 14 亿人口与 90% 城镇化率粗略估算，未来将增加 5.6 亿城镇人口，相应需要增加 2.8 亿个就业岗位。创造出这一数量的就业机会，城镇化就能顺利实现；

否则，城镇化就将遇到障碍。对此，必须保持清醒的认识。

　　未来 30 年，年均增加 900 万个城镇就业机会，其中绝大部分提供给已经出生于农村或即将进城出生的祖籍农村青年。这既是压力，又是动力。其实，今后几十年内，中国的经济增长速度，要在全世界独领风骚，其内在潜力，正蕴藏于此。这一经济增长效应，或许可以称为：城乡人口转移红利。

　　那么，如此大量的城镇就业机会，主要来自哪里呢？是世界市场日益增长的需求，还是国内需求的增长？分析我国进出口差额的增长空间，无疑主要是后者。能够带来大量就业机会的国内需求，主要来自城镇还是农村，是一产、二产还是三产？由于农村人口减少、城镇人口增多，未来国内需求的增长，无疑主要来自城镇。尽管城镇就业岗位大量增加，但由于全国人口总量趋于稳定，经济增长的实际效果，必然是提高人均消费水平，特别是服务性消费。

　　这就意味着，包括房租、教育、科研、医疗、保健、交通、通信、文化、娱乐、旅游和家政服务等在内的第三产业增加值，必然快速增长，城镇新增就业机会主要依赖第三产业提供。科技进步导致劳动生产率大幅度提高，第二产业增人有限，以农业为主的我国第一产业就业人数，无疑将趋于下降。

　　增加第三与第二产业就业，让更多农村人口转变为市民，需要全国城市更充分地开放劳动力市场，给予外来人平等的就业机会，并逐渐实现同工同酬。这是城镇化进程中最难推行，但又必须逐步实行的战略性措施。其实，采取平等的就业政策，对外来人和现有市民都有利。实践表明，外来人越多，城市越繁荣，对商品与各种服务的需求越大，就业机会也就相应增加。

　　在工资待遇方面，也表现出类似效应。人均工资收入较高的城市，对外地人吸引力大，经济发展快，消费水平高。反过来，消费高，需求大，拉动经济增长，增加就业机会，提高工资水平，形成良性循环。与中小城市相比，大城市尤其是特大城市的人均收入水平高，发展速度快，其原因可能就在这里。至于城市扩大带来的交通堵塞、空气污染、房价房租过高等，属于另一类问题，与就业政策无关，需要通过另外的途径解决。

三、抓住关键点：公交需超前

　　近年来我国大城市交通堵塞、空气污染与房价房租过高等问题日益严重，原因众多而且复杂，肯定需要进行综合治理。但各种问题不是平列的，而是有主有次，相互关联，抓住其中关键点，就可事半功倍。至于哪些是关键点，可能仁者见仁智者见智。笔者认为，大城市公交体系犹如人的血液循环系统，关联性极强，与市区空气污染、房价房租过高等问题相比，解决交通堵塞问题更为关键。

如果能够很好地解决公交问题，通过超前规划快速轨道公交线，充分利用远郊不宜耕土地，建设低密度住宅与商务区，形成放射状疏密相间的城市空间布局，那么，就可以在明显缓解交通堵塞的同时，减轻市区空气污染，增加接近小产权房价格的商品房供给，从而使大城市中心区的高房价和高房租现象，与广大中低收入者脱钩，局限为高附加值企业和高收入人群的小范围问题。

以首都北京为例，如果能够超前规划，向四面八方修建时速 240 公里的放射状快速轨道交通线，形成半径 80 公里 20 分钟直通四环、三环和二环地铁环线的卫星城清洁交通圈，充分利用房山、门头沟、昌平、延庆、怀柔、密云和平谷等远郊区县的不宜耕土地建设住宅与商务区，就可较少占用良田，形成城乡交融、绿色菜地融入市区、城际铁路架空通过的低密度城市空间布局。

以快速轨道交通做骨架的上述城市空间布局，便于同时满足高收入与中低收入两部分人的居住需求。五环之内，不必乘坐 20 分钟的快速轨道交通，每天能够节省 40~60 分钟，房租与房价高一些，合乎情理。收入高、财力充足的人们，没有必要为省钱而浪费自己的宝贵时间，应当购买或者租赁五环内的高价房屋。收入不高、财力不足的人们，可用时间换金钱，花 20 分钟跳到六环外居住，购买或者租赁建在远郊不宜耕土地上的小产权价商品房。

说到底，上述构想是以钢轨与电能交换良田和新鲜空气。至于住到远郊的中低收入者们消耗的交通时间，乘客自己是不必细算的，因为如果大家都挤住在五环内，交通拥堵耗费的时间或许更长。但市政府应该为他们精打细算，规定城铁公司必须恰当调动运力，合理安排车次，改善运输条件，保证人人有座，让人们能够在飞驰的列车上，舒心阅读，静心思考。

四、攻克两难点：公债与农田

实现上述构想，存在两大难点。一是建设快速轨道交通线的资金来源，二是城市近郊的农田保护。不克服第一个难点，缺少快速交通工具，无法优化城市空间布局。不克服第二个难点，允许近郊区政府改变耕地用途，向房地产开发商拍卖农田，近郊良田得不到保护，远郊不宜耕土地不能充分利用，城乡交融格局无法形成。

克服第一个难点的最便捷途径，是修改现行《预算法》第二十八条，允许城市政府发行市政债。大城市快速轨道交通线的服务质量要高，但票价不能高，中低收入人群必须能够负担得起。这就产生一个问题，客票总收入低于快速轨道交通线建设与运营成本的差额，怎么弥补？

从整个城市的角度分析，上述差额完全可以用快速轨道交通线产生的间接经济效益弥补。事实上，快速轨道交通线带来的远郊站点周边不宜耕土地升值、因商务活动增加产生的财政税收等项间接经济效益，通常远远超过客票收入直接收益。但从具体操作层面看，快速轨道交通线远郊站点周边土地升值的间接经济效益如何收取，怎样才能将其用来补偿快速轨道交通线的建设与运营成本，则是非常复杂的实际问题。

实践中解决这个问题主要有两种方法。一种方法是将一部分相关土地划拨给快速轨道交通线建设公司，用于融资抵押，日后以变现的土地款偿还建设负债。另一种方法是由城市财政统筹解决，财政筹资建设城市轨道交通设施，由此产生的包括土地增值收入在内的间接经济效益统归财政。两种方法各有利弊。在城市财力有限而法律又禁止城市政府发债的情况下，只能采用前一种方法。但该方法包含的环节多，并非总能行得通。为了更顺利地推进城镇化，建设美丽中国，最高立法机关人民代表大会应当修改现行《预算法》，放行市政债，消除限制城市建设融资的人为障碍。

克服第二个难点的最有效途径，是立法严格土地用途管理，提高城市规划的科学性和严肃性。土地用途变更，涉及国家根本，影响空间利用，关系重大，不能完全由土地占有者任意决定。具体到每个城市，土地用途变更，决定城市空间布局，显著影响城市风貌，有涉灾害防范与空气质量，关系每个市民的切身利益，更不可任由土地占用者决定，而是需要全部纳入城市规划，严加管理。

在城区扩大过程中，原有的近郊农田，如改作建设用地，必然身价百倍。无论对占地农民还是对乡镇和市区政府来说，这都是巨大诱惑，稍有不慎，就可能走向歧途，毁灭良田，减少绿色，破坏城市环境。随着城镇化进程加快，这个问题日益突出，急需通过立法进一步提升城市规划的科学性和严肃性。城市规划必须集中专家，反复论证，慎重制定，一经城市代表大会审议通过，对纳入规划的每块土地的用途，都不得轻易变更。

五、预见转折点：评估需指南

目前我国按常住人口计算的城镇化率已经达到 53%，距离 90% 理想水平还差 37 个百分点。37% 等于 53% 的 70%，在全国人口增长已经接近峰值的情况下，城镇化率 70% 的升幅约等于城镇总人口升幅。这就是说，我国城镇常住总人口再增加 70%，我国就将基本完成城镇化进程。即使城镇个数不增加，如果有些城市的未来人口增长幅度超过 70%，那就需要相当多的城镇人口增长幅度较小，甚至会使某些城镇的人口不增反降。

因此，尽管全国城镇化进程的转折点还在 30 年之后，但对某些城镇而言，人口数量由升而降的转折点，可能几年后就会出现。少数城镇出现人口外流迹象，未必是当地政府的工作没有做好，更大的可能性是客观条件使然。影响城镇人口增减的客观因素，主要有周边人口数量、资源开发利用状况、自然气候条件、地理交通位置以及由以上因素决定的产业发展情况等。如果气候条件不好，周边人口数量少，赖以生存的主要资源又趋于枯竭，人口外流就是一种客观趋势。

我国有句古语：识时务者为俊杰。在全国城镇化高速推进的大潮中，如果有城镇政府官员，能够及时觉察自己参与管理的城镇缺少进一步发展的客观条件，预见转折点难以避免要到来，因而顺应形势，加强义务教育，培养和鼓励本地青年人外出升学与就业，那他就是最有远见、最合格的父母官。

但头脑这样清醒、同时又敢于作为的政府官员，未必很多。为避免盲目扩大发展潜力已经不大的城镇，减少城镇化过程中的资源浪费，国家有关部门需要考虑编制一部城镇发展潜力评价与评估指南，用于指导城镇政府对自己城镇的发展潜力作出自我评价，并为金融机构审核城镇基础设施建设项目融资申请，提供可行性评估参考方法。

（原载《中国投资》2013 年第 5 期）

6.4　城镇化投融资重点选择

直辖市扩容，省地县首府扩容；大中小城市扩容，集镇扩容，甚至有些招人办厂的村也要城镇化；东部沿海城镇扩容，中西部城镇扩容。无论从哪个角度看，城镇化都在突飞猛进。这表明，我国正处在全方位加速城镇化的过程中。本文从这种客观态势出发，简析我国城镇化的投融资重点选择问题。

一、重点务必集中，政策需要宽松

类似于大中小学教育存在着一般与重点的区分，城镇化进程也有一般与重点之间的关系，需要妥善处理。正确处理全方位城镇化态势下的一般与重点之间的关系，以下两点十分重要。一是投融资重点务必集中，二是一般政策引导需要宽松，两方面相辅相成，缺一不可。

普通教育机会，必须人人都给。与此同理，对于渴望发展自己的各个城镇，都不能挫伤他们的积极性，需要普遍给予宽松政策。至于在统一的宽松政策下，有的发展快，有的发展慢，还可能有的落后失败，那不是政策宽松的错，而是由成败者们各自的客观条件与主观因素决定，没什么可抱怨的。如果政策不宽松，则会有很多人不满意。

对高材生，值得给予重点教育。与此同理，有限的投融资资源，只能重点给予发展潜力大、被普遍看好的城市。选择重点，当然要适当集中。重点太多肯定不行，理由除了上述的投融资资源有限之外，更主要的是过多则难免看不准、摆不平，增大资源浪费的概率。

二、地级以上城市，大多可做重点

既要看准，又要摆平，全方位城镇化态势下的投融资重点，可以考虑选择地级以上城市。这里说的地级城市，特指地级市的首府。地级市是指行政地位相当于地区的市，属于地级行政区，为我国大陆第二级地方行政单位。

包括 4 个直辖市和 15 个副省级城市在内，目前我国已有 288 个地级以上城市。

农村人外出务工，开始的时候多数都会选择离家不太远的地方。因而，城镇聚集人口的潜力，与其周边现有多少农业人口紧密相关。作为地级市的首府和地区的政治经济文化中心，以本行政区内的全体城乡居民为依托，地级城市绝大多数都具有相当大的扩容潜力。除了资源趋于枯竭且气候不佳的极个别城市可能难于进一步扩容外，95% 以上的地级城市都具备可持续发展条件。因此，把地级以上城市作为城镇化投融资的重点，切实支持其建设与发展，投资风险不大，融资安全度较高。

三、重中之重为百万人口以上大城市

在地级以上城市中，百万人口以上大城市，是重中之重。城市人口上百万，规模效益与吸纳就业优势就会充分显现。与此同时，市内交通、水与空气质量、垃圾处理等问题，也都凸显出来。解决这些问题，最好积极改善，不宜消极控制。实践表明，消极控制只能逐渐积累问题，日益恶化城市环境，不能减弱大城市对人口的吸引力。这种吸引力，似乎与城市人口数量成正比，而脏乱差产生的排斥力不够大。因而，只有积极改善城市环境，才是合规律、顺人心的可行之路。

百万人口以上大城市的投融资重点领域，在交通、供水供气供电、文教卫生、园林绿地与防灾等市政设施建设。在大城市中，由于这类设施能够被充分利用，因而其投资的社会效益与财务效益较高。通过改善市政设施，优化城市环境，使大城市更宜居，吸纳更多的人定居大城市，必然相应减少广大农村和众多中小城镇的总人口，从而使整个国土的生态环境变得更容易治理。大城市工作紧张，生活节奏快，年轻人往往觉得带孩子是很重的负担。因而国际经验表明，与平面分散居住相比，住行立体化的大城市，不仅更省地、更节能，而且有助于抑制人口增长。

四、中西部大城市应为重中之特重

我国百万人口以上大城市，多数分布在东部沿海 400 公里内贯穿南北气候较为湿润的长条地带，中部次之，西部很少。从全球各大陆的人口与城市分布情况看，这是一种普遍现象，明显表现出人类对宜居环境和便利交通条

件的追求。因此，东部大城市发展的客观条件良好，相对而言比较容易扩容。就经济发展水平与财力条件而言，中西部城市的发展，在总体上要比东部城市相对困难些。

但为了实现全国各地区之间的均衡发展，尽量缩小东中西部差距，加快发展中西部百万人口以上大城市，显然又是非常必要的。只有大城市较快发展了，繁荣了，才能对地区内的居民和外来人口产生吸引力，并给周围中小城镇增添活力，为整个中西部地区的城镇化提供强有力的支撑。

为实现上述战略目的，在把百万人口以上大城市作为城镇化投融资重中之重的情况下，国家应将中西部大城市列为重中之特重，给予更多的实际支持。譬如，在审批市政债发行试点时，不要忽视中西部城市，尤其是西部大城市。相反，应当高度重视中西部大城市的市政债发行试点工作，认真选择一两个城市作为代表，精心组织设计，系统总结经验，积极进行推广。

（原载《中国投资》2012 年第 7 期）

6.5　新乡村建设战略思考

尽人皆知，我国正处于新型城镇化的进程中。这就意味着：与新型城镇化结伴同行的新乡村建设同样在路上。进一步说，无论从人口数量变化还是居民生活水平提高幅度看，新乡村建设都将比新型城镇化更加令人关注。城镇人口由 10 家增加到 16 家，增长 60%；相应地，乡村人口则将由 9 户减少到 3 户，仅存原来的 1/3。基于目前城乡人均收入 3∶1 的差距，如果城镇人均可支配收入增至 8 倍，乡村人均纯收入则应增到 24 倍，才能消除城乡人均收入差距，实现人口动态平衡。怎样达到这样的发展目标？需要从战略层面进行深入思考。

一、确定 30 年消除城乡人均收入差距的战略目标

建设新乡村，最关键的一项是更快提高乡村人均纯收入，逐渐缩小直到消除城乡收入差距。否则，乡村依然落后于城镇，还保持城乡二元结构，不能称为新乡村，乡村的人口净流出就不会停止。只有当人均收入大致拉平后，

城乡生活各具特色，各有短长，总体上没有太大差别，城乡人口比例才能稳定下来，基本完成城镇化进程。因此，新乡村建设的首要目标，应当是要比城镇居民更快地提高乡村家庭的人均纯收入水平，彻底消除城乡收入差距。

改革开放以来，我国城乡居民家庭的人均收入都获得了持续的大幅度增长，生活状况得到显著改善，但彼此间的差距却没有缩小。1978 年，我国城镇家庭人均可支配收入 343.4 元，农村家庭人均纯收入 133.6 元，前者与后者的比值是：2.57:1。经过 35 年发展，到 2013 年底，前者增加到 26 955.1 元，增长约 77.5 倍，后者增加到 8 895.9 元，增长约 65.6 倍。这导致前者与后者之间的比值上升到 3.03:1，显示城乡收入差距还在一定程度上有所扩大。这种状况给人造成一种错觉，似乎农村人均收入本应显著低于城镇。因而长期以来各级政府一直都没有把消除城乡人均收入差距作为自己的战略目标，极大妨碍了我国乡村的发展。

值得注意的是，城乡居民人均收入差距的扩大，主要发生在 20 世纪 90 年代后。1990 年城乡居民家庭人均收入之间的比值，曾经下降到 2.2:1，与 1978 年相比，12 年间缩小差距约 14.4%。但之后开始逆转，到 2009 年升高到 3.33:1，19 年间差距扩大约 51%，农村相对而言更加落后。好在这一不良趋势从 2010 年开始扭转，到 2013 年双方比值下降到 3.03:1，城乡相对差距 4 年间缩小约 9%。

建设新乡村的首要任务，就是要设法强化 2010 年以来城乡人均收入差距缩小的趋势，在城镇居民家庭人均可支配收入 10 年倍增的同时，力争实现乡村居民家庭人均纯收入 10 年增长 1.9 倍。具体地说，如果按 7.2% 的年均增长率，10 年后当城镇人均收入由 3 增长到 6 的话，乡村人均收入则应当按 11.25% 的年均增长率，由 1 增长到 2.9，使两者比值由 3:1 降低到 2.07:1。如此 20 年后前者增长到 12，后者增长到 8.4，比值降至 1.43:1。30 年后，即 2044 年左右，两者都增长到 24，比值接近 1:1，基本消除城乡人均收入差距。

消除城乡人均收入差距，可以牵一发而动全身，能够大幅度改善乡村基础设施和卫生条件，全面提升乡村居民的物质文化生活档次。客观存在决定人们的意识。物质文化生活档次提高，必将显著增强"乡下人"的自尊心和自信心，使新乡村居民的自我感觉和精神面貌随之大为改观。这样就会由表及里，从物质到精神，彻底告别城乡二元结构。这是关系全国城乡发展全局的大事，在考虑如何制定"十三五"规划时，各地都应当从实际情况出发，提出如何加快提高本地乡村居民家庭人均纯收入的量化目标与贯彻措施。

二、消除城乡人均收入差距的根本途径

怎样才能使乡村居民人均纯收入的年均增长率达到 11.25%，比 7.2% 的城镇居民人均收入年均增长率高出 4.05 个百分点呢？过去 35 年不曾做到的事情，今后 30 年能够做到吗？笔者认为由于客观形势发生了巨大变化，以往做不到的事情，今后有可能做得到。

过去 35 年，我国城镇人口由 1978 年的 17 245 万人增加到 2013 年的 73 111 万人，增长约 324%，净增约 5.6 亿人；乡村人口从 79 014 万人减少到 62 961 万人，降低约 20%，净减少约 1.6 亿人。今后 30 年，若城镇人口增长 60%，净增 4.4 亿人，达到 11.7 亿人，城镇化率达到 84.8%；乡村人口净减少 4.2 亿人，还有 2.1 亿人在乡村，仅为 2013 年乡村人口 6.3 亿人的 1/3。这将形成 3 倍于 30 年前的人均地产资源，仅此一个因素，就可带来 3 倍于 30 年前的人均纯收入，使目前 3:1 的城乡人均收入比，降低到 1:1。实现这一战略目标的根本途径，是充分发挥生产要素市场调节作用。

长期以来，我国乡村人均纯收入仅为城镇人均可支配收入的 1/3，其重要原因之一就是人均土地资源过少，劳动力与以土地为主的农业生产资料不成比例，致使乡村劳动潜力无法充分发挥。更确切地说，受人均土地资源限制，乡村劳动潜力连一半或者三分之一的发挥，都做不到，绝大部分都处于潜在闲置状态，人均收入自然上不去。因此，解决城乡居民收入差距问题的根本途径，只能是增加乡村人均土地资源。

决定乡村人均土地资源的根本因素，在市场，需要通过劳动力市场、土地市场和资本市场进行有效调节。改革开放以来，农民工进城，城镇化加速，其背后的强大动力，就是逐渐放开了劳动力市场，发挥了市场的调节作用。不放松人身束缚与户籍管制，缺少能够自由流动的劳动力市场和迁徙自由，过去 30 多年的城镇化进程显然是无法想象的。但仅有劳动力市场远远不够，要大幅度增加乡村人均土地资源，更快提高乡村人均纯收入，还必须逐步开放土地市场与资本市场。

让包括土地市场、资本市场与劳动力市场三者在内的乡村生产要素市场

发挥主导作用，是大幅度增加乡村人均土地资源，更快提高乡村人均收入，争取在今后 30 年内消除城乡居民人均收入差距的根本途径。在我国的城镇化进程中，土地市场与资本市场已经显示出不可或缺的巨大作用。与之相比，这两种市场在乡村都不活跃，很不规范，实际上还没有给出明确的说法，缺少可靠的法律依据和制度保障。这是制约我国新乡村建设，妨碍乡村人均收入更快提高的两个最大的瓶颈。不切实解决这两个瓶颈问题，乡村人均土地资源和人均纯收入不易快速提高，新乡村建设势必举步维艰，很难走上正轨。

与乡村资本市场相比，更难建设的是乡村土地市场。如果土地市场真正建立起来了，与地产相连的资本市场自然就会应运而生，凭借坚实的地产支撑，迅速走向繁荣。繁荣的资本市场，反过来又可促进土地市场的健康发展。健康的土地市场和繁荣的资本市场相结合，必将进一步增强劳动力市场的活力，加速乡村外出人口的市民化进程。这是因为离开土地走向城镇的农民，可以通过土地市场方便地获得并及时运用自己的地产转让资金，更好地在城镇创业、就业、租用或者购买住房，便于转化为市民。

从这一角度看，我国大量人口被束缚在乡村，城镇化水平低，需要在 21 世纪进行大补课，其背后的重要原因之一就是缺少乡村土地市场。土地是最重要、最宝贵的生产要素，禁止市场对土地发挥调节作用，把人束缚在土地上，降低土地利用效率，轻则困死人，重则饿死人，个别地方还会烧死人、打死人，不时爆发群体事件。在这方面，历史与现实的经验教训，都是极其深刻、相当明显的。

其实，从全人类的实践经验看，土地市场并不神秘，在大多数国家都早已相当成熟。只要我们从人民的根本利益出发，本着实事求是的态度，认真吸取历史教训，按照 1950 年 6 月颁布的《中华人民共和国土地改革法》第六条和第三十条的有关规定：让全乡村人民的土地"归个人所有"，"由人民政府发给土地所有证，并承认一切土地所有者自由经营、买卖及出租其土地的权利"，完善的乡村土地市场是不难建立的。

三、消除城乡人均收入差距的辅助措施

现在有一些人否定《土地改革法》基本原则的现实有效性，反对赋予乡村人民土地所有权，不承认乡村土地所有者自由"买卖及出租其土地的权

利"，所持的最主要理由，就是要给进城农民工和离土创业者留一条退路。他们说，"农民进城失败时，他们要将返乡务农作为最后退路，正是这条退路的存在，才让进城失败农民仍有希望"。乍一看，这个说法仔细考虑了农民的利益，进退有据，是一种万全之策。但如果进一步推敲，并稍作调查，就会发现其中包含双重的虚伪，根本未曾征询过农民的意见。

其中的第一层虚伪，是以给进城农民留退路为由，反对把乡村土地归农民个人所有，更不允许进行土地买卖，公然赞成侵夺农民的土地产权。如果他们的这种逻辑能够成立，那么，同样的逻辑完全可以用来否定个人持有和交易机器设备、商用房产与城镇居民住房等所有产权的合理性，因为这些物权也都可以在某种情况下为其出让者提供一条退路。其实，对于个人是否可以拥有生产资料和不动产所有权的问题，答案应当是统一的。要否定作为生产资料的土地的个人所有权，同样的理由也可否定其他各种生产资料的个人所有权，即主张一切生产资料都归公有，这等于退到 20 世纪 60 ~ 70 年代。

其中包含的第二层虚伪，是以给进城农民留有返乡务农的最后退路为由，赞同保持城乡有别的社保制度，保持全体"乡下人"的低保待遇，无论他们进城还是没有进城。在现代社会，什么是一国居民的最后退路，不是一亩三分地的承包经营权，不是其他别的东西，只能是全国统一的国民待遇和在此原则下的城乡平等的社保制度。社保制度城乡一体化了，不再歧视"乡下人"，包括生病致残丧失经营能力者在内的所有"乡下人"，都可以像没有土地承包经营权的"城里人"一样，有着可靠的最后退路。

土地是最重要的生产资料，不是社保工具。作为生产资料，理应尽可能提高利用效率。这就需要充分发挥土地市场优化资源配置的作用，为其能够向利用效率高的经营方式与经营者那里流动，提供顺畅的合法途径。土地利用效率提高了，粮食和其他农产品的产出增多，就为保障人民生活提供了最重要的物质基础。至于社会公平，可以通过包括社会保障措施在内的社会再分配进行适当调节。只有这样，公平和效率，才能鱼与熊掌兼得。

只要走到农民当中稍作调查，就不难发现，农民百分之百愿意对自己承包的土地拥有个人所有权，希望"由人民政府发给土地所有证，并承认一切土地所有者自由经营、买卖及出租其土地的权利"。至于获得这样的权利后，究竟买不买、卖不卖，何时买、何时卖，何时入股合作经营，何时退出独自经营，他们愿意有选择的自由。在如此开放乡村土地市场的同时，作为提供"退路"的辅助措施，对所有"乡下人"都给予"城里人"同样的社会保障，那就更受全体农民的欢迎了。谁若不信，都可以到乡下去问问。

实行城乡社保一体化，进城农民的社会保障，不一定都在他们的家乡兑现。只要进城时间超过规定的年限，譬如 3 年或者 5 年，已经依法被认可为所进城市的市民，就可在他或她的城市里享受社保。进城时间没有达到规定的年限，未被认可为市民的返乡农民，才需要在本乡本土享受社保。在开放乡村土地市场与资本市场的同时，辅以上述城乡平等的社保制度，我国乡村居民的人均纯收入必将大幅度提高，新乡村建设很快就能够显现出成效。

四、建设新乡村需要统筹规划分类指导

赋予农民土地产权，开放乡村土地市场，允许土地自由买卖，并不是说可以任意改变乡村土地的用途。相反，开放乡村土地市场，加快新乡村建设，需要通过立法和规划，更加严格地管理土地用途。我国地域广大，未来的新乡村，显然不会是单一的同种类型，至少可以大体区分为城镇郊区、农牧林区、环保旅游区等三种类型。三类乡村功能有别，各有特点，怎样合理利用土地，适当进行建设，需要统筹规划、分类指导，不可能是一种模式。各地区乃至全国制定"十三五规划"时，都需要对此开始有所考虑。这种考虑不能仅限于当前 1 个五年规划时期，需要有更长远的眼光，瞄准 30 年后即 2045~2050 年的发展前景。

（一）城镇郊区的土地利用规划与管理

能否科学规划，严格管理，充分利用好城镇郊区土地，在很大程度上决定新乡村建设的成败。预计 2045~2050 年时，我国的城镇化率可能接近 85%，乡村人口占比约为 15%，总数 2.1 亿人左右，约为目前乡村人口的 1/3。其中 1/3 略多，7 000 多万人，可能居住在城镇郊区。届时大约 11.7 亿城镇人口需要建成的城区面积，按人均 120 平方米估算，约为 14 万平方公里，约占国土面积的 1.5%。参考井田布局，按周边郊区面积 8 倍于中心城区面积估算，城镇郊区占地总面积约为 112 万平方公里，约占国土面积 12%。其中按 3/4 山林草地、1/4 耕地估算，城镇郊区大约拥有 28 万平方公里，约 4.2 亿亩耕地，人均耕地近 6 亩，约为目前人均耕地的 2 倍。郊区加城区总占

地 142 万平方公里,约占国土面积 13.5%,容纳约占全国人口 90% 的 12.4 亿人,平均 1 平方公里常住 900 人。

规划管理城郊土地的最大难点,是保护近郊良田。在利益诱导下,近郊政府容易改变良田用途,以较高价格征地,再以更高的价格卖给开发商,转作建设用地。事实上,这种毁坏良田的情况,已经在一些城市近郊大量发生,急需扭转。彻底扭转这种不良趋势,需要堵疏并举。不仅必须制定严格保护耕地的法规,严惩违规将良田改为建设用地行为,还应当积极利用科学的交通建设规划进行疏导,通过郊区高速铁路等快速交通线,大幅度缩短远郊区到主城区的交通时间,以便充分利用远郊区的不宜耕土地资源,满足各类建设用地需求。

规划管理好城郊土地,需要兼顾郊区居民与城区居民双方,在建设美好富裕新郊区的同时,大力为城区居民服务,给本市市民提供温馨的休闲游玩场所。这两个方面实际上是内在统一、互为因果、彼此促进的,因而不难获得“双赢”。在此原则下,近郊农田适宜多建生态环保蔬菜采摘园和农家乐,远郊农田需要多种无污染生态粮,林地适宜多建生态环保水果采摘园和游乐园,牧草地宜建畜牧场和驰骋园,山地与水库河谷宜建游乐场和休闲度假区,还可适当修建一些别墅。总之,要在为市民提供良好服务的同时,大幅度提高郊区土地资源产出率和居民家庭的人均收入。

(二) 农牧林区的土地利用规划与管理

农牧林区远离城市,有广阔的农田、草地和大片的深林,适宜耕种与放牧,是提供全国粮食与肉类等食品的主要区域。此类乡村的总面积大约为 384 万 ~ 432 万平方公里,约占国土面积的 40% ~ 45%。其中按 5/12 山林、1/3 牧草地与 1/4 耕地估算,可能有 96 万 ~ 108 万平方公里,即 15 亿亩耕地。预计 30 年后,如果农牧林区人口减少到 1 亿多人,则人均耕地约 15 亩,可达目前人均耕地的 5 倍多。大幅度增加的人均土地资源,可在粮价保持相对稳定的条件下,迅速提高农牧林区乡村居民家庭的人均纯收入。

规划管理农牧林区土地需要解决的关键问题,是通过适当发展土地规模经营,提高土地利用效率。要使人均耕地达到 15 亩,3 口之家耕种 45 亩农田,甚至要在更大面积的田野上使用大型农机,无疑需要相应发展土地租赁、合股经营或者地场交易。这些都要求“十三五”期间开始考虑将农民的土地承包经营权进一步升格为土地产权，为健康发展乡村土地市场提供法律保障。与此同时还需要积极发展乡村资本市场和融资市场，为大型农机购置和土地买卖提供融资便利。

（三）环保旅游区的土地利用规划与管理

除了城镇、城镇郊区和农牧林区外，其余接近45%的国土面积，总面积约430万平方公里的环保旅游区，30年后的常住人口可能减少到约3 000万人。但在旅游旺季，前去旅游休闲的流动人口很多，往往会远远超过当地的常住人口。按50%高山荒漠、25%林地、22%牧草地与3%耕地估算，此类乡村大约拥有13万平方公里，近2亿亩耕地，人均耕地6亩多，其中相当大一部分粮产量可能较低。

规划管理环保旅游区的土地利用，关键有二。一是适当扩大自然保护区，增设各种类型的国家公园。二是加强景区建设，寻找和开辟更多的旅游观光景点，增加休闲度假设施，并提高新老景区的道路建设等级，著名景区还应尽可能规划高铁。此外，还应给大小景区内及通往景区公路沿线的乡村居民，适当扩大住宅建设用地面积，以便发展家庭饭店和旅店。

（原载《中国投资》2014年第11～12期）

6.6　"十三五"：精心规划新型城郊

截至2014年底，我国城镇化率为54.77%，比上年升高1.04个百分点。按此粗略推算，2020年底，我国城镇化率将达到60%，2040年上升到80%，开始奔向85%甚至90%。如此日趋增多的城镇人口，其实际生活质量，不仅取决于城区设施建设的好坏，同时还将在很大程度上受到郊区环境的影响。因而，精心规划，加快建设美丽、清洁、舒适的新型城郊，是提高郊区住户与城区市民生活质量的共同需要。

一、为市民服务——郊区规划指导思想

由于全国绝大多数人口将住进城镇，成为市民，从人数上说，以人为本，在很大程度上也就成了"以市民为本"。城市郊区环绕城镇，把"为市民服

务"作为规划新型城郊的指导思想，不仅能够充分体现"以市民为本"的精神，而且可以美化郊区环境，给郊区住户带来巨大商机，显著提升郊区的人均收入和福利待遇，实际上是全面的"以人为本"。

遵循"为市民服务"的指导思想，精心制定城市郊区发展规划，首先需要了解今后的市民最需要城郊提供什么？从物质方面说，市民很可能最喜欢郊区种植的新鲜蔬菜与瓜果，如果闲暇时间能够带着孩子去亲手采摘，则更好。从精神方面说，市民很可能需要郊区就近提供游乐休闲场所，放松心情，与大自然亲近。精神与物质相结合，一些富裕的市民，还会愿意购得农家小院，作为自己的乡间别墅。

用"以人为本"原则衡量，上述需求，合情合理。因而，理性的政策选择，应当是顺其自然，顺势而为。这就是说，按照"为市民服务"的指导思想，需要重点围绕上述三个方面的市民的需求，确定城郊发展目标，规划城郊发展蓝图。毫无疑问，要实现上述目标，良好的生态环境不可缺少，同时还应避免塞车的烦恼。因而，新型城郊应当达到的基本条件，是美丽、清洁、舒适，再加交通便捷。

二、新型城郊的人口预测与土地利用规划

（一）新型城郊的人口预测

人口数量，是制定区域发展规划不可缺少的基本数据。预测新型城郊的适度人口数量，关键要看客观需求。担负"为市民服务"的职能，所需的郊区人口，既不能太少，又不可过多，应当适量。由于为市民服务的城郊产业，多数都是劳动密集型的，郊区人口太少，无法满足需要。反之，如果郊区人口过多，由于"为市民服务"形成的总产值有限，势必拉低城郊人均纯收入，不利于郊区住户提高生活水平。

从长期发展趋势看，只要放开户籍限制，允许劳动力自由流动，受市场规律调节，城郊人口必然趋向"为市民服务"所需的适度数量。因而，适度的郊区人口，无疑会与城区市民数量直接相关。按 30 年后城镇化率达到85%、加上郊区人口总计达到90%进行估算，粗略地说，郊区人口与城区市民之间的比例，应当趋近于1:17。每个城市都可在预测本市未来人口的基础上，按此比例大致估算自己的郊区人口数量。譬如，2045 年城区人口将增加

到 1 700 万人的特大城市，郊区人口 100 万人较为适宜；城区 340 万人，郊区 20 万人即可。按全国总人口 14 亿人计算，城区总人口达到 11.9 亿人时，郊区总人口 7 000 万人较为适量。

（二）新型城郊的土地利用规划

在城镇化进程中，随着城市人口增加，城区逐渐向郊区扩展，将一部分郊区土地变为城市建设用地。相应地，郊区则向外扩展，把郊县或邻近乡镇变成郊区。以往在此过程中，城市规划更多考虑的是如何征用郊区土地，以满足城区扩展需求，较少从城郊发展的角度考虑土地利用问题。今后则需要改变上述思路，反过来侧重从新型城郊建设的角度，精心考虑城郊土地利用的问题。

"十三五"制定新型城郊的土地利用规划，需要遵循的首要原则，就是要大力保护近郊良田，严禁将良田规划为建设用地。与此配套，应当遵循的第二个原则，就是要充分利用远郊不宜耕土地扩建新城区。以上两条相结合，新建城区将会伸展到新型城郊当中，一部分新型城郊则会比某些新建城区距离市中心还要近。城区与近郊如此交错融合，构成新型都市圈，有助于优化都市圈的生态环境，推进城乡一体化，可提升都市圈全民的生活质量。

对于严加保护的郊区土地，哪些可以因地制宜，用于种植有机的水稻玉米等粮食作物，哪些可以用于建设市民喜欢带着孩子来采摘的菜园与果园，哪些适宜开辟为市民喜欢的、可与大自然亲近的游乐园与农家乐，哪些因主人外出务工经商而空置下来的农村住宅用地，可以转让给富裕市民修建乡间别墅，不宜制定很详细的规划，而应交给市场进行调节。政府有关部门可以对此提出指导性意见，供郊区农民参考，最终由农民自主决策。

三、新型城郊的基础设施规划重点

新型城郊的基础设施建设规划，需要突出交通与供排水两大重点。

（一）新型城郊的交通建设规划

为保护近郊良田，使新型城郊更好为市民服务，自然需要在远郊不宜耕土地上扩建新城区。要使这些新城区居民到市中心去的往返时间不是很长，必须预先规划好中心城区到各个新城区之间的高速路与快速轨道交通线。为了能够对所经郊区充分发挥辐射作用，快速轨道交通线设置的车站不能过少，站与站之间的间距不宜过大。而要保证轨道交通能够快速运行，每趟列车停靠的车站又不宜过多，间距应当较长。采取有序错开前后相邻车次各自经停的车站的办法，不难做到这一点。

既要便利郊区交通，又能够保持郊区环境清幽，新型郊区内的道路设计应当精细，从各个方向进出村庄、采摘园、农家乐和游乐场的道路，都可考虑单行，以缩窄每条道路的宽度，同时又可以保持车流畅通。

（二）新型城郊的供排水设施建设规划

规划新型城郊的供排水系统，一定要坚持卫生与环保高标准。即使是建在远郊区的独立小自来水厂，也都必须严格按照我国《饮用水卫生标准—2006》的要求，做到全面达标。只有这样，市民在节假日才敢放心地到郊区农家乐休闲娱乐，新型郊区才会既清静又繁荣，成为全体市民的乐园。

新型城郊的采摘果园、采摘菜园和农家乐等游乐休闲场所增多后，节假日到郊区休闲娱乐的市民多了，污水的处理与排放，就会成为不容忽视的大问题。同时又应看到，郊区农田需要大量有机肥料，具有积极利用生活污水、变废为宝的天然优势。因此，为了保持郊区水系清洁，景色秀美，在规划新型郊区的水系统时，应当积极利用先进技术，将生活污水与餐饮垃圾的发酵处理与农田灌溉紧密结合起来，形成良性循环。

四、建设新型城郊需要的政策法规

（一）提升土地利用规划的法律效力

以往 20 多年的实践表明，用近郊良田建设商品房，虽然给房地产开发商带来巨额利润，为地方财政增加大量买地收入，购房者确实也住的距离市中心较近，但良田被毁，城市生态环境遭到破坏，今后这种情况不应当再继续下去了。在"十三五"规划期，要把保护近郊良田的土地利用规划真正落到实处，必须加强立法，发现违规改变农田用途者，对相关责任人务必严惩不贷。

（二）制定便于土地合理流转的法规

为使郊区土地得到规模化利用，既为市民提供良好的服务，又增加产出，大幅度提高经营者的人均收入，无论农田还是宅基地，都需要在保证基本用途不变的前提下，加快合理流转。因此，在"十三五"规划期间，急需加快土地流转立法，使要离开本乡本土到本地城区或他地他国另谋高就的人们，能够顺利地把自己名下承包的土地变现，并且能够将绝大部分变现资金收归己有，不被他人侵占。这就使立志在本乡本土扩大经营规模，谋求更大发展的人们，可以适当价格如愿购得所需的土地。只有这样，新型城郊发展规划才能减少阻力，较为顺利地实施。

（三）出台城乡社会保障一体化法规

推行城乡社会保障一体化，对于建设新型城郊，让郊区人民都能够安居乐业，是一项不十分必要的社会政策。希望有关的法律法规，能够在"十三五"期间加快制定，尽早实施。为此所需的财政资金，近期可以通过发行市政债筹集，远期则应合理调整中央与地方财政的事权，主要通过划拨国有资产和适当发行社保国债来补充。

（四）优先开通城郊中小学公益校车

提高中小学义务教育水平，是建设新型城郊不可缺少的内容。前面曾提到，郊区适量人口可能仅为城区人口的 1/17，而郊区面积却可能需要达到城区的 8 倍，即郊区人口密度为城区的 1/136。这样郊区中小学生家庭到学校的距离，必然比城区远得多，平均说来在 10 倍以上。为了方便郊区中小学学生上学放学，促进新型城郊建设，"十三五"应当开始考虑由市财政出钱，优先给郊区中小学开通公益校车。

（原载《中国投资》2015 年第 10 期）

6.7 "十三五"：创新提升农牧林区

过去二三十年，我国城市高楼林立，变化巨大，农村面貌改变不大。今后二三十年，由于富余的劳动力进城，人口大量减少，农牧林区的面貌将要发生显著变化，呈现出明显不同于目前的清新景象。制定"十三五"规划，需要顺应这种客观的发展趋势，在推广农业科技、优化经营模式、修订土地法规、健全社保政策等诸多方面，积极改革创新，切实采取措施，努力把农牧林区稳步推上新台阶。

一、规模经营——农牧林业的发展方向

无论从人均土地面积与人均农业收入角度说，还是从农业科技应用与劳动生产率提高的角度看，我国农牧林业都急需向规模化经营的方向发展。看不准这个大方向，或者虽有一定认识但却缺少紧迫感，因而优柔寡断，得过且过，不敢采取有力措施促进规模化经营，其结果必然是延缓农牧林业现代化的发展进程，不利于中国梦的早日实现。

目前我国农村的人均土地面积不足 3 亩，3～4 口之家承包土地平均 10 亩左右。单靠农业经营，总收入有限，肯定无法脱贫，因而需要另寻他途。实际上，我国农村大多数的富裕家庭，都主要通过打工经商等其他途径取得收入，而把种地当成副业，甚至种或不种，对他们来说已经是无所谓的事情。这种状况，显然不可持续。要使农户专心务农，必须大幅度增加户均土地面积，走规模化经营的道路。

由于同一村庄的农田存在种类和等级差别，各家各户承包的为数很少的十来亩田地，并不是集中成一块，而是按不同种类和等级分散为多个小块，其中最大的一块，也不过几亩，小的仅为窄窄的一条垄。这样的地块分割，显然不利于机械化耕作与收割，不便于田间管理，甚至有损各家各户保持土壤肥力的积极性。因而，从推广农业科技和提高劳动生产率的角度考虑，也急需改变现状，让人为分割的小块土地连成片，实行规模化经营。

二、减少人口——农牧林区的必然趋势

一个简单的算数道理，在全国耕地总面积不变的条件下，大幅度增加农村户均土地，实行规模化经营，必须相应大比例减少农户的数量。即使比照解放初土改前中农家庭的土地拥有量，实现规模化经营，每家农户至少需要种植 40～50 亩土地。在东北黑龙江省的黑土地上，由于大面积的机械化耕作能够节省人力，单个农户的最佳种植规模，可以达到 300～500 亩。进一步说，如果准许优秀的种田专业户雇工耕作，那么，上千亩乃至近万亩的大规模机械化耕作，则将更加显著地提高农业劳动生产率。

按人均 15 亩耕地考虑，全国农村 18 亿亩耕地，大约可以容纳 1.2 亿农业人口。这就是说，目前的 6 亿多农村人口，需要大量向城镇转移。具体地说，

今后二三十年我国农村的人口转移总量，可能接近 5 亿人，约占农村现有人口的 80%。顺利实现如此巨量的农村人口转移，需要尽可能增多渠道，除了到国内城镇谋求发展外，还应当鼓励一些有条件的人，到地广人稀、缺少劳动力的国家和地区，去学习、经商、投资办企业，以及工作与定居。

这样大幅度地减少农村人口，利弊如何？简要地说，其利主要有二。一是大量增加农村人均土地资源，因而能够在稳定粮价的同时，大幅度提高农村人均务农收入，明显缩小甚至消除城乡人均收入差距。二是便于推广农业先进技术，使用大型农业机械，显著提高农业劳动生产率，防止小块分散的农田被废耕，保证粮食稳产高产。人们最担忧的弊端，也有两点。其一，规模化经营节省下来的农村劳动力，如果走不出去，怎么办？其二，出去务工与创业的农民，如果失败了，怎么办？

仔细分析，不难看出，上述两弊与两利，并非同一层次的问题。两利关系大局与长远，属于根本性利好；而两弊则是前进中可能出现的问题，应当在前进中设法解决。其实，切实解决上面那两个值得忧虑的问题，化消极为积极，变被动为主动，能够使我国的社会经济发展水平跃上一个新台阶，让农村面貌大为改观，并且显著提高国民整体素质。概括为一句话，就是可以使我国农村彻底摆脱贫困，大幅度缩小我国与发达国家之间的差距。显然，这是一条无论多么艰难，都必须走好的道路。

三、土地流转——农牧林区的改革重点

实现上述目标的关键，是深化农村土地流转制度改革，适当修订土地法。土地流转制度不健全，土地法存在缺陷，土地流转不畅，一方面使大量的人口被长期吸附在小块土地上，收入微薄，另一方面又使优秀农户无法获得适宜规模化经营的土地，务农收入无法提高。这样的制度不改革，这样的法律不修订，农牧林业的规模化经营就无法实现，农村的落后面貌就难以改变。这是显而易见的道理，无须过多论证，需要进一步讨论的问题，是应当怎样改革土地流转制度，如何修订土地法？

改革土地流转制度，修订土地法，首先必须明确目标，就是要能够稳健有力地、合理合法地促进土地流转。这一目标需要体现在以下两个方面。一方面，应当能够使不愿意继续种植小块土地的农民，可以方便地有偿转让或

出租自己承包的土地，除了照章纳税和提取一定量的社保基金外，转让与出租土地的所得，不会被上层组织截留。另一方面，应当能够让愿意规模化经营大片土地的农民，可以方便地购买或租赁到他人的土地，所购买的土地既可以长期使用，又允许进行再转让、出租或者赠与、继承。

实行上述改革，可以加快土地流转，加速新农村建设，有利于农民，有利于国家，但不利于农村集体所有各层组织的实际控制人群，有可能遭到他们或其代言人的反对。在 20 世纪 60 年代初实践证明"一大二公"的人民公社不利于发展农业生产后，农村集体所有制曾经退回到"三级所有，队为基础"。当实践进一步表明，生产队的集体耕作仍然不利于粮食生产，改行家庭联产承包责任制时，对集体土地究竟归几级所有，至今没有明确说法，更不要说从法律角度明确各级集体组织与农户之间的产权比例多少了。从近年有偿征用农村土地过程中的地价分配情况看，农户实际所得不到一半，自然村即原来作为"三级所有"基础的生产队基本没拿钱，大部分被原来"三级所有"的大队与公社两层，即现在的村委会和乡镇政府截留了。

因此，改革土地流转制度，修订土地法，需要切实解决的核心问题，是要恰当处理承包农户与村委会、乡镇政府三者之间的利益关系，立法保障农户的权益。在此问题上笔者的观点，是赞同土地转让收入全部归承包农户所有，在土地管理部门办理土地证过户的过程中，县政府可以向地产买卖双方征收土地交易税，省级和中央政府可以从售地农户所得的土地转让金中提取专项社保基金，为农村无地居民提供最低生活保障，村委会和乡镇政府不再参与转让地价的分配。

四、健全社保——农牧林区的稳定基石

在我国现阶段，由于收入差距扩大，贫富悬殊，无论城镇还是乡村，都急需健全社会保障制度，让最弱势的群体也能获得基本生活保障。一些人认为，农村人承包土地，土地就是农村居民的最低生活保障，只要坚持土地承包制不变，农村居民的生活就有保障。他们的这种看法，高估了土地承包数量和收入水平，在社保问题上割裂城乡，固化城乡二元结构，既不利于城乡社保一体化的构建，又妨碍土地流转制度改革和农牧林业的规模化经营，阻碍农业现代化进程。

事实上，由于人均承包的土地很少，单靠种田收入已经不能满足农村居民的正常消费支出，更不要说住院治病了，因而把大量农民禁锢在小片土地上，根本无法脱贫。从根本上说，要使包括农民在内的全体国民能够获得良好的社会保障，必须提高劳动生产率，增加产出。加速土地流转，实现规模化经营，虽然减少农户，却可增产粮食，能够为健全社保增加物质基础。

在土地流转过程中，不想继续耕种所承包的土地，而愿意出售或者出租土地的人家，多数都是找到了比种地收入更多的打工或经商办厂机会。通过土地转让或出租取得收入，对他们事业的发展更有帮助，因而不需要领取社会低保。少数没有找到更好机会却又愿意出售或者出租承包土地的人家，大致可以分为两类，一类是体弱多病、无力耕种田地者，另一类是极个别的懒惰或不务正业者。对这两类人，不允许他们出售或出租土地，逼迫他们种地，产量也不会高，实际是浪费土地资源，显然还不如鼓励土地流转，让田地在种粮大户手中增产。这些人只要从出售土地的收入中拿出一定比例缴纳专项社保基金，即可从政府社保机构领取生活保障金。

实行土地流转、加快规模化经营后，健全农村社保的重点领域有三。一是给予无地农户最低生活保障，二是实行城乡一体化的医疗保险，三是提升包括开通公益校车和普及高中在内的农村12年义务教育。基本生活、医疗和教育得到保障，农村就会稳定。开通公益校车并将义务教育延长到12年，可以显著降低农村中小学生的辍学率，大幅度提高农村青年的受教育程度，有助于农村剩余劳动力向外转移，为减少农村人口创造良好条件。

（原载《中国投资》2015年第11期）

6.8 "十三五"：净化美化生态区域

在全部国土当中，除了城区、郊区和农牧林区之外，其他区域主要由环境保护区和旅游风景区构成，其中夹杂少量可耕地与草原林地，本文将其统称为生态区域。我国生态区域总面积接近430万平方公里，约占整个国土面积的45%，大部分集中于西部，小部分散布于东中部。尽管其总面积广大，但因人口稀少、可开发经济资源有限，过去没有从经济发展角度给予足够重视。随着国民经济转型，需求结构升级，生态环境要求提高，"十三五"需要根据中共中央建议强调的绿色发展理念，认真制定生态区域的保护与开发规划。

一、旅游休闲给生态区域带来新机遇

由于科技进步加快，劳动生产率与人均收入提高，节假日增多，人均寿命延长，今后我国经济转型、需求结构升级的一个突出表现将是增加旅游休闲。这种大趋势正在逐渐改变人们的生活理念与生活方式。在此背景下，无论泰山、华山等历史老景点，还是九寨沟、张家界等后开发的新景区，一到旅游旺季，都人满为患。这清楚表明，现有旅游休闲景区已经远远满足不了日益增长的客观需求，除了改善提升现有景点和景区外，还需要开辟新的旅游景点，增加新的休闲景区。

开辟新的旅游景点和休闲景区，给全国各地的生态区域都带来前所未有的发展机遇。我国东中部区域虽然旅游景点景区开发较早较多，但也还有很大的发展空间。其实，东中部区域尽管总体上人口密度较高，城镇较为密集，也还存在一些空气清新、景色秀美的地方，因交通不便而没有被开发。通过路网建设，交通条件改善，这样的地方必将越来越多地被开辟为新的旅游景点和休闲度假景区。

开辟新景区的更广阔空间，位于我国西部的内蒙古、陕西、宁夏、甘肃、四川、重庆、贵州、广西和云南，由于靠近人口稠密的东中部，其生态区域中潜在的旅游休闲资源较易得到开发。近年掀起的四川西部暑假旅游热，预示着新景区建设高潮的来临。西部的西藏、青海与新疆，由于其自身独特的自然景观与多彩的民族风情，对游人具有更强的吸引力，只要解决交通瓶颈问题，同样能够顺势而上，发现培育出更多的旅游休闲新景区。

旅游休闲景点增多，旅游休闲人数与活动方式增加，相应要求提高旅游休闲产业的住宿接待能力。为了满足这种需求，除了需要在景点景区附近适当增建一些较大的旅店外，扶持家庭旅店也是一条重要措施，可以为生态区域增添活力。不难想象，日落黄昏后，夜幕降临时，在西部生态区域中的人烟稀少地带，连接城镇和通往景区的公路沿线，徒步、骑车旅行甚至一些自驾车的游客，忽然见到路边不远处的农牧民家庭旅店，该是多么高兴。对于扶持家庭旅店来说，以下两项政策非常有必要。一是适当扩大生态区域农牧民的住宅建设用地面积，允许修建经营有停车场和小型游泳池的家庭旅店。二是鼓励家庭旅店加入互联网，要求电信企业为人烟稀少地带的家庭旅店提供低价甚至免费 wifi。

二、沙漠与雪山同样需要绿色发展

在我国西部广阔的生态区域中，有很大一部分是无边的沙漠戈壁、大片的冻土湿地与绵延的雪山峻岭。这部分不适宜人类居住的国土也很宝贵，也需要绿色发展。此类区域的绿色发展，主要是加强自然保护，在避免人为破坏的前提下，适当加以开发利用。实际上，有不少雪山，如允许攀登的珠穆朗玛峰和著名景点四姑娘山、玉龙雪山等，早已得到很好的保护与利用。经验证明，只要处理得当，保护与利用并非水火不容，而是可以做到鱼与熊掌兼得。

规划上述不宜居地带的绿色发展，需要以保护为前提，利用做重点，也就是坚持"保护第一，利用第二"的原则。其实，真正把好利用关，精心选择，恰当利用，严禁过分开发，就是切实的保护。大量的国际经验表明，划定自然保护区，设立国家公园，能够兼顾保护与利用两个方面，是确保生态区域绿色发展的有效途径。借鉴发达国家成功经验，应当将更多划定自然保护区、增设各种类型国家公园作为重要的战略举措，纳入国家和有关省区的"十三五"规划。

三、增设国家公园净化美化生态区域

增设国家公园与扩展自然保护区，二者相互补充，异曲同工，都是净化美化生态区域不可缺少的重要措施。相对而言，划定自然保护区，更偏重于保护原生态，而不求利用；设立国家公园，首要目的也是加强生态保护，但在保护前提下可适当利用。二者之间的这种差别，是由各种区域的特定自然条件决定的。对于那些生态条件较为脆弱、增加人类活动就可能破坏生态的地带，应当划定为自然保护区。适宜开辟为国家公园的地方，除了必须具备独特的保护价值外，还应当能够承受适度的旅游观光活动，不至于造成生态破坏。

本着绿色发展的理念，大力建设生态国家，"十三五"需要对生态区域中哪些地带有必要划定为自然保护区，哪些地方应当开辟为国家公园，制定出具有长远指导意义的整体规划。同时还应当依据这样的整体规划，进一步明确"十三五"期间新增哪些国家公园。建设国家公园比划定自然保护区需要更多的投入。换个角度则可以说，建设国家公园不仅对本期的经济增长拉动作用更大，而且可以为将来发展旅游业、优化产业结构奠定基础，更多增加税收来源。因而，从长期看，建设国家公园的环保作用、社会效益、宏观经济效应与未来的财税回报都很丰厚，值得国家为此增加财政投入。

那么，"十三五"建设国家公园所需的大量资金从何而来呢？由于国家公园建成后会大量增加政府资产，同时其社会经济效益和财税回报效应都将在未来显现，按照负债对应资产的道理与赋税公平负担的原则，"十三五"用于国家公园建设的财政资金主要应当通过发行专项国债来筹集，而不宜使用本期税收。如果主要用本期税收建设国家公园，其实质就是强迫纳税人为几十年乃至数百年后的政府积累大量的优质资产。这种征税发财的不公平做法，超过一定限度，不仅直接影响其他公益事业的发展，还会加重企业和个人的税负，严重削弱经济发展活力。因而，"十三五"要顺利解决国家公园建设资金来源问题，必须牢固树立国家财政合理负债的理念，在国内资金市场可吸纳的限度内，敢于根据实际需要发行"国家公园建设专项国债"。为降低融资成本，避免高息发行超长期国债，可将每期专项国债的期限选择为 3～5 年，到期时再借新还旧，滚动发行。

四、大力加强生态区域交通设施建设

大力加强交通设施建设是净化美化生态区域、助推旅游休闲产业发展不可缺少的重要措施。制约我国旅游休闲产业进一步大发展的最主要瓶颈是现有景区交通运输紧张，多数待开发景区和国家公园道路尚未修通甚至没有开始勘察设计。"十三五"规划加强生态区域的交通设施，既是完善社会基础设施、实现绿色发展与地区间协调发展的客观需要，又是国民经济新常态下稳增长、促就业的积极措施。

为净化美化生态区域，加强其交通基础设施建设，需要贯彻绿色发展观念，大力提高电动化、轨道化与立体化水平。交通运输电动化不仅可以直接减少车辆沿途的废气排放，还能够为核聚变清洁新能源的海量使用准备必要的条件。为此，生态区域无论修筑新路还是改造老路，在设计方案中都必须充分考虑电动车辆的充电设施配套建设问题。

与公路相比，轨道交通具有运量大、速度快、乘坐舒适与占地较窄等特点。在地广人稀的生态区域，长途旅行高铁既快速又舒适。通往游客众多、寸土寸金的著名景区，运量大、用地少的铁路专线，能够在有效缓解交通紧张问题的同时较好保护景区环境。因此，"十三五"应当显著增加我国的铁路网规划总里程，在广阔的生态区域更多规划一些铁路交通干线和通往旅游休闲景点的铁路专线，提高旅游休闲交通的轨道化水平。

在旅游休闲景区和国家公园，一方面为了拓宽视野、有利观瞻，另一方面为了减少土地占用对自然景观的破坏，无论公路还是铁路，都应当根据地形特点，逢山多通隧道，跨树多架长桥。同时还应大力发展空中交通，尤其是低空的通用航空，与陆地交通相配合，形成立体交通体系。如此建设高质量的交通设施，并非奢侈浪费，与低质低价高频率拆毁重建相比，算总账是节约的。

（原载《中国投资》2015 年第 12 期）

6.9　谋划粮食安全

"'谷贱伤农'与'米贵伤民'的矛盾将不断交替出现，政府宏观调控始终将面临这样的'两难'困局"，国务院发展研究中心的学者们在《中国粮食调控：目标、机制与政策》一书中如是说。粮食是关系我国 13 亿人吃饭的大问题，对于如何通过粮食调控，保障粮食安全和稳定粮食市场，此书见解独到，值得一读。

作为国务院发展研究中心的研究成果，此书充分肯定了中国粮食调控的成效，诸如调动农民种粮积极性、促进农业丰收、稳定粮食市场等。同时，针对 2010 年抛售中央储备粮平抑粮价导致东北粮库空仓等实例，指出宏观调控中存在的一些问题，如"维持粮食市场稳定和保障国家粮食安全"两个调控目标孰重孰轻指向不清晰、政策实施规程缺乏预安排、对粮油价格行政干预过多、调控针对性和有效性不足等。这种敢于面对现实、实话实说的独立研究精神，非常可贵。

此书的亮点之一是及时指出中国目前面临的粮食宏观调控新形势与新挑战。新形势主要表现为：国内粮食需求结构正在发生显著变化，耕地与水资源短缺成为强约束；全球粮食紧平衡成为常态，全球粮价从低水平均衡进入高水平均衡时代。新挑战则主要表现为：国内外因素给我国粮食供求基本平衡造成较大压力，价格调控平衡粮食生产者与消费者利益的难度增大。认清形势，看到问题的紧迫性，是正确制定未来发展战略的前提。

此书的亮点之二是从国情出发，明确界定粮食宏观调控的目标。对此，书中给出的简要提法是"保证粮食供求基本平衡和价格基本稳定"。这其中包括两方面含义：既要防止"谷贱伤农"，确保国家粮食安全不动摇；又要防止"米贵伤民"，维护经济社会持续健康发展大局。上述双重目标之间的关系，前者是核心，是根本，因而此书作者认为绝不可动摇。保不住这个根本，米必然贵，而且不是一般地贵，即使贵过黄金，仍然会由于粮食总量不足而有人吃不饱饭。基于这种认识，书中提出一项化解"米贵伤民"的良策，即逐步提高粮价上涨容忍度。

细细读来，此书最可贵之处在于及时提出"粮食安全"这一重大问题，并相应提出若干值得参考的政策建议。正确提出问题最为重要，而所提对策不必百分之百正确，能够引起关注、引发研讨就很好。

譬如，书中所提"要针对粮食形势变化，适时调整粮食深加工产品出口政策，严格限制粮食加工产品出口"的政策建议就很有启发性，但需要进一步细化具体措施。为了在粮食供应紧张时能够充分运用上述政策手段进行有效调节，平时则需要反其道而行之，通过财税与金融政策大力支持外向型粮食深加工企业发展。发展外向型粮食深加工，平时逐渐加大工业用粮进口，可以促进世界粮食生产，增加对市场的供给，从而增强中国的粮食调节弹性。一旦国内或者国外粮食减产，可有更多的出口加工用粮转为国内食用。

此外，要夯实粮食宏观调控的物质基础，提升粮食综合生产能力，除了强调耕地保护、增加农业基础设施建设投入、加强粮食关键技术研究与公共服务等强农惠农富农政策措施之外，还应从根本上考虑农业生产组织形式是否需要由小农户分散经营向农场经营加快转变的问题。

（原载《中国投资》2013 年第 4 期）

6.10　粮食安全战略新抉择

2003 年我国大米、小麦、玉米三大粮的净出口数量分别为 233.21 万吨、207.83 万吨和 1 638.89 万吨，合计净出口 2 079.93 万吨。到 2011 年全都逆转变为净进口，数量分别为 6.78 万吨、120.90 万吨和 161.67 万吨，合计净进口 289.35 万吨。从海关总署 2012 年 11 月底的统计数字看，三大粮净进口总量突破千万吨，比 2011 年同期增长超过 200%，呈现迅速扩大趋势，引起国际粮商关注。

一、粮食安全问题不容忽视

上述情况发生在农业"九连丰"背景下，这就更需要我国重新审视今后的粮食安全问题。没有发生天灾，粮食逐年增产，为什么三大粮的进出口情况发生逆转，到 2011 年净进口数量猛增呢？是粮食消费量增长过快，还是储备增加，或者有地方官员为粉饰政绩而虚报粮食产量？中国之大无奇不有，任何个案都不能绝对排除，但从统计数字看，主要是因为三大粮的消费量增幅都高于产量增幅（详见表 1 和表 2）。

表 1　　　　2008～2011 年稻谷消费生产与大米进出口情况比较　　单位：万吨

	指标	2008 年	2009 年	2010 年	2011 年	3 年增幅（%）
稻谷	消费量	18 118	18 869	19 400	19 840	9.5
	产量	19 189.6	19 510.3	19 576.1	20 100.1	4.74
	差额	1 072	641	176	260	-77.80
大米	进口	28.95	32.5	36.62	57.72	99.38
	出口	94.69	75.98	59.56	50.93	-46.21
	净出口	65.74	43.49	22.94	-6.79	-110.33

资料来源：产量数据来自《中国统计年鉴 2012》，消费量数据来自国家粮油信息中心《食用谷物市场供需状况月报（2012 年 7 月）》与《饲用谷物市场供需状况月报（2012 年 7 月）》，进出口数据来自海关总署。

从表 1 看，2008～2011 年的 3 年间，我国稻谷消费量增加 9.5%，比同期稻谷产量增幅高 4.76 个百分点。这使稻谷产量大于消费量的差额由 2008 年的 1 072 万吨减少到 2011 年的 260 万吨，导致大米进口数量连年上升，从

2008 年的 28.95 万吨增加到 2011 年的 57.72 万吨，增幅高达 99.38%。在此期间，大米出口数量连年下降，从 2008 年的 94.69 万吨减少到 2011 年的 50.93 万吨，2011 年的出口量仅为 2008 年的 53.79%。在进口量增加的同时，出口量减少，净出口量锐减，到 2011 年发生逆转，转变为净出口 6.79 万吨。由此可见，稻谷消费量增幅大于产量增幅，是导致大米由净出口逆转为净进口的决定性因素。

小麦和玉米由净出口逆转为净进口，也是出于同样原因，从表 2 看，2008～2011 年我国小麦消费量增加 17.06%，比产量增幅高 12.67 个百分点。小麦产量由 2008 年超过消费量 808.4 万吨，到 2011 年逆转为小于消费量 478.9 万吨。进口量从 2008 年 4.31 万吨上升到 2011 年 124.88 万吨，增幅高达 2 797.45%。与此相对应，出口数量从 2008 年的 30.98 万吨减少为 2011 年的 3.98 万吨，净出口量从 2009 年即开始出现逆转，到 2011 年净进口达到 120.9 万吨。可见，近年小麦净进口数量扩大，是消费量增幅高于产量增幅的结果，完全不同于以往在净出口稻谷的同时净进口小麦，有意识进行品种调剂的情况。

表 2   **2008～2011 年小麦和玉米消费生产与进出口情况比较**   单位：万吨

	指标	2008 年	2009 年	2010 年	2011 年	3 年增幅（%）
小麦	消费量	10 438	10 609	11 049	12 219	17.06
	产量	11 246.4	11 511.5	11 518.1	11 740.1	4.39
	差额	808.4	902.5	469.1	−478.9	−159.24
	进口	4.31	90.41	121.88	124.88	2 797.45
	出口	30.98	24.5	0	3.98	−87.15
	净出口	26.67	−65.91	−121.88	−120.9	−553.32
玉米	消费量	14 623	17 070	17 800	19 111	30.69
	产量	16 591.4	16 397.4	17 724.5	19 278.1	16.19
	差额	1 968.4	−672.6	−75.5	167.1	−91.51
	进口	4.91	8.35	157.21	175.25	3 469.25
	出口	25.23	12.85	12.72	13.58	−46.18
	净出口	20.32	4.5	−144.49	−161.67	−895.62

资料来源：产量数据来自《中国统计年鉴 2012》，消费量数据来自国家粮油信息中心《食用谷物市场供需状况月报（2012 年 7 月）》与《饲用谷物市场供需状况月报（2012 年 7 月）》，进出口数据来自海关总署。

　　表2显示，2008～2011年我国玉米消费量增加30.69%，比产量增幅高14.5个百分点。玉米产量大于消费量的差额由2008年的1 968.4万吨减少到2011年的167.1万吨。与此相应，进口量从2008年的4.91万吨上升到2011年的175.25万吨，增幅高达3 469.25%；出口量从2008年的25.23万吨减少到2011年的13.58万吨；导致净出口量从2010年开始逆转为净进口144.49万吨，2011年净进口量达到161.67万吨。这说明玉米由净出口转变为净进口，更是由消费量增幅大于产量增幅决定的。

二、粮食消费增长难以减缓

　　既然问题主要出在粮食消费增幅大于产量增幅，那么，是否应当把确保粮食安全的战略重点放在抑制粮食消费增长方面呢？对这个问题，仁者见仁，智者见智。笔者分析三大粮的消费构成统计数据，面对近年我国粮食消费较快增长的趋势，感觉抑制粮食消费虽有一定可能性，但空间不大、作用有限（详见表3），不能从根本上扭转我国粮食净进口扩大的局面。

表3　　　　　　　　2008～2011年三大粮消费分用途增长情况　　　　单位：万吨

	指标	2008年	2009年	2010年	2011年	3年增加	3年增幅（%）
稻谷	食用消费	15 450	16 150	16 550	16 900	1 450	9.39
	饲料消费	1 500	1 550	1 630	1 618	118	7.87
	工业消费	1 050	1 050	1 100	1 200	150	14.29
	种用消费	118	119	120	122	4	3.39
小麦	食用消费	8 000	8 050	8 150	8 300	300	3.75
	饲料消费	970	1 050	1 350	2 300	1 330	137.11
	工业消费	1 000	1 040	1 080	1 150	150	15
	种用消费	468	469	469	469	1	0.21
玉米	食用消费	1 385	1 440	1 540	1 680	295	21.3
	饲料消费	9 280	10 500	10 780	11 600	2 320	25
	工业消费	3 830	5 000	5 350	5 700	1 870	48.83
	种用消费	128	130	130	131	3	2.34

　　资料来源：国家粮油信息中心《食用谷物市场供需状况月报（2012年7月）》、《饲用谷物市场供需状况月报（2012年7月）》。

　　表3显示，虽然按用途分，2008～2011年稻谷消费增长最快的是工业消

费，增幅为 14.29%，但其 150 万吨的增量与同期 1 450 万吨的食用消费增量相比，还是少得多。即使将工业消费增量压缩一半，抑制稻谷消费总量增长的作用也很有限。而占比 85% 左右的稻谷食用消费的增长，与贫困人口解决吃不饱饭的问题紧密相关，刚性强，不宜采取压缩措施。

从表 3 看，2008～2011 年小麦的饲料消费增加 1 330 万吨，增幅高达 137.11%，在消费增加总量中占比较大。工业消费增加 150 万吨，占 1 781 万吨消费增加总量的比重不到 9%。因而，压缩工业消费对于抑制小麦消费总量增长的作用也很有限。近年小麦用于饲料消费的大幅度增长和城镇化进程加快，城镇居民比农村居民肉食量多的客观需求密切相关，不便压缩。

表 3 说明，虽然 2008～2011 年玉米消费中增长最快的是工业消费，增幅高达 48.83%，但消费增量最大的是饲料消费，3 年增加 2 320 万吨，比 1 870 万吨的工业消费增量多 450 万吨。玉米饲料消费大增是城镇化率上升过程中肉食量上升带来的客观需求，是城乡人民生活水平提高的一种表现，不应当进行压缩。

概括起来说，2011 年国内三大粮消费总量比 2008 年增加 7 991 万吨，3 年间增长 44%。其中食用消费增加 2 045 万吨，约占 26%；饲料消费增加 3 768 万吨，约占 47%；工业消费增加 2 170 万吨，约占 27%。食用消费与饲料消费合计 5 813 万吨，占 73%。由于农民收入增加、到集镇购物比以往交通便利，对肉食的消费将会进一步上升，估计今后相当长时间内饲料消费增长势头不会减缓。这些因素决定，即使对三大粮的工业消费调控能够产生一定效果，也不足以扭转谷物消费总量的较快增长趋势。

三、粮食安全战略重在增产谷物

将"振兴农业、增产谷物"作为确保粮食安全的战略重点，其必要性显而易见。通过前面的分析可以看出，一方面，国内谷物消费需求较快增长的客观趋势难以扭转，而国际粮食市场未必总能顺利向我国提供所需谷物；另一方面，从我国土地资源与粮田面积看，通过振兴农业、增产谷物，满足三大粮食用消费与饲料消费的增长需求也是完全可能的。因而，要保证我国的粮食安全，根本途径是大力振兴农业、增加谷物产量。明确这一战略重点，切实采取"适度调增稻麦种植面积、积极发挥粮食深加工调节功能"的战略方针，就能够确保我国的粮食安全。这样说，主要基于以下三点考虑。

其一，客观估计国际粮食市场的供给潜力。我国人均耕地少，在人口数量转为下降之前，无法改变这种状况。但从全球范围看，北美洲、南美洲、大洋洲和非洲，还有很多宜耕土地没有开发，全球粮食生产和国际粮食市场，蕴藏着巨大潜力，如果充分发挥出来，足以解决全球粮食供给问题。但要激发这种潜力，离不开有购买力的需求拉动。如果我国没有急剧增加粮食进口，而是较为平稳地逐渐增加谷物采购，就不会引起国际粮食市场震动，能够积极促进世界闲置土地的开发利用，稳步增加全球的粮食生产与供应。

过去 10 多年我国进口大豆持续增长的情况能够验证上述估计。表 4 显示，1995～2009 年我国大豆由净出口 7.8 万吨转变为净进口 4 220.5 万吨，增加净进口 4 228.3 万吨。同期世界大豆出口总量由 3 206.7 万吨增长到 8 247 万吨，增加了 5 040.3 万吨。其中美国出口增加 1 767.1 万吨，巴西出口增加 2 506.7 万吨，两国合计增加出口 4 273.8 万吨，大约与我国的净进口增量相当。世界大豆市场供给量的增加，包括美国和巴西大豆产量与出口量的增加，显然受到我国大豆进口需求的拉动。世界玉米和小麦市场，也出现了类似情况。

表 4　　　　**1995～2011 年我国大豆进口增长对世界大豆市场的影响** 单位：万吨

年份	1995	2000	2005	2009	2010	2011
中国年产量	1 350	1 541	1 635	1 498	1 508	1 449
中国净进口	-7.8	1 020.4	2 617.7	4 220.5	5 463.3	5 243.2
世界出口总量	3 206.7	4 764.6	6 604	8 247	—	—
其中：美国出口	2 284.2	2 719.6	2 566.3	4 051.3	—	—
巴西出口	349.6	1 151.7	2 243.8	2 856.3	—	—

资料来源：产量数据来自《中国农业年鉴 2011》，中国净进口数据来自海关总署，其余数据来自 FAO 数据库。

其二，辩证看待粮食深加工，积极发挥其调节功能。2011 年我国工业消费三大粮 8 050 万吨，比 2008 年增长 36.9%，在消费结构中增幅最大（详见表 5）。从增量来看，工业消费 3 年增加 2 170 万吨，比同期三大粮食用消费增量 2 045 万吨多 125 万吨。工业消费的这种增长，无疑是促成三大粮全都转变为净进口的重要因素之一。

表5　　　　　　　2008～2011 年稻谷、小麦和玉米消费结构与增幅

年份	消费总量（万吨）	食用消费		饲料消费		工业消费	
		总量（万吨）	占比（%）	总量（万吨）	占比（%）	总量（万吨）	占比（%）
2008	43 179	24 835	57.52	11 750	27.21	5 880	13.62
2011	51 170	26 880	52.53	15 518	30.33	8 050	15.73
增量	7 991	2 045	25.59	3 768	47.15	2 170	27.16
增幅（%）	18.51	8.23	—	32.07	—	36.9	—

资料来源：国家粮油信息中心《食用谷物市场供需状况月报（2012 年 7 月）》、《饲用谷物市场供需状况月报（2012 年 7 月）》。

但凡事皆有两面性。粮食深加工的快速发展，谷物工业消费占比达到15.73%，在增加谷物净进口的同时，显著增强了粮食深加工对谷物消费的调节弹性。一旦国内或者世界其他地区出现灾情，粮食减产，就可以通过控制粮食深加工，减少国内谷物的工业消费，保证谷物食用消费。平时谷物工业消费的占比越高，当粮食歉收时，通过这条途径调节米面供给的余地越大。

因而，平时我国可以运用财政金融政策适当鼓励逐步发展粮食深加工，尤其是其中用于生产柠檬酸、淀粉等出口制品和生产乙醇掺混汽油的生物能源转化类的粮食加工业，不要怕由此扩大谷物的净进口。这种扩大会像进口大豆那样，平稳拉动世界谷物的生产与供给，增强我国的谷物调控弹性，同时还可增强世界其他国家对我国柠檬酸、淀粉等粮食深加工制品的依赖。当世界其他地区农业遇灾或由于其他原因，导致国际粮食供给无法满足我国需求时，首先抑制的是粮食深加工，从而对食用粮的安全产生缓冲与调节作用。

其三，确保粮食安全需要适度调增稻谷与小麦种植面积。约占世界总人口数五分之一的 13 亿中国人，必须把饭碗牢牢端在自己手里。由于人均耕地少，包括豆类的全面保粮不现实，即使只保谷物也有难度。确保粮食安全，需要明确两道防线。第一道防线，是保证食用与饲料用粮的供给，也就是保吃饭、吃肉与喝奶。第二道防线，即底线，是要确保食用粮自给自足，至少有饭吃。

要做到上述含义的粮食安全，立足点必须是振兴农业、增产谷物。我国食用粮主体是稻谷与小麦。为保证食用稻谷与小麦自给自足，有必要通过适

当提高稻谷和小麦的收购价格与进口关税，同时降低玉米进口关税，给予低收入市民粮食补贴，用市场机制促使农民多种水稻和小麦，相应增加玉米进口。

由于稻谷的食用消费增幅明显大于小麦的食用消费增幅，为扭转大米净进口迅速扩大的势头，保证大米自给自足，需要对水田加以特殊保护。建议对现有水田进行普查，立法严禁改变水田用途。城镇建设务必绕开水田，通过地铁等快速交通线，充分利用不宜耕土地及其上空新鲜空气，获取保证粮食供给和环保宜居双重效果。

四、振兴农业关键在扩大农场经营

要振兴农业、增产谷物，让13亿人口"把饭碗牢牢端在自己手中"，在完善现行强农惠农富农政策的同时，还必须进一步明确农业与农村的长远发展方向，牢固树立现代农业观，努力改变小农户分散种植与养殖的滞后状态，加快走向农场经营的步伐。这样说，主要基于以下三点考虑。

其一，小农户分散经营方式已经开始妨碍农田充分利用与农业劳动生产率提高，制约粮食产量增长。过去农民家庭收入单一，靠种田吃饭，必须尽全力种好自己承包的土地。现在劳动力跨区域流动，农民有机会外出打工经商，收入来源多元化，因而对一部分农户来说，几亩粮田，种好种坏，甚至种与不种，都已经没有大的妨碍，其小片耕地容易被撂荒。这样就会从粮食种植面积与单产两个角度双向影响粮食总产量。不改变分散的农业生产组织形式，主要靠粮价调动农民种粮积极性，粮食生产存在很大的不确定性和危险性。

其二，农机农药普遍使用为农场经营提供了物质技术基础，我国农业实际上已经步入转变经营方式关键期。过去种粮最繁忙的劳动环节，是播种、除草与收割。现在这些都已经主要使用农机农药来完成，农民种田时间大为减少，逐渐演变为"微型地主"，主要职责是雇用拥有农机具的农户替他播种与收割。地主微型到只有几亩地，比新中国成立前贫农的土地还少，单靠地租肯定富不了。

因而，对于一些无农机具、有文化、有精力、有外出打工经历的"一无三有"农民来说，少量土地成了鸡肋，弃之可惜，耕之无味。对于提供农机服务赚钱的少数农民来说，一块块村邻小田，是他驾驶拖拉机往返奔驰的弯曲天地。他多么希望天开地阔，一天能干三天活，多省柴油少曲折。农民在特长、经历、资产和意愿等方面的这种分化，预示着农业与农村即将发生千年未有的大变化。相对于千年跨度而言，这里所谓的"即将"，可能要持续20～30 年，即一代人时间。到那时，今日农机出租人的子女，将实现他老父的心愿。

其三，恢复土壤肥力，需要秸秆还田，减少炊烟。由于长期施用化肥，我国很多耕地已经贫瘠，极度缺少有机质，进一步增强了对化肥的依赖。大量施用化肥，不仅破坏土质，而且污染水系，造成日益严重的生态环境问题。与国外相比，我国耕地日见贫瘠的重要原因，是农民用秸秆烧饭取暖。构成秸秆的有机物，含有氮磷钾的蛋白质、氨基酸，在灶火中化作烟灰，没有返回土壤。

要秸秆还田，必须减少炊烟。炊烟如何减少？转变农业生产组织方式，由小农户分散经营变为农场经营后，农家灶台自然减少。这是必然趋势，这是已经缓缓启动了的过程，将如刚刚开动的沉重列车，会逐渐加快前进速度。当农业生产方式越变越快，向着农场经营隆隆疾驰时，需冷静、莫惊慌；只要粮食稳高产，土地集中无碍妨。虽不亲耕有股份，寻机创业走他乡；即使个个都失败，保证人人吃饱粮。

五、扩大农场经营需要促进土地流转

为扩大农场经营而进行的土地流转，可以采取两种方式。一是把土地转让为优先股，二是现金转让。两种方式各有利弊，因人而异。从土地出让方看，发现商机，急需用款者，现金转让干脆利落；暂无用钱之处，巨款到手容易流失者，最好转让为优先股。从土地受让方看，两种转让方式，只要条件适当、价格合理，无可无不可，因而可以更多照顾出让方的意愿。

为支持农场扩大经营，财政应对耕地转让免税。至于受让方手头是否持有足够的收购现金，不应成为选择何种流转方式的障碍，如确有资金需要，银行应当乐于提供土地抵押贷款。其实，急需用款的出让方也可采取优先股方式进行土地转让，转让后立即以股份作抵押，从银行贷款支付投资、读书或买房的款项。

现金转让，无须多谈，对优先股土地流转方式，则需要解释几句。对土地转让为优先股的股息，国家应当通过立法提出指导性基准，允许转让双方在基准股息之上一定幅度内自主商定。为维护土地出让人利益，避免日后粮价上涨给土地出让人造成过大损失，应以转让前3年该地块的平均粮产量扣除不含劳动投入的生产成本（折合为同品种粮食），作为土地转让优先股的基准股息。

对土地出让方来说，这一基准股息的经济意义是一份定额的实物地租。凭借这份地租，出让方不必劳动，就可以获得按土地转让时粮食不变价格计算的年均纯收益。此外，如果他入股的农场经营得特别好，还可能按优先股的权益得到一些分红。更重要的是，他可以因此从土地上解放出来，放心地去做其他事情。这是土地转让能够带给他的全部利益。与此利益相对应，他将失去通过自己努力提高粮食单产的机会。究竟是否转让，需要根据自己的具体情况，慎重作出选择。

对土地受让方来说，这一基准股息的经济意义，是他首先必须付出一份定额的实物地租。在他取得的土地上，原本年年产出这份实物。因而他为得到土地真正付出的代价，是要投入一定的劳动。与劳动代价相对应，他获得了通过自己努力进一步增产粮食和优化粮食品种的机会。如果受让的土地多，能够连成大片，他还将额外获得规模效益。这种规模效益的最直接表现，是可以荡平原先分割各家各户小块土地的田埂、小道与磨牛地，增加实际耕种面积。价值最大的规模效益，是连片土地节省农机作业时间，显著提高农业劳动生产率。

对国家来说，这一基准股息的经济意义，是设定了可以受让土地的最低门槛，即受让方必须保证粮食不减产，同时还要有信心实现粮食增产。没能力超越这道门槛，就不要受让土地，否则必将因亏损而不得不进行再转让。这一道最低门槛具有双重作用。一是保证粮食安全，二是保障土地出让人最低生活来源。二者合起来，就是保持社会稳定。

农用土地优先股转让方式对出让方、受让方与国家三方面的上述诸多好处，是其他土地流转方式无法比拟的。因而建议将其作为政府的主推方式，同时辅以当事人双方愿意采取的各种方式。只有主次配合、多种方式并用，才能积极稳妥地推进农业生产组织形式由小农户分散经营向农场经营迅速转变。为了顺利完成这一历史性转变，无疑需要城镇给予多方面的有效配合。为增强城镇的综合承载能力与凝聚力，除在市政设施建设方面增加投资、提供硬环境支撑外，还需在户籍制度、就业待遇、住房保障、义务教育、医疗与养老保险等方面进一步深化改革，加快农业转移人口市民化。

（原载《中国投资》2013 年第 2 期）

6.11 农业现代化急需政策扶持

本系列《改革创新土地制度》《优化农村土地产权结构》《理顺城镇地产关系》与《急需修订〈土地管理法〉》四篇文章，从制度与法律层面讨论了深化土地制度改革并相应制定新《土地法》的重要意义。对于加速实现我国农业现代化来说，这是必要条件，但还不是充分条件。要尽快缩小与农业发达国家的差距，还需要从我国农业实际情况出发，在改革土地制度和健全《土地法》的基础上，进一步加大政策扶持力度。

一、客观评判我国农业现状与差距

实事求是地说，面对农业发达国家日益激烈的竞争，我国农业面临严重危机。产生危机的主要原因是我国农业的生产经营成本很高，而国外农业发达国家的农产品生产成本较低，具有明显的价格优势。进一步分析我国农业经营成本偏高的原因，主要是人均土地太少，农业生产经营规模很小，而且每一农户的少量耕地还要按土地的不同等级进行搭配，不是集中在一整块。这就使同一等级的一块农田，需要分配给同村的很多家庭，每家只能分得其中一两条垄。其结果是各个农户原本总量很少的土地，又按等级被分割成 4 ~ 5 块，极大地妨碍了农田机械化耕作。这是我国农业生产模式的基本现状与根本差距。

如此分散的土地分配与使用模式，不仅在当今世界范围来看极端落后，即使放到我国有文字记载的三千多年历史长河中观察，也由于浪费农夫往返田地的时间和精力，降低田间管理劳动效率，有违时间节约经济规律，此前的历朝历代都未曾实行过。我国农村之所以形成这种古今中外绝无仅有的土地使用格局，从根本上说是由现行土地制度决定的。因而，要改变这种落后格局，必须首先改革土地制度，颁行新《土地法》，为优化农业生产经营模式和规模提供必要的法律与制度基础。

同时又应当看到，健全的法律和制度属于长效机制，需要经过市场调节逐渐显示其巨大的作用。换言之，单凭基础性的法律与制度，不配以有效的政策措施，短时间内未必能够见到显著效果。因此，我国农业要奋起直追，尽快缩小与农业发达国家之间的差距，必须在改革制度、完善法律的基础上，加大政策扶持力度，充分发挥政策杠杆的催化作用，促进农业生产经营模式的良性转变，尽快实现低成本的现代化与规模化经营。

二、明确农业扶持政策的主要目标

行之有效的扶持政策必须目标明确、导向清晰。那么，在改革土地制度、颁行新的《土地法》后，我国农业扶持政策的现实目标应当瞄准什么呢？简而言之，就是应当大幅度减少农业人口，以便增加人均土地面积，尽快扩大农业生产经营规模，显著提高农业现代化水平与生产效率，降低农产品生产成本，恢复我国农产品的国际竞争力。其中最核心的目标是尽快大量减少我国务农人口，大幅度提高农业劳动生产率。只要做到了这一点，其他目标都可以比较容易地顺势实现。

在大量减少务农人口的必要性中，包含着充分的客观可能性，因为耕种现有田地原本就不需要如此多的人。事实上，人多地少是造成我国农产品生产成本过高的最主要原因。由于已经实现充分开发，我国的耕地面积很难增加，为了恢复地力、扭转土壤劣质化趋势，还有必要考虑每年适当休耕一部分耕地。这就是说，改善人地比例，降低农产品人力成本的唯一途径，只能是大幅度减少务农人口。

这种需求早就客观存在，但受土地承包制度所形成的人身束缚，无法发挥市场机制对人口流动与土地集中的调节作用，上述矛盾非但没有得到丝毫缓解，反而越积累越严重。为了尽快解决这个根本问题，除了深化土地制度改革，立法赋予农民土地财产权，允许农民出租和买卖地产外，还需要将促进土地流转作为农业扶持政策的首要目标。紧紧围绕这个目标，既需要大力扶持租赁购买耕地、努力扩大耕种与养殖规模的农业经营者，又应当为出租出售自己土地的农民提供工作机会或必要的生活保障。上述两方面的扶持政策，互利互补，彼此配合，缺一不可。

三、对农业经营者的主要扶持政策

为了尽快减少务农人口、显著提升农业生产经营规模，农业扶持政策的直接重点，首先就要放在明确支持农业大户方面，让采用农业生产新技术，连片耕作大面积农田的农业经营者，无论他们是家庭还是公司，都能够获得稳定的、满意的投资回报。具体地说，至少应当包含以下几项重点内容：

（一）发放购地长期贴息抵押贷款

购地是稳定扩大农业生产经营规模的重要条件，需要一次性投入大量资金。为了帮助农业经营者解决这部分资金的来源，国家可以考虑出台一项财政金融政策，鼓励商业银行和农业发展银行发放"购地长期贴息抵押贷款"。此项贷款以所购土地作为抵押，贷款期限为 30～50 年，全部由省级财政贴息，贴息后的贷款利率全国统一为年息 2%。

预计在今后相当长的时期内，土地升值的年均幅度不会低于 2%。当贷款人无力偿还贷款本息时，通过在市场上转卖土地，不仅能够轻松还款，还可以得到一部分土地的溢价盈余。这样的事情，既有利于发放贷款的银行，让他们手中有抵押的地产且绝对不怕坏账；又有利于借款买地的人，让他们绝对不会赔本，何乐而不为？因此，此项扶持政策，从农业经营者和银行两方面看，有望很快见效，唯一需要考虑的是省级财政能否承担起贴息重担。

（二）发放大型农机贴息担保贷款

扩大农业生产规模，提高农业现代化水平，需要使用新型农业机械。为了给农业经营者提供购买大型农机的资金，可以像支持他们购地一样，配套实行类似的财政金融扶持政策。首先由省级财政注入部分资本金，吸收财产保险与其他投资基金等社会资金，组建大型的农业现代化担保公司，为商业银行和农业发展银行发放"大型农机贴息担保贷款"提供担保。此项贷款期限为 5～7 年，年息为 2%，由省级财政贴息。

（三）允许省级财政发行"扶农贴息专项公债"

省级财政给予购地与农机贷款的贴息率多高为宜？由于此种贷款的安全性很高，接近于地方政府债券的安全性，银行应当给予利率优惠，按略高于地方政府债券的利率水平计息。这一优惠贷款利率减去农户支付的 2% 利率，得出的就是财政需要给予的贴息率，目前大约在 2%。如此说来，银行发放购地与农机优惠贷款的利息，基本上是省级财政与贷款农户共同承担，各出一半。

那么，需要由省级财政逐年逐月支付的这种贴息资金从哪里来呢？靠提高税率来增加税收，加重企业与家庭的税负，显然不是好办法。通过挤用其他财政支出，也未必可行。剩下来的唯一可行的办法，就是要允许省级财政发行"扶农贴息专项公债"。为便于公债长期滚动发行，期限可分 3 年与 5 年两种，金融机构、投资基金和个人均可认购。这种专项公债的余额，势必由少到多逐年扩大，但只要肯于按时发新债还旧债，就可长期滚动下去，直到把我国包括农业现代化在内的各项事业都办好，成为世界发达国家。

四、对出售地产者的主要扶持政策

按我国传统观念，农民卖田，天下大忌，出售田地的农民将失去最后的生活保障，令人不寒而栗。按市场经济发展规律，农田需要适当集中，高速发展的科技也要惠及农业，社会保障迟早都要平等地覆盖全体国民，人人不必为生存而忧虑。上述两种后果，哪一种是客观发展趋势呢？放眼全球，从人类实践已经显现出的实际经验看，后者的可能性更大，前者只是陈旧观念滋生出的自我恐惧。

要把上面的第二种场景尽快变为现实，需要从全体国民与售地农民两个层次，为地产出售者设计尽可能完善的扶持政策。在全体国民的层次上，要下决心尽快解决社会保障政策差异化与措施碎片化造成的社会不公问题，给包括出售地产者在内的所有农村人与城镇居民同等的社保待遇。具体的政策措施与相关的立法建议，详见本系列有关完善社会保障制度的几篇文章，在这里不再详述，归结为一句话：人人皆无生存之忧。换言之，健全的社会保障制度，必须让无田国民与有地农民享受同样的社会福利。而现实情况恰恰相反，有地农民的社会福利远远低于无田的城镇市民，少量薄田成了压低农民社保水平的强硬理由。

设计对售地农民的扶持政策目标，绝不仅限于让他们获得基本生活保障，而是要使他们中的多数人有可能实现更好的发展前景。事实上，适宜出售自己土地的农村人，相当大一部分并非弱者，而是能人。譬如，农村大学生研究生毕业，有的留校当教授，有的出国深造，有的成为有贡献的科技人员或国家公务员，有的成为投资基金管理人或电商老板。即使在众多的外出打工者当中，也出现不少能工巧匠和有所作为的企业家。这些人实际上已经无暇耕作自己的田地，出售其小片地产符合市场经济规律，可以提高土地资源的利用效率，对社会、对个人均有利。

大量增加上述人员，自然就会相应增多出售地产者，有助于土地的自然集中和农业生产方式优化。因而，扶持出售地产者的有效政策，应当把重点放在培育上述外出人员的前端基础环节，而非后端的地产交易环节。培育外出人员的最佳途径，是大力发展农村中小学义务教育，逐年增加全国中专以上院校在农村的招生数量。为此，作为义务教育不可缺少的一项措施，应当在全国范围内给农村中小学免费开公益校车，改善农村教育条件。鼓励金融机构为中专以上院校的农村学生发放助学贷款，解决少数农村家庭供不起孩子升学的问题。

（原载《中国投资》2017 年第 4 期）

第7章　持续改善住行

导读：最大的投资领域

论投资数量，改善住行无疑是投资需求最大的领域，不仅以往数十年如此，今后一二十年仍将如此。第一篇《改善住行　强劲引擎》可以看做本章的总论，其核心观点是：改善住行任重道远，是从消费与投资两个角度拉动经济增长的强劲引擎。改善住行投资的作用将一直持续到后城镇化时期，非住行类服务的消费需求才有可能取而代之，成为经济增长的最大动力。

从《住房保障战略思考》到《"十三五"：立法推动饮水达标》等4篇文章，集中讨论如何改善我国城乡居民的居住条件问题。其中的主要观点是：对城镇市民与外来务工者强调要加大住房保障力度，对农村居民则建议通过立法强制普及抗震住房。作为改善居住条件的一个重要方面，无论城乡都需要大力推动饮用水达标。

《"十三五"：负债打造立体交通》与《高新技术推升我国综合交通运输体系》两篇文章，概说持续加强我国交通运输体系建设的必要性。表述的观点主要有：负债是交通设施建设资金筹集的主渠道，应当大幅度下调交通项目最低资本金比例要求；急需提升综合交通运输体系的整体规划理念，譬如成倍加长全国铁路网规划总里程与提高技术标准等。

从《需要制定全国轨道交通战略规划》到《小模型助力大战略——都市圈地面公交格式化设计》等5篇文章，集中讨论大城市尤其是都市圈的交通建设与管理问题。其中所提建议主要有：百万人口以上城市，应当按每平方公里城区1公里的标准规划建设轨道交通，未来20~30年我国需建成4万公里城市轻轨地铁；都市圈市政府应当以超前眼光制订公交发展规划，充分利用快速轨道交通并实现公交车电动化；超大都市圈的公交网络，还应借鉴城市间交通模式，划分公交片区，快慢衔接，提高运输效率。

从《铁路需要研究大战略》到《我国铁路建设的百年忧患与三波高潮》等后 4 篇文章，专题讨论我国的铁路建设。其中所提建议主要有：急需将我国的铁路网规划建设总里程提高到 28 万~30 万公里，加紧进行线路勘测与设计；按"政企分开、网运分营"的总体思路，深入改革铁路投资经营体制；组建东部与西部两家路网投资建设与租赁公司，东部路网公司商业化经营，按照国家铁路网建设规划，通过市场融资扩建东部铁路网；西部路网公司实行准经营，中央与地方财政通过发债向其拨款建设西部铁路新线。

7.1 改善住行 强劲引擎

人类需求层次的高低顺序决定了，在今后一二十年内，改善性住行需求仍将是拉动我国经济持续增长的强劲引擎。认清这一点，有助于正确制定国民经济发展规划，稳健调控宏观经济，避免调控政策左右摇摆。

一、改善性住行需求方兴未艾

1978 年改革开放前，我国城乡居民长期遭受温饱问题困扰，穿衣凭布票，买米要粮票。改革开放十余年，基本解决了 10 多亿人口的吃穿问题，使上述两票成为历史收藏品。从 20 世纪 90 年代初开始，我国进入重点解决住行问题的经济发展阶段。经过 20 年多年的投资建设，目前我国的住行需求已经明显地表现出多层次，基本需求、改善需求与豪华需求并存。

纵观全球，不仅在社会主义中国，在任何其他国家，豪华需求都是少数人的事，永远不可能成为社会需求主流。客观地说，至今我国城乡居民的基本住行需求尚未得到完全满足，为此全国人民还需要在相当长时间内付出艰苦努力。但同时又应看到，用于满足住行基本需求的投资额相对而言已经少于改善住行的投资额。因而定量地说，改善性住行需求已跃居为我国多层次住行需求的主体。

受社会风气和人们习惯等因素影响，改善需求与基本需求之间的界线，具有一定程度的时空相对性。此时此地的基本需求，昔日彼处可能曾是改善需求；此时此地的改善需求，来日他处或许变为基本需求。用这样的观点考察，应当说我国城乡普通居民的改善性住行需求，早在 10 年之前即已启动，其中一部分人已经得到初步改善，但大部分人还处于强烈盼望并努力争取获得改善的过程中。

总体判断，我国改善性住行需求方兴未艾，或许已经接近高潮，但肯定未至高潮，真正的高潮无疑还在后头。从人民福祉、民族振兴的角度评判，日益趋近的这种高潮，是好事，不是坏事。因而，科学的态度与正确的方针，应当是尊重客观经济规律，顺其自然地迎接这种高潮到来，而不应设法阻止或力图延缓。

二、满足改善性住行需求势必大量投资

增加粮棉产量，解决温饱问题，主要靠改革，靠调动农民生产劳动积极性，需要增加的农业与轻纺投资不是很多。而盖房子、修道路，解决住行问题，仅凭改革显然不行，一楼一路都必须动用施工机械，浇筑水泥钢筋，实实在在增加固定资产投资。这是进入重点解决住行问题经济发展阶段后，投资规模较前急剧扩大，投资率显著升高的客观原因。

与米面分顿论两消费、可以一周购买一次不同，房屋道路等住行设施数十年乃至上百年的消费，必须一次整体提供。这就给住行阶段的投资带来显著特点：前后期投资规模不均衡，即前期需要大规模投资建设，后期投资建设规模明显下降。在需要大规模建设的前期阶段，绝不可以违背客观规律，垄断土地，压抑金融，抑制供给。因为按照市场供求关系理论，这样做必然导致房价飙升，运输紧张，以致加剧房地产投机，增多交通事故，其危害超过种稻前后期均等供水施肥。

实践已经验证理论，理论用于改进实践。科学发展观要求人们按照客观规律办事。事物的发展规律并非全都遵循匀速模式。譬如果树开花、长叶、结果等环节，就是应时而生，一哄而上。如果为求均衡，错过季节，则将坏事，或有灭种之灾。到什么时候就办什么事，将这一朴素哲理用于估量我国现阶段的住行投资，不难看到，在今后一二十年内，改善性住行投资必须是大规模的。

三、改善住行以消费与投资双引擎拉动经济

住行本身是最终消费，建设住行设施，购置住行设备，则为固定资产投资。统计国民生产总值时，新投入使用的住行设施与设备，增加当年的最终消费，其中很大部分归属为服务类消费；以往投入使用的住行设施与设备，自投入使用之日起，直到报废，年年贡献住行消费。累积的住行投资越多，住行消费在总消费中的占比越高，对国民生产总值的贡献越大。因此，为满足住行需求的建设活动，会通过消费与投资两条渠道增加 GDP，实际上构成了拉动经济增长的双引擎。

从目前我国城乡居民的最终消费构成看，住行消费占比趋于升高，其中改善性住行需求的增速更快。与之相比，吃穿消费的占比趋于下降。生活用品与教育通信娱乐等非住行类服务的消费，虽然增速较高，但热点分散，而且其中多数还必须以人们住行条件的改善为扩大前提。因此，论对国民经济增长的推动力，后一类消费需求暂时还很难同改善性住行需求相匹敌。

其实，根据人们需求层次的自然顺序，在温饱问题基本解决之后，直到城镇化高峰期结束之前，整个时期都属于重点解决住行问题的经济发展阶段。在此阶段上，住行需求一直都会是推动经济增长的最强引擎。只有进入后城镇化时期，农村人口向城市的转移显著变缓，社会对非住行类服务的消费需求，才有可能取代住行需求，上升为拉动国民经济增长的最强引擎。

（原载《中国投资》2012 年第 5 期）

7.2　住房保障战略思考

正当人们对大城市群租蜗居现象深感忧虑之时，2013 年初冬，媒体曝光北京街头夜间擦车工 10 年悄然居住供暖管道井底，被称为井人，引起网民热议，进一步凸显了住房保障问题的复杂性与紧迫性。井人在家乡并非没有住房，由于有擦车收入填补，他家的房屋可能比邻居的更好些。但房屋不可随身携带，与待业养老等主要关系吃饭问题的狭义社保不同，住房保障具有特殊性。要完善住房保障制度，需要区分不同人群，明确保障责任主体，选择

适当的保障方式，确定适宜的保障标准。

一、科学界定住房保障对象与责任主体

我国社会舆论近年高度关注的住房与房价问题的内涵相当复杂，一方面包含住房保障、住房改善与住所豪华等实际居住条件问题，另一方面又包含房产保值、升值、投资等家庭不动产积累与经营问题。后一问题是社会阶层分化过程的必然表现，只有到分化过程走向平稳、阶层趋于固化、人们对阶层存在已经习以为常的时候，才能逐渐减弱社会舆论对此类问题的强烈关注，这显然不属于本文讨论范围。前一方面中的改善住房与追求豪宅的问题，虽然与住房保障相关联，但本质上不是一码事，需要加以区分。

仅就住房保障而言，我国目前真正保障不到位的人群，实际上没有社会舆论有关高房价问题反映的那么多。与房价高低关系最大的人群，主要是需要改善住房的群体，而不是住房保障不到位的人们。明确区分住房待保障对象与住房改善群体，是完善住房保障制度的关键点与难点。改善居住条件，是我国当前极其重要的一个民生问题，同时又是重要的产业发展、区域发展与宏观经济问题，决不可忽视。但改善居住条件毕竟不是严格意义上的住房保障问题，多数改善住房者，其住房保障已经到位。

一般来说，住房保障对象包括所有人，可按不同标准作出多种分类。按户籍，可以区分为本地保障对象与外来保障对象。按是否就业和拥有产业，可区分为社会保障对象与自我保障对象。按是否已经获得必要的住房保障，可以区分为待保障对象与已保障对象。对于完善住房保障制度而言，最重要的是按照提供保障的责任主体，将社会保障对象进一步划分为政府保障对象与雇主保障对象，以便政府与雇主各尽其职，合理分担保障责任。

归结起来，住房保障的责任主体，总计有三，一是政府，二为雇主，三是自我。纵观人类居住史，最先依靠的是自我保障。发展到奴隶社会，自我保障与奴隶主保障并行，居住条件好的奴隶繁殖多、体格壮。进入封建社会，特别是资本主义前期，缺少住房保障的人增多，社会问题日益严重，政府和雇主逐渐开始承担各自的住房保障责任。到如今，世界各国的住房保障责任主体基本上都呈现上述的"三位一体"格局。把住房保障责任简单归于政府，名义上由政府全包，显然是一种偏颇的舆论导向，更是不切实际的做法，其

背后隐藏着扭曲的利益追求。只有破除这种偏颇观念，改变这种错误做法，才能真正健全住房保障制度。

二、立法明确雇主对雇员的住房保障责任

健全住房保障制度需要立法。有了明确的法律规定，哪些人的住房需要政府提供保障，哪些人的住房应当由雇主提供保障，哪些人的住房可以自我保障，都一清二楚，事情自然就好办多了。没有明确的法律规定，随意性极大，究竟保障了还是没有得到应有的保障，难以给出确切说法，必然是一笔糊涂账。

在我国目前的情况下，立法规定住房保障责任主体的保障对象、标准与方式，难点在雇主责任的确定。雇主对雇员有无住房保障责任？如果有，责任究竟多大，应当以什么方式提供？遵循权利义务对应原则，为履行住房保障责任，雇主应当拥有哪些权利？对于雇主住房保障责任的这一系列问题，至今没有进行认真讨论，似乎根本不存在这个问题。理论和舆论的准备都不足，立法难度之大可想而知。但这个问题显然不可回避，回避了就不可能制定出完善的住房保障法。

雇主的住房保障责任，可以追溯至古代奴隶社会中的奴隶主。进入资本主义社会，劳动者取得了人身自由，劳动力自由流动，资本家可以解雇旧人、雇用新人。但按照马克思的剩余劳动价值论，作为雇主的资本家攫取的只是剩余价值 M，需要全额支付保障劳动力再生产的必要劳动价值 V，而 V 中含有房租，否则难以进行劳动力再生产。因而，在资本主义社会，雇主是雇员的住房保障责任主体。雇主提供住房保障的主要方式，是在工资中包含必要的货币房租，辅助方式是以实物形态提供雇员宿舍。

在社会主义全民所有制企事业单位中，雇员是拥有全民资产所有权的主人，雇主是国家、是政府，因而住房保障责任主体自然就是国家和政府，不必使用雇主的称谓。但改革开放以来，尤其是在实行股份制改造、确立市场经济主体地位后，没有吸收社会股份、纯粹的国企已经为数不多，继续以国家和政府代表所有雇主，显然不符合实际。在新的情况下，雇主对雇员的住房保障应当担负的责任，需要提升到法律层面予以明确。

事实上，尽管没有立法规定雇主对雇员住房的最低保障责任，在不以人

的意志为转移的客观经济规律的作用下，多数企事业单位和绝大多数政府部门，还是履行了雇主对雇员的住房保障责任。因此，大部分劳动者的住房保障，实际上是凭自己付出的劳动、由雇主提供的。缺少雇主对雇员住房最低保障责任的明确说法与法律规定，真正损害的主要是以下两部分人。一是一些企事业单位和政府部门的年轻新雇员，二是一些私企、劳务派遣公司与临时用工单位的低薪雇员。这两部分雇员的雇主，既没有在薪酬中给他们全额支付当地的必要房租，也没有为他们提供一定面积的职工宿舍，而是将他们必要劳动价值 V 中应含的住房保障价值，大部分扣减了，致使其中缺少亲朋援助买房者，不得不群租蜗居。

雇主扣减雇员必要劳动价值 V 中应含的住房保障价值，很难最终占为己有。这是因为降低工资性成本，必然加剧同行业的竞争，结果是其产品或服务的市场价格偏低，造成价格扭曲，妨碍社会资源合理配置，行业利润率非但不能提高，甚至还会下降。由此形成恶性循环，雇主与雇员两败俱伤，整个行业的社会形象低下，于是人们转而认为，这些行业本应如此。与其相反，雇主按较高标准支付住房保障价值、提高工资性成本的企事业，其产品或服务的市场价格提升，行业利润率不降反升，整个行业的社会形象良好，令人羡慕。

上述行业差别可以扩展到国与国之间。缺少住房保障立法，普通劳动者居住条件差，工资性成本低的国家，其产品或服务的国际市场价格偏低，长期廉价地为他国提供资源和劳动，即使贸易顺差，积累了大量外汇储备，整个国家的国际形象也不可能很高。因此，无论从行业发展和社会资源优化配置的角度看，还是从整个国家的国际地位角度说，以人为本，高度重视民生，立法规定雇主对雇员的住房保障责任，都是先进的理念与做法，有助于实现多方共赢。

三、立法规定住房保障标准与方式

可赋予法律强制规定的住房保障最低标准，应当综合考虑人的宜居要求、土地供应与社会生产水平三方面因素，通过规范的立法程序审议确定。从生产力水平看，当今世界任何国家，要做到人人有房住都绝非难事，最大的制约是土地供应。我国人多地少，需要节约使用住房用地，因而应当主要根据宜居要求，制定住房保障最低标准。

虽然我国人民必须珍惜耕地，但居住条件太差，也是绝对不行的。不宜居，住房面积过小，住得很拥挤，伤害的不仅是住房者个人，一旦传染病流行，整个城市受害，富人也在所难免。因此，即使不怎么同情他人，单纯从公共卫生角度出发，也需要立法规定住房保障最低面积标准。参考旅馆房间设计与外国有关规定，笔者几年前曾经建议将我国城镇年轻单身雇员的住房保障最低标准规定为：14 平方米使用面积、具有独立卫生间。雇主既可以实物形态免费提供合规宿舍，也可按当地的房租标准足额支付货币房租。这样，两名青年雇员结婚，最低可以使用 1 室 1 厅 1 厨 1 卫共 28 平方米使用面积（约 40 平方米建筑面积）的住房。如果夫妻双方不同时受雇于同一雇主，一方雇主提供宿舍，另一方雇主必须支付货币房租。

雇员住房的最低保障标准，应当依据年龄给予动态微调。如果从 25 岁算起每年提高 1 平方米，到 32 岁时的 21 平方米使用面积为止，那么，拥有达到学龄儿童的三口之家，最低就可住上 42 平方米使用面积（接近 60 平方米建筑面积）、2 室 1 厅 1 厨 1 卫的住房。学童能够有独立房间，获得较好的学习环境，有助于提高全民族的文化素质。

住房自我保障对象包括三部分人，一是开业的雇主，二是个体经营户与自由职业者，三是无业但个人资产较多的人。雇主与个体经营户、自由职业者，都可以视为他们自己的雇员，自然应当自己提供住房保障。因财产多而无须工作的人们，实际上在经营着他自己的财产，获得财产收益，也可看做他自己的雇员，也应自己提供住房保障。这些人的实际住房面积，如果达不到法律规定的最低标准，也属于违法。

雇主及其他住房自我保障对象的住房保障，并不覆盖其配偶、子女与父母等家人。住房自我保障对象的家人在外就业，他们的雇主同样需要承担住房保障责任，按劳付酬，足额支付必要劳动价值 V 中应含的房租。如果雇主有条件就近提供实物住房保障，为节省上下班时间，增加闲暇与步行，他们也可像其他雇员一样，有权选择就近居住雇员宿舍。

除了企事业雇员与住房自我保障者外，其余的人都属于政府保障对象。具体地说，政府的住房保障对象，主要包括公务员、本地个人资产不多的待业者及丧失劳动能力的需要救济者、外地求职者三个部分。政府对公务员的住房保障，是履行雇主对雇员的住房保障责任，在依法遵循当地雇员住房最低保障标准的同时，还必须接受国家规定的各职级公务员住房等级标准上限的控制。

政府对其他人的住房保障，属于履行社会保障责任。对其中没有住房的本地个人资产不多的待业者及丧失劳动能力需要救济者，应按当地住房保障最低标准，由政府免费提供社会保障住房。对外地求职者，政府可在自己规定的一定期限内，按当地住房保障最低标准提供廉租房。政府廉租房的月租金标准，在低于同区域市场租金的大原则下，由廉租房经营管理部门自主确定。为支持外地人到本地寻找工作，可以考虑给短租者更大幅度的租金优惠。

（原载《中国投资》2014 年第 3 期）

7.3　保障房需要逐步转向以租赁为主

在党中央、国务院的大力推动下，2011 年我国提前超额完成 1 000 万套的保障房开工建设目标，达到历史高峰。为使保障房建设可持续发展，分配更加公平，管理更加完善，笔者提出以下三点看法与参考建议。

一、保障房供应，宜主推租赁

限于经济发展与居民收入水平，我国目前不可能实现城镇家庭户户有房产，但社会主义制度要求人人有房住。因而，对于经济上无力购置房产的中低收入人群，必须主要以租赁方式提供住房保障。

就住房保障的直接目的而言，与以优惠价格出售保障房相比，租赁保障房显然具有以下好处。其一，便于将住房保障落到实处，居住者不需要向银行申请购房贷款，不必筹集首付款，只要能够按月缴纳房租就行了。其二，可以增强保障房的流动性与针对性，当居住者经济条件发生变化时，便于调整和转换。其三，有助于优化城镇居住空间布局，上下班时间与交通费用两大因素，自然会促使人们倾向于租用距离自己工作地点较近的房屋，提高城市步行比例。其四，能够杜绝骗购保障房的不良现象，至于骗租保障房的行为，则易于发现和纠正。

相对而言，出售保障房产权则容易招致骗购者。通常所说"开豪华车，买保障房"的不公平现象，其产生根源就在于房产出售。保障房只租不售，不仅能够从根本上杜绝骗购劣行，同时还可让骗售策略难以实施。在实践中，有些所谓的经济适用房和两限房，与烟酒厂出产不同价位与包装的烟酒相类似，实际上是一种销售策略，其本意并非真正要为低收入者提供住房保障，而是要以地价和房价优惠争夺购房者，在自己原本偏僻的区域聚集人气，以利于进一步开发商品房。希望将这样的保障房尽快售出，实际上谁买都行，高消费有钱人比穷人更受欢迎，其中有些被豪华车主买走，不属单方欺骗，而是两厢情愿，因而不足为怪。

二、保障房投资，需多方协力

与售房相比，租赁保障房最大的弊端，是建设资金周转慢。大量的建房投资被长期占用，在积累资产的初始阶段是很重的负担，完全由政府一家独担确实存在具体困难。因此，保障房租赁重担不能全压在政府肩上，需要由相关各方通力协作，共同承担。除政府部门外，与保障房租赁相关的还有用人单位、保障房租赁公司、参与保障房建设的开发商、政策性与商业性金融机构等。其中最关键的有两个方面：一是拥有产权的租赁房业主，二是能够提供资金的金融机构。协调好这两方面的关系，才能使保障房租赁事业持续健康地发展。

为使金融机构能够面对安全可靠的租赁房融资对象，需要首先优化保障性租赁房业主的结构，明确各自的职责。直接隶属于市区政府的房产部门，向本市区最困难居民提供廉租房，其购建廉租房的资金应当有相当大部分来自财政拨款，其余利用政策性金融机构的优惠贷款。保障房租赁公司为中低收入人群提供公租房，除财政提供的公司创设资本金外，大部分应当利用政策性金融机构的优惠贷款，小部分借用商业银行贷款。如有企业租赁保障房提供给自己的中低收入职工，获取房源的资金应当部分来自企业积累，部分利用政策性金融机构贷款，部分从商业银行借贷。行政机关租赁保障房提供给自己的中低收入职工，获取房源的资金来源可以参照市区政府房产部门，事业单位可参照企业。

在保障性租赁房源的前期积累阶段，房产拥有者需要大量的长期融资，不然其迅速增长的资产便缺少对应的价值来源。因此，金融机构是初始阶段不可缺少的关键协作方。为此，我国除了充分发挥现有政策性金融机构的作用外，还需要考虑组建类似日本住宅金融公库那样的专门的保障房融资机构，向保障房租赁业主提供长期融资。在此基础上，以房产作抵押，中短期商业性融资才能安全拓展。

三、保障房租赁，应距离优先

为优化城市居住的空间布局，提高上下班的步行比例，在缩短上下班时间的同时缓解城市交通压力，实现节能减排，净化市区空气，应当要求保障房租赁严格遵循"距离优先"原则。

对城市可持续发展来说，上述目标不是零星小事，而是基础建设与系统工程。因而，"距离优先"原则不是异想天开，而是合理要求与切实措施，只要认真对待，不难落到实处。距离可以丈量，地图早有标示，网上一查便知，可以精确到米。如果采用网络手段，可以如同股市交易瞬间实现"价格优先、时间优先"一样，顺利按照"距离优先"原则为保障房租赁申请者排序。所以，能否贯彻上述原则，真正实现优化城市居住空间布局、缩短上班时间、缓解交通压力、推动节能减排、净化市区空气的系列目标，完全取决于市政府对上述问题的重视程度与实施决心。

如果清楚看到市民居住空间布局与城市可持续发展之间的紧密关系，高度重视上述系列目标，那么，城市政府就不单会在保障房租赁过程中认真监督检查"距离优先"原则的实际贯彻情况，而且还应将此原则向前延伸到土地供应环节，使租赁用保障房的供地位置更加靠近中低收入者占比较高的企事业单位密集区。这对市政府的眼光长短实际上构成一种检验。

在企事业单位密集区周边供应商品房建设用地，无论出售土地的当前收入，还是日后商品房销售环节的交易税收，都比建设保障房高得多。顾眼前，还是考虑长远？在有限的任期之内，办事需求很容易促使当局倾向眼前，但从长远看并非明智之举。为兼顾眼前与长远，建议国土部门放宽从城市中心区外迁企事业单位的住宅配套用地指标，以便大城市加快发展卫星城。类似的保障房建设用地政策，还有助于推动距离现有城市更远的宜居工矿城和繁荣大学城的涌现，进而优化我国的城镇结构。

（原载《中国投资》2012 年第 3 期）

7.4 "十三五"：立法普及抗震住房

无论 2008 年的汶川地震，还是 2015 年发生的尼泊尔地震，都有未倒房屋。在日本和其他发达国家，震不倒的房屋很普遍，被震倒的房屋很少见。事实表明，地震不等于房塌。房屋遇震倒不倒，要看质量好不好。科学制定房屋建筑质量标注，并立法严格要求普遍执行，所建住房达标一般就不会被震倒，充其量裂几条缝而已。从这个意义上说，地震房塌人死伤，属于地动暴露人祸，完全归为天灾，实属观念有错。为使地震惨祸永不再现于中华大地，"十三五"需要大力推动住房抗震立法，加快建设抗震住房。

一、有震无灾 为期不远

其实，如果不伴随房倒屋塌，人们对地震的感觉，很可能只是地动，其显著程度，远不及火山喷发与海啸。因而，中文地震一词，除地动之外，还叠加了建筑物倒塌给人们带来的心理震撼，是一种复合概念，即自然界的地动＋人世间的房塌。要剔除其中的心理震撼成分，将地震一词还原为仅仅客观描述自然界的"地动"，并非没有可能。改作流行这种科学用语的必要条件，就是要让中华大地上的房屋不再随地动倒塌。到那时，报道地震的新闻或许为：某时某地发生 8.5 级地动，当地有强烈动感，无房屋倒塌，无人员伤亡。

从施工技术和建筑材料看，实现震灾分离，让震不带灾，并非难事。之所以这样说，是因为所有的商品房都必须符合抗震标准，否则不得开工，商品房能够做到的，其他房屋也应当能够办到。实际上，自 1976 年唐山大地震引起重视后，尤其是 1998 年住房制度改革以来，随着城镇化的快速推进和商品房建筑质量的逐步提高，不仅京津沪等大城市，包括中小城市在内的所有城镇，除极个别豆腐渣工程外，新建住房都能够达到抗震标准。

不久前笔者去四川巴中开会，一路所见川北山区的农民房屋大多已经新建，看外观质量不错。据当地人说，由于汶川地震的惨痛教训，凡有一点钱的农户，都争先恐后翻建新房，以期抗震。这种翻建新房的情况，在川西藏族地区也很普遍。那里的农牧民新房，不仅可抗震，外观也漂亮，成为一条条亮丽的旅游风景线，是摄影爱好者们的好去处。由此可见，建设抗震住房在一些地方已经成为一种潮流。在此基础上，政府只需借力推动，不必经过太长时间，就可能消除死角，把我国提升为有震无灾的现代国家。

二、立法推动　早见成效

我国目前钢材水泥产能过剩，抗震建筑技术也已经成熟，包括山区农民在内的全国人民，都开始高度关爱生命，重视环境保护和美化。在这种形势下，立法推动抗震住房建设，无疑会深得民心，同时还会受到建筑施工优质企业和优质建材生产厂家的热烈欢迎。"十三五"通过健全住房抗震立法，加快拆除重建或者设法加固抗震不达标的房屋，实现有震无灾，利在当代，功载千秋。

我国现存的抗震不达标住房，主要散布在一些乡村和城镇老区，多数为旧房。立法推动抗震住房建设的第一项内容，就是要规定全国区县政府必须依法进行房屋质量普查，务必在法律规定的时限内，查清本区县的抗震达标与不达标房屋，报告上级政府，并在网上公布，征集公众反馈意见。这是一项基础工作，有了公众认可的普查结果，摸清住房抗震质量状况，揭示出危险所在，以后工作就顺理成章，不难做了。

立法推动抗震住房建设的第二项内容是应当规定省自治区直辖市政府在所辖区县完成房屋质量普查的基础上，在规定的时限内，切实制定出拆除重建或者设法加固本地抗震不达标房屋的 3～5 年普及抗震住房建设规划。各省市自治区的规划草案，要先在网上公布，广泛征求意见，修改完善后提交本省市自治区政协评议，再经本地人民代表大会审议通过，上报国务院备案，以便督查。

立法推动抗震住房建设的第三项内容是需要明确规定承建抗震住房的设计与施工单位对房屋建筑质量应负的经济赔偿及刑事责任，而且必须将这些责任明确到人。这就不仅要在区县政府房管部门的档案中载明设计施工单位和责任人，而且要在新建的每栋抗震住房外墙适当位置上立牌刻记建筑日期和主要的施工监理人员。日后如出现房屋被震塌的现象，可以很容易地找到责任人，依法进行处理。

立法推动抗震住房建设的第四项内容是需要区分不同情况，对抗震住房的建设资金来源与补贴政策，作出原则性的规定，允许在必要情况下，通过发行专项公债筹集普及抗震住房所需的财政资金。为此，需要相应地进一步修改《预算法》，赋予地方政府发行公债的更大自主权。此项立法还应要求各省市自治区政府进行深入的调查研究，紧密结合本地实际，制定实施细则，作出更加具体的政策规定。

三、宁肯欠债　永别震灾

中国政府网报道，李克强总理在 2015 年 6 月 17 日国务院常务会议上语气沉重地说："我这几年在国内考察，看到有些地方的棚户区，十几万人挤在一起，密密麻麻一大片。同一个城市，这边高楼大厦，那边棚户连片。许多棚户区不具备基本的生活条件！"李总理还进一步说："棚户区改造既要算投入产出的'经济账'，也要算社会公平的'政治账'""中国还有 1 亿多人生活在棚户区，如果棚户区问题不解决，我们何谈社会公平？"

算"政治账"，一为社会公平，二为人命关天，两方面要求叠加起来，足可支持"宁肯欠债，永别震灾"的抗震住房普及方针。之所以讲到欠债，是因为全面建设符合抗震标准的住房，难免需要融资。对于具有偿还能力购买或自建抗震达标住房的家庭来说，借债买房建房是满足刚性需求。近些年很多家庭都这样做了，居住条件大为改善，开发商、银行和地方财政也都从中受益。对家庭利好的上述融资方法和其中蕴含的道理，扩而大之，同样适用于整个国家，因为在世界俱乐部中，一国也可视为一家。

这就是说，为了免遭地震房塌灾害，整个国家都要像贷款买房的家庭一样，敢于通过扩大负债而在全国范围普及抗震住房。整个国家这种用途的负债，可按负债主体区分为以下三类：一是家庭的自然人负债，二是企事业单位的法人负债，三是各级政府的公债。三类负债运用得当，不仅能够加快抗震住房建设，避免地震房塌灾害，还可有力地促进经济增长，繁荣金融市场，提高社会公平程度，好处多多。

为普及抗震住房而扩大的家庭自然人负债，主要是银行发放的抗震住房优惠贷款，优惠方式有两种：一是由银行监管部门出台支持政策，发文调低此类贷款的首付款比例。二是由财政部出台支持政策，发文规定全国统一的财政贴息率，但贴息资金列入各地的区县财政预算。由于各地的房价、房屋造价与人均收入水平不同，究竟给人均年收入多高的家庭贴息，需要由区县政府依据本地实际情况各自制定标准。

为普及抗震住房而扩大的企事业单位法人负债，既可以是银行贷款，也可以用企业债券。这两种负债的具体优惠办法，可以参照家庭自然人抗震住房优惠贷款，由中央财政金融主管部门出台全国统一的支持政策，由地方政府结合本地实际情况，自行制定财政支持对象的适用条件与衡量标准，所需财政资金列支当地财政预算。

为普及抗震住房而增发的公债，主要用于支付相应的财政补贴和必要的财政支出，可划分为以下三级：一是中央财政发行的抗震住房建设专项国债，二是省市自治区财政发行的抗震住房建设地方公债，三是各地区县财政发行的抗震住房建设专项市政债券。其中的专项国债，主要用作支持财政困难省区抗震住房建设的转移支付。省市自治区地方公债，主要用于对财政困难区县的转移支付。区县财政发行的抗震住房建设专项市政债券，主要用途有三：一是用于支付抗震住房贴息贷款的贴息，二是直接用于当地抗震廉租房的建设，三是给当地农村住房困难户直接拨付抗震住房建设资金。

（原载《中国投资》2015 年第 7 期）

7.5 "十三五"：立法推动饮水达标

饮用水质量高低直接关系人们的健康。编制"十三五"规划，应当把加快制定"饮用水卫生法"作为一项重要内容，依法推动我国城镇自来水厂与输水管道的更新改造，加快推进农村自来水工程建设，争取在不太长的时间内，让我国城乡居民都能够喝上达标的饮用水，使各家各户不必购买桶装水，无须安装净水器。

一、新国标执行乏力

1985 年卫生部在 1959 年制定的《生活饮用水卫生规程》基础上，发布了我国第一个《中华人民共和国国家标准生活饮用水卫生标准》（GB5749—1985），内含四大类共 35 项指标。经过 20 年，进入 21 世纪，由于生态环境变化导致很多水源地发生污染，该标准已经明显不适应水源地水质变化的实际情况。借助筹办 2008 年北京奥运会的东风，卫生部和国家标准化管理委员会从我国国情出发，参考世界卫生组织的《饮用水水质准则》，认真修订原标准，于 2006 年 12 月 30 日联合发布了被称为新国标的《生活饮用水卫生标准》（GB5749—2006）。

新国标规定的水质指标增加到 106 项，在 71 个增项中，重点针对日益加重的水源地有机污染，有 59 项为毒理指标。这使我国的饮用水卫生标准基本上与国际标准接轨，如能切实执行，真正达标，足可保证饮水安全，无须各家过滤就可以比桶装水更放心地直接饮用。考虑我国城市水厂众多和输水管道陈旧的实际情况，国家给新国标的贯彻留出了一定的缓冲时间，规定从 2012 年 7 月 1 日起开始强制执行，2015 年实现全覆盖。

新国标的发布，对北京、上海等不少城市的水质提高发挥了显著的推动作用。但从全国范围看，新国标的执行力度不够大。尽管各地自来水公司无一公开承认自己的水质不完全达标，但根据目前多数城市尚未完整公布其自来水 106 项指标检测数据的情况推测，入户饮用水全面达标的城市可能还没有过半。至于广大农村，饮用水的质量更是参差不齐，相当多的村庄没有自来水厂，仅凭口感或肉眼观察，甚至仅看一眼当地人的牙齿，就可以知道他们的饮用水质量不合格。这样的生活饮用水质量状况，与我国外汇储备世界第一、经济总量全球第二的大国地位，极不相称。不说为了国民的身体健康，仅仅为了保住当地政府的脸面，也需要尽快设法改变。

二、必须通过专项立法大力推动

新国标执行乏力的根本原因，是整个社会从上到下对生活饮用水质量的重视程度不够高。在很多地方，不仅党政官员没有把严格贯彻新国标当做大事来抓，直接关系自己切身利益的老百姓也不认真计较。很多市民不知道生活饮用水新国标，即使对自来水质量很不放心，他们也不向政府供水监管部门提出合理要求，而是采取"自扫门前雪"的办法，在自己家里安装滤水器或者购买桶装水。其实，滤水器并不都可靠，很多桶装水也不真清洁。退一步说，即使清洁可靠，这种各自为政的分散净水体系，也会由于社会成本过高，人力物力浪费巨大，而不应当被负责任的政府采用。

上述问题的背后，隐藏着一种国民性。这种对公共事务缺少热心的国民性，是在几千年历史进程中逐渐形成的，在很多公共事务上都有明显表现，短期内难以改变。为了较快见到成效，对生活饮用水新国标，需要通过立法强制推行。新国标本身是指导性的，不具法律效力，不规定惩罚措施，水质不达标，没有人承担法律责任。如果有了严格的专项立法，对相关各部门应负的职责作出明确的法律规定，提出相应的惩罚措施，情况就能很快得到改变。

据自来水业内人士分析，制定专门的"生活饮用水卫生法"，很关键的一条，是要赋予消费者"水质知情权"，明确规定公共供水机构必须按期如实公布水质监测数据信息。缺少这一条，各相关部门的法律责任即使规定得清清楚楚，也会由于缺少舆论和民众的监督而没人理睬。有了这一条，就能够从民众中获得巨大推动力，形成强大的舆论压力，必然引起水质各相关部门的高度重视，从水源地保护、自来水厂的水处理工艺，到入户输水管道更新维护等每个环节，谁都不敢敷衍塞责。

三、还需辅以宽松的投融资法规

发布新国标，并提出了开始强制执行与实现全覆盖的时间，为何却迟迟没有制定颁布专门的法律，规定不达标的惩罚措施，依法强力加以推行呢？或许背后的一个重要原因，就是受到资金来源短缺的困扰。要使饮用水达标，从技术上说并无障碍，完全能够做得到，实施的真正难点在于资金的筹集。现实存在的资金困难，很容易使政府官员和立法者们望而却步，不愿意积极推动饮用水专项立法。

如果能够较好解决资金来源问题，相信政府官员和立法者们都会积极行动起来，抓紧时间制定《生活饮用水安全卫生法》，因为这毕竟是符合时代进步潮流、利国利民的大好事。那么，在我国现阶段，提高饮用水质量所需的资金，是否真的很难筹集呢？答案是：既真难，又假难，就看相关的投融资立法是优是劣。相关法律恶劣，筹资极其困难；法律优良，筹资渠道自然通畅。

从投融资角度看，长期以来一直有三只"拦路虎"，威猛地挡在我国基础设施建设领域，几乎使得每个投资建设项目都要为筹集资金而大伤脑筋、颇费周折，其间难免会派生出寻租行为与腐败现象。这三只"拦路虎"依次为：投资项目最低资本金比例规定、企业债券管理条例、《预算法》中的地方公债条款。具体到作为经营性基础设施的自来水厂项目，上述第一只与第二只两只"拦路虎"的制约力最大，需要将它们装进笼子里。

我国特有的投资项目最低资本金比例规定，其制定初衷与出台的动机就是要严格控制投资规模。其中规定的自来水厂投资项目最低资本金比例为25%，而在市场经济国家这一比例只要达到 3% ~ 5% 就可以了。这就是说，如果在市场经济国家里，如此高比例的资本金，足可用来投资建设 5 ~ 8 个同样规模、同样技术水平的水厂，或者建设投资额高 2 ~ 3 倍、技术指标超一流的 2 ~ 3 个世界顶级水厂。因此，只需放松管制，将饮用水投资项目的最低资本金比例下调到 3% ~ 5%，饮用水达标项目就不难获得充足的资本金。

我国现行的《企业债券管理条例》没有细分产业，没有对接受价格监管的专营性公司的发债比例作出应有的特殊规定。众所周知，供水系统具有专营性，必须接受价格监管，不可任意调高水价。合理合法的水价监管，应当遵循"保本微利高回报"的定价原则，既不能让水价明显高于成本，侵害用户利益，又不可不顾成本的上升，不允许相应适当提高水价，以致水厂毫无利润甚至亏损。对于此类产业的企业债券发行，显然需要有特殊的规定。

既要维护用户的利益，让水价略高于成本，相对于总投资只能微利，又要保护投资人的积极性，使资本能够获得较高的回报率，必须给予自来水公司相对于其自有资本金高比例发行债券的融资优惠。按自来水投资项目资本金比例调低到4%测算，给予 8 倍发行企业债券的融资优惠，可以发行占项目总投资额32%的债券，资本加债券合计可以筹集到36%的资金。剩余的64%的资金可以顺利地从银行业借到，因为这符合银行业放贷比例不超过资本金70%的有关规定。

概括起来说，只要项目最低资本金比例规定和企业债券管理条例这两只"拦路虎"不再拦路，饮用水项目是不缺资金的，可以说需要多少钱，就有多少钱。按低微的 0.5% 的总投资利润率和 4% 的资本金比例测算，4 元资本金可筹集 100 元总投资，得 0.5 元利润，投资人由此可以稳定获得 12.5% 的资本回报率，社会资本无疑会争相进入，因而不缺资本金。由于必须保本，且有微利，债权人肯定放心，债券易发，银行愿贷。所以，只要尊重市场调节，不在法律法规上自己卡自己，包括饮用水系统在内的所有专营性产业，原本都不该缺钱。

（原载《中国投资》2015 年第 8 期）

7.6 "十三五"：负债打造立体交通

交通部纳入原铁道部的行政职能后，制定交通运输整体规划的综合协调性显著增强。尽管如此，我国的交通建设在实践中还是遇到很多困难，不能很好地满足社会经济快速发展的客观需要。究其原因，主要是受到建设资金来源的制约。建设资金不足，不仅严重影响项目施工，而且反过来束缚了规划制定者们的思维，使他们不敢大胆制定符合未来发展需求的大规划，以致缺少项目储备。针对这个问题，本文首先从基础设施建设资金的筹集渠道说起。

一、负债是基础设施建设资金筹集主渠道

各类基础设施都有一个共同特点，就是建设投资大，使用时间长。当一个国家、一个地区处于某类或某些种类基础设施建设期的时候，其资金需求总量很大。无论投资建设主体是企业还是政府，或者二者以各种方式进行的合作，相较于此时的巨额资金需求，都不可能拿出很高比率的自有资金。这是个非常浅显的道理，无须多说。与此相对应的另一命题是负债是基础设施建设期资金筹集主渠道，自然也就应当是个不言自明的常理。除了上述的资金需求量巨大之外，决定基础设施建设期必须以负债作为资金筹集主渠道，还有以下三个方面原因。

首先，从税负公平方面看，要求财政主要通过征税，筹集国道、省道与立交桥等非经营性基础设施项目的大部分建设资金，显然会使税负与对纳税人的回馈时间错位，有失公平。此类设施交付使用后，无须付出相关劳动，却能够使用这些设施的人们，才应当出钱交税。因而，按照公平课税与合理负担的原则，非经营性基础设施的建设投资，应当在这些设施建成后，由长期使用这些设施的人们缴纳税金，逐渐偿还。这就是说，按类别划分，非经

营性基础设施的建设投资，理应以负债作为资金筹集的主渠道，否则有违税负公平原则。

其次，从资金流转方面看，要求企业主要通过自我积累，筹集高速公路与高速铁路等经营性基础设施项目的大部分建设资金，显然会使资金来源长时间落后于投资回报，既有碍企业经营，又拖延设施建设。根据此类设施投入与产出间隔时间长的特点，先由企业募集一定数量的资本金，大部分建设资金通过借债筹集，待到项目建成投入运营后，再以回收的折旧与利润归还借款本息，才是合情合理的做法。这就是说，按类别划分，经营性基础设施的建设投资也应当以负债作为资金筹集的主渠道。

最后，结合以上两个方面，城市地铁和边远地区铁路等介于非经营与经营性之间的准经营性基础设施，显然既不能主要由财政通过征税筹集建设资金，也不宜主要由企业通过以往盈利自我积累建设资金。对于需要由财政出资建设，之后交给企业经营的准经营性基础设施，其大部分建设资金就应当由财政发债筹集。对于需要企业出资建设、日后运营过程中政府予以财政补贴的准经营性基础设施，其大部分建设资金可以由企业负债筹集。这就是说，无论由谁负责项目建设，负债都应当是准经营性基础设施建设资金的主要来源。

二、为立体交通开通立体融资渠道

众所周知，制约我国交通基础设施建设的主要问题，既不是技术装备落后，也不是施工力量不足，而是建设资金不易筹集，政府和企业都为钱而发愁。造成这个问题的主要原因，既不是社会真正缺钱，也不是有钱的机构和人群不愿买债，而是观念滞后导致法律法规束缚。法律法规束缚具体表现为：既不允许政府按非经营交通设施建设资金的实际需求发行公债，又人为成倍提高并硬性规定经营性与准经营性交通建设项目最低资本金比例，严格控制审批企业的债券发行，更不可能给予此类企业本应获得的特种债券发行优惠了。因此，为了能够做到对症下药，在"十三五"规划期加快打造立体交通，需要首先破除落后观念的束缚，摆脱阻碍融资法规的制约，开通立体融资渠道。

（一）大幅下调交通项目最低资本金比例

为了从严控制投资规模，1996 年我国出台了投资项目最低资本金比例规定。

这项原本属于针对特定情况的特殊措施,却被作为制度规定长期实施。为应对 2008 年爆发的国际金融危机,国务院曾于 2009 年 5 月 27 日下发《关于调整固定资产投资项目资本金比例的通知》,调低若干产业投资项目的最低资本金比例,其中将机场、港口、沿海及内河航运项目的最低资本金比例调整为 30%,将铁路、公路、城市轨道交通项目的最低资本金比例调整为 25%。

对交通项目来说,此次调整尽管比原规定比例有所下调,但仍然过高,完全没有必要,实际上还是交通设施建设资金筹集的第一只"拦路虎"。为加快立体交通体系的建设,建议"十三五"明文修改相关规定,首先清除最大障碍,打掉这只大老虎,将上述交通项目的最低资本金比例一律下调为 5%。这样就可以让目前只能修建 1 条铁路的资本金,足够修建 5 条同样造价的铁路;只够建设 1 个机场的资本金,可以建设 6 个相等造价的机场。

(二)拓宽交通设施投资公司股权交易平台

"十三五"规划期间需要进一步发展多层次资本市场,扩大股权交易平台。通过市场化的股权交易,即使上述 5% 的最低比例资本金,也不一定必须全部由交通设施投资建设公司一家独自筹集。如果确有向社会募集资本的实际需求,在多层次的资本市场上,凭借交通设施的专营性优势,是不难募集资本金的。合理的最低资本金比例和多层次的资本市场,可以轻而易举地消除交通建设项目的资本短缺瓶颈。

(三)允许县以上政府自主发行交通建设公债

2014 年 8 月 31 日,全国人大常委会审议通过《中华人民共和国预算法》修正案,修改了原则上禁止地方政府发行地方政府债券的条款,加入如下允许有条件发债的内容:"经国务院批准的省、自治区、直辖市的预算中必需的建设投资的部分资金,可以在国务院确定的限额内,通过发行地方政府债券举借债务的方式筹措。举借债务的规模,由国务院报全国人民代表大会或者全国人民代表大会常务委员会批准。省、自治区、直辖市依照国务院下达的限额举借的债务,列入本级预算调整方案,报本级人民代表大会常务委员会批准。"

这无疑是一大进步,但字里行间明显表现出较强的行政严管要求,与市场经济存在一定距离,在执行中无法充分满足各地建设非经营交通设施的资金需求。为加快立体交通建设,建议充分发挥市场机制的调节作用,放宽对地方政府债券规模的行政审批,允许县以上地方政府经本级人民代表大会审议批准，社会信用机构评级，根据建设工程的实际资金需求，在监管允许范围内在金融市场上自主发行"交通建设公债"。

（四）准许高比例发行交通建设公司债

我国现行的《企业债券管理条例》规定，企业发行债券必须获得政府相关主管部门的审批，因而操作起来不是一件很容易的事。加快建设立体交通，必须突破这项法规障碍，依照市场经济原则，修改企业债券管理条例，或者制定更高层次的企业债券法，准许企业经过信用机构评级，自主地在金融市场上发行企业债券。

优良的、完善的企业债券法，应当区分专营与非专营性产业，以接受价格听证与审批、按"保本微利"原则定价为前提条件，给予产品或服务具有专营性的企业高比例发行债券的融资优惠，以便其借助低资本金的财务杠杆，能够在总投资微利的条件下实现资本高回报。在国外，此类债券被称为"市政公司债"，有别于一般企业债券。我国交通运输基础设施具有专营性，实际上也是遵循"保本微利"的定价原则，接受价格听证与管制，因而应当享受融资优惠。为加快交通建设，建议准许交通设施建设公司按其资本金 6 ~ 8 倍的比例发行"交通建设公司债"。这样此类公司就可以以 5% 的资本金，发行项目总投资 30% ~ 40% 的交通建设企业债，以 0.5% 的总投资微利，经 20 倍财务杠杆放大，获得 10% 的资本回报率。

（五）合理规定交通项目银行贷款资产风险权重

如果能够募集到项目总投资 30% 的自筹资金，商业银行按规定可以提供其余的 70% 贷款。以资本金 6 ~ 8 倍比例发行交通建设公司债后，自筹资金可达总投资的 35% ~ 45%，因而从理论上说，余下的 55% ~ 65% 的项目总投资缺口，全都有望从银行借贷。在实践中，由于受资本充足率制约，商业银行自然优先发放资产风险权重低的贷款，尽量扩大贷款规模，获取更多利差收入。为促使商业银行积极发放交通设施项目投资贷款，建议我国交通主管部门主动与银监会协商，将全国各地纳入立体交通体系建设规划、享受高比例发债融资优惠的交通建设项目贷款，无论出资人是否为国有企业，一律按商业银行表内 ca 类资产①对待，规定以 50% 作为其资产风险权重。这样商业银

---

① ca 类资产是指评级为 AA－及以上国家和地区政府投资的公用企业的债权。

行风险资产总额与资本充足率的报表中，2 亿元交通项目贷款折合 1 亿元风险资产，银行自然愿意优先发放此类贷款，支持交通建设。

（六）鼓励发展其他投融资方式

长期以来，过高的项目最低资本金比例规定，严格限制地方政府债券的预算法条款，严控企业发债的行政管理条例，像三只凶猛的"拦路虎"，阻挡着我国基础设施项目融资。正常的融资主渠道不通畅，只好另辟他途，组建地方融资平台，实行土地财政等。当这些渠道也遇到困难后，又寄希望于 PPP 模式等其他投融资渠道。实践表明，这些努力对基础设施建设都具有积极作用。多一种方式，多一条路，今后即使尊重市场机制，把三只行政"拦路虎"都打掉了，还是需要鼓励发展其他各种融资方式，支持立体交通建设。

三、打造立体交通需要提升规划理念

摆脱建设资金来源的束缚之后，打造立体交通需要解决的另一关键问题，就是要进一步提升交通主管部门的规划理念，敢于制定符合未来发展方向的大规划。

（一）大幅度提高铁路网规划总里程与密度

实践表明，不仅过去规划的全国 10 万公里铁路网总里程是保守的，调增后的 12 万公里也是保守的。吸取以往教训，应当清醒看到，如今规划 16 万公里铁路网，还将被实践证明，同样是保守的，不久的将来就会面临铁路工程项目勘察设计储备严重不足的问题。参照欧洲与美国的多年实际运营的铁路密度，即使剔除我国西部地区比他们平均人口密度较低的因素，我国的铁路网密度至少也应当达到每万平方公里 300 公里铁路，更为理想的或许是每万平方公里 500 公里铁路。据此匡算，我国铁路网规划总里程应当在 28 万 ~ 48 万公里。扣除即将达到的 12 万公里，还有 16 万 ~ 36 万公里的建设总需求。在此范围内，究竟应当规划多少总里程？急需组织业内专家深入探讨，仔细论证，精心选线，尽快敲定。

（二）轨道交通承载城市群新格局

新型城镇化不可缺少的一项重要措施，就是要加强轨道交通建设，充分利用包括城际铁路在内的轨道交通网，构建我国城市群新格局。为了恰当引导各个城市群更好制定轨道交通建设规划，对于全国城市群的轨道交通密度和总里程，交通主管部门的心中也应当有个大致的数量概念。按 30 年后我国城镇化率达到 85% 估算，届时将有 12 亿城镇人口。如果其中一半聚集于 20 多个城市群，则全国城市群将有 6 亿人口。按人均用地 120 平方米估算，城市群建成区的总面积需要达到 7.2 万平方公里。按 1 平方公里建成区面积平均 1 公里轨道交通测算，包括城际铁路在内，全国城市群需要建成 7.2 万公里轨道交通线。如果约有四分之一为地铁，我国总计需要建设地铁 18 000 公里。当然这只是个人的粗略估计，是否真的如此，也需要交通主管部门组织业内专家，认真研讨论证。

（三）公路建设任重道远

我国公路建设肩负着两副重担，既要增加总里程，覆盖乡村，穿越山区，又要提高质量和等级，因而任重道远。其中特别需要交通主管部门高度关注的，是道路质量和等级，因为路面破损是包括国道在内的各地公路普遍存在的严重问题。道路严重破损主要由两方面原因造成，一是车辆超载，二是道路建造质量差、等级低。解决道路破损问题，无疑需要双管齐下，但从长远看，最根本的措施还是要千方百计提高道路的质量和等级。从规划环节讲，在新的社会经济发展阶段，需要对公路等级和质量标准提出更高的要求。譬如，从现在起就应当开始考虑不久的将来可飞行摩托上路的问题。法国和意大利已经制造出飞行摩托，其既能跑又可飞且便于存放的良好交通性能，必然广受欢迎，逐渐普及。这必然给公路建设带来新需求，在长期发展规划中不加考虑，就会陷于被动。

（四）多层次推进机场建设

大力发展通用航空，是打造立体交通的重要方面。由于严格的空中管制和经济发展水平等多方面的原因，长期以来我国通用航空发展滞后。由于国家高度重视，并且各种客观条件都在不断改善，现在通用航空已经面临广阔的发展前景，存在巨大的发展空间。发展通用航空的最大瓶颈在基础设施，弥补这一短板需要多层次推进机场建设。

（原载《中国投资》2015 年第 6 期）

7.7 高新技术推升我国综合交通运输体系

驯服野马，发明车轮，凿木为舟，远古能人。自此，人类的交通运输方式及其综合体系，就一直与发明创造息息相关。大创造引起大飞跃，小发明带来小改进。日积月累到如今，人类已不慕飞鸟，布衣草民，也可携儿带女，翱翔万米高空。技术进步没有就此止步，还在日新月异，加速发展。2012 年 3 月 21 日国务院审议通过的"十二五"综合交通运输体系规划，就是顺应科技发展趋势的理性选择。

一、积极采用先进技术，确保安全能快则快

对交通运输，人类的天性就是喜欢快，追求快。只要危险不大，越快人们越爱采用。为了争取更快，多少人冒着生命危险进行探索和试验，也确实有人为此献出过生命。科技实验过程中的这类付出与牺牲，是难免的，也是值得的。新技术一旦试验成功，人们就积极采用，尽快推广。中外历史上，保守如晚清慈禧太后与迷信乡绅，曾排斥过铁路者，这是极其少见的。

落实新规划，在"十二五"期间，我国将基本建成国家快速铁路网和国家高速公路网。在此基础上，由于越来越多的人亲身体验到快速交通的好处，2016 年后我国民众将对高速交通运输网络产生更旺盛的需求，国家与交通运输企业也将有财力进行更多投资，从而获得更大的发展。安全快速有望成为"十二五"后我国城市间铁路与公路交通的亮丽景色。

与城市间的快速交通相比，我国大城市的交通状况堪忧，今后可能成为影响民生的一大瓶颈。解决此问题的唯一途径，是大力发展轨道交通。按人均 10 厘米的参考指标估算，我国百座百万人口以上大城市，未来需要建设 4 万公里地铁轻轨。城市轨道交通由各个城市独立规划建设，没有全国性的策划、考评与督促，或许是城市轨道交通滞后的原因之一。为摆脱滞后状态，国务院似乎有必要成立某一专门机构，或责成某一部委，负责推动全国各大城市的地铁轻轨建设。

二、高度重视环保节能，增加铁路规划里程

由于科技进步，现代电动铁路比公路汽车运输更为环保节能。在构建更加完善的综合交通运输体系时，将环保节能摆到重要位置，就需要大幅度增加铁路网规划总里程。目前我国 12 万公里的铁路网中长期规划，线路总长度明显不足，西部区域存在大面积空白，东中部区域网络密度偏低，不适应构建现代化综合交通运输体系的客观需要。

为充分利用铁路交通的环保节能、安全舒适、快捷省地等优势，应当在加紧建设快速铁路网的同时，规划一些新的铁路运输线路。定量地说，有必要将铁路网的规划总长度，由目前规划的 12 万公里增加到 28 万公里。如要在全国范围实现大客流与大物流的交通运输轨道化，那么，似乎还应进一步考虑，按万平方公里国土平均 500 公里铁路的参考指标，增加到 48 万公里。

选择新线路的目标，应该针对现有规划的不足，努力填补西部的大面积空白，适当提高东中部的网络密度。选择新线路的方法，可以借鉴公路选线曾经调查铁路运量的经验，实测公路客货运量。凡日客货运量达到一列火车运量的公路，如 318 国道成都—拉萨段等，都可规划与其平行的铁路。只有这样，才能最终实现全国大量客货交通运输轨道化，充分发挥轨道交通的骨干作用。

三、加速推广电子车票，铁路地铁联网运营

对我国百万人口以上城市来说，大众交通轨道化是值得认真考虑的发展方向，是适应科技进步的合理战略。这里说的大众交通轨道化，不排斥其他交通方式，只是要使轨道交通的占比高居榜首，成为大众的最主要交通方式。定量地说，无论市内出行，还是外出长途旅行，都要使轨道交通的占比，接近甚至超过 50%。

事实上，在我国的城市间交通中，铁路长期以来就占据主体地位，公路与航空的较快发展，仅相对降低了比重。今后如能适当增建新的铁路线，增加铁路网总里程，其主体地位不难巩固。实现大众交通轨道化的主要差距与难点在城市轨道交通建设。因此，相对而言，加快大城市地铁轻轨建设的任务更为紧迫。

　　在加快城市地铁轻轨建设的过程中，需要认真考虑地铁轻轨换乘站与火车站、机场、码头的衔接问题。其中特别重要的，是设法实现铁路与地铁联网运营。目前在数字信息技术已经高度发展的条件下，通过推广使用交通卡与电子车票，不难做到两者之间的方便换乘。

　　实现两铁联网运营的关键环节有二，一是地铁站的合理选址与设计，二是数字信息技术的有效利用。解决第一个问题，需要城市轨道交通规划建设主管部门，更多采取主动姿态，认真听取铁路部门意见，积极配合。解决第二个问题，需要铁路部门更主动，积极改造车站，努力使来自地铁的旅客，能够手持电子客票，无障碍直接进出车站，准时上下车，免去候车环节。

（原载《中国投资》2012 年第 6 期）

7.8　需要制定全国轨道交通战略规划

　　市内交通属于各城市的事情，一般情况下，无须制定全国规划。但凡事皆有例外，主要矛盾可能转变，局部问题有时也会上升为全局性的战略问题。在节能减排举世瞩目的时代，在城镇化突飞猛进的我国现阶段，大城市轨道交通发展严重滞后的问题，不再是单个城市交通堵塞与空气污染的局部困惑，而是已经成为关系国家发展大局的战略难题。化解这个难题，需要从国家层面，责成有关部委牵头，以史为鉴、统筹考虑，科学制定全国特大城市轨道交通发展战略规划，化被动为主动，积极引导各大城市适时建设轨道交通系统。

一、人口超百万特大城市都需要发展轨道交通

　　一人占地 100 平方米，1 万人需要占地 100 万平方米，即 1 平方公里。按大城市人均用地 100 平方米计算，百万人口以上特大城市的城区面积，至少达到 100 平方公里。这样大面积的正方形城区，对角线长度超过 14 公里，即使按最紧凑的圆形计算，其直径也要超过 11 公里，具有采用轨道交通的时空节约性、环保必要性、土地升值性与经济合理性。

　　其实，人类至今看到的最圆物体——太阳，也不是绝对的几何圆形。受

地形地貌限制，目前世界上没有一个城市呈现真正的圆形或者严格的正方形，今后也不会有。因而，百万人口以上特大城市的市区交通线路，超过20公里的通常都不止一条。拥有这样的人口数量、城区面积与道路长度的城市，发展轨道交通的必要性，显而易见，无须多言。

为便利大城市交通，市民希望至少有1个地铁站离自己家门不超过500米，绝不是脱离实际的过分要求，而是一种有利于城市发展的客观需要。落实科学发展观，就应当把上述设站要求，作为规划设计大城市轨道交通系统必须遵循的一条基本原则。当然，贯彻任何原则都需要有一定的灵活性，个别偏僻社区，应当允许例外。但考虑中心城区需要更高的地铁线路，疏密互补，全城区大体说来，民宅500米半径内平均至少有1个地铁站，是必要的。

假设地铁站平均间隔500米，那么要做到民宅500米半径内至少有1个站，两条平行轨道交通线路之间的距离，就不能大于"$500 \times \sqrt{3}$"，即866米。这是因为根据勾股定理，直角三角形的两个直角边分别为500米与"$500 \times \sqrt{3}$"米时，其斜边等于"500×2"米，这样才能保证居住在到两条线路中间（垂直距离都等于433米处）的人家，即使车站偏离垂足，到达最近地铁站的斜线距离，不会超过500米。

这样的站点分布密度，要求0.866平方公里的城区面积，平均铺设1公里轨道交通线路。换言之，1平方公里城区面积，平均修建1.155公里线路，才能做到民宅500米半径内至少有1个轨道交通站。百万人口城市、100平方公里城区面积，至少应当修建115.5公里轨道交通线，即人均11.55厘米。按线路平均长度25公里计算，百万人口城市需要修建4~5条轨道交通线，千万人口城市有40~50条轨道交通线才能满足客观需要。

二、总投资超过20万亿元有必要纳入国家战略规划

上述客观需求决定，所有的百万人口以上特大城市，都应当在自己的城市整体规划中充分考虑未来人口增长与城区扩大的趋势，紧密结合本市特定地形与功能区布局，制定出既有远见又切实可行的轨道交通系统建设规划。这是毫无疑问的，在世界各国，都是各大城市应当做的。在各城市规划的基

础上，还需要进一步制定全国特大城市轨道交通发展战略规划，这是由我国的特殊国情决定的。具体地说，我国当前急需制定全国战略规划的必要性，主要来自以下两个方面。

一是我国人口众多，百万人口以上特大城市的个数即将过百，容纳总人口超过 4 亿，需建轨道交通线路 4 万多公里，总投资超过 20 万亿元，缺少全国战略规划不易统筹。

2011 年底，我国人口超百万的特大城市已经达到 74 个。按照目前的城镇化速度，用不上 20 年，也就是在 2030 年之前，人口超百万的特大城市必将超过 100 大关。到那时，人口超百万特大城市吸纳的人口总量将超过全国人口总数的 1/3，即超过 4 亿，接近 5 亿人。按人均 11.55 厘米计算，需建轨道交通线路 4 万~5 万公里；按目前的地铁与轻轨混合平均造价估算，所需总投资超过 20 万亿元。从 2013 年算起，到 2030 年，按 18 年分摊，平均每年需要投资 1 万多亿元。如果进一步考虑造价趋于上升的因素，未来的实际投资额还将更大。如此大规模的投资建设，没有全国城市轨道交通发展战略规划的正确指导与统筹安排，不可能顺利进行。

二是我国体制特殊，城市政府缺少充分的投融资自主权，在发债融资与地铁建设等方面都必须接受中央政府管控，不制定全国战略规划各城市很难顺利进行轨道交通建设。

如果城市政府经本市立法机构授权拥有建设必要公共设施的投融资自主权，可以按照市场经济原则在证券市场自主融资，地铁建设规划与立项可经市立法机构审议通过决策，无须国家主管部委审批，那么，由于每个城市都可各自为政，各自设法解决自己的市内交通建设问题，即使人口超百万的特大城市再多一些，也未必需要全国规划。

但问题在于：我国目前实行的不是上述体制，城市政府没有建设公共设施的投融资自主权。按现行《预算法》的规定，地方政府无权发债，地方政府债券的发行额度，需要由国家主管部委分配，财政部代发，地铁建设规划与立项必须通过国家主管部委审批。在现行的体制下，没有全国的战略规划，缺少国家有关部委的积极引导与大力支持，不说项目审批忽易忽难、忽松忽紧、规划难定更难行，单只建设资金筹集一项，就会由于不知财政部下年究竟代发多少债券，而使多数城市因缺少资金来源，轨道交通建设严重滞后。

三、全国轨道交通战略规划的主要作用与编制要点

（一）全国城市轨道交通战略规划的主要作用

制定全国特大城市轨道交通战略规划，不应当也不可能替代各城市自己的轨道交通网络建设规划。作为指导各城市科学制定自己规划的顶层规划，全国特大城市轨道交通战略规划，应当主要在以下五个方面发挥作用。

其一，从发展战略层面，切实指导特大城市科学制定轨道交通网络建设规划，使每个城市都对 2030 年前需要建设的轨道交通网路长度心中有数，任务明确。其二，从建设顺序安排角度，积极协调特大城市轨道交通网络的建设高峰期，让急者先行，均衡施工，既防止一哄而上，又避免先松后紧。其三，从主管部委审批环节，保证实现各城市轨道交通建设规划与国家战略规划的上下对接，缩短项目审批时间，降低规划不确定性。其四，从资金来源方面，积极疏通融资渠道，协助克服投融资法律障碍，大力支持各城市的轨道交通项目建设顺利实施。其五，从设计标准与建设规范角度，凸显以人为本理念，提升服务档次，促使各大城市尽快实现轨道交通与其他交通方式零距离换乘。

（二）全国城市轨道交通战略规划的编制要点

为使全国城市轨道交通战略规划能够切实发挥上述作用，真正成为指导各城市规划的顶层规划，需要国家主管部委与各大城市紧密配合，下大力气，花费 1~2 年时间，先自下而上提供扎实的基础数据，再自上而下认真听取反馈意见，在各城市开始着手编制"十三五"规划的 2015 年之前，通过深入调查研讨，科学编制 2016~2030 年 3 个五年规划期的城市轨道交通建设战略规划。在这样的战略规划中，最关键的是明确以下几个要点。

1. 需要从目前我国大城市已经达到的人口数量实际情况出发，根据近年我国城镇化的进展速度，特别是 50 万人口以上大城市人口聚集的客观趋势，预测 2030 年底我国特大城市可能达到的数量以及将要容纳的人口总量，为制定全国城市轨道交通战略规划提供最基本的依据。

2. 全面总结国内外城市交通的历史与现实经验，多角度比较各种交通方式的优劣与各自的适用性，结合我国城市的交通现状与未来发展趋势，提出

发展我国城市交通的战略方针以及 2020 年和 2030 年要达到的中长期战略目标。

3. 与上述战略方针和战略目标相适应，明确提出可以采用轨道交通方式的城市人口与城区面积底线，并分别对 2015 年、2020 年、2025 年、2030 年年底可能达到上述底线的城市作出预测，分批列入规划范围。

4. 本着以人为本、便利城市交通的原则，明确提出特大城市轨道交通站的分布密度要求。与此相适应，对特大城市人均的和每平方公里平均的轨道交通线路长度提出指导意见。以此为据，分别对 2015 年、2020 年、2025 年、2030 年年底全国特大城市轨道交通线路需要达到的总里程，作出预测。

5. 本着城市投资建设服务民生、以满足民生需要为首要目标的原则，对城市轨道交通网络的投资建设体制和运营管理模式提出改革意见，明确改革方向，争取在"十三五"期间能够基本消除制约城市轨道交通投资建设的体制性障碍。

6. 本着融资市场化、法治化和金融为实体经济服务、为民生服务的原则，对有关城市轨道交通项目筹资方式与融资渠道的法律法规提出修改意见，明确改革方向，争取在"十三五"期间能够基本消除妨碍城市轨道交通项目市场融资的法律障碍。单纯算财务账，城市轨道交通设施，越早建越省钱。其中原因很简单：轨道交通工程造价年均上升幅度高于债券市场利率，如同前些年贷款买房一样，早建不仅能够早受益，同时还可获得资产升值。

7. 为防止一哄而上，同时避免先松后紧，力争城市轨道交通投资建设在全国范围逐年持续增长，均衡施工，需要按人口数量对特大城市划分规模档次，并依照从大到小的先后顺序，确定不同规模档次城市向国家主管部委呈报轨道交通网络建设规划的时间表。在此基础上制定的 2016～2030 年全国城市轨道交通中长期战略规划，就能够依次明确提出"十三五""十四五"与"十五五"3 个五年规划期的全国轨道交通建设里程和阶段性目标。

8. 为提升我国交通服务档次和交通设施利用效率，实现城市轨道交通与其他交通方式零距离换乘，需要从国家主管部委的层面，对机场、火车站、长途汽车站、港口码头等与城市轨道交通的衔接方式，提出标准化、规范化的要求。所有的新建交通枢纽都按规定标准与规范设计施工，旧设施也要按标准逐步改造，我国的城市交通状况就会大为改观。

按城镇化率年均提高 1% 计算，到 2030 年年底，我国的城镇化水平将从 2011 年年末的 51.3%，上升到 70% 以上，百万人口以上特大城市容纳的人数，可能达到甚至超过全国人口的 35%。由于特大城市实际上是其周边地区的政治经济文化中心与交通枢纽，特大城市交通状况的改善，不仅有利于本市市民，同时也方便周边城镇与农村居民的出行。显然，特大城市的轨道交通建设是造福全民的必要之举，值得国家主管部委多费一些力气，科学制定全国战略规划。

（原载《中国投资》2012 年第 10 期）

7.9　未来 30 年我国需建 4 万公里城市轨道交通

我国城市化水平已从新中国成立时的 7.3% 提高到 2008 年年底的 45.68%，城市居民物质文化生活质量显著提高，但却出现了市区交通拥堵、空气质量下降等一系列问题。大力发展城市轨道交通，是解决上述问题的必要手段之一。本文借鉴国外城市轨道交通发展经验，按人均 6～10 厘米匡算，预测未来 30 年我国 100 多个市区人口超百万城市需要建设 4 万公里轨道交通。为实现这一目标，"十二五" 规划期应当加大城市轨道交通建设力度，争取建设 5 000 公里。

一、城市轨道交通发展的国际经验借鉴

由于地铁和轻轨这类轨道交通具有线路封闭，准时运行，便捷可靠，不受气候、道路、交通等条件影响的特点，自从 1863 年世界上第一条地铁在伦敦建成通车以来，轨道交通迅速发展成为百万人口以上大城市公交体系中的重要组成部分。譬如在日本东京，早在 20 世纪 60 年代，轨道交通就已成为市民通勤的主要交通方式，在各种通勤交通方式中的占比超过 57%（参见表 1），居于主体地位。

表 1   **轨道交通在日本东京 23 个区居民**

通勤交通方式中的主体地位   单位:%

时期	步行与自行车	小汽车	电汽公交车	轨道
20 世纪 60 年代	25.7	7.6	9.2	57.5
20 世纪 70 年代	27.4	8.8	5.2	58.6
20 世纪 80 年代	28.1	9.6	3.7	58.6

资料来源:全永燊,刘小明《路在何方——纵谈城市交通》,中国城市出版社,2002 年第一版。

日本东京之所以能够使轨道交通成为居民通勤的主要交通方式,是以其在 2 946 万人口的都市圈内,开通运营 241 公里地铁、1 829 公里轻轨,合计 2 070 公里、人均 7 厘米轨道交通设施作为坚实基础的(参见表 2)。因而,要使轨道交通成为市民通勤的主要工具,在各种市内出行方式中居于主体地位,必须使轨道交通运营总里程和人均里程足够长,其运行线路和车站达到相当高的密度,真正做到便利换乘、四通八达。

表 2   **伦敦、巴黎、纽约、东京人均轨道交通运营里程比较**

城市	人口(万人)		面积(平方公里)		轨道交通运营里程(公里)			人均里程(厘米)	
	市区	都市圈	市区	都市圈	地铁	轻轨	合计	市区	都市圈
伦敦	638	1 211	1 579	10 621	394	3 242	3 636	57	30
巴黎	215	1 065	105	12 011	199	1 512	1 711	79.6	16.1
纽约	731	1 795	800	19 755	398	1 109	1 507	20.6	8.4
东京	817	2 946	592	13 502	241	1 829	2 070	25.3	7
4 城平均	600	1 754	769	13 972	308	1 923	2 231	37.2	12.7

资料来源:吕永波,方素梅《我国大城市市郊铁路研究》。

表 2 显示,如伦敦、巴黎、纽约、东京这样市区人口达到 200 万以上,都市圈人口达到 1 000 万以上的特大城市,人均轨道交通运营里程应当接近甚至超过 10 厘米。这意味着,对于拥有这样人口规模的城市,每万人平均应当拥有 1 公里轨道交通运营里程。进一步说,按城市人均用地 100 平方米、万人平均用地 1 平方公里匡算,都市圈每平方公里平均应当建设 1 公里轨道交通。

当然这是对人口较多的大城市而言的。人口少的城市,城区面积相应地也比较小,市民出行半径短,未必需要使用轨道交通。日本根据其发展公共交通的实际经验,依据城市人口多少推荐的公共交通系统选择方式,建议 50 万 ~

100 万人口以上城市使用轨道交通，50 万人口以下的城市不使用轨道交通（参见表 3）。这些数据值得我国在制定各类城市轨道交通长远规划时参考。

表 3　　　　　　　　　　**日本城市公共交通系统选择推荐**

城市规模	人口（万人）	公共交通系统配置
大城市圈	>300	高速轨道网络/公共汽车网络
地方中枢城市	100～300	高速轨道网络/公共汽车网络
地方中核城市	50～100	高速轨道网络/公共汽车网络
地方中核城市	20～50	公共汽车网络
地方中心城市	5～20	公共汽车网络

资料来源：全永燊，刘小明《路在何方——纵谈城市交通》，中国城市出版社，2002 年第一版。

二、预测城市轨道交通发展前景的依据

离开人，无所谓城市。城市与乡镇的显著区别在人口多少；大中小城市的划分，以人口数量为尺度。因而考虑城市的一切问题，都应当以人为本，轨道交通建设当然不能例外，必须以城市人口多少作为最基本的考量依据。市区和整个城市圈的人口数量及其增长趋势是预测城市轨道交通发展前景、编制建设规划的根本依据。

表 1 与表 2 反映的是 20 世纪 90 年代以前伦敦、巴黎、纽约和东京轨道交通的情况。时光过去二三十年，世事已经发生诸多变化，如今人们开始高度重视环境污染、全球变暖、温室气体排放和能源消耗、土地利用等以往未曾受到普遍关注的问题。在这种形势下，更加需要大力发展城市轨道交通，因为轨道交通是绿色交通，有助于全面缓解上述各种问题（参见表 4、表 5 和表 6）。

表 4　　　　　　　**不同交通方式每公里人均废气排放量比较**

交通方式	CO	NOX	HC	三项合计
小汽车	36.90	0.92	3.17	40.99
公共汽车	37.23	16.82	15.98	70.04
自行车	0	0	0	0
轨道交通	0	0	0	0

注：CO 为氧化碳，NOX 为氮氧化物，HC 为碳氢化合物。

资料来源：全永燊，刘小明《路在何方——纵谈城市交通》，中国城市出版社，2002 年第一版。

表4显示，不同出行方式的人均公里污染排放总量差别悬殊。轨道交通和自行车一样，污染排放量为零，是对城市污染最少的快速交通方式。发展轨道交通显然有助于减少碳排放。

表5 　　　　　　　**不同交通方式每公里人均能源消耗比较**

单位：兆焦耳/人公里

交通方式			满载率（%）			
			25	50	75	100
小汽车	汽油	<1.4 升	2.61	1.31	0.87	0.62
		>2 升	4.65	2.33	1.55	1.16
	柴油	<1.4 升	2.26	1.13	0.75	0.57
		>2 升	3.65	1.83	1.22	0.91
公共汽车		小公共	1.42	0.71	0.47	0.35
		大公共	0.70	0.35	0.23	0.17
轨道交通		市内	1.14	0.59	0.38	0.29
		郊区	1.05	0.57	0.35	0.26
步行			—	—	—	0.16
自行车			—	—	—	0.06

资料来源：全永燊，刘小明《路在何方——纵谈城市交通》，中国城市出版社，2002 年第一版。

从表5可以看出，不同出行方式每公里人均消耗的能源从 0.06 兆焦耳到 1.16 兆焦耳不等，轨道交通的能源消耗略高于大公共汽车，但低于小汽车，介于二者之间，在机动化出行方式中可以说是较为节能的。

表6 　　　　**法国巴黎理想状态下 5 公里出行的每小时人均空间占用**

单位：平方米

交通方式		停车时	行车时	总体
私人汽车 （1.25 人/辆）	上班（9 小时）	72	18	90
	休闲（3 小时）	24	18	42
	购物（1.5 小时）	12	18	30
两轮车	上班（9 小时）	13.5	7.5	21
	休闲（3 小时）	4.8	7.5	12
	购物（1.5 小时）	2.3	7.5	10

续表

交通方式			停车时	行车时	总体
公共汽车 (50 人/辆)	无优先权		0	3	3
	公共汽车 专用道	60 辆/小时	0	6	6
		30 辆/小时	0	12	12
轻轨	3 000 人次/小时		0	6	6
地铁	30 000 人次/小时		0	1	1

资料来源：全永燊，刘小明《路在何方——纵谈城市交通》，中国城市出版社，2002 年第一版。

　　表 6 所列法国巴黎的典型数据表明，地铁的城市空间占用远远小于其他交通方式。城市土地是非常有限的资源，特别是在人口稠密的大城市，更是寸土寸金。理想的交通方式应能在尽量少占用土地的前提下，有效承担交通任务。面对上述现实，历史上曾经提出过"要使每个职工拥有一辆小汽车"口号的法国，在经历了严重的城市交通拥堵之后，经过反思，最终还是选择了大力发展城市轨道交通的道路。

　　集"环保、节能、少占地"三大优点于一身，城市轨道交通比以往任何时候都更受广大市民的欢迎和有识之士的青睐。用新的理念和现在的眼光看，表 2 所列伦敦、巴黎、纽约和东京 4 都市圈人均 12.7 厘米的轨道交通设施，已经不能算很先进的水平了，后起之秀理应有更为上乘的表现。遵循科学发展观和以人为本的原则，至少应当按都市圈人均 10 厘米的一般标准，制定400 万以上市区人口、1 000 万以上都市圈人口特大城市轨道交通设施的未来发展目标。不这样做，就会落后于时代，城市交通拥堵与空气污染等烦恼，则将不请自来。

　　与上述发展目标和规划标准相配套，暂且可以考虑将人均 8 厘米与人均6 厘米，分别作为 200 万～400 万市区人口、500 万～1 000 万都市圈人口和100 万～200 万以上市区人口、300 万～500 万都市圈人口大城市轨道交通设施的未来发展目标。至于市区人口低于 100 万、都市圈人口不足 300 万的城市，是否需要发展轨道交通，则应当本着有利于市民出行的基本原则，综合考虑城区分布形状与流动人口数量等因素，慎重决策。这样说是因为轨道交通虽有"环保、节能、少占地"三好，但并非 5 公里以下近距离的最佳交通工具（参见表 7），不适宜选用于短程出行。

表7　　　　　　　不同交通方式的适宜出行距离　　　　单位：分钟、公里

交通方式	适宜出行时间	平均时速	适宜出行距离
地铁	10 ~ 60	35 ~ 40	5 ~ 50
公共电汽车	8 ~ 30	12 ~ 20	1 ~ 10
自行车	10 ~ 30	8 ~ 12	1 ~ 5
步行	5 ~ 20	4	0.5 ~ 1.5

资料来源：全永燊，刘小明《路在何方——纵谈城市交通》，中国城市出版社，2002 年第一版。

按 5 公里以上的适宜出行距离计算，单条地铁线路的长度必须长于 10 公里。对方形城市来说，如果单向距离超过 10 公里，那就意味着城区面积大于 100 平方公里，市区人口超过 100 万。反过来说，市区人口不足 100 万的方形城市，修建地铁的必要性不大。但对于受地形限制，沿着海边或者河谷延伸的带状城市来说，则有所不同，不可执一而论。譬如，某带状城市平均宽度不足 5 公里，但却长 20 多公里，就可以考虑纵向修建每条长度都超过 20 公里的一二条地铁。综上所述，贯彻科学发展观，遵循以人为本原则，以市区和整个城市圈的人口数量及其增长趋势作为编制城市轨道交通发展规划的根本依据，可以具体化为表 8 所列的匡算标准。

表8　　　　　城市轨道交通长期发展规划里程匡算标准

城市规模（万人）		人均轨道交通里程	长期规划总里程
市区人口	都市圈人口	（厘米）	（公里）
400 以上	1 000 ~ 3 000	10	400 ~ 3 000
200 ~ 400	500 ~ 1 000	8	160 ~ 800
100 ~ 200	300 ~ 500	6	60 ~ 300
50 ~ 100（带状分布）	100 ~ 300	纵向 1 ~ 3 条	20 ~ 80

综合考虑现阶段和未来发展的多种因素，合理的城市轨道交通规划应该达到每 1 万城市人口拥有 1 公里轨道交通，以及凡是城区人口超过 100 万人的大城市，都应该建设地铁（轨道交通）。城市轨道交通线路的规划应该从目前被动的"客流追随型"向主动的"规划引导型"转变。城市轨道交通发展规划的编制不应再受现阶段财力的束缚，而应着眼长远。

三、未来30年我国城市轨道交通发展前景

综合考虑城市化进程加快与计划生育国策下人口增长高峰期临近两方面

因素，预计到 2040 年我国将基本实现较高度的城市化，城市人口逐渐趋于稳定。在此过程中，我国大城市应当同步加强轨道交通建设，最迟于 2040 年左右基本建成较为理想的轨道交通网。如能确认上述发展目标与建设方针，那么，未来 30 年我国城市轨道交通的发展前景必定十分可观，将为我国基础设施建设史谱写出最为光辉灿烂的篇章。

以 2007 年年末市辖区非农业人口为基数，如果统一按照 3% 的平均增长率推算，经过 32 年，到 2040 年初，我国目前 128 个 50 万人口以上城市的总人口将增加 1.58 倍，由目前的 19 124.5 万人增加到 49 341.2 万人。这意味着未来大约将有 5 亿人，即约占那时我国总人口 1/3 的人，住进百万人口以上城市。从总体上看，这种可能性是存在的。

到那时，我国人口超 400 万的城市可能达到 34 个，容纳 29 000 万人，按万人 1 公里匡算需要轨道交通 29 000 公里；可能有 39 个城市人口进入 200 万 ~ 400 万，容纳 11 000 万人，按万人 0.8 公里匡算需要轨道交通 8 800 公里；其余 55 个目前人口 50 万以上城市的人口规模可能增长至 130 万 ~ 200 万，容纳 8 900 万人，按万人 0.6 公里匡算需要轨道交通 5 300 公里。三类合计，未来 30 年间这些城市共有 4 万多公里轨道交通等待建设（详见表 9）。

表 9　　　　　未来 30 年我国百万以上人口城市需建轨道交通总里程

单位：万人、公里

市区人口	城市数	人口数	人均轨道（cm）	匡算总里程
>400	34	29 000	10	29 000
200 ~ 400	39	11 000	8	8 800
130 ~ 200	55	8 900	6	5 300
合计	128	48 900	—	43 100

上述推测属于总体估计，其实各城市未来 30 年的人口增长率不可能都相等。实际情况很可能是：有些城市未来的人口增长速度较以前年度更快一点儿，有些城市则相反，今后人口增长速度或许会慢下来。准确预计任何一个具体城市的未来人口增长率都是一个大课题，需要综合考虑多种因素，进行深入的专题研究。但依据大数定律，众多城市此多彼少的大量偏差，会在很大程度上相互抵消，从总体看反倒有可能与实际相去不远。就整体而言，5 亿人口住进上百座百万以上人口大城市，很可能是我国城市化的必然趋势。100

多个城市，4万多公里轨道交通建设，无疑是一项可与万里长城相提并论的伟大历史工程。完成此项惠民工程，市民将享有便利的交通，节省出行时间，减少空气污染，降低能源消耗，扩展城市空间，优化城市布局。与此同时，还将激活大量潜在劳动力，创造出高达10多万亿元人民币的价值，大幅度提升民间金融资产，切实增加社会物质财富，既富民又强国。

四、"十二五"规划期城市轨道交通建设方针

要用30年时间在100多个城市总计建成4万多公里的理想轨道交通体系，必须解放思想，科学规划，从"十二五"开始实施更加积极的建设方针，区分轻重缓急，紧张有序地加快城市轨道交通建设。一般地说，城市人口越多，对轨道交通的需求越迫切。依此为判据，比较轻重缓急，目前城区人口低于100万的城市，除像东莞等规划为邻近大城市的卫星城特殊情况外，"十二五"时期原则上可暂缓考虑。必须提上"十二五"规划日程的，主要是目前城区人口已达100万人以上的城市轨道交通建设。

遵循这样的建设方针，按未来30年4万公里总里程计算，考虑万事开头难的因素，"十二五"时期即使不能按时间比例承担1/6，也应当争取分担其中1/8，即总数约5 000公里、年均1 000公里的轨道交通建设任务。现在距离"十二五"还有一年多时间，可以用来做不少勘察设计方面的工作。因而，"十二五"时期我国城市轨道交通建设究竟能够加快到何种程度，恐怕主要不会受限于设计力量不足，而是可能在更大程度上受制于规划理念陈旧、建设方针保守及宏观调控偏严。设计力量不足，施工机械落后，可动用闲置外汇，在全球范围采购，博得各国商界与政要喝彩。

轨道交通建设属于百年大计，马虎不得，必须精心设计，高质量施工，才可避免隐患，不留遗憾。缺少项目储备，在一二年之内，都无法加快工程建设。可用于轨道交通建设的设计力量不足，恐怕二三年后，也难加快建设。可用于轨道交通建设的施工力量不足，则无论何时，都不可能加快工程建设。因而，要使"十二五"真正成为城市轨道交通建设高峰期，需要采取以下具体措施。一是将已经完成设计的储备项目，尽量提前到"十二五"头一二年动工。二是尽快开展已列入规划的后续线路的设计工作，争取能够在"十二五"中后期再开工几个项目的同时，为"十三五"增加项目储备。三是认真

分析本市今后 30 年的人口增长趋势，慎重论证有无进一步扩大轨道交通规划网络、积极引导城市各种功能区向一定方向扩展的必要性。

在当今世界贸易体系和科学技术条件下，就全球范围看，城市轨道交通项目的设计与施工力量，实际上并不存在短缺问题。"十二五"时期，我国应当首先挖掘自己的潜力，大力培植与充实城市轨道交通整体规划与工程项目的设计、施工力量。如短期内确有不足，则应动用闲置外汇，采购国外资源，造福国内人民。

（原载《中国投资》2010 年第 3 期）

7.10　百城待建 4 万公里地铁轻轨

2011 年我国城镇人口首超农村，这使农村人口外出务工的愿望与城镇吸纳转移人口的能力同时增强。再加上农村青年学历升高与土地流转松绑两种动力参与拉动，必然给城镇化进程加速。在今后二三十年内，当城镇化比率升高到某一临界水平的时候，很可能出现爆发性城市扩容现象。对此需要备有多方应对之策，其中不可或缺的一项是：百城打造 4 万公里轨道交通。

一、20 年内我国将有百座人口超百万的大城市

世界城市交通发展经验表明，人口超过百万的大城市，都需要大力发展轨道交通。日本根据其实际经验，早在 20 世纪 80 年代就区分城市人口多少，推荐如下的公交系统配置方式：建议 50 万人口以上城市，配置高速轨道网络与公共汽车网络；50 万人口以下的城市，不用轨道交通。我们即使比日本保守些，至少也应当采取百万人口以上大城市配置高速轨道网络加公共汽车网络的公交发展方针。

在明确上述方针的同时，应当清醒看到，我国拥有百座人口超百万城市的日子正在一步步临近，已经为期不远。因为按今后 20 年间各大中城市人口翻番进行估算，目前 128 个 50 万人口以上的城市到 2032 年后人口都将超过百万。退一步说，即使其中有 1/5 的人口扩充速度比较慢，达不到 100 万人，那也将足有百座城市人口超百万。这是明摆着的客观发展趋势。

百座人口超过百万的大城市吸纳的人口总量，可能达到全国人口的 1/3 左右。如果这样的估计大致符合客观趋势，那么，这些城市的总人口，就将在 4 亿~5 亿人，或说大数在 4.5 亿人左右。无须更精确地测算，就可形成一个大概念，我国急需认真规划 4 亿~5 亿城市人口的公共交通配置问题。交通问题解决不好，城市就会陷入瘫痪。而解决城市交通问题，必须提前规划，预留线路，否则就会增加建设难度，造成巨大浪费。

二、大城市需要配置高速轨道网络的主要理由

概括地说，快速、准时、安全、环保、节能、省地六大长处，是百万人口以上大城市需要发展轨道交通的主要理由。轨道交通封闭运行，畅通无阻，快速便捷，对生活节奏快、时间宝贵的大城市居民来说，是最大的好处。运行准时，降低不确定性，便于安排出行计划，能够缩短候车时间，因而与运行快速具有异曲同工之效。上述两点的共同作用是节约时间，等于延长了市民生命。

任何交通方式都难免出事故。但与其他方式相比，地铁轻轨封闭运行相对而言比较安全。对珍惜生命的社会来说，这是不小的好处，各城每年都可以减少出行人的伤亡。环保关系人们健康，如今全世界都高度重视生态环境。各种出行方式的人公里污染排放总量相差悬殊，城市轨道交通和自行车一样，碳排放与有害颗粒物污染近于零，自然应当作为大城市公共交通的首选方式。

能源和土地是稀缺资源，大城市的土地尤其宝贵。各种机动化运载方式满载条件下的每公里人均能耗，最低为大公共汽车的 0.17 兆焦耳，最高是轿车 1.16 兆焦耳。轨道交通的能耗略高于大公共汽车，郊区运行 0.26 兆焦耳，市内 0.29 兆焦耳，低于小公共汽车的 0.35 兆焦耳，显著低于轿车，总的来说较为节能。更重要的是地铁轻轨便于构造立体交通，对城市土地的占用远远小于其他交通方式，这使配置高速轨道网络往往成为一些大城市解决交通拥堵问题的必然选择。

三、未来二三十年我国需建地铁轻轨 4 万公里

自 1863 年世界第一条地铁在伦敦建成通车以来，轨道网络已经迅速发展成为 50 万人口以上城市公交体系的重要组成部分。与欧美相比起步较晚的日

本东京，在 20 世纪 60 年代，轨道交通也已经发展成为市民通勤的主要交通方式，占比达到 57%。到 20 世纪 90 年代，伦敦、巴黎、纽约、东京的地铁轻轨万人平均运营里程，按市区人口计算分别为 5.67 公里、7.96 公里、2.06 公里、2.53 公里，4 城平均万人 3.91 公里；按都市圈人口计算分别为 3.0 公里、1.7 公里、0.85 公里、0.7 公里，4 城平均万人 1.27 公里。这样的轨道交通网络密度，基本能够满足大城市公共交通需要，城市交通也有拥堵，但不致出现瘫痪。

借鉴上述城市的经验，可以根据城市规模，考虑按市区万人 2 ~ 4 公里、平均 3 公里，或者都市圈万人 0.7 ~ 1.3 公里、平均 1 公里的轨道交通运营里程概算指标，粗略制定城市轨道网络长远规划。按市区内人均用地 100 平方米、市区万人用地 1 平方公里进行换算，这相当于每平方公里市区面积对应 2 ~ 4 公里轨道网络。这样的网络线路密度，能够四通八达，方便换乘，可以充分发挥轨道交通的特有优势。

都市圈万人平均 1 公里轨道交通，百座人口超百万的大城市总计 4 亿 ~ 5 亿的人口，显然需要 4 万 ~ 5 万公里的轨道网络。这就是说，在今后二三十年，我国百座大城市共有 4 万多公里轨道交通等待建设，其中约有 1 万多公里应为地铁，3 万余公里应为轻轨。这无疑是一项战略意义可以和万里长城相提并论、但工程量远超长城的宏伟工程。完成此项惠民工程将极大便利市民交通，节省上下班时间，减少城市空气污染，扩展城市空间，优化城市布局。与此同时，还将激活大量潜在劳动，创造出高达 20 万亿 ~ 30 万亿元人民币的市场价值，显著增加社会物质财富与金融资产，既强国又富民。

（原载《中国投资》2012 年第 5 期）

7.11　都市圈公交发展战略

按年均升高 1.2 个百分点估算，30 年后我国的城镇化比率将接近 90%，全国城镇总人口将比现在增加 70%。但这不意味着每个城镇的人口都同幅增长，肯定有的增幅大，有的增幅小，少数城镇的人口还可能负增长。对外来人口吸引力最大、提供就业机会最多、发展最快的，将是 20 万人口以上大中城市，尤其是百万人口以上特大城市与都市圈。要预防和医治都市病，大城市的政府必须以超前的眼光，正确制定、坚决实施公共交通优先发展战略。

一、短缺钢轨易聚团

两物之间万有引力的大小，与物体质量成正比，与距离平方成反比。此间的数量关系可以作为推测城镇与外来人口之间引力大小的模糊定律。运用这一模糊定律，能够合乎逻辑地推导出以下三条推论。一是城镇规模越大，对外来人口的吸引力与有效吸引半径越大。二是城镇周边（有效吸引半径内）人口越多，聚集为更大城市与都市圈的可能性越大。三是在地形平坦区域如果缺少快速轨道交通的支撑与引导，城区容易聚集成为大圆饼。

根据上述三条推论，考虑到全国城镇外来流动人口已达户籍人口的一半、城镇总人口 1/3 的实际情况，可以作出如下判断：目前市辖区户籍人口在 100 万~200 万的 82 个城市，绝大多数都将聚集成为城区实际人口超过 200 万的都市圈。如果这个判断大致不差，那么，加上目前市辖区户籍人口已经超过 200 万的 45 个特大城市，将来全国城区实际人口超过 200 万的都市圈总数，可能接近甚至突破 120 个。

如果缺少快速轨道交通的支撑与引导，城区实际人口超过 200 万的都市圈，难免交通堵塞，空气污染。为解决交通堵塞与空气污染问题，上述都市圈需要及早规划修建快速轨道交通线，积极引导城区跳跃式、放射状向外拓展，以便充分利用远郊和邻近小城镇的不宜耕土地和新鲜空气，建设宜居区与工商区。这样的城市空间布局，有助于避免城区摊大饼，可以保护近郊良田，实现城乡交融，让红黄建筑与绿色农田交相映照，使楼间浊气就近消散于田野清风。

二、多跑电车少尘烟

为了最大限度减轻城市空气污染，不仅需要充分利用快速轨道交通线跳跃式、放射状向外扩展城区，改善都市圈的空间布局，还应当多利用电力驱动车辆，尽可能减少燃油汽车尾气排放。公交车有确定的运行线路，凌空架线，直接用电，不用电池蓄电，并不影响公交车往返行驶的机动性。无轨电车不用电池蓄电，可以减少大量蓄电池报废带来的资源浪费与环境污染，比电动汽车、电动自行车更为环保。

还有一个关于能源结构的远景因素需要纳入视野，那就是热核发电突破在即，少则 10 年，多则 20 年，利用氘与氚聚合的"小太阳"发电站可能试验成功。一旦实现此项技术突破，海水发电就将被迅速推广。到那时，多用无限的核电，就是节省不可再生的宝贵矿物资源。

综合考虑环保与节约资源两方面的巨大好处，建议在制定都市圈的公共系统规划时，更多选用无轨电车。

三、快慢分级更通畅

无论身轻小燕，还是体重大象，血液循环都通畅。原因何在？直接的构造原因是动物血管快慢分级合理，粗细对接有序，因而在迅速奔跑的血流高峰时也不发生堵塞。深层的机制性原因是在生物进化过程中没有上级物种威严管控，可以自主创新，经过自然选择、优胜劣汰，血循环不畅者早已绝种。

模仿血液循环系统，都市圈轨道交通线可按快慢分为两级。一是放射状城际铁路，站点间隔远，跳跃式连接周边小城镇，平均时速超过百公里，构建 1 小时准时运行都市交通圈。二是核心城区地铁，每平方公里平均 1 公里线路，站点间距 400～500 米，尽量设于地面主干道与慢车道衔接处于步行小区的中心地段，争取承载城区 50% 左右的交通量。

类似地，都市圈地面公交线可按快慢分为三级。一是连接周边小城镇的放射状高速公路，公交车站点间隔远，时速接近百公里，成为都市圈重要外向交通设施。二是核心城区快速主干道，有纵有横有斜穿、偶有立体交叉，平均相隔 3～5 公里，站点间距 2～3 公里，时速 40～60 公里，构成一刻钟市区快速公交网。三是街区慢车道，在主干道围成的 10～15 平方公里街区内彼此间隔 800～1 000 米，站点间距 300～500 米，时速 20 公里，构成 10 分钟街区公交网。

小区步行道是城市交通的毛细血管。在慢车道围成的约 1 平方公里近万人小区周围，按站距 300～500 米计算，分布 8～10 个慢车站点，其内不设公交站。私家车停放场也应设于小区周边，或通过专用地下道与小区周边慢车道衔接，以便把所有小区都基本上变为步行区。在人口过万的步行区中心公园内，需要设置 1 个地铁站。

四、单向环绕窄胜宽

由主干道围成的 10 ~ 15 平方公里街区，周长为 15 ~ 20 公里，按站距约 2 公里计算，周围分布 8 ~ 12 个快车站点，与街区内的慢车始发站零距离换乘。为保证 10 分钟街区公交网通畅无阻，街区内的慢车道应当多数设置为单行道，各路公交车尽可能单向环绕。车辆在单行道上单向环绕，道路即使窄些，也不至于堵塞。出入步行区的人们，不难根据自己的出行方向，适当选择公交站点。

这样设计快慢分道的都市圈公交体系，取消跨街区直达公交线，从一个街区到另一个街区可能需要换乘两次，似乎有些不便，但考虑到中途运行与两端周转的速度都加快，多数人的总出行时间还是会节省的。退一步说，即使车行速度加快所节省的时间，全都被两次候车耽搁，一些人出行的总耗时没有减少，但由于他们是在站台上而不是坐在车中在路面上耗费时间，整个城区的公交平均车速无疑是加快了，运输效率肯定提高。其实，动物肺部与身体其他部分毛细血管之间的血流，就是通过动脉或静脉进行两次换乘，才实现了氧气和二氧化碳的高效运输。

在道路既定的老城区，也可实行上述血液循环式公交方案，重新划分快速道、慢车道与步行道。一条道路即使很宽，只要禁止机动车通行，也就成了步行道。反之，较窄的道路，如果将其确定为某几条公交线的专用单行道，禁止其他车辆与行人上路，也可以成为通畅的慢车道甚至快速道。当然，只要不使所围街区过大或过小，还是应当尽量选择较宽的现有道路作为城区快速主干道。

五、就近租房行者半

深入研究都市圈公交发展战略，不能局限于交通本身，仅仅考虑道路和车辆，只讲提高公交效率一个方面，还应从需求角度着眼，寻求可能缩短市民出行距离、提高步行比例的途径。都市圈中究竟有多少人能够步行上下班，这与居住空间格局密切相关，因此有必要简单说说住房问题。

为节省上下班时间，增加职工闲暇，不再疲于奔命，以利身心健康，最理想的城镇居住格局，显然应当是有较多的在职职工就近居住。居住格局不完全取决于经济发展水平与城市规模等客观因素，还在很大程度上受住房体制与政策影响。好的住房体制与政策，应当能够促进在职职工就近居住，而不是相反。

为此需要反思 1998 年我国的城镇住房体制改革决定，通过制定"住房保障法"矫正其中偏差。如果能将目前由政府全部承揽的住房保障责任拿出一半交给用人单位分担，在法律上允许单位拥有保障性房产，在政策上鼓励用人单位就近购买住房，租给在职职工，市区步行比例就会显著提高。其实，有些二三线城市的房价不太高，其中一个重要因素就是允许有地单位给自己的职工集资建房。

有人从维护社会公平、避免强势单位搞高福利的角度，反对用人单位向职工提供实物住房。这种说法客观上只对土地垄断者与开发商有利，经不住推敲。当今社会，公平与否，福利多少，另有突出表现。为职工提供廉租房或低价房，如同师傅给学徒支床铺（或者马主人给马搭马棚，奴隶主给奴隶建住房）一样，只是维持劳动力再生产的必要措施，根本算不上高福利。

六、规划优劣市民担

都市圈公交体系优劣的最终受益者或受害者，都是市民。因此，应当由城市政府聘请国内外专家，集思广益，反复论证，提出几个可供必选的整体规划方案，广泛征求市民意见，取长补短后作为议案，提交市人民代表大会审议通过。

如果真正这样做，而不是表面走形式，那么，市民们就会把规划征求意见稿真正作为与自己利益攸关的大事看待，认真提意见。实行这种制度的城市市民，会迅速提高公共事务参与意识和整体素质。他们当中一定会有日益增多的人留心观察国内外其他城市的公交体系，从中吸取经验教训，结合自己所在街区公交运行的实际情况，积极为改进规划献计献策。

退一步说，真正这样做，即使城市交通状况没有得到明显改善，交通堵塞问题没有得到彻底解决，市民也会给予更多理解，不会过多抱怨政府。至于把城市公交体系规划的审议决定权交给本市人民代表大会，是否会因地方官员片面追求政绩而造成全国城市交通基础设施投资建设失控，则不必过分担忧。

实际上，在一定时期内，一国实体经济与实物投资总量是有限的，除非过去被长期压抑，增长潜力没有得到应有发挥，否则不可能突然暴涨。假如因地方官员片面追求政绩而出现奇迹，造成全国城市交通基础设施投资建设在短短一两年内，或者连续四五年、七八年内迅猛增长，显著改善了交通状况，站在人民的立场上看，也不是坏事，而是好事。

（原载《中国投资》2013 年第 6 期）

7.12　小模型助力大战略——都市圈地面公交格式化设计

积极推进新型城镇化，构建城乡交融都市圈，是今后 30 年我国需要持续实施的大战略之一。在较大的都市圈内，既要保护近郊良田，充分利用远郊不宜耕土地与新鲜空气，提供宜居环境，又要减少交通拥堵与汽车尾气污染，缩短上下班时间，必须解决好交通问题。希望本文提供的地面公交格式化小模型，能够有助于上述大战略的贯彻实施，为建设智慧城市添砖加瓦。

一、格式化标准模型设计思路

为便于类似北京这样的大都市圈参考，本文针对正方形街区与东西南北平行道路，本着"格式街区，区分快慢；一路一线，四角八站；人可过桥，车不左转，街窄单行，防堵疏缓"的思路，设计城市地面公交的格式化标准模型，让一部分车先快起来，使所有线路的候车时间都显著缩短。实际运用时，还可根据火车站、长途汽车站与动物园等特殊站点的交通需要，吸取点线模式的优点，进行适当调整与修正，进一步方便乘客。

顾名思义，地面公交格式化，就是利用快速道，把整个城市分割为若干相对独立的方格状街区。每个街区边长 3 ~ 6 公里，面积 15 ~ 30 平方公里。在快速道上运行的快车，连接各街区，组成快速公交网，属于全市大公交系统。各街区内的慢车，都以周边快速道为界，自成一体，独立运行，属于街区小公交系统。这就是"格式街区，区分快慢"的具体内容。

在一条快速道上只运行一路快车。快车一路直行，不右转，更不左转。各路快车都划分为 1、2 两组。1 组穿过交叉路口设站，为左转换乘车。2 组在交叉路口前设站，属于右转换乘车。这样在快速道交叉路口的 4 个角上，分布 8 个快车站，通向四面八方。在整个城区内，从一个街区到另一街区，最多需要换乘一次快车。需要换乘的乘客，可根据换车的左转还是右转方向，适当选乘 1 组或者 2 组。此即"一路一线，四角八站；人可过桥，车不左转"的具体含义。

街区小公交系统也采用"一路一线"的办法，同时还应适当规定单行道。街区内道路有宽有窄，为提高车辆运行速度，防止堵塞，窄路最好单行。除了少数较宽的道路可双向行驶外，其他道路原则上都应当设为单行道。两条相邻的平行道路，反向单行，车辆即使遇到需要绕行的情况，绕行一个步行小区，路程也不会很远。这就是"街窄单行，防堵疏缓"的意思。

快速道上运行的 1、2 两组快车，在其所经街区，各停 1 站，因而其站距等于街区边长，达到 3～6 公里，运行速度自然快。在上午 7～9 时、下午 17～19 时的上下班高峰期。其他车辆也禁止在快速道上左转，由于交叉路口少，必须直行通过路口后，再经连续右转实现左转，车速也会提高。两部分合在一起，构成"让一部分车先快起来"的完整内容。牵一发而动全身，一部分车先快起来，让出路面，腾出时间，其他车辆也会随之加快，整个城市交通易于通畅。

在全市公交车总量不变的条件下，由于"一路一线"，原先在一条道路上运行多路公交车，合并成 1 条线后的车数增多数倍，产生集约效应，每次候车的时间会显著减少，以致连续换乘几次的总候车时间也未必超过原先 1 次的候车时间。这就是"使所有线路的候车时间都显著缩短"的含义。其实，由"一路一线"产生的这种"缩短候车时间"的集约效应，还会进一步派生出"改善乘坐条件"的附带效应，避免"前车拥挤后车空"的失衡现象。

二、标准模型的快速道与街区数量

由横竖各两条快速道，组成井字形路网，围成的是 1 环（井字的中心），快速道的总条数等于环数乘以 4。在 1 环之外，东西南北 4 边各加 1 条快速道，围成 2 环，快速道的条数为 8 条。以此类推，n 环的快速道条数等于 4n。按此计算，6 环与 7 环都市圈分别为 24 条与 28 条快速道。由于 1 条快速道上只跑 1 路快车，快车线路数与快速道的条数相等，因而，n 环都市圈的快车线路数等于4n。如果北京市按6环设置快速道，那么，全市大公交系统只要开通24路快车就可满足需要。

为保持快车一路通畅，时速能够达到50～60公里，需要采取以下五项措施。一是在上下班高峰期禁止街区慢车道上的车辆穿越快速道，以便使快速道能够实现半封闭运行。二是上下班高峰期快速道禁止车辆左转，左转需要直行通过路口后行驶到规定路口经连续右转上快速道。三是优化各交叉路口的信号灯时间设置，以便准时运行的公交车一般都能遇上绿灯。四是为使公交车准时运行，各站停车时间必须精确到秒，设计时留有余地，能够在保证乘客下车的前提下准时离站，没有来得及上车的乘客可以等下一辆。五是优化车辆调度，根据路段交通实际需要，及时增减区间车，尽可能让乘客人人有座，但又尽量避免出现20%以上的空闲座位。

在格式化标准模型中，n环市区含 $(2n-1)^2$ 个闭合街区，8n个开放街区，总计 $(2n+1)^2$ 个街区。按此计算，6环含闭合街区121个，开放街区48个，总计169个街区。由四周快速道围成的闭合街区，无论大小，都设有8个快车站，分布于街区4角，每角2个，位于街区4条边的8个端点附近。这8个快车站，内接街区小公交系统，外连4路快车，都具有两种功能，能够满足两种需要。一是为乘客进出街区提供站点，二是为换乘快车提供无须穿越快速道的相邻站点。如果考虑道路外延，开放街区快车站平均也按8个估算，那么算总账，n环都市圈总共约需 $8 \times (2n+1)^2$ 个快车站。据此计算，6环都市圈总计约需1 352个快车站。

三、对标准模型的适当修正

现行的点线式公交模式，即使在北京这样的特大城市，也并非一无是处，其最大优点是有多条公交线路能够从四面八方直接通往交通枢纽。从全国范围看，城市如同本文标准模型中的街区一样，是铁路、公路、水运与航空等长途交通网络中的一格。城市公交重要任务之一是要满足人们进出城市的需要。在机动车不多、公交线路较少的城市公交发展初期，公交格式化既无必要也无可能，唯一可行的方案是保重点。保重点的最佳方案，就是从火车站、长途汽车站、港口码头与机场等重要交通枢纽出发，有公交线路通向多个方向。

进出城市的乘客，随身携带的物品一般较多，换乘不方便，自然希望能够尽可能直达。在格式化标准模型中，如果城际交通枢纽不是恰好处于街区一角，靠近相邻两个快车站，那么，除了所在街区慢车外，就再也没有直达车了。为了弥补这一弊端，需要适当吸取点线模式的优点，对标准模型进行必要的修正。主要的修正措施，就是在标准模型全市大公交系统中增设始发于城市对外交通枢纽的特殊线路。

始发于交通枢纽的特殊线路，具体包括以下两种。一种实际上可以说是途经交通枢纽所在街区的 4 条快速线路的区间车。此种车从交通枢纽始发站开出后，即按一定方向驶向各自的快速线路，同样遵守直行原则，但为方便乘客上下，站距较小，每隔 300～500 米即于街区路口边设站。另一种是斜向折行车，从交通枢纽始发站开上快速道后，每遇到 1 个快速道交叉口，都间隔地进行左右转，向着所经街区的对角线方向运行。其左转同样遵守直行通过路口后再经连续右转上路的原则，其站距如同区间车，每隔 300～500 米停 1 站。

四、修正模型中的街区道路与公交编码

万事开头难，转变公交模式的最大难点是要人们放弃自己已经熟悉的公交线路，改乘完全陌生的线路。为克服这个难点，可以在格式化公交系统中，对快速道、快车线路、快速道交叉路口、街区、快车站、街区道路、慢车线路和慢车站 8 项，实行数字编码，让初来乍到的外地人，也能根据目的地车站的代码，立刻知道如何换乘，而且选择的是最佳换乘路线。

1. 快速道代码。用两位数字编码快速道。单数标南北，双数指东西。譬如北京市从长远考虑可按 7 环编码 28 条快速道，东起东七环，西到西七环，依次用 01、03……25、27 标示南北走向的 14 条快速道；北起北七环，南到南七环，依次用 02、04……26、28 标示东西走向的 14 条快速道。

2. 快车线路代码。用 3 位数字编码快车线路。其中前两位数字代表运行的快速道；第三位数字为 1，代表驶过交叉路口才停的左转换乘车；为 2，代表停于交叉路口前的右转换乘车。譬如，运行在 12 快速道上的左转换乘车，其代码为 121。

3. 快速道交叉路口代码。用 4 位数字编码快速道交叉路口。其中前两位

数字代表南北向快速道；后两位数字代表东西向快速道。譬如，11 与 12 快速道的交叉路口，代码为 1112。

4. 街区代码。用街区西南角快速道交叉路口的 4 位代码作为街区的编码。譬如，被 09、10、11、12 四条快速道包围的街区，其代码为 1112。

5. 快车站代码。用 5 位数字编码快车站。其中前 4 位数字代表该站所处的交叉路口，末位数字 1～8，按顺时针方向依次代表东北、东南、西南、西北 4 角上的 8 个快车站。譬如 1112 交叉路口东北角上的 111 路快车站，代码为 11121，西南角上的 122 路快车站，代码为 11126。

6. 街区道路代码。用 6 位数字编码街区道路。其中前 4 位数字代表街区；后 2 位数字沿用快速道编码原则。譬如，1112 街区东起第 3 条南北向道路，代码为 111205。

7. 慢车线路代码。用 7 位数字编码普通慢车线路。其中前 6 位数字代表运行的街区道路；末位数字 1 表示由北向南，末位数字 3 表示同一路车由南向北；末位数字 2 表示由东向西，末位数字 4 表示同一路车由西向东。譬如，7 位代码 1112022，就表示 1112 街区内在 02 道路上由东向西运行的普通慢车。

始发于交通枢纽的特殊线路站距较小，属于特殊慢车。开头用一个汉语拼音字母代表始发站，后面 6 位数字代表终点站所在的街区道路。譬如，北京市 X070802，就表示始发于西客站、终点站在 0708 街区内 02 道路的特殊线路。

8. 慢车站代码。用 8 位数字编码站数不超过 10 的普通慢车站，用 9 位数字编码站数超过 10 的长线慢车站。两者的前 7 位数字都代表慢车线路；后一或两位数字为车站顺序号，0 和 01 都表示起始站。一般地说，5 环以外的大街区内才会有长线慢车站。特殊线路上的车站代码，为其线路代码后面加上两位数字的车站顺序号。譬如，X07080248 代表 X070802 线路的第 48 站。

五、修正模型与点线模式利弊分析

与点线模式相比，格式化修正模型有利有弊。其优势主要表现在：运行于街区之间每条快速道上的专线快车，不仅站大车快，而且清一色都是同一路车，候车时间缩短。存在的弊端可能是：除了始发于交通枢纽的特殊线路和快速道沿线区域外，其他乘客当中可能有些人将要增加换乘次数。

　　定量分析格式化模型"一路一线"的做法，将使目前运行 n 路公交车道路上的单线车辆数合并为原一条线路车的 n 倍，候车时间相应减少到 1/n。因而，点线模式下的 m 次候车时间、m - 1 次换乘，大致相当于格式化模型中的 nm 次候车时间、nm - 1 次换乘。按全市道路目前平均运行 3 路公交车计算，点线模式下的 1 次候车时间、0 次换乘，相当于格式化模型中的 3 次候车时间、2 次换乘；点线模式下的 2 次候车时间、1 次换乘，相当于格式化模型中的 6 次候车时间、5 次换乘。

　　在格式化模型中，从一街区到另一街区，最多需要慢换慢、慢转快、快换快、快转慢、慢换慢 5 次换乘、6 次候车。论候车时间，这相当于目前点线模式下的 1 次换乘，2 次候车。换言之，在目前点线模式下换乘 1 次的候车时间，就相当于格式化模型中换乘 5 次。进一步考虑车速提高因素，点线模式下凡有换乘者，都将在格式化模型中受益，节约交通时间。此外，由于点线模式下的 1 次候车时间，就相当于格式化模型中的 3 次候车时间，因而格式化模型中换乘次数不超过 2 次者，也都将在新模型中受益。

　　在点线模式下的直达者，如果在格式化模型中需要换乘 2 次以上，即换乘 3 次、4 次或者 5 次者，是否受损还需进一步看路程远近。在格式化模型中，凡换乘 3 次以上者，必定要乘坐 4 条以上线路公交车，其中肯定包括 2 条快速线，至少经过 2 个街区，在快速道上的运行路程大多超过 10 公里。按快车平均时速 45 公里、每公里 1.5 分钟，点线直达车平均时速 20 公里、每公里 3 分钟计算，在快速道上运行 10 公里就可节约 15 分钟，足可抵偿多次换乘的候车时间。

　　综合上述分析，考虑"一路一线"缩短候车时间的集约效应与快速道上站大车快两大要素，可以肯定格式化修正模型明显优于点线模式。至于进出城市的乘客因携带物品较多而不便换乘的问题，通过修正模型增设通往四面八方的特殊线路，总体效果也不会比点线模式差。

　　当然，对增加换乘次数的人们来说，票价可能是个不容忽视的问题。为解决这个矛盾，可以设想多种办法。譬如街区慢车票价减半，或者接连换乘慢车刷卡间隔未超过半小时不扣款，或者在工资增加交通费补贴相应较少企事业地方税等。总之，利益关系是可以适当调整的，关键是要让道路畅通，车速加快，节约时间，减少污染。只要以人为本，孰轻孰重，一目了然。

至于上下班高峰期，其他车辆不能穿越快速道，并禁止在快速路口左转的问题，需要辩证地看。这固然会使上述车辆绕一些路，但全城不塞车，车速快多了，而且不限号，总体来说对他们也是很有利的。

六、格式化修正模型的实施步骤

习惯是一种强大的力量。新方案再好，人们也可能因为习惯旧模式而不愿意采取新方案。即使市政府足够明智，能够下决心采用新方案，由于牵涉面太大，贯彻起来也绝非易事。为使都市圈地面公交格式化修正模型能够顺利实施，建议做好周密准备，采取如下几个步骤。

（一）提前公布格式化公交系统代码表

提前公布格式化公交系统的代码表，可以使全体市民有充分时间熟悉整个都市圈的快速道、快车线路、快速道交叉路口、快车站、街区、街区道路、慢车线路与慢车站的代码。为加深人们的印象，本市的电视频道应当紧密配合，反复进行模拟宣传，让人人皆知公交代码，个个会用代码。

譬如，要让住在 09160110 慢车站附近（0916 街区东北角）的居民，能够看出他要去 19180223 慢车站（1918 街区北数第 1 条由东向西路上慢车第 3 站），可以先到自己街区东北角 0714 交叉路口西北角的 07148 快车站，乘 072 线快车，向南坐 1 站到 07168 站下车，在 07167 快车站换乘 161 线快车，向西坐 5 站到 17167 快车站下车后向南过天桥，进入 1918 街区东北角，换乘街区内 1918022 线慢车，向西坐 3 站即到。这需要市民对公交代码熟悉一段时间后才能做到，因而必须提前进行宣传解释，公交车票务员、司机与站台辅助人员，都应事前培训。

（二）提前编组并进行深夜演练

采用格式化公交模型，公交车队需要进行相应调整。最显著的变化，是要区分大小公交系统。全市大公交系统，包括各路快车与特殊慢车，每条线路都很长，快车往返一次也需 2 小时。各街区的小公交系统线路比较短，20～30 分钟就能转一圈。司机与票务员谁分到哪个系统、哪一街区、哪路车，都需要提前编组。为熟悉新线路，在改革方案实施之前，需要普遍经过一两次深夜演练。

（三）调整完善道路与站点设施

一方面要增设一些跨越快速道的过街天桥或者地下通道，以便骑自行车与步行上下班者在上下班高峰期禁止慢车道上的人车穿越快速道时，也能够跨越快速道。另一方面需要适当调整快车站的位置与长度，以便大批乘客集中换乘。

（四）选择国庆长假实施整体方案

为了不影响上下班，也不在冬季影响过春节，最好选择气温适宜的国庆节长假，彻底实施新方案。为保险起见，实施新方案的第一、第二两天，可考虑对非公交机动车按单双号限行。估计经过两天时间，人们即可基本适应，第三天恢复正常。如果新方案实行顺利，机动车有望自此不再限号。

（原载《中国投资》2013 年第 8 期）

7.13　铁路需要研究大战略

"十二五"综合交通运输体系规划确定我国铁路的发展目标是到 2015 年年底铁路营业里程达到 12 万公里，提前完成《中长期铁路网规划（2008 年调整）》规定的任务。这件好事引出一个紧迫问题：2016 年后我国铁路应当如何发展，是否需要制定新规划、扩建铁路新线？这关系到我国未来的交通运输格局与国土资源利用，急需集思广益，深入研究铁路发展大战略。

一、规划铁路网营业总里程的方法和依据

实践是检验真理的标准。2008 年 11 月，国家调整中长期铁路网规划，追加 2 万公里，将 2020 年全国铁路营业里程由原规划的 10 万公里，调高到 12 万公里以上。4 载时光飞度，展现事实清楚，即将提前 5 年，建成追加铁路。喜讯首先证明，原规划偏于保守，追加调整实属必要。而时间提前之多似又表明，专业主管部门受条件制约，调整中长期铁路规划的方法也可能不尽科学，制定规划的依据未必十分可靠。出于对交通体系的关注，愿从外行视角，借用民间智慧，对全国铁路网总里程的规划方法和依据，提出两点参考建议。

（一）傻子过年看邻居

铁路不是新设施，百多年前最绚丽。高峰一八八七年，美国年建四万里。那年美国多少人，河南半省即可比。那年美国多少钢，宝钢一炉能匹敌。那年美国多少电，筑路劳工未曾见。那年美国多少钱，人均年收三百元。是否美国多壮汉？苦活累活华工干。华工汗水路几何，公里四十点九万。时至一九一六年，美国铁路已铺遍。二〇一六即将到，中华铁路需重算！

自己一时算不清，邻居家当不妨看。如今攀比物力足，无须顾虑钢和电。如今攀比人丁旺，病夫返乡身已健。比罢可能看需求，需求决定总路线。只要新线利国人，金钱小事人能办。古往今来君不见，愚公子孙可移山。只要还知看邻居，傻子也能过好年。愚人常享愚人福，无忧无虑实心干。最忌心多胆子小，嘴巧善把理由找。放眼四邻定目标，新的规划才会好。

（二）邻居要看相近的

看邻居，定目标，条件要找相近的。规划铁路网总里程，应当侧重从哪几个角度，选择条件相近的邻居呢？粗看邻居历程，就可排除贫富差距因素，无须比较人均 GDP 高低。因为欧美各国于 20 世纪 10 年代、亚非主要国家迟至 20 世纪 60 年代，陆续建成自己的铁路网，从那时到现在 50～100 年间，各国人均 GDP 已翻多番，而铁路网里程却基本没有延长，有的国家（如美国）甚至缩短。思考铁路网规划总里程，翻看邻居百年之前的 GDP 老账，显然没有参考意义。

再看邻居铁路网建成前后的人口动态，不难发现，人口数量达到一定底线后，就只能作为辅助性参考指标。其实，各国的铁路网达到一定密度后，即使人口数量成倍增加，铁路网也不再延长。这是因为人口增多与经济增长需要增加的客货运量，可以通过革新技术、提高运输效率来满足，如同成年人的血管网不再延长，通过心跳加快、血流加速来满足剧烈运动时的供氧需求一样。

从运输功能看，铁路网类似血管网。成年人的血管长度不受其收入与职位影响，不随运动量增减而忽短忽长，主要由身高与体重决定。但二者也有显著差别，血管密度人人相近，而铁路网密度各国的差别却很大。察其原因，主要是各国的地理气候条件不同，人口与资源的区域分布特点有别，值得参考。

综合考虑以上几种因素，以国土面积为基础，同时参考人口数量以及人口与资源的区域分布特点，在面积 200 万平方公里以上、人口过亿的大国中选择，除了高寒地带占比大的俄国与人口分布高度集中于沿海一线的巴西外，只有印度、美国与欧盟 3 个国家和地区，较为适合我国参照。

二、参照印度与美欧铁路网得到的几点启示

（一）印度与美欧的铁路营业里程与铁路密度

印度、美国与欧盟的国土面积、铁路营业里程与铁路密度见表 1。任何国家的人口数量都是变动的。表 1 中选取 2000 年的人口数字，是因为手头资料方便，没有任何时点标志意义。其实，在这 3 个国家和地区的铁路网建成之时，他们的人口数量比表 1 中的数字少很多，其后的人口数量变动与铁路里程、国土面积都不相关。这就使人均铁路长度与人均国土面积年年都在变。因此，表 1 不计算比较人均铁路长度。

表 1　　　　　　印度、美国与欧盟的国土面积与铁路营业里程

国家与地区	国土面积 （万 km²）	2000 年人口 （百万）	铁路营业里程 （km）	铁路密度 km/万 km²	人口分布特点
印度	297	1 015	63 221	213	比我国均衡
美国	937	282	226 612	242	与我国类似
欧盟	432	495	229 501	531	比我国均衡

数据来源：（1）国土面积与人口数字来自《2002 世界发展指标》，2004 年 6 月第一版。

（2）铁路营业里程摘自世界银行 2008 年根据 CIA 数据库公布的 144 个国家的铁路长度数据。

（3）铁路密度为作者计算。

铁路密度，即万平方公里的铁路营业里程，是一国铁路网长度与其国土面积的比值。由于国土面积不像人口数量那样年年变动，当铁路网建成并经过运营调整逐渐稳定后，两者的比值——铁路密度就会长期保持不变。因而，表中计算的主要对比指标是铁路密度。

（二）美国铁路密度最值得我国参照

从表 1 中可见，与印度、欧盟相比，美国的国土面积与我国较为相近。不仅如此，在地形、地表和气候条件以及与此相关的人口与资源分布特点方面，美国实际上也比印度与欧盟更接近我国。因此，在 3 个国家和地区中，

相对而言，最适合我国比照的是美国，印度与欧盟可作二级参考。

美国铁路网的最大长度曾经在 1929 年接近 43 万英里，折合 68 万公里。其后主要在汽车与公路的激烈竞争下，大部分支线都被淘汰，逐渐废弃，陆续拆除，运营里程大幅度缩减。这样剩下来一直保持运营的铁路网，为22.6612 万公里，铁路网密度为每万平方公里平均 242 公里。按此密度计算，在我国 960 万平方公里大地上，应当铺设 23 万公里铁路网。

（三）印度与欧盟的铁路密度可作适当参考

印度与欧盟的铁路密度可为我国铁路网总里程提供上下限。印度平均每万平方公里国土面积拥有 213 公里铁路。以此密度为下限计算，我国的铁路网总里程至少应当达到 20 万公里。欧盟的铁路网密度为平均每万平方公里531 公里。如果以欧盟的铁路密度为上限，我国的铁路网总里程最长不应超过50 万公里。

欧盟不像我国与美国，没有大面积的沙漠或寒冷高原，人口分布较为均衡。考虑我国西部存在较大的人烟稀少地带，全国平均按欧盟密度计算未必适当。如果将含有大面积沙漠与寒冷高原的内蒙古、青海、新疆、西藏四省份的铁路密度按欧盟密度十分之一，即每万平方公里平均 53 公里计算，则四省份 462 万平方公里区域面积，应当规划 2.449 万公里铁路线。东中部其他省份的铁路密度按欧盟密度 531 公里测算，498 万平方公里的区域面积，应当规划 26.444 万公里。两区域合计，全国铁路网总里程应当接近 29 万公里。

（四）需要重点探究 23 万～29 万公里铁路网是否符合我国国情

经过上述对比，按不同的密度指标，总共得出 20 万公里、23 万公里、29万公里、50 万公里 4 个参考数据。如果去掉两端，保留中间，剩下全国按美国密度计算的 23 万公里与东中部按欧盟密度计算的 29 万公里，两者相差 6 万公里，难分伯仲，都有较强的参考意义。

同时又应清楚地看到，用看邻居方法得到的毕竟是经验性启示，不能作为制定规划的充分依据。科学制定铁路网规划，需要从本国国情出发，进一步考虑其他交通方式的竞争和科技进步新趋势，在广泛了解包括小城市在内的全国各城市意愿、认真听取省市自治区政府意见的基础上，提出铁路新线选择设想，经过专家多方测算论证，才能最终确定。

三、考虑国情与科技进步对我国铁路发展趋势的判断

（一）人口与景观因素决定我国铁路客运将长盛不衰

人口众多是我国最突出的国情。即使计划生育政策再坚持实行 50 年，这一国情也不会发生根本改变。国土辽阔，气候多样，山高水长，东西南北地形地貌差异巨大，景观奇特多变，环顾全球，没有任何其他国家可比。即使喜马拉雅山停止上升，横断山脉不再挤压，这一得天独厚的自然特色也不会消失。适当考虑人口与景观这两个长久因素，不难断定，我国的铁路客运将长盛不衰。

刚刚过去的国庆长假表明，公路与铁路客运齐上阵，仍然难以满足 13 亿人口大国的节日出行需求。这种需求还将随着城镇化进程加速、人民生活水平提高、休闲时间增多而趋于扩大。估计在我国人口 2030 年达到 15 亿高峰转入下降阶段时，由于居民出行比率会因在岗人员休假逐渐加长与退休人员寿命趋于延长而进一步升高，年度客流量还将持续上升。

研究我国铁路今后发展的大战略，需要比以往更加重视客运因素，尤其需要认真考虑旅游客运需求的增长趋势。过去规划铁路新线，更多考虑的是联系工厂矿山等产销地之间的货运需求与 20 万人口以上城市之间的客运需求，很少考虑旅游景点的通车需要。这主要是受过去时代的局限，当然也有人认为，为保护旅游景点的自然环境，不宜修铁路。其实，通铁路比通汽车，占地与污染更少，更能保护旅游景点的自然环境。

用铁路线把全国各地的著名旅游景点全都串联起来，是研究铁路发展大战略应当认真考虑的一件事情。同样值得认真研究的另一个问题，是 10 万 ~ 20 万人口小城市是否需要普遍通火车？如果上述两个问题都能得到肯定回答，在联通小城市的同时联通著名景点，那么，《中长期铁路网规划（2016—2030 年）》中需要新建的路网草图，就可以大体上显现出来。只要再适当补充一些大矿和重要国防点线，整个路网就可基本完善。

（二）公路与管道对铁路的替代作用已到尽头

在各种交通运输方式中，航空与河运对铁路的替代作用有限，只能分流一部分新增的客货运输，不足以减少铁路的客货运量。公路与管道对铁路的替代作用较大，20 世纪前半期，汽车公路运输的强烈竞争，曾使美国的铁路

运量明显减少，以致美国的铁路营业里程由 1929 年最高峰时的 68 万公里，缩短为不足 23 万公里，被削减 2/3。

但美国公路与管道对铁路的替代作用早在高速公路大发展之前就已经走到了尽头。半个多世纪以来，尽管高速公路修得很宽，汽车性能日新月异，但美国铁路营业里程却没有再缩短，一直保持在 22.66 万公里。这说明，铁路网需要一定密度，公路对铁路的替代作用有限，从世界范围看，50 年前这种替代就已经到了尽头。

虽然在没有发明汽车之前，我国就已经开始建设铁路，但一直多灾多难，很少有顺利时段，到 2012 年尚未最终建成整个铁路网，早已错过了铁路超前发展的阶段。因而，我国不存在公路与管道对铁路的替代问题，真正需要研究的战略性问题是，已经通公路的一些地方，如未通火车的 10 万～20 万人口城市和著名景点，是否需要考虑修通铁路？

判断这个问题，有两种衡量标准，一种是客观需求，一种是财务比较。所谓客观需求，就是要从某地启程或者要到某地去的人们，是否希望该地有个火车站，持有这种愿望的人究竟有多少，值不值得为他们修通铁路？所谓财务比较，就是火车票价比汽车票价高多少，会有多少人愿意为了安全舒适而选择火车，向那些地方通火车是否会亏损？

按客观需求判断，未通铁路的 10 万～20 万人口城市和著名景点，都可能需要修建铁路新线。按财务比较判断，情况复杂一些，必须较为准确地预测以下两点。一是未来一二十年我国低收入人群收入水平的提高幅度及其对火车票价的可支付能力。二是这些铁路新线的建设成本完全由运营公司承担，还是像汽车运营公司那样只是承担部分公路建设成本。这两个问题涉及国家宏观经济政策与铁路投融资体制，需要另文探讨；本文只能说，这取决于国策，目前具有不确定性。

（三）科技进步正在增强铁路的竞争力

铁路运输相对而言节能环保，科技进步使铁路客运更加舒适快速，现在又开始高度重视并采取有力措施不断提高安全性。这使铁路客运正在逐步增强竞争力。对于四五百公里以上、一千五六百公里以内的长途旅行来说，高铁不仅比长途汽车快速很多，舒适很多，而且用时不逊于飞机，舒适度则高于飞机。

随着低收入人群收入水平的逐步提高，铁路对长途汽车的上述竞争力，将会得到更充分的显现。如果国家深入改革铁路投资与经营体制，由中央和地方政府投资建设铁路，铁路路权归中央与地方财政所有，依据国家的区域发展政策，区分不同路段以差别优惠价格，租赁给大大小小的铁路货运与客运公司去自主经营，那么，在成本方面获得与汽车运营公司平等竞争地位的铁路运营公司，很可能在票价上也有一拼。

四、两种估计

对我国铁路网总里程的估计关键在于如何估计小城市和旅游景点对铁路的需求。思考我国铁路发展大战略，规划铁路网总里程关键是要弄清两个小问题。一是铁路网是否需要覆盖 10 万～20 万人口小城市，二是著名旅游景点是否都应通铁路。对这两个问题的答案如果都是否定的，那么，2015 年即将建成的 12 万公里铁路网，就已经基本满足需要，即使需要再建几条新线，也只是属于个别调整补充，无须制定新的中长期铁路网规划。

对上述两个问题的答案，如果有一个是肯定的，那就意味着 12 万公里铁路网还不能够满足我国的交通运输需要，有必要制定新的中长期铁路网规划。本文根据对上述三个部分的对比分析，倾向于认为仅仅为满足客运需要，就应当让铁路网覆盖全国 10 万人口以上城市与著名旅游景点。从这一基本判断出发，对我国的铁路网总里程作以下两种估计。

（一）保守估计我国铁路网规划里程应增至 20 万～23 万公里

无论是人口达到 10 万的城市，还是著名旅游景点，都不是固定不变的。城市发展，人口增加，10 万人口的城市今后还会增多。发展旅游，开发景点，一些现在不出名的地方日后有可能出名。暂不考虑未来发展，仅根据当前情况进行保守估计，要使铁路网覆盖 10 万人口以上城市与著名旅游景点，铁路密度可能需要介于印度与美国之间，即每万平方公里国土面积平均213～242公里铁路，960 万平方公里国土上应有 20 万～23 万公里铁路网。

以上里程，是限于个人时间与精力，采用简易办法，简单参照他国现实的一种粗略估计。希望感兴趣的专业机构，能够把目前没有规划铁路的 10 万人口以上城市与著名旅游景点一一圈出，画图测算应当规划的新线总里程，这样做具有更大的参考意义。

譬如九寨沟，目前没有规划铁路，虽然旺季游客多，淡季游人少，但如果算总账还是值得修铁路的话，那就可以东起昭通，西至川主寺，画出一条昭川线。类似地，从蓬莱到旅顺，经庙岛群岛，也可以画一条蓬旅桥隧，并向南经栖霞接莱阳，使东北地区能够比旅顺烟台轮渡更加顺畅地联通东部沿海铁路网。在大西部，可以画波墨线（波密到墨脱）、西昌线（西宁经玉树到昌都）等目前没有规划的铁路。修建这些铁路，都将有力地拉动旅游。

（二）积极估计我国铁路网总里程可能需要达到 28 万 ~ 30 万公里

展望未来，在目前 5 万 ~ 10 万人口的小城市中，不可避免地会有一批城市陆续进入人口超 10 万的行列。旅游部门的努力打造与人们追求新鲜的心理相结合，肯定会出现一些新的著名景点。据此进行积极估计，要在未来岁月使铁路网覆盖 10 万人口以上城市和知名旅游景点，我国的铁路密度可能需要在东中部接近欧盟水平，大西部稀疏一些，即前面提到的内蒙古、青海、新疆、西藏 4 省区按每万平方公里 53 公里计算、东中部其他省市区按每万平方公里 531 公里计算，全国铁路网总里程应当约为 29 万公里。

当然这也是采用简易办法，简单参照他国得出的粗略估计。本文提出这一铁路总里程的用意，是希望在制定新的中长期铁路网规划时，能够留有余地，把目前人口不足 10 万，但一些发展潜力较大的 5 万 ~ 10 万人口小城市，也适当考虑进来。今后的指导性铁路网长期规划，主要是提供思路，即使超前一些，甚至有些选线不切实际，也没有太大关系。因为是否修建某一具体线路，需要由投资者作出最终决策。如果有些规划线路，始终没有任何业主愿意投资建设，规划图上白画了一些线条，规划师们的工时浪费并不多，比起规划保守，束缚发展，让人们在几十年内饱尝"一票难求、一车难求"之苦的损失小多了。

（原载《中国投资》2012 年第 11 期）

7.14 实施铁路大战略需要政策与体制支撑

只有战略目标，缺少必要措施，再好的战略也是空谈，落不到实处。进入"十三五"规划期后要继续保持 2009 年以来的铁路建设速度，顺利实现

2030 年前建成 20 万公里以上铁路网的战略目标，需要采取切实有效的战略措施，从政策优化与体制改革两个方面提供保障。

一、实现铁路发展战略目标面临资金困难

为应对国际金融危机，我国从 2009 年起大幅度增加铁路建设投资，金融机构积极为铁路建设融资。到 2011 年年底，铁道部债务总额由 2008 年年底的 8 683.95 亿元上升为 24 126.75 亿元，3 年间增加 15 442.8 亿元，扩大 178%，负债率由 46.81% 上升到 60.63%，升高 13.82 个百分点。

尽管这一负债率还处在合理水平，但因铁道部作为单一法人的债务总额已经变得很大，在银行贷款与债券发行两个方面，都因触及金融业监管界限而出现险情。从银行贷款看，受商业银行单一客户放款最高占比不得超过 10% 的限制，有的银行已不便给铁道部增发贷款。从债券发行看，2012 年 8 月22 日第四期 200 亿元铁路建设债券发行后，铁道部的债务余额达到 6 320 亿元，受到《证券法》关于公司发债不得超过净资产 40% 的红线制约。

为支持铁路建设，国家从实际情况出发，及时作出决定，将铁道部作为非公司制企业看待。国家发展改革委据此将铁道部的债券发行限额放宽到不超过净资产（即权益）总额。按此发债限额，距离 2012 年第一季度末 15 785.78 亿元的净资产（即权益）数量，铁道部还有 9 400 亿元的债券增发空间，今后 3 年平均每年可以增发债券 3 100 亿元。这使铁道部 2013～2015 年的融资不会受到金融法规的硬性限制，完成"十二五"铁路建设规划的建设资金来源问题能够得到解决。

真正需要研究的问题，是从 2016 年开始的"十三五"规划期铁路建设资金的供求关系。按铁道部 2009～2011 年债务总额年均增长 5 100 亿元、长期债务余额年均增长 4 300 亿元的趋势，到 2015 年底"十二五"铁路建设规划完成时，铁道部的债务规模可能达到 4.47 万亿元，其中长期债务余额可能达到 3.53 万亿元，债券余额接近 1.6 万亿元。届时铁道部的净资产有可能增加到 2 万亿元，总资产（负债和权益）达到 6.47 万亿元左右，资产负债率上升到 69.45%，临近 70% 的警戒线。这将使铁道部"十三五"规划期的融资条件，在银行贷款与债券发行两个方面，都发生不同于目前的明显变化。

从债券发行方面看，按照不超过净资产的控制标准，距离 2 万亿元的净

资产总额，整个"十三五"规划期将只剩 4 000 亿～5 000 亿元的增发空间，年均仅 1 000 亿元左右。从银行贷款方面看，会有更多银行对铁道部的放款达到最高占比 10% 的单一客户控制线。如果到那时国家不出台特殊的支持措施，铁道部将无法像目前这样融资，难以实施年均建设 4 000 公里铁路新线的战略规划。

除了外部融资条件发生不利于进一步扩大债务规模的变化外，从铁道部自身利益看，也将表现出不宜继续大量增加债务余额的倾向。当 2015 年年底铁道部债务规模超过 4.4 万亿元、负债率接近 70% 警戒线后，还本付息压力将急剧增大。如果为了实施新的铁路网建设规划，继续大幅度增加债务，那就难免会因应付利息增加过快而出现亏损，甚至可能威胁到现金流。这可能是铁道部从管理层到普通员工都不愿意看到的局面，必将降低铁路部门建设铁路的积极性。

根据以上分析，对于 2016 年后我国铁路建设资金的筹集问题，得出如下结论。面对"十三五"时期铁道部融资条件的变化，如果国家不采取新的有力措施，单靠铁道部，届时将很难筹集到足够的资金来保持目前的铁路建设速度。即使铁道部能够借到钱，也会使其财务状况发生恶化。

上述两难局面将使 2016 年后我国铁路建设面临以下三种选择。一是确认我国铁路网已经基本建成，此后不再需要进行大规模铁路新线建设，因而无须大量融资。二是给铁道部留出 10～15 年的债务调整时间，待到 2026～2030 年铁道部债务规模有所缩小、资产负债率有所下降、融资条件得到改善时，再考虑实施新的中长期铁路网规划。三是国家采取新的有力措施，趁热打铁，在接下来的 15 年内继续保持目前的铁路建设速度，争取在 2030 年前建成能够基本满足我国社会经济长期发展需要的 20 万公里铁路网。

二、现行体制下实施大战略政策措施

如果要优化我国的综合交通运输体系，决心实施铁路发展大战略，则应作出上述第三种选择，在 2016～2030 年再建 8 万公里铁路新线，即使按每公里铁路新线平均造价 1 亿元估算，总计也需要 8 万亿元铁路基建投资。要顺利筹集如此巨额的建设资金，加快铁路建设速度，同时又不增加铁道部债务负担，有优化政策与改革体制两类措施可以采取。优化政策涉及面少，易于实行，并可为改革创造良好条件。改革体制牵涉人多，关系复杂，需要慎重推行。本着先易后难的原则，首先讨论现行体制下优化政策的具体措施。

措施其实很简单，而且早已有先例，可供照样画葫芦。这措施就是以特别国债置换铁道部全部债务。可借鉴的先例是：我国 1998 年通过发行特别国债，组建金融资产管理公司，剥离国有商业银行不良资产，使国内外长期不被看好的四大国有商业银行，很快全都身价百倍，不仅让外国战略投资者大赚一把，而且使这些银行的中高层也都发了小财。其实，真正赚大头的还是国家，国家持有的这些银行股权，无论看净值还是算市值，都已经翻了多番，远远超过当初为剥离银行不良资产而发行的特别国债。

更值得注意的是，特别国债悄然无声，农民不知道，工人没感觉，粮油菜市无反应，如果不是特别提起，人们早已忘记。用财政部债务置换铁道部债务，社会信用规模不增不减，国家部委债务总额不多不少，工农大众对此难以觉察，应当说在情理之中。但对债务人来说，财务效果则十分明显，由于国债利率比银行贷款利率低很多，应付利息会立即大幅度下降。用节省下来的这些利息，无论加快铁路建设，还是延缓铁路运输提价，都会给人民带来实惠。

铁道部的资产质量，远胜于 1998 年国有商业银行的资产质量，比现今各股份有限公司银行的信贷资产质量，也毫不逊色。因而，今日的铁葫芦比当年的银葫芦，更容易画。事实上，对铁路根本不必谈剥离不良资产，无须另行设立专门处理不良资产的公司，只需中央财政发行与铁道部债务等额的铁路确权特别国债，全额清偿铁道部债务，通过注资将铁道部名下所有路网、车辆、通信设施和建筑物，确权为国家优良资产，就可为铁路投资经营体制改革奠定坚实基础。

采取上述措施，不仅操作方便，药到病除，5 分钟解决问题，还有以下诸多好处。第一，国家铁路系统无债一身轻。第二，债权人权益得以维护，连本带息，一分不少，全获偿付。第三，对与铁路建设相关行业的职工及其家属有好处，可以增加收入，改善生活。第四，对全国经济增长有带动。第五，铁路网联通旅游景点，可以减少汽车尾气对秀美山川的污染。第六，对全国人民与企业有好处，出行更方便，运货更便捷。第七，优化城镇结构，10 万人口以上小城市通铁路对周边小城镇也有带动。

最后，对中央财政还有以下三项好处。其一，铁道部债务最后其实也就是中央财政自己的债务，经此转换，从 2011 年 11 月发行的 10 年期铁路建设债券与同期限国债利率比较情况看，利率负担可由 4.99% 降低为 3.57%，下降超过 1 个百分点，降幅高达 30%。其二，自此无须再投入中央预算拨款，就能由国铁公司自筹资金拓展 8 万公里铁路新线，提早 10～15 年形成 8 万亿元坚实的铁路资产。其三，细算经济账，在铁路工程造价年均升幅高于特别国债利率的情况下，早建铁路等于降低铁路建设成本，给国家所持的铁路资产留下更大的溢价空间。

上述大小合计十项好处，惠及方方面面，各行各业，可以说泽润山河，利遍城乡。即使有谁能够挖空心思找出几条坏处，与上述十项好处相比，无论怎么说，也还将是弊小于利。如此明显利大于弊的措施，在必要时，无疑是值得下决心付诸实施的。

三、改革铁路投资经营体制总体思路

以特别国债置换铁道部全部债务后，铁路投资经营体制改革就不难进行了。本文建议，把彻底改变铁道部"政企合一、网运一体"状况，真正实现"政企分开、网运分营"，作为铁路投资经营体制改革的总体思路。这种意见社会上早已有之，铁道部也在部分尝试，但由于种种原因，至今进展不大。

在"政企合一"体制下，网运很难分营。路网建设管理与客货运输不分开经营，就很难在客货运输环节形成竞争机制，也不利于客货运输的成本核算。只有政企分开，网运才有可能真正分营。网运分营后，有车就可成立铁路运输公司，参与铁路运输，通过竞标从路网公司承租客货运输线路与时段。这样铁路运输环节就会逐渐形成竞争机制，通过竞争提高服务质量，降低运营成本。

因此，按上述总体思路进行改革，需要首先推进的改革步骤是政企分离，铁道部部长不必再兼任铁路企业法定代表人，铁道部不必再直接负责铁路的投资建设与客货运营，可以专门行使行政管理职能，负责研究并会同国家有关部委颁布全国铁路发展规划，制定全国铁路运输行业法规、政策和技术标准，对全行业进行安全监督与管理。行使上述行政管理职能，不一定需要继续保留国家部级机构，可以考虑组建大交通部，其中负责管理铁路行业的司局，自然会占有重要地位。

　　在实行政企分离时，分离出来的企业不能是一两家，而应当区分为以下三类，以便彻底改变"网运一体"状态，真正实现"网运分营"。第一类是路网投资建设与租赁企业，负责铁路的投资建设、改造与维修，向运营企业出租已建成的铁路。第二类是路网运行优化服务公司，负责设计全国铁路网运行方案，安排控制客货车辆运行时间，监视并监督客货车辆实际运行，有责任在必要时调整客货车辆运行时间，紧急调动车辆，及时分别向各家路网投资建设与租赁企业报告其路网的运行潜力。第三类是铁路客货运输企业，负责铁路车辆购置与维修，租借路网使用权，经营客货运输。

　　在改革初期，划分第一类的路网投资建设与租赁企业，宜大不宜小，宜少不宜多。可以考虑先将国家路网划分给东西两家路网投资建设与租赁公司。对社会经济条件好的东部铁路投资建设与租赁公司，实行完全的商业化经营。国家要求该公司运用收取的路网租金、通过资本市场吸收的股份资金与通过金融市场融资等渠道获得的资金来源，增加东部铁路新线建设投资，进一步扩大东部铁路网。

　　对经营条件较差的西部铁路投资建设与租赁公司，则实行准经营。允许该公司依据国家给予的路网租金差别政策，区分路段，向运营企业收取较低的路网租金，一些边远路段还可暂时免收租金，以支持运营企业实行商业化经营。为了加速扩大我国的西部铁路网，除了西部路网公司自己收取的路网租金以及用路网未来租金作为还款保证获得的市场融资外，中央财政还可把从货运中提取的全国铁路建设基金、东部路网与运营企业缴纳的全部税金，都作为边远铁路基本建设专项拨款，全额转移拨付给西部路网公司，用于投资建设西部铁路新线。

　　第二类的路网运行优化服务公司，按其服务性质，只宜设立一家，全国统筹，独家经营。对其服务质量的提高，可以主要依靠经济杠杆来刺激和推动。按业务协作关系，路网运行优化服务公司受雇于包括高铁线路公司在内的各家国有的、合资的与股份制的路网投资建设与租赁公司，其服务质量最终必然表现为路网运行效率的提高和路网租金的增加。因此，各家路网公司支付给路网运行优化服务公司的服务费，应当与路网租金挂钩。路网运行优化服务公司精心策划，利用高新技术进行信息管理，可以大有作为。

　　第三类的铁路客货运输企业，不需要自己建设铁路，只需支付一定的路网使用租金，购置一些车辆，即可从事铁路客货运营，因而无论在东部还是在西部，都应当实行完全的商业化经营。在改革初期，此类企业可以适当多分立一些。铁道部下属的每个铁路局，只要自己愿意，都可以单独注册为一家铁路综合运输公司，或者分设成客运与货运分开的两家专业公司。在这个问题上，多听基层领导与职工的意见，没有坏处。

铁路客货运输公司的车辆停放、维修场地与职工生活住地，是区域性的，但其车辆运行却是全国范围的。因而，所有的运营公司，无论客运还是货运，都鼓励在全国路网上开展业务竞争。改革初期，主要是在服务质量方面鼓励竞争，之后逐渐放开路网租金竞争，逐步推行线路运行租金招投标制度。再以后，逐步放开货运价格竞争，客运则需要长时间保持全国统一的票价标准。在业务竞争过程中，既不反对一些公司自己要求进行的业务拆分，又大力支持多家公司在自愿基础上进行的合并。分也好，合也好，只要公司自愿、职工赞同就好。

四、促进铁路投资经营体制改革建议

在下决心实行上述较为彻底的总体改革之前，还可以考虑进行一些符合改革大方向的局部改革，应当有选择地加速推进一些已经启动或正在酝酿的改革措施，作为实行总体改革的突破口，为以后的深入改革积累经验，创造条件。

（一）把城际铁路投融资体制改革作为突破口

城际铁路具有二重性，既是全国区域间铁路交通网络的城市进出口，又是城市轨道公交的重要组成部分。以城市为主体，把完善城市群公交系统、打造 1 小时城市群快速公交圈作为首要目标，在百万人口以上城市周边 200 ~ 300 公里半径范围内，大力建设覆盖 10 万人口以上小城市的城际铁路，有助于加快形成 20 万公里的全国铁路网。

对于建设城际铁路，不少地方与企业积极性很高，可以说深化城际铁路投融资体制改革的条件已经基本成熟。以城际铁路投融资体制改革为突破口，能够较快见到实效，值得高度重视与大力推广。为加快实行此项改革，建议进一步明确国家鼓励发展城际铁路的城市规模，提倡百万人口以上特大城市适当规划发展轨道交通。作为一种实际支持，现在的中铁投资公司、将来的东西部路网投资建设与租赁公司，都可以通过参股方式，有选择地与各城市的轨道交通建设管理公司共建城际铁路。

同时还应充分尊重市场经济规律，如有人口低于百万的城市认为自己周边的小城市较多，实际上也可构成不小的城市群，有必要发展城际轨道公交，建设城际铁路，也不应一律阻拦，而应当赞同试点。这类铁路将来可能绝大部分都成为 20 万公里铁路网中有价值的组成部分。

（二）进一步鼓励民间资本参与路网投资建设与开办运营公司

在高铁线路与煤运专线建设方面，民间投资已经表现出很高积极性，也取得了一定成效。与"网运分营"的总体改革方向相适应，除了大力支持民间资本独资或入股参与建设自己认为值得投资的铁路新线，还应进一步鼓励民间资金购置铁路运输车辆，创办自己认为能够盈利的客货运营公司，铁路部门在运营安排上应当给予便利。

民间资本进入铁路建设与经营的这种探索，可以起到为国家铁路实行总体改革积累经验的作用。如果民间资本都能适应"网运分营"的铁路投资经营体制，那么，拥有现成路网和车辆的国家铁路实行分营，也就应当是没有问题的。在民间资本这种探索的过程中暴露出的问题，可以为完善国家铁路投资运营体制改革提供参考。

（三）铁路勘察设计管理体制改革需要适当先行

铁路新线的可行性研究与勘察设计工作需要很长时间。没有一定深度的勘察设计工作为基础，很难真正做好铁路新线的可行性研究。经过认真的可行性研究，未必所有拟选的铁路线都能够被认可。因而勘察设计工作本身也存在一定风险，最终不一定都能够得到实际利用。但每一次勘察设计工作免不了要有一定的支出。这些钱从何而来，不能全靠国家财政拨款，需要通过改革搞活。

这就要求铁路的勘察设计管理体制改革适当先行，除了可以接受民间资本和城市政府等有意投资建设铁路新线的投资人的委托开展新线勘察设计工作之外，还可考虑吸引风险投资者出资或自己借钱先行勘察设计一些自己觉得把握较大、最终一定会有人投资建设的线路。当有人要投资建设这些线路时，即可出售自己的设计成果，给风险投资者回报，偿还借款本息。

（原载《中国投资》2012 年第 12 期）

7.15　拆分铁道部有无负效应

2013 年"两会"政府换届期间，人们翘首以待的大部制改革终于出炉，铁道部一分为二，实现政企分离。与以往出台的多数改革措施不同，此次撤并铁道部措施出台后，网上立即爆出多种忧虑，很多网友不知是福是祸。在交谈中发现不少熟人都流露出一样情结：告别铁道部，万味在心头。不完全是留恋与恐惧，还有一丝感恩，毕竟那是供人坐卧谈笑间远行万里的一个部门呀！

一、票价涨否凭啥定

网友第一忧：火车公司开，票价涨起来。在笔者看来，这里存在误解。实际上，过去火车票的最终定价权不在铁道部，而在国家发展改革委。今后铁路客货运输的最终定价权，不在铁路总公司，还在国家发展改革委。此次拆分铁道部，铁路政企分离，一点儿都不改变铁路客货运的最终定价权。

针对民众的担忧，国家发展改革委已经公开表示：近期火车票价绝不上浮，可以下浮。那么，远期呢？远期的各种价格，谁都无法保证永不变化，也很难准确预测变化的幅度，房价粮价如此，水价电价如此，油价金价如此，火车票价自然也不例外。

国家发展改革委凭什么最终审定火车票价？考虑的因素肯定不少，笔者认为以下四项最重要。其一，铁路运营总成本及客运分担；其二，公路、水运与航空的竞争；其三，城乡居民收入水平与承受力；其四，财政对铁路的投资预算与补贴能力。

上述第二、三两项，属于外部社会环境，铁路体制改革对其没有影响，因而也就不会通过二者间接影响票价。中国铁路总公司仍然属于国有，与财政关系未变，所以上述第四项也不会因改革受到影响。至于改革对铁路运营总成本及客运分担的影响如何，虽然说不很准确，但总体估计应当是有助于提高效率、减少腐败、降低运营成本。

总括起来，从火车票价的四大影响因素分析，改革对票价上涨没有任何推动力。客观上影响未来火车票价的，主要是上述第一、三两个因素，尤其是第三项"城乡居民收入水平与承受力"的变动趋势。如果未来 3 ~ 4 年我国城乡居民收入平均提高 30%，承受能力有所上升，那么，火车票价就有可能上涨 15% 左右，低于粮价与房价约 20% 的上涨幅度。这种预测与铁路改革没有关联。

二、筑路资金几方筹

网友第二忧：铁路公司筑，投资谁来出。这是关心铁路建设的人们，从建设资金来源角度，对改革后铁路能否保持前几年较快建设速度的一种疑问。笔者粗线条分析 2012 年铁路基建投资的来源，认为改革对"十二五"后 3 年的铁路建设资金筹集，不会带来任何消极影响。

2012 年我国的铁路基建投资，大数约为 4 700 亿元，主要来源于以下六个方面。其一，从货运提取的铁路建设基金 600 多亿元；其二，铁路折旧按一半用于路网基建投资估算约有 400 亿元；其三，主要由新线土地占用与拆迁费用构成的地方政府铁路建设配套资金估计折合约 500 亿元；其四，中央财政拨款 300 多亿元；其五，包括入股高铁在内的各种社会投资粗略估计 200 亿元；其六，发行债券与借用银行贷款新增负债约 2 700 亿元。

中国铁路总公司隶属于原铁道部，改革为直属国务院，对上述六项基建资金来源，不仅不会产生消极影响，反而可能更为有利。首先说折旧再投资，显然不受改革影响。其次看铁路建设基金，改革未涉及，既然没有被取消或调低提取比例，只要货运量不下降，数额就不会减少。再次看地方政府配套资金与中央财政拨款，只要国家发展铁路的方针不变，地方与中央财政的支持力度就不会削减。最后说社会投资，政企分离改革，会增强对社会投资的吸引力。

接下来重点分析约占资金来源总量 60% 的负债筹资。从铁路总公司目前负债余额 2.4 万多亿元、占 4 万多亿元总资产比率刚过 60%、年负债增量约为 2 700 亿元的具体情况看，3 年之后其负债率才有可能突破 70%。一般地说，负债率不超过 70%，市场融资就不会遇到困难。

对中国铁路总公司来说，3 年时间非常宝贵，这意味着我国铁路建设"十二五"规划顺利完成，提前 5 年实现《中长期铁路网规划（2008 年调整)》确定的全国 12 万公里铁路网建设目标。此后，我国铁路网建设是否还有规划，假如还有后续规划，究竟规划用多长时间、建设多少里程，也都还是未知数。因而，3 年之后，我国铁路建不建、建多少，已不是资金问题，而是规划问题。对这个问题，网友没有提，待说清了网友们关心的债务承担问题后，再接着说。

三、重债担在谁肩头

网友第三忧：铁路重债谁承担。脱离资产孤立看债务，铁路 2.4 万多亿元的债务，确实不少。但若联系其巨额资产，其中不少还是按数十年前价格计价的，那么，60% 的负债率不算高，中国铁路总公司暂时还担得起。上面已说过，铁路总公司担负这些债，3 年之内在金融市场上融资没问题。

3 年之后，如果我国铁路网没有新的建设规划，基本上停止新线建设，那么，铁路总公司的负债总额将达到 3.2 万亿多元的历史最高峰，转而开始 4~5 年的缓慢下降。此后 5~10 年间中速下降，10~25 年间加速下降，到 2040 年左右清偿完所有债务，负债余额为零。到那时，金融市场债券投资人和放贷者，再想从铁路赚利息，将无可能。

如果 3 年之后国家出台新的《中长期铁路网规划》，进一步加快铁路建设，则另当别论。如果出现这种有利国计民生的情况，作为国有企业，中国铁路总公司还是应当本着高度负责的态度，量力而行，实事求是地与国家讲清楚，接受重任需要中央与地方政府提供的必要条件，其中包括按时还本付息。

因而，3 年之后，无论出现哪种情况，不管是否出台新的《中长期铁路网规划》，铁路建设究竟是基本停止还是进一步加快速度，债权人对铁路总公司的债权资产，都可无忧。网友们也就不必为此而发愁。

四、敢比美国好兆头

实行大部制改革，拆分铁道部，铁路网规划职能并入交通部，最令人振奋的消息，当属交通部副部长近日坦言我国交通基础设施建设不足，目前建成运营的铁路只有 9.7 万公里，而美国是 23 万公里。铁路刚刚划归交通部，就敢比美国，提到 23 万公里铁路网里程，是一个好兆头，是改革成效的最新表露、最快反应。这一攀比如能以铁路网规划的形式体现出来，就会结出最丰硕的改革成果。

原铁道部政企合一，企业利益难免潜移默化地影响国家决策。对于已经拥有很大铁路网的运输企业来说，花大钱扩展边疆与偏远地区的铁路网，投资收益少，财务效益差，显然于己不利。但这对于国家和偏远地区人民来说却是必要的。这种必要性，企业即使明白也不肯亏损实施，属于维护企业自身权益，完全可以理解，也是无可厚非的。然而，企业以政府部门身份代表国家，将其意志强加于人民，让国家与人民服从其企业利益，则是不可理解，不能接受的了。

《中长期铁路网规划（2008 年调整）》将 2020 年我国铁路网总里程规划为 12 万公里，显然偏于保守。根据"十二五"规划，2015 年即将提前 5 年建成 12 万公里铁路网。从 2016 年起，经过 3 ~ 4 个五年规划，15 ~ 20 年时间，再建设 12 万公里铁路。到 2030 年前后，使我国的铁路网总里程延长到 24 万公里，比人口约为我国 1/5 的美国目前运营铁路网长 1 万公里，达到汽车普及之前美国 48 万公里运营铁路的一半，应当说是必要的。

至于这 12 万公里现代化铁路的建设资金从哪里来，属于技术问题，其真正来源肯定是筑路劳动。不付出这种劳动，绝对创造不出这份物质财富，社会也就不该增加这部分钱，自然也就不会扩大与这些钱相对应的、作为钱之背面的债。激活这种劳动，创造这份财富，需要深化改革。

五、网运分营解百忧

在实现政企分离的基础上，进一步深化铁路改革，重点在于网运分营。不实现网运分营，矛盾重重，责任交错，盈亏不清。这样说的主要依据，是全国铁路网不可避免地包含相当一部分公益路段，不宜完全由企业建设经营。从实际情况看，路网建设与客货运输，本来就是相对独立的两件事，因而可以分开。人为地将二者紧紧捆绑在一起，抬高进入门槛，硬化行业壁垒，有利于垄断而会排斥竞争，阻碍民间资金进入，必然减弱活力。

实行网运分营，最理想的方案是划分为如下三类企业。其一，路网投资建设与租赁公司，主要业务是投资建设、改造、维修与出租路网。其二，路网运行服务公司，主要业务是规划设计、安排控制、调度调整、监督管理全国铁路网的客货车辆运行。其三，客货运输公司，主要业务是购置维修客货车辆，租借路网，经营客货运输。

上述二、三两类运营企业，属于完全商业化性质，独立经营，自负盈亏。其中路网运行服务公司，只能设立一家，全国统筹，独家经营。客货运输公司，可以多家，将来还可采取招投标方法，通过竞争，引入民资企业。谁能够买得起车辆，可以保证运行安全，服务质量好，都可以通过竞标，租赁承包一定的客货运行车次与线路。

路网投资建设与租赁公司，全国可以考虑划分给东西两家。社会经济条件好的东部路网公司，可以实行完全的商业化经营，并应按照国家铁路网建设规划，运用收取的路网租金、通过资本市场吸收的股份资金与通过金融市场融资等渠道获得的资金来源，增加东部铁路新线建设投资，进一步扩大东部铁路网。

经营条件较差的西部路网公司，实行准经营。允许该公司依据国家给予的路网租金差别政策，区分路段，向运营企业收取较低的路网租金，一些边远路段还可暂时免收租金，以支持运营企业实行商业化经营。为了加速扩大我国的西部铁路网，除了西部路网公司自己收取的路网租金以及用路网未来租金作为还款保证获得的市场融资，中央财政还可把从货运中提取的全国铁路建设基金、东部路网与运营企业缴纳的全部税金，都作为边远铁路基本建设专项拨款，全额转移拨付给西部路网公司，用于投资建设西部铁路新线。

（原载《中国投资》2013 年第 4 期）

7.16　我国铁路建设的百年忧患与三波高潮

尽管比 1825 年建成的 21 公里长的世界第一条铁路——英国达林顿—斯托克顿（Darlington - Stockton）铁路晚了 51 年，但从 1876 年上海吴淞铁路通车算起，我国的铁路建设至 2012 年已经过 137 年，至 2012 年尚未完全建成全国铁路网。察其原因，主要是受阻于清廷保守、民国战乱、百年忧患。新中国成立后奋起直追，但又一波三折，中间曾出现总计 18 年的两次减速，自 1991 年起的"八五"计划期，才进入持续 20 多年的较快建设阶段。简要回顾这段历史，有助于深刻认识当前我国铁路投资形势，以便更好地预测和规划未来，相信对融资支持铁路发展的金融机构也有一定参考意义。

一、充满内忧外患的晚清和民国时期铁路建设

（一）铁路建设速度北洋政府时期比晚清还缓慢

在 1876 ~ 1911 年的晚清 36 年间，共修建铁路 9 400 公里，年均建设 261 公里。其中由称为帝国主义的外商直接投资修建 3 850 多公里，约占 41%；帝国主义通过贷款控制修建 3 660 多公里，约占 39%；国有和商办铁路 1 880 多公里，约占 20%。在此期间，路权风波曾经激荡国民之心，助燃武昌起义，推动辛亥革命。

在 1912 ~ 1927 年的 16 年北洋政府时期，关内修建铁路 2 100 公里，年均建设 131 公里，仅为晚清 36 年平均速度的一半。上述两个时期的铁路建设速度比较详见表 1。

表 1 　　　　　 **1876 ~ 1927 年我国铁路建设里程与年均建设速度** 　　 单位：公里

	晚清（1876 ~ 1911 年）				北洋政府（1912 ~ 1927 年）	
	外商直接投资	外国贷款修建	国有和商办	合计	合计	比晚清
建设里程	3 850	3 660	1 880	9 400	2 100	
年均里程	107	102	52	261	131	50%

（二）南京政府时期铁路建设关内比关外少 200 公里

在 1928 ~ 1937 年的南京国民政府 10 年间，关内修建铁路 3 600 公里，年均建设 360 公里；关外东北地方当局于 1928 ~ 1931 年"九·一八"事变前的 3 年间修建铁路 900 公里，年均建设 300 公里。南京政府的最初 3 年内，关内外合计年均修建铁路 660 公里。

抗战时期，在西南与西北大后方，8 年修建铁路 1 900 公里，年均建设 238 公里。日本帝国主义在侵华期间，用刺刀和皮鞭无偿逼迫中国劳工，14 年间在东三省和热河修建铁路 5 700 公里，年均建设 407 公里；8 年间在华北、华中和华南等沦陷区修建铁路 900 公里，年均建设 111 公里。国统区与沦陷区合计，抗战时期年均修建铁路 757 公里。

算总账，1928 ~ 1945 年的土地革命战争与抗日战争时期（本节称南京政府时期），关内建设 6 400 公里，关外建设 6 600 公里，18 年关内外共建铁路

13 000 公里，年均建设 722 公里（见表 2）。

表 2   **1928～1945 年关内外铁路建设里程与年均建设速度**   单位：公里

时段		1928～1937 年	1938～1945 年			1928～1945 年	
区域	指标		国统区	沦陷区	小计	合计	占比（%）
关内	建设里程	3 600	1 900	900	2 800	6 400	49
	年均里程	360	238	113	350	356	49
关外		1928～1931 年	1932～1945 年				
	建设里程	900	5 700			6 600	51
	年均里程	225	407			367	51
全国	建设里程	13 000				13 000	
	年均里程	722				722	

二、三高二低一困扰的新中国铁路建设

（一）第一波铁路建设高潮与三年调整

用 1928～1945 年革命抗战年代年均建设 722 公里的铁路建设速度来衡量，新中国成立后第一个五年计划开始进行的大规模铁路建设，形成了第一波铁路建设高潮，在 1953～1962 年的 10 年间共计建成铁路 9 793 公里，年均建设 979 公里，比 1928～1945 年的平均数高 257 公里。但在 1963～1965 年的"三年调整"时期，出现暂短间歇，铁路建设速度放缓，3 年建设铁路 1 982 公里，年均建设 661 公里，比 1928～1945 年革命抗战年代的年均数少 61 公里。

从新中国成立到 1966 年"文化大革命"之前的 16 年间，共建铁路 11 775 公里，年均建设速度为 736 公里，比 1928～1945 年的平均速度多 14 公里（见表 3）。

表 3   **1950～1966 年我国的铁路建设里程与年均建设速度**   单位：公里

时期	"一五"	"二五"	三年调整	1950～1965 年
建设里程	4 860	4 933	1 982	11 775
年均里程	972	987	661	736
	979		661	

（二）1966～1990 年一涨一落的铁路建设

第二个铁路建设较快阶段是"三五"与"四五"时期，10 年共建铁路

8 777公里，年均建设 879 公里，比 1928 ~ 1945 年革命抗战年代多 156 公里。但接下来的"五五"至"七五"三个五年计划时期，铁路建设速度滑落，在 1976 ~ 1990 年的 15 年间共建铁路 7 208 公里，年均建设 481 公里，比 1928 ~ 1945 年的平均数低 241 公里。

这使新中国成立后 1949 ~ 1990 年的 41 年间铁路建设速度被拉低到年均 677 公里，反而比 1928 ~ 1945 年的革命抗战年代低了 45 公里（见表 4）。

表 4　　　　　1966 ~ 1990 年我国的铁路建设里程与年均建设速度　　单位：公里

	"三五"	"四五"	"五五"	"六五"	"七五"	1949 ~ 1990 年
建设里程	3 935	4 852	2 871	1 663	2 674	27 770
年均里程	787	970	574	333	535	661
	879			481		

（三）1991 年以来铁路的持续建设

第三个加速建设时段是 1991 年至 2012 年。在 1991 ~ 2010 年的"八五"至"十一五"四个五年规划期间，建成铁路 32 954 公里，比此前 41 年的总和 27 770 公里多出 5 184 公里。这 20 年间平均每年建设铁路 1 648 公里（见表 5），远超以往任何时期，是时隔 28 年后承继年均 979 公里的第一波铁路建设高潮，进入较长时间持续加速铁路建设的阶段。

表 5　　　　　1991 ~ 2010 年我国铁路建设里程与年均建设速度　　单位：公里

	"八五"	"九五"	"十五"	"十一五"	1991 ~ 2010 年
建设里程	4 951	6 552	6 665	14 786	32 945
年均里程	990	1 310	1 333	2 957	1 648

值得特别注意的是：为应对国际金融危机，中央于 2008 年第四季度决定调整宏观经济政策，接连出台紧急措施，在 3 年内追加的 4 万亿元投资中，铁路所占份额最大。这使我国的铁路建设从 2009 年开始大提速，当年即建成 5 598 公里，一年建成量超过前 8 个五年计划期的任何 5 年。至 2011 年年底，3 年总计建成 14 272 公里，年均建设 4 757 公里。如果把这 3 年单列出来，将 1991 ~ 2011 年的 21 年划分为 1991 ~ 2008 年与 2009 ~ 2011 年两个时段，那么，前 18 年的铁路年均建设里程只有 1 241 公里，后 3 年平均数接近其 4 倍，提速之快是显而易见的（见表 6）。

表6　　　　　　　　　　**2009～2011年我国铁路建设速情况**　　　　　　单位：公里

	1991～2008 年		2009～2011 年		
	1991～2005	2006～2008	2009	2010	2011
建设里程	18 168	4 171	5 598	5 017	3 657
年均里程	1 211	1 390	5 308		3 657
	1 241		4 757		

（四）2009～2011年铁路建设加提速带来的困扰

对于过去3年间1年约等于5年、3年约等于15年的铁路加速建设方针与实践，近年社会议论颇多，看法很不一致。尤其2012年春季以来，随着经济理论界在各种媒体上批评3年追加"4万亿"投资宏观经济政策的言论日见增多，占此番追加投资比重最高的铁路投资，不免受到强烈质疑，被抱怨给金融带来潜在危机，给经济发展遗留下严重祸患。这从一个侧面鲜明地反映出中国极为特殊的国情，特别是其中独具特色的人情，尤其是有别于普通民众，经常在媒体上发表看法的一些智者们的人情。

之所以说这种人情独具特色，是因为除了中国以外，恐怕世界上再也没有任何其他国家的公众舆论和经济学家会对短线基础设施增加建设投资的方针给予无情谴责，竟然会眼见火车站拥挤的人群而痛心疾首地断言追加铁路投资给国民经济留下了隐患。因为各国追求美好的人情都很相近，公众舆论都同情公众，不同派别的经济理论都没有论证过增加投资加快建设短缺基础设施的弊端。

2009年开始的铁路建设大提速带来的困扰，不限于频见媒体的舆论批评，不限于对前3年"4万亿"追加投资的严厉指责，更主要的是已经影响到铁路建设资金的筹集和在建项目的施工，妨碍铁路建设"十二五"规划的实施。进一步推测，这种困扰甚至可能对我国究竟需不需要开始着手研究2016～2030年新一轮中长期铁路网规划产生消极影响，不利于更好地构建我国未来的交通体系大格局。

纵观1876年至2012年的137年，重点是1949年至2012年的63年，尤其是2008年10月以来的4年，我国铁路建设百年忧患，三高两低，大提速引发大困惑，清楚地表明我国的铁路发展正处在十字路口，面临新的战略抉择，究竟是保持高速还是制动减速？达到12万公里营业里程后基本不再延伸，还是研究制定新一轮中长期铁路网规划？无论答案如何，问题本身就已经决定，眼下是一个新的战略谋划期。

（本文为国家开发银行 2012 年《我国交通基础设施投资规模与效益研究》课题报告第二章第一节初稿）

第8章 消除金融压抑

导读：突破发债大瓶颈

由于对社会信用缺少正确理解，我国长期存在金融压抑，曾经严重阻碍基础设施建设与社会经济发展。在 20 世纪 80 年代以前，这种金融压抑是全方位的，所有的基本建设投资、更新改造投资和企业定额流动资金，全都靠财政拨款。按列宁说过的话，银行被视为社会簿记机关。

改革开放后，银行信用逐渐恢复。先是为解决财政拨付企业定额流动资金的困难，银行被允许利用存款发放各种流动资金贷款。之后建设银行被允许利用施工企业存款发放技术改造贷款和基本建设贷款，为满足日益增长的此类贷款需求，又批准建设银行开设储蓄网点，吸收个人存款。但在很长时间内，这些贷款都必须严格按国家计划发放，银行与企业、项目建设单位都没有自主权。

从 20 世纪 90 年代起，金融体制改革步伐加快，不仅逐渐放松银行信贷计划指标管理，股票交易、基金与债券发行市场也开始建立。这些改革措施使以往严重的金融压抑大为缓解，极大地促进了国民经济发展。但受思想观念束缚，金融压抑并未完全消失，还有一些残余，其中最大的制约瓶颈是在债券发行以及与之紧密相关的项目最低资本金比例管理方面。

突破上述瓶颈是消除金融压抑必须攻克的最后一关。因此，收录于本章的 8 篇文章侧重讨论企业债券发行与项目资本金比例问题。开篇《金融更需研究大战略》一文提出：应当把"促发展"作为实现中国梦的金融战略首要目标，把大力发展以企业债券为重点的直接金融作为金融战略的实施要点。

接下来的《新常态呼唤企业债券管理创新》一文提出的主要建议，就是要尽快修改《企业债券管理条例》，增加市政公司债类别，允许专营性企业相对于自有资本金高比例发行债券。《用市政公司债助推饮用水质量达标》一文进一步论证市政公司采取"低资本、高负债"融资策略的必要性与可行性，以及对投资者、消费者和债权人三方的好处。

既然市政公司采取"低资本、高负债"融资策略好处多，其建设项目的资本金比例自然不必很高，无须作出硬性规定。因而《重新审视投资项目资本金制度》一文建议：尽早废除全世界自古至今仅仅我国独有的"固定资产投资项目资本金制度"，以便提高项目资本金的使用效率与投资回报率，彻底解除资本压抑，给经济发展增添活力。

城市轨道交通与沿边铁路等准经营性基础设施具有很强的公益性，财政应当分担其中一部分建设投资。《准经营基础设施投融资方略》与《城镇化资金筹措战略思考》两文重点讨论财政部门与建设经营企业之间应当如何分担此类项目的建设成本，各自可以采取哪些融资方式，灵活地进行多渠道筹资。

钱与债是同一张纸的正反两面，从债权人方面看是"钱"，从债务人方面看是"债"，二者数额恒等。导致我国金融压抑的心理观念因素，除了"惧债"之外，还有"怕钱"，就是社会舆论与公众惧怕货币发行量 M2 过大。

针对上述观念偏差。本章最后的《漫谈钢耗、房价与 M2》与《大象无形真货币》两篇短文侧重表达了以下两个观点：其一，既不要惧债，也不要怕钱，我国 M2 相对于 GDP 比例显著偏高，主要是由我国直接金融不发达，国民手中债券和基金等直接金融资产数量过少造成的。其二，M2 属于存量，看 M2 占比的变动趋势，不应当对比年度流量 GDP，而要以存量指标即国民财富为量尺。

8.1　金融更需研究大战略

要在快速变化的世界中早日实现中国梦，全面建成小康社会，需要金融充分发挥正能量，紧密配合财政，在大力支持"吃住行"实体经济与"科教文卫"公益事业健康发展的同时，努力稳定物价，积极促进就业，协助优化分配，构建和谐社会，任务极其繁重。肩负如此艰难复杂的历史重担，无疑应当深谋远虑、集思广益，提出适应新形势的金融大战略。

一、实现中国梦的金融战略首要目标

今后 10～15 年是我国全面建成小康社会、早日实现中国梦的关键发展期。在这段时期内，决定成败的最重要事情是实体经济与公共事业的健康发展。"发展才是硬道理"，邓小平的七字名言，值得重温。实体经济与公共事业健康发展，人民有饭吃、有房住、有车乘，科教文卫事业与发达国家之间的差距显著缩小，其他一切难题，如分配不公、贪污腐败等，都有时间逐步解决。反之，如果经济发展遇阻，人民吃不饱饭，小冲突也容易引发大动荡。其实，目前我国社会稳定，从根本上说，就是得益于改革开放以来持续 30 多年较快的经济发展。

有鉴于此，现阶段我国的金融调控，应当把"促发展"作为首要的战略目标。至于"稳物价"的货币政策传统目标，可以暂时放到相对次要的辅助地位，做到主辅有序、轻重分明，调控政策便于实行。为使提法尽量简明，本文拟用"促发展为主、稳物价为辅"10 个字概括地表述适度宽松的金融战略。采取这样的金融战略，是否会导致物价失控，造成严重通货膨胀呢？答案是否定的，所持理由如下。

避开各种货币学说，直接从客观实际出发，实事求是总结实践经验，应当说，我国的消费价格指数主要受分配机制与薪酬政策影响，货币供应并非决定物价的首要因素。因而，只要分配关系不乱，工资年薪上调有度，即使采取更加宽松的货币政策，物价也不会失控，不会出现严重的通货膨胀。否则，如果分配关系混乱，少数行业的高薪拉动工薪普遍大幅度上扬，或者天灾造成全球大粮荒，即使实行严厉的货币紧缩政策，也阻挡不住物价或粮价飞涨。

摆在我们面前的事实是：改革开放 30 多年来，米面肉菜价格上涨 20 多倍，各地房价上涨 20～200 倍，鸡蛋牛奶价格上涨 7 倍，功能相同的手机与 U 盘价格大幅度下降。物价涨落的上述天壤之别，并非货币政策行业有别、各地不同、偏松偏紧、厚此薄彼造成的。能够说得通的解释，必须把收入分配因素对物价的影响作用提到第一位，资源供给因素提到第二位，技术进步因素提到第三位。与上述三大因素相比，货币政策因素只能退居第四位甚至更后一些。

假如不是得益于分配制度改革，保险公司老总年薪可以上千万元，商业银行与证券公司高管年薪早已过百万元，而是只拿当年日理万机的周总理每月几百元的工资，那么，即使货币政策再宽松，高档别墅价格也超不过 10 万元。假如公务员退休金平均达不到四五千元，产业工人退休金平均达不到一两千元，而是只有当年大学讲师每月几十元的收入，那么，即使货币政策再宽松，每斤西红柿的价格也不可能从 5 分涨到 3 元。可见，在对物价上涨的推动因素中，分配因素百倍强于宽松的货币政策。

假如土地资源丰富，不是过分垄断建房用地供应，城市周边不宜耕荒坡野岭都可自由建房，而且产权性质按通则不分大小，再加上配套建设对都市圈扩大与耕地保护都具有战略意义的快速交通线，即使货币政策再宽松，商品房的价格也不会比小产权房的价格高太多。如果此理成立，那么，在对房价上涨的抑制因素中，建房用地供给因素胜过紧缩的货币政策百倍。

假如科学技术不进步，科技产品的生产率没有提高，当年的砖头"大哥大"如今还是好东西，那么，即使人们月收入不增加，货币政策再紧缩，其售价也还会是 2 万元 1 部，不可能像现在这样跌得一文不值，白送都没人要。可见，在对一些商品价格大幅下降的实际贡献因素中，紧缩的货币政策根本无法与技术进步因素相提并论。

总之，无论从电器降价案例看，还是从房价飙升现象分析，都不能说货币政策对物价的影响力位居第一。其实，将货币政策排列为影响物价的第四因素，不仅没有贬低之意，有时还是高估。譬如，多年实践早已表明，采取提高贷款利率的货币紧缩政策抑制房价，客观效果适得其反，反而会加大房地产业融资成本，促使新房价格上升，拉动旧房租金上扬，严重伤及外地求职租房族。在此种情况下，货币紧缩政策对房价的抑制作用，理应排为反面第三、第四位，提前到正面第四位，显然属于高估。

脱离客观实际，无视历史经验，机械地依据芝加哥学派货币理论，高估货币供应对物价的影响作用，将调控物价作为货币政策首要目标，是超越货币当局实际操控能力的陈旧思维误区。在日益激烈的国际竞争中，面对改善民生的多方面需求，要充分发挥金融正能量，必须毅然走出这个误区，把"促发展"明确为金融战略首要目标，实施"促发展为主、稳物价为辅"的适度宽松金融战略。

二、适度宽松金融战略的实施要点

在我国现阶段，尤其是最近三五年内，贯彻"促发展为主、稳物价为辅"的适度宽松金融战略，需要采取切实有力的措施，充分发挥金融正能量，争取在以下几个方面作出显著贡献。

（一）鼎力支持"减税负、增公益"积极财政政策

为早日实现中国梦，需要中央与地方财政在通过结构性降税、支持实体经济发展的同时，适当增加保障性住房、义务教育、医疗保险、环境治理和社会基础设施建设等领域的公益性支出。这种"减税负、增公益"的积极财政政策势在必行，但钱从何来呢？

从根本上说，劳动创造财富，所有的钱都是活劳动的凝结。因而，上述公益支出的用款，都能够由其激活的建房、建校、治病、环保和修路等相应行业的劳动创造出来。从全社会财务关系看，收支对应，在提供公共产品与服务的过程中，财政支出多少钱，社会上便有人收入多少钱，二者之间总是保持等量关系。说白了，公益支出花钱即造钱。

因而，实行积极财政政策的真正难点，不在钱的总量，而在钱的筹措。减税负，促进实体经济发展，扩大就业，可以增加未来税基，但短期内却会减少税收。增公益，立即需要财政出钱，得到钱的人们也会按一定比率交税，但数量有限。二者之间的差额怎么补？除了特定时期可以通过出售土地与政府股权筹款外，一般情况下只有一个可行办法：增加财政负债。环顾发达国家，无一能够例外。

财政负债涉及金融，缺少金融支持，积极财政政策不易实行。那么，金融如何支持"减税负、增公益"的积极财政政策的贯彻实施呢？发达国家的通常做法较为简便，即其中央银行可以直接从财政购买国债。中央银行手中持有大量国债，还能获得一项额外的好处，可以通过公开市场业务操作，买进或者卖出国债，放松或收紧货币供给。

目前我国暂不允许中央银行直接从财政购买国债，但民间资金青睐公债，一有销售，顷刻告罄，中央银行暂不直接购买国债，非但不影响国债的发行，反而避免了与民争利。在这种情况下，金融支持财政，急需办的事情，排在第一位的不是鼓励金融机构多买公债，而是改善金融舆论，消除人们对债务

增长、社会信用规模扩大的畏惧心理，以利国家高层大胆贯彻邓小平"宁肯欠债也要加强"的战略思想，依据现实需要实行更积极的财政政策。

由于长期受计划经济思想影响，我国从上到下的市场化金融意识普遍淡薄，对信用关系缺乏深刻了解。改革开放以来，人们的金融意识显著增强，但并未彻底消除计划经济思想痕迹，仍然存在畏债心理。因而，改善金融舆论，增强信用观念，绝非轻而易举，而是需要做艰苦工作。下面对信用发展试作仿生解释，或许有助于减轻人们的畏债心理。

世界金融史表明，债是有生命的，其生存方式是借新债还旧债，与生物新陈代谢雷同。如小猪在代谢过程中日见增重一样，新债通常大于或等于旧债本息，因而越长越大。其实，无机星体与星系也遵循这种规律。每一个个体生长的最终结果，无疑是死亡或爆炸，但这既不妨碍人类生儿育女，也未中断新星云的形成和新恒星的出现。

处在什么阶段，就办什么事情。小苗要生长，学生需读书，轮到地球奔向太阳，迁徙就成为人类希望。此时此刻，地球还在绕日运行，中华民族的强烈追求，是振兴，是早日实现中国梦。在此阶段上，我国的金融与财政，都应该勇挑重担，借力信用，实现理想。民族振兴，科技发达，近期社会和谐，远期当地球不宜居时，已有实力，结伴友邦，或迁徙，或游荡。在广阔太空，所有债权债务，都将彼此遗忘。倘若因不敢发债而公益不振、科技落后，常居陆地二等民族而无力升空迁徙，到达人类忘债时，难免要悔断肝肠。

（二）大力发展以企业债券为重点的直接金融

目前我国的金融结构，间接金融占比偏高，直接金融占比偏低，人们持有的金融资产绝大部分构成为 M2，企业负债绝大部分是银行贷款。这种金融格局有碍金融效率的提高，不利于银行信贷风险的分散和防范。在实施"促发展为主、稳物价为辅"适度宽松金融战略的过程中，如能有意识地调节各类金融工具的宽松度，就可在扩大社会信用规模、有力支持实体经济发展的同时，改善金融结构。

提高直接金融的比重，最现实、最紧迫的是要优先发展企业债券。信誉高的大企业，应当主要通过发债筹集中长期资金，尽可能少用商业银行贷款。信用等级高的债券，利率明显低于同期限的银行贷款，用发债代替银行贷款可以大幅度降低企业融资成本。当然，如果换个立场看问题，应当坦率承认，这样做会减少商业银行的优质贷款，在短期内有损商业银行利益。按目前金融市场利率估算，与发放并持有贷款相比，商业银行持有等量企业债券，利差收益大约减半，可能要在一定程度上影响到商业银行管理层的高收入。因而此间存在利益博弈，明里暗里遇到的阻力，估计不会很小。

但从长远看，降低企业融资成本，促进实体经济发展，经济总量扩大，会使金融业整体受益。为了民族振兴，以商业银行为主体的我国金融业，应该顾全大局，适当让利。在具体措施上，金融监管部门不仅应当鼓励商业银行代理销售企业债券，还应允许商业银行购买并持有高质量企业债券。只要取消垄断管制，市场法则自然就会推动债券直接融资快速发展。

广泛地说，票据流通作为信用基石的同时也是直接金融。我国现行《票据法》还没有完全与国际接轨，例如其中没有给予商业本票合法地位，暂时还不允许企业发行商业本票。这就迫使企业必须求助商业银行贷款，才能解决短期融资需求。类似企业债券和银行中长期贷款之间的关系，发展票据流通能够方便企业降低企业融资成本，促进实体经济发展，但却大量减少了商业银行的短期贷款和构成 M1 主体的企业活期存款，缩小了商业银行资产负债表表内规模，在短期内有损商业银行利益。希望金融业为实现中国梦而适当让利，将扩大票据流通也作为一项重要措施，纳入适度宽松金融战略。

（三）鼓励银行对经营性基础设施项目高比率融资

与不收费公路、边远铁路、城市地铁与水利工程等非经营与准经营社会基础设施项目的建设资金主要应当由各级财政通过征收税费与发行公债筹集有所不同，自来水厂、电站电网、收费公路与高速铁路等经营性基础设施项目的建设资金筹集需要大部分来自银行贷款。

经营性基础设施项目为社会所必须，具有专营性，直接关系民生，其产品与服务的定价，需要经过公众听证，由政府价格监管部门审批。从理论上说，此类项目的产品与服务，应当遵循"保本、微利、高回报"的定价原则。这里说的保本，包括折旧和融资成本，因而还本付息有保证，可以保护债权人利益。微利是指项目总投资的利润率必须很低，通常控制在 0.5% 左右，最高不应超过 1%，价格接近成本，可以保护消费者和用户的利益。高回报是对项目资本金而言的，资本回报率不宜低于 10%，可以达到 15%，可以保护投资人的利益。

债权人、消费者与投资人三方利益都得到保护，这样的项目建设快，社会与经济效益好。发达国家早就如此做，因而他们早发达；我国以前没有这样做，所以常怀中国梦。要早日实现中国梦，需要借鉴发达国家的经验，对经营性基础设施的产品与服务采取"保本、微利、高回报"定价原则，切实维护债权人、消费者与投资人三方利益。而要实施这一原则，关键在于妥善协调"微利"与"高回报"之间的表面矛盾。

总投资利润率要低，不超过 1%，资本回报率要高，不低于 10%，二者之间的 10 倍之差哪里来？答案很简单：财务杠杆显神通，总投资 10 倍于资本金，资本率为 10%。总投资利润率 0.5%，资本回报率 15%，二者怎差 30 倍？答案是 1 元资本金，30 元总投资，资本金比率为 3.33%。我国认为基础设施项目低资本金比率不安全，不允许这样做，因而无法兼顾三方，建设资金难以筹措，为此付出了交通堵塞、空气污染、饮用水质量存疑的代价。

是谁阻碍中国梦的实现，外国人鞭长莫及，只能由我们自己来阻挡自己。实施适度宽松金融战略，不可缺少的一项重要措施就是要摆脱"基础设施项目低资本金比率不安全"的恐惧心理，坚决贯彻"保本、微利、高回报"的定价原则，在允许自来水厂、电站电网等经营性基础设施项目相对于其自有资本金高倍（不超过 8 倍）发债的同时，鼓励银行高比率（不高于总投资 70%）贷款融资。这样就可以做到出 1 元资本金，发 8 元债券，借 21 元银行贷款，筹足 30 元总投资，在确保还本付息，总投资利润率控制在 0.5%（即 0.15 元利润）的同时，使资本回报率达到 15%。

（四）缩小商业银行存贷利差

为给实体经济减负，除了降税外，还应适当降低银行贷款利率。目前我国银行存贷款利差较大，存在降息空间。银行降息，缩小存贷利差，减少银行利润，可能会在一定程度上降低银行管理层的年薪。以少数高收入群体的收入降低，换来实体经济发展和就业机会增多，缩小贫富差距，促进社会和谐，不仅于国有利，对于钱财已经多到边际效用很低的富人们来说，未必不是好事。

总体来看，与实体产业发展战略不同，真正利国利民的金融战略，可能需要触动金融业内相当一部分人的经济利益，短期内减缓其收入的增长速度。这一特点不可避免地要给金融战略的正确制定与有效实施带来巨大困难。对此，必须有清醒的认识。

（原载《中国投资》2013 年第 4 期）

8.2　新常态呼唤企业债券管理创新

我国 2011 年修订的《企业债券管理条例》规定："国家计划委员会会同中国人民银行、财政部、国务院证券委员会拟订全国企业债券发行的年度规模和规模内的各项指标，报国务院批准后，下达各省、自治区、直辖市、计划单列市人民政府和国务院有关部门执行。"这个从用词到做法都带有浓厚计划经济色彩的条例，显然已经不适应经济新常态，严重束缚直接融资的健康发展，阻碍债券发行的市场化运作，需要进行深入的改革创新。

一、企业债券管理需要市场化改革

经过 30 多年的改革开放，我国绝大多数领域都已告别计划经济，依照市场经济规则，不再由政府部门实行"年度规模和规模内的各项指标"控制。具体到金融领域，占比最高的商业银行贷款，其申请与发放也早已走出计划经济管理模式。但企业债券的发行管理，则是少有的例外，按上述条例的规定，还在实行明显的计划管理与严格的指标控制。

那么，对企业债券为什么还要坚持下达年度规模和指标的计划经济管理模式呢？没有人阐述其中的道理。事实上，就连该条例都未对此作出应有的说明，如果细读条文，甚至还含有自我否定的说法。譬如，其第四条为："发行和购买企业债券应当遵循自愿、互利、有偿的原则。"真的尊重企业发行债券的自愿，就应当允许企业在出现融资需求时，自愿到资本市场发行债券。然而，该条例第十条却规定：未经国务院同意，任何地方与部门都"不得擅自突破企业债券发行的年度规模，并不得擅自调整年度规模内的各项指标"，即对任何企业可能增多的债券融资需求和意愿，一概不予考虑。

对企业债券的这种不冠名的计划管理模式，比公开申明的计划管理制度，运行效果还要差得多。这是因为：如果坦言实行计划管理，那就不仅需要在下达企业债券年度发行规模之前，认真调查并充分考虑每个企业全年的债券融资需求，而且必须根据整个金融市场融资总量增长与结构优化趋势，提出企业债券融资占比升降的五年规划及各年度的计划，推动企业债券融资健康发展。然而，现实情况却是本应以企业债券融资为主的直接融资比重长期偏低，金融结构未能得到应有的优化。进一步观察，在直接融资内部，企业债券融资的增长明显落后于企业股权融资的增长，成为直接融资比重显著偏低的主要原因。实践证明，企业债券的不冠名计划管理模式，效果很差，不适应经济新常态，必须尽快改革。改革的方向，不能是重返计划经济管理体制，而应当像证券市场股票交易和资金市场商业银行信贷那样，让市场机制发挥更大作用。

二、企业债券应当区分为两个不同种类

健康的市场经济不可缺少法治，各类行为主体都必须在法律允许的框架内，遵循市场经济规则，自主开展经济活动。科学制定符合市场经济运行规则的企业债券法规，应当明确区分专营性与非专营性两种不同类型的企业，根据它们各自的经营特点，针对其产品与服务的不同定价原则及程序，量体裁衣，设计两种不同的企业债券，分别作出适当的法律规定。

专营性与非专营性两类企业之间的区分，不是随意给出的，而是存在明显的客观差异，有清晰的划分界线。自来水公司、电力公司、地铁运营公司与铁路运输公司等专营性企业，所经营的产业客观上具有限制竞争的专营性，其产品与服务的价格水平直接关系公众利益，而又无法通过市场竞争进行调节。这就决定了此类企业不能单方面定价与调价，必须遵循"保本微利"的定价原则，接受政府有关部门的价格管制，调整价格需要经过听证和审批程序。而服装生产、汽车制造、电器厂家与旅店饭庄等非专营性企业，经营的产业客观上没有限制竞争的专营性，其产品与服务的价格可以随行就市，通过市场竞争进行调节，不必由政府实行价格管制，调价不需要经过听证和审批程序。

产品与服务的不同定价原则和调价程序，决定了专营性企业与非专营性企业发行企业债券应当遵循不同的法律规定，换言之，也就是需要发行不同种类的企业债券。具体地说，专营性企业可以发行专营公司债券，而非专营性企业只能发行普通企业债券。这两种企业债券的最大区别，就是法律允许

的发债比例上限高低不同。普通企业债券，仍按现行条例第十六条"企业发行企业债券的总面额不得大于该企业的自有资产净值"的规定执行。专营公司债券，则可与体现"保本微利"原则的法定利润率相联系，相对于企业自有资产净值高比例发行。专营公司债券发行总面额为企业自有资产净值的控制比例上限（简称专营公司债券发行比例上限），应当按下面的公式核定：

$$n = 0.3R/p - 1$$

式中：

n—专营公司债券发行比例上限；

R—社会平均资本回报率；

p—法定利润率。

例如，若法律规定按照"保本微利"的定价原则，某类专营性企业的总资产利润率不得高于 0.5%（即法定利润率 $p = 0.5\%$），要让投资人获得接近 12% 的社会平均资本回报率 R，按上述公式计算 $n = 6.2$，就是应当将其专营公司债券发行比例上限核定为 6.2 倍。

三、为什么允许专营企业债券高比例发行

为什么要对两类企业债券规定上述的发行比例高低差别，允许专营性企业相对于其自有资产净值高比例发行专营企业债券呢？概括地说，主要基于以下三点考虑。其一，专营公司债券的安全性较高，偿还有保障，高比例发行债券不会给债券投资人带来高风险。其二，允许高比例发行专营公司债券，能够通过减少专营性公司的筹资成本，降低其产品与服务的价格，有利于消费者和用户。其三，允许高比例发行专营公司债券，是专营性企业遵循"保本微利"定价原则、接受政府价格管制，理应得到的融资优惠和必不可少的财务杠杆。下面逐一详述此三点考虑的根据和理由。

（一）为什么说专营公司债券的安全性较高、偿还有保障呢？

这样说的理由主要有二。一是发行债券企业经营的产业具有专营性，不存在同业市场竞争风险。二是接受政府价格管制，按"保本微利"原则进行定价与调价，是一把"双刃剑"，虽然限制企业获取高利润，但也保证企业不亏本。只要不亏本，就可还本付息。能够还本付息，即使企业相对于自有资本高比例发行债券，债券投资人也可以避免坏账风险。

（二）为什么说高比例发行专营公司债券能够减少公司筹资成本、降低其产品与服务的价格呢？

这是因为社会平均资本回报率高于债券利率，提高债券筹资占比、相应降低资本金比率，显然可以节省筹资成本。遵循"保本微利"定价原则，降低成本必然随之降低价格。价格降低显然对消费者和用户有利。

（三）为什么说高比例发行债券是专营性企业接受价格管制和按照"保本微利"定价原则，理应得到的融资优惠和必不可少的财务杠杆呢？

主要理由是在市场经济条件下，专营性企业的投资人有权利追求合理的资本回报率。为了使专营性企业按照"保本微利"原则给自己的产品与服务定价，同样能够获得社会平均的资本回报率，唯一可供选择的措施，就是给予高比例进行债券融资的优惠，通过"低资本率"财务杠杆，大幅度提升资本回报率。譬如，按上述公式，将专营公司债券发行比例上限 n 核定为企业自有资产净值的 6.2 倍，尽管遵循"保本微利"定价原则其法定利润率 p 只有 0.5%，但资本回报率 r 却可以达到 12% 的社会平均水平。

这就是"低资本率"财务杠杆在发挥作用。其实，上述核定公式中系数 0.3 的经济含义，是企业的自筹资金比率 z。商业银行对企业发放贷款，通常会要求企业的自筹资金比率不低于 30%。满足这一要求，银行可以放贷另外 70% 的资金。既然在 30% 的自筹资金中，有 6.2 份来自发行专营公司债券，只有 1 份是自有资产净值，那么，自有资产净值占贷款后总资产的比重或者说自有资本率 i，便只有 $z/(n+1)$，即 0.3 除以 7.2，约等于 4.17% 了。正是这个"低资本率"财务杠杆，将 0.5% 的法定微利提升为 12% 的资本回报率。

自有资本率 i，等于自筹资金比率 z 除以专营公司债券发行比例上限 n 与 1 之和，i、z、n 三者的关系式为 $i=z/(n+1)$。从中不难看出，在自筹资金比率 z 既定的条件下，自有资本率 i 与专营公司债券发行比例上限 $n+1$ 成反比。这说明，专营公司债券发行比例上限 n 越高，企业的自有资本率 i 越低。

而自有资本率 i，按定义与自筹资金比率 z、法定利润率 p、发债企业资本回报率 r，四者之间存在如下数量关系：$r=zp/i$。在法定利润率 p 与自筹资金比率 z 既定的条件下，发债企业资本回报率 r 与自有资本率 i 成反比。这种资本率越低资本回报率越高的数量关系，就是"低资本率财务杠杆"。这个"低资本率杠杆"的强弱,则是由高比例债券发行上限 n 的大小决定的, n 越大,杠杆作用越强。

四、企业债券法规需要创新的要点

适应经济新常态,以新的理念、按照市场运行规则制定新的企业债券法规,除了要区分专营性与非专营性两类不同企业,分别设计专营公司债券与普通企业债券,允许专营性企业高比例发行专营公司债券、充分运用"低资本率"财务杠杆之外,还应当进一步创新修订现行《企业债券管理条例》(以下简称现行条例)中的下述条款。

第一,放宽企业债券发行的行政审批制。现行条例第十一条规定"中央企业发行企业债券,由中国人民银行会同国家计划委员会审批;地方企业发行企业债券,由中国人民银行省、自治区、直辖市、计划单列市分行会同同级计划主管部门审批"。遵循市场经济规则,放宽行政审批制,就要修改此项内容,不分中央还是地方企业,而是按专营性与非专营性两类企业,分别规定其债券发行的最高比例。至于其债券能否销售出去以及能够销售多少,则主要由市场情况决定。

第二,放宽企业债券利率的市场浮动幅度。现行条例第十八条规定"企业债券的利率不得高于银行相同期限居民储蓄定期存款利率的40%"。这种规定没有体现金融市场中收益与风险相对应的原则,理应删除。按照这一通行原则,信用评级高、投资人看好的债券,认购者多,利率自然会低些。相反,信用评级较低、投资人不太看好的债券,认购者较少,利率就应当高一些。某一具体债券的利率究竟多高,应当由市场决定,法律不必硬性规定。

第三,允许金融机构运用储蓄存款资金购买企业债券。现行条例第十九条规定"办理储蓄业务的机构不得将所吸收的储蓄存款用于购买企业债券"。此项规定明显表露出条例制定者对企业债券的不信任,严重阻碍企业债券的健康发展和金融结构的优化,是造成我国直接融资比重长期偏低的重要原因之一,必须尽快废除。

(原载《中国投资》2016年第2期)

8.3　用市政公司债助推饮用水质量达标

要喝好水，需买水债，水债谁卖？说来无奈。既不是自来水公司为控制成本，不愿投资、不肯发债，也不是居民贪图水价便宜，不同意自来水公司更换锈管、更新设备。在现行投融资体制下，自来水公司要考虑民生、为提高饮用水质量而上项目、发债券，并非易事，非过五关斩六将不可。因而，要解决饮用水质量问题，必须改革投融资体制，开放市政公司债。

一、市场经济条件下自来水公司很容易发行债券

自来水公司天生具有发债优势，原因有三。其一，水是生活必需品，不愁销售，不怕水厂倒闭，不患老板潜逃。其二，自来水公司如果不按时偿付债券本息，那么，持有债券的用户可以不付水费，欠债方告状也得输。其三，自来水的定价原则，能够保证水厂的水费收入，足够还本付息。凭此三点，自来水公司债券的信用等级是很高的。

从债券购销角度看，本地投资者购买自来水公司债券，有三项好处。一是债券安全性高，还本付息有保障。二是市政公司债券的利率通常略高于国债，收益较高。三是支持自来水公司采用比银行贷款利息低的方式发债融资，有助于降低水厂的财务成本，自己能够用上低成本、高质量的自来水。有此三点，自来水公司的债券不愁卖。

像这样不仅对买卖双方有利，而且对社会有益的交易，在市场经济条件下，无人有权以任何理由（哪怕是宏观调控需要）加以禁止。具体地说，任何机构、任何人、以任何理由禁止自来水公司发债，都是市场经济不允许的违法侵权行为。因而，市场经济国家的自来水公司，都可以根据自己的投资需求，随时在证券市场上发债融资，而不存在审批障碍。至于有多少人购买债券，以及债券发行的利率高低，则需由市场决定。

二、"保本微利"定价原则需要配以高比例发债融资优惠

凡事讲平衡，才能有双赢。要求自来水公司接受调价听证与审批，严格遵守"保本微利"的定价原则，不得随意提高水价，不应当是没有交换条件

的单方面约束，必须有相应的财务框架安排，以使水厂出资人能够获得社会平均的资本回报率。具体地说，规定水厂遵守"保本微利"定价原则，需要给予"高比例发债"的融资优惠。这样互惠互利，才能长期保持和谐。

按"保本微利"原则定价，可以避免亏损，还本付息有保障，债权人的权益因而得到维护；总投资"微利"，价格接近成本，有利于用户与消费者。但仅仅保障这两方面的利益是不行的，还必须让出资人也受益。为了在总投资利润率保持低微的条件下，做到资本回报率不低于社会平均水平，只有一个财务杠杆可以使用，即允许高比例发债融资。

举例说，在总投资利润率保持 0.5% 的"微利"条件下，要使资本回报率达到 15%，就必须用 1 元资本金，吸引 30 元总投资，也就是需要借款 29 元。按 0.5% 的微利，30 元总投资获利 0.15 元；对 1 元资本金来说，资本回报率达到 15%。总投资利润率为 0.5%，资本回报率为 15%，后者为前者的 30 倍，充分显示出财务杠杆的功效。

为满足商业银行关于申请贷款项目的自筹资金应当达到 30% 的要求，在上面的例子中，应当给予自来水公司 8 倍于自有资本金的"高比例发债"融资优惠。在此优惠条件下，凭 1 元资本金，发 8 元债券；再凭 9 元自筹资金，借 21 元银行贷款。运行结果是：消费者从自来水质量与价格两个角度得到实惠，债券投资者和贷款银行都能按时收回本息，水厂出资人的资本回报率也不低。三方都受益，惠及全社会；水净疾病少，何乐而不为？

三、市政公司"低资本、高负债"国外有范例

或许有人会问：与我国目前规定的 20% 自来水新建项目最低资本金比率相比，自来水公司 1 元资本金相对于 30 元总投资的资本金比率仅为 3.33%，是否太低？回答这一问题，需要澄清两点。一是市政公司 3.33% 的资本金比率，是否真的过低？二是规定自来水新建项目最低资本金比率 20%，是否具有科学依据？

先说第一点。市政公司 3.33% 的资本金比率，在国外不是稀罕事。上面所举的例子，实际以日本为原型。日本在 20 世纪 50 年代允许电话、自来水等市政公司发行等于自有资本 8 倍的债券，银行再发放 70% 的贷款，支持市政公司获得高速发展，为日本经济上台阶与国民生活改善作出过难以估量的

贡献。

进一步比较，按《巴塞尔协议》的要求，资产风险度远远高于市政公司的商业银行业，资本充足率为 8%，其中一半可为 5 年期以上债务，因而自有的核心资本达到 4% 即可。应当注意：在计算资本充足率时，作为分母的风险资产总额，还按风险系数打了折。如果不打折，直接按资产负债表上的数据计算，绝大多数商业银行的自有资本金比率都在 3% 左右。市政公司具有专营性，资产风险度很低，如果打折，风险系数不应高于 0.5，据此 3.33% 可以折成 6.66%，与银行业对比，核心资本是很充足的。

还应看到，项目资本金比率并非一成不变，与房贷类似，刚贷时负债率最高，资本率最低，以后每年每月还本，都将提升资本金比率。如果有 3.33% 的自有资本，还不可以开办自来水公司，那么，全世界的商业银行，都应当立即停办。

澄清第一点，第二点不言而喻。我国规定 20% 的自来水新建项目最低资本金比率，缺少科学依据，国外没有先例。在实践中，这种规定使本可用来建设两个高水平大水厂或者 5 个同样投资规模水厂的资本金，只能建设一个水厂。其结果是制约了自来水公司的发展，使很多城市的自来水质量长期不能达标。在把民生问题提上日程的"十二五"期间，这项规定应当被废止了。

四、最低发债比例取决于法定总投资利润率

其实，上述 8 倍于资本金发债、3.33% 的自有资本金比率，仅是举例。这是政策变量总投资利润率被规定为 0.5%、环境变量社会平均资本回报率假定为 15% 情况下的具体数值。如果调整政策变量法定总投资利润率，或者客观上社会平均资本回报率发生变化，发债比例与资本金比率都会随之改变。

落实"保本微利"定价原则，首先应当明确微利水平，明文规定审核水价时允许达到的法定总投资利润率的具体数值。在满足商业银行对贷款项目自筹资金 30% 要求的前提下，最低发债比例与法定总投资利润率具有如下关系：

最低发债比例 = 0.3 × (社会平均资本回报率 / 法定总投资利润率) - 1

相对应的资本金比率计算公式如下：

资本金比率 = 法定总投资利润率 / 社会平均资本回报率

或者：

$$资本金比率 = 0.3 / (最低发债比例 + 1)$$

以上公式表明：最低发债比例与法定总投资利润率负相关，与社会平均资本回报率正相关；资本金比率与法定总投资利润率成正比，与社会平均资本回报率成反比。在社会平均资本回报率既定的条件下，法定总投资利润率越高，发债比例越低，资本金比率越高。反之，法定总投资利润率越低，发债比例越高，资本金比率越低。可调整的政策变量，是体现微利原则的法定总投资利润率。

举例来说，如果社会平均资本回报率为 10%，法定总投资利润率为 1%，那么，按公式计算，最低发债比例等于 2，资本金比率为 10%。社会平均资本回报率为 15%，法定总投资利润率为 0.5%，最低发债比例才等于 8。这说明，当社会平均资本回报率在 10% ~ 15% 时，如果法定总投资利润率规定在 0.5% ~ 1%，自来水公司的最低发债比例应当在 2 ~ 8。与之相对应的资本金比率则在 3.33% ~ 10%。

可见最低发债比例与资本金比率究竟应当多高，是由政策变量——法定总投资利润率决定的。要利用市政公司债助推自来水质量达标，必须首先明确"保本微利"定价原则，明文规定"微利"水准——法定总投资利润率的具体数值。否则，将缺少审定水价的依据，无法进行水价听证。当然，为切实考核投资利润率，合理审定水价，对于明显影响成本的折旧率、折旧方法以及自来水公司高管层薪酬等要素，也都应当有明确规定与适当说法。

(原载《中国投资》2012 年第 8 期)

8.4 重新审视投资项目资本金制度

我国于 1996 年 8 月制定《固定资产投资项目试行资本金制度》，至 2016 年将满 20 年，客观经济形势已经发生很大变化，不是担忧经济过热，而是面对经济下行压力。适应经济新常态，需要重新审视投资项目资本金制度，认真研讨有无继续坚持实行此项制度的必要性。

一、试行项目资本金制度的目的与背景

国务院当初之所以决定试行固定资产投资项目资本金制度，主要目的有二：一是为了有效控制投资规模，二是为了建立投资风险约束机制、防范银行投资信贷风险。当时的背景是国家要防止经济过热，应对这种形势的重要措施之一，是严格控制固定资产投资。出于此种需要，决定试行项目资本金制度，尽管没有国际先例，缺乏理论依据，但其主观意图还是可以理解的。

从当时规定的各行业投资项目最低资本金比例三个档次看，是把交通运输与煤炭投资项目作为最主要的控制重点，列为第一档，要求其资本金比例为35%及以上。第二档是钢铁、邮电与化肥投资项目，要求资本金比例为25%及以上。第三档是电力、机电、建材、化工、石油加工、有色、轻工、纺织、商贸及其他行业的项目，要求资本金比例为20%及以上。

这样的规定一直延续到2008年国际金融危机爆发时。在此期间理应加快发展的交通运输投资项目，由于规定的最低资本金比例高达35%而受到严格控制。为了应对国际金融危机，2009年5月国务院下发《关于调整固定资产投资项目资本金比例的通知》，将机场、港口、沿海及内河航运项目的最低资本金比例下调5个百分点，降低为30%；铁路、公路、城市轨道交通项目的最低资本金比例下调10个百分点，降低为25%。这次调整为加快交通运输基础设施建设作出不小贡献，我国的高铁建设也从中受益，取得举世瞩目的进展。

在国民经济进入新常态的条件下，"为进一步解决当前重大民生和公共领域投资项目融资难、融资贵问题，增加公共产品和公共服务供给，补短板、增后劲，扩大有效投资需求，促进投资结构调整，保持经济平稳健康发展"，2015年9月国务院下发《关于调整和完善固定资产投资项目资本金制度》的通知，将港口、沿海及内河航运、机场项目最低资本金比例由30%进一步下调为25%，铁路、公路项目和城市轨道交通项目的最低资本金比例由25%进一步下调为20%。

二、不必单独保留项目资本金制度

最近的这次项目资本金制度调整，无疑会产生好效果，能够使此前只够

4个铁路、公路与地铁等交通项目的资本金，可以用来建设5个同等投资规模的交通设施。那么，能否说此项制度已经很完善了，各行业的项目资本金最低比例都规定得很合理了呢？可以肯定，没有人敢这样说，因为每次调整都是依靠拍脑袋，从来没有认真进行过定量分析，更没有提出计量模型或者理论依据，以致每次调整的行业划分都有不小变化，显然缺少科学性。

事实上，铁路、公路、地铁、机场、港口、沿海及内河航运等交通投资项目，建成后具有专营性，产品与服务需要接受价格管制，按"保本微利"原则定价和调价，理应得到高比例发行专营公司债券的融资优惠（参见《中国投资》2016年第2期《新常态呼唤企业债券管理创新》）。在此原则下，其自有资本率i，对投资项目而言即资本金最低比例，应当等于法定利润率p除以社会平均资本回报率R，即$i = p/R$。按$p = 0.5\%$，$r = 10\%$计算，$i = 5\%$，按现行规定只够1个项目的资本金，能够用来投资建设4~5个项目。

在社会平均资本回报率R短期内变化不大（可以视为常数）的条件下，i与p成正比。这就是说，法定利润率p规定得低，自有资本率i就应当随之降低，p规定得高，i随之升高。譬如，在社会平均资本回报率R大约为10%的情况下，如果将专营性投资项目的法定利润率p规定为0.5%，那么，就应当允许该项目的自有资本金最低比例i为5%。如果将其法定利润率上调到1%，则要求其自有资本金比例i不得低于10%。换个角度看，在p不变的条件下，i与R成反比，即社会平均资本回报率R下降，则自有资本率i需要提高。假如社会平均资本回报率由10%下降到7%，还要保持0.5%的法定利润率不变，那就应当将i由5%上调到7.14%。此时专营公司债券的发行比例上限n（$n = 0.3R/p - 1$，参见上文），就应当从5倍下调为3.2倍。

概括起来说，专营性投资项目的自有资本金最低比例i，由法定利润率p和社会平均资本回报率R二者的比值决定，可以通过核定专营公司债券发行比例上限n（$n = 0.3R/p - 1$）进行调节。只要国家科学制定《企业债券法》，将企业明确划分为专营性与非专营性两大类，相对应地规定专营公司债券与普通企业债券，政府有关部门根据各种专营性行业的不同经营特点，与各行业的自律组织协商，按"保本微利"原则分别确定其法定利润率p，那么，债券市场管理机构即可参照社会平均资本回报率R，按公式$n = 0.3R/p - 1$核定出每个行业的专营公司债券发行比例上限n。在债券市场严格按n倍的比例上限控制债券发行总额，专营性产业的投资项目自有资本金最低比例 i 就会自动形成，无须单独制定管理制度。

余下的问题是：对非专营性行业，是否需要继续保留投资项目资本金制度呢？笔者的回答同样是否定的，理由更简单。商业银行发放贷款，通常要求企业的自筹资金比率 z 不低于 30%，这对专营性与非专营性企业都一样。那么，30% 的自筹资金从哪里来呢？按我国现行《企业债券管理条例》的规定，企业发行债券的总面额不得超过其自有资产净值，即发债比例上限 $n = 1$。按 $i = z / (n+1)$ 计算，非专营性行业投资项目自有资本金最低比例 i 应当达到 30% 的一半，即 15%。只需按现行企业债券管理条例和商业银行对贷款企业的自筹资金比例要求做就可以了，更没有单独保留投资项目资本金比例制度的必要性。

三、废止项目资本金制度 增添国民经济活力

既然专营性与非专营性行业都没有必要保留投资项目资本金制度，理应干脆利落地加以废止。相信几年之后一定会这样做，但在眼下却难免有人提出种种疑虑，其中最关键的有如下两点。一是如果宏观经济形势转变，再次需要防止经济过热怎么办？二是没有制度规定的资本金最低比例作保障，会不会削弱投资风险约束机制，给银行投资信贷增加风险？概括成一个问题：就是最初试行此种制度的主要目的，是否要落空？笔者的回答是：非但当初试行此种制度的目的不会落空，还能够为国民经济持续健康发展增添活力，可以让全体国民尽快共享更好的社会基础设施，所持理由如下：

（一）为什么说废止项目资本金制度而其试行目的却不会落空？

简言之，该制度原本就不是实现其试行目的的必要措施，有弊无利，因而废之无妨。除我国外，世界各国都没有这种制度，照样依法进行宏观调控。万一今后再次出现所谓的经济过热，真的到了需要控制固定资产投资规模的时候，只需按市场经济规则，大幅度调高投资建设债券与银行贷款的利率，成倍增加投资项目的融资成本，谁投资谁亏损，就足可应对了，无须恢复该制度。至于防范银行投资信贷风险，我国银行业以国际清算银行制定的巴塞尔协议为蓝本，设计出一整套严格的控制方法与指标体系，更不依赖项目资本金制度。

说到建立投资风险约束机制和提高投资效益，其实项目资本金制度从试行之日起，就把措施与目的搞拧了，原本就不该出台，出台了也应该尽快废止。这样说是因为建立投资风险约束机制和提高投资效益，关键在于要有较高的资本回报率，而提升资本回报率的重要财务杠杆，是适当降低资本金比例。该制度不仅在整体上把投资项目资本金最低比例规定得偏高，而且在分类排序上明显颠倒专营性与非专营性行业之间的关系，给接受价格管制、本应给予融资优惠的交通运输等专营性行业的投资项目规定了 35% 的最高档次，却将产品价格随行就市、不必给予融资优惠的轻工、纺织、商贸等非经营性行业的投资项目列为 20% 的最低档次，高低排序恰恰逆反。

（二）为什么说废止项目资本金制度能够为国民经济持续健康发展增添活力、可以让全体国民尽快共享更好的社会基础设施？

简言之，就是因为投资项目资本金制度原本就是社会基础设施建设项目资金筹集的"拦路虎"。打掉这只"拦路虎"，允许社会基础设施投资项目运用"低资本率"财务杠杆，通过高比例发行专营公司债券筹集建设资金，顺利达到商业银行发放投资信贷的自筹资金比例要求，就可明显加快全国各地的社会基础设施建设。这样做的直接社会经济效果就是能够使落后地区的人民，也可早日共享改革开放成果，获得便利的交通条件，喝上达标的饮用水。各地区之间的差距缩小，自然会为国民经济持续健康发展增添活力。

（原载《中国投资》2016 年第 3 期）

8.5　准经营基础设施投融资方略

按照是否经营以及经营定价的原则，社会基础设施可以划分为非经营、准经营与经营性三类。普通道路、立交桥与城市广场等，为便利使用，不宜设卡收费，不能经营。城市供水供气，需要按成本收费，以利节约，应当完全经营。地铁、铁路与动物园、科技馆、体育场馆等能够经营，但其服务价格不宜涵盖此类设施的全部建设费用与运营成本，因而只能进行半经营，或称准经营。本文从准经营基础设施的公益性与双重经济效益出发，讨论符合其属性的投融资方略。

一、准经营基础设施的公益性与双重经济效益

(一) 准经营基础设施的公用公益性

所有基础设施都具有公益性，准经营基础设施也不例外。进一步观察，不同的基础设施，在各自的特定服务领域，又会表现出各自独特的公益性。以城市轨道交通为例，其独特的公益性主要表现为：缓解城市交通拥堵，节约市民出行时间，减轻城市空气污染，缩小贫富出行差距。后面的缩小贫富出行差距一项，还可进一步细化为以下三点。其一，无论贫富，都给便利。其二，没车乘坐，有车受益。其三，路远享用，路近少挤。

公益性并不要求绝对平均使用。公交车富贵者不愿上去挤，高速路无车者不能上去跑，无论偏向于穷人还是富人，都不否定二者的公益性。作为公交方式之一，总的来说，城市地铁是偏向大众的，一般情况下，富贵者不愿往上挤。但与路面上的公交电汽车不同，在交通拥堵时段，城市轨道交通能够提供比私家车快速的服务。因而，当时间紧迫（或者说时间宝贵）时，即使富人往往也要体验轨道交通的便利。

退一步说，即使富人不乘坐地铁，地铁也会给他们送去便利。因为发达的轨道交通系统，可以减轻地面车辆拥堵，使包括不乘坐地铁在内的所有开车者都受益。此外，对全体市民而言，无论出行距离远近，轨道交通都有好处。上下班远的自不必说，只需乘坐几站公交车的人们，也会因很多人乘地铁而减轻拥挤。

(二) 准经营基础设施的双重经济效益

与经营性、非经营性基础设施相比，准经营基础设施的突出特点，是其产生的间接经济效益很大，接近甚至远远超过直接经济效益，以致不能不说具有双重经济效益。正是这一特点，才使其成为准经营基础设施。以地铁为例，开通地铁线路带来的房地产升值与财政税收增加等间接经济效益，在数量上就远远超过主要来自乘客票价收入的直接经济效益。

首先看轨道交通建设对沿线土地房屋租金价格的影响。国内外大量事实早已表明，城市轨道交通建设能够显著提高沿线的地租地价与房租房价，增加房地产业主的租金收入与销售收入，提升其财产价值。能够直接获得轨道交通产生的这部分经济效益的主体，包括沿线有房地产的居民、企事业单位、

开发商与城市政府。

轨道交通建成运营后，其沿线各处的每平方米房租房价、地租地价，一般都将向离市中心较近区域的房地产价格水平靠近，因而提高的数额受到当地整体价格水平的制约。这就是说，在人均收入水平与房地产价格不同的城市之间，轨道交通建设产生的间接经济效益可能差别很大。而轨道交通的单位造价在全国各大城市之间，高低差别却不会很大。这肯定要给各城市的轨道交通投资效益与建设资金来源，进而对投融资方略，带来显著影响。

再看轨道交通建设对城市经济繁荣与财政税收的影响。实践经验证明，城市轨道交通建设还有助于扩大城区面积，能够显著增强城市容纳人口的能力，进而繁荣城市经济，增加城市 GDP 和财政税收。在城镇化加速推进、大城市扩容过程中，轨道交通建设的这种间接经济效应更加明显。

二、准经营基础设施建设费用与运营成本的分担原则

公益性和双重经济效益性，决定准经营基础设施的建设费用与运营成本，不应只由经营者进而直接使用者单独承担，间接受益各方也应当适当分担。理由很简单，单独由经营者与直接使用者承担全部成本，间接受益各方坐享其成，不但从情理上说不公平，更主要的是在实践中行不通。切实可行的办法只能是受益各方适当分担。具体地说，分担准经营基础设施建设费用与运营成本应当遵循下列原则。

（一）根据直接经济效益确定经营者分担的成本费用

准经营基础设施的直接经济效益大小，在很大程度上取决于相关服务的价格水平和价格政策。与一般商品的定价机制不同，确定准经营基础设施的服务价格，不能主要依据提供服务的成本，必须首先看广大用户对这类服务价格的期望值与支付能力。否则，就可能好事办坏。

以边远铁路为例，即使同样的地质条件，由于施工地点距离原材料与设备供应地很远，每公里的平均造价也会较高。再加上道路末梢客货流量较少，客货运量相对较低的因素，单位运量分担的折旧成本就更高了。那么，边远铁路的客货运输价格，是否可以随其服务成本水涨船高呢？显然不行，如果这样按成本定价，有些路段的运价就要高出好几倍。

与甘蔗根梢对中段甜贡献很大的情况类似，边远路段对中间路段客货流

量的贡献不可忽视。大庆人乘火车到拉萨，两头路段对北京至西宁段增加收入无疑有贡献，因而进行内部核算中段应向两头路段适当转移收入。与此类似，由于铁路系统对整个国民经济产生的间接经济效益很大，也不宜用全部成本核算运费，尤其是客运票价。

确定铁路票价，既要考虑包括农民在内的全国低收入人群的支付能力，又要考虑其他交通方式的比价竞争效应。由于人口与劳动力流动的市场化不充分，我国行业之间、地区之间与城乡之间的人均收入差距都很大。因而，20% 低收入人群绝大多数居住在中西部农村，其收入比全国平均收入水平低很多，对铁路票价的支付力有限，这在很大程度上限制了我国铁路票价的上调空间。

欠缺支付力的低收入人群更需要外出打工谋生，这就使安全性极低的长途汽车客运与铁路客运造成了强烈竞争。2012 年 8 月 26 日凌晨 2 时许，发生在陕北安塞县包茂高速化子坪服务区南出口，造成 36 人死亡的卧铺客车特大车祸，就是悲惨的证明。呼和浩特至西安通铁路、跑火车，死难乘客全都因为嫌火车卧铺贵，才冒生命危险乘汽车。如果铁路票价上调，乘这种车的人还会增多。

综合考虑低收入用户支付能力与服务成本两方面因素，主要根据低收入用户支付力的上线，确定准经营基础设施的服务价格。在此基础上，结合服务量估测，核算经营者可能获得的直接经济效益，进而实事求是地确定经营者有能力分担的成本费用范围。

如果这样核算出的直接经济效益可与该设施的建设费用和运营成本相抵，甚至略有剩余，那就不是准经营性的，而是经营性的了。另一极端，如果直接经济效益很少，不够日常经营支出，那就不必经营，属于非经营性设施了。准经营设施处于这两个极端之间，从承担最小口径的运营成本，到仅仅免担部分建设费用，都可以根据各自的具体情况，实事求是地协商或通过竞标确定。

（二）财政部门担负准经营基础设施其余成本费用

除了经营者凭直接经济效益能够分担的部分外，准经营基础设施的其余成本费用都需要财政部门担负。这样做理由有四。其一，财政部门通过税收增加与土地升值，实际上得到了准经营基础设施的一部分间接经济效益，属于受益者之一。其二，准经营基础设施的其他间接受益者理应分担一部分建设费用与运营成本，但他们分担的渠道只能是向财政部门缴纳相关税费，财政部门的责任在于尽可能减少税费征收漏洞。其三，财政部门有义务设计并提请立法机关审议通过旨在使其他间接受益者更合理分担准经营基础设施建设费用的税费政策，并贯彻实施。其四，由于准经营基础设施在间接经济效益之上还有很强的公益性，财政部门有理由在必要时动用一般财政收入或通过增加负债，弥补实际入账间接经济效益不足所遗留的差额。

三、准经营基础设施投融资方略的谋划要点

通过上述分析可知，获得准经营基础设施间接经济效益的自然人和企事业法人，需要通过缴纳财政税费的渠道分担该设施的成本费用，因而直接支付准经营基础设施成本费用的实际上是财政部门与经营者两家。这就在客观上决定了准经营基础设施建设必须实行财政投融资，需要以政府为主导，与经营者共同谋划投融资方略。

（一）以人为本根据社会发展客观需要制定长中期投资建设规划

正确的投融资方略是顺利实施建设规划的保障；具有远见的投资建设规划是正确制定投融资方略的基础与前提。基础设施使用的长期性，决定其投资建设规划必须考虑长远，首先要在未来 30～50 年的时间跨度内，预测发展远景，提出长期规划目标，据以制定中期规划。

把明确发展目标、科学制定长中期投资建设规划列为第一谋划要点，不是机械遵循战略学的排列顺序，更主要的是针对现实存在的问题。在基础设施建设方面，我国长期普遍存在规划落后的保守倾向。譬如，实践表明，我国各城市的轨道交通建设规划大多偏于保守，事后迫不得已调整追加，造成的损失浪费巨大。形成这种状况的重要原因之一是至今没有全国城市轨道交通发展战略规划，举国上下对今后 10 年、20 年内全国城市究竟需要建设多少轨道交通，全都心中无数。

值得特别注意的是，目前我国的铁路建设又到紧要关头。以往规划的全国 12 万公里铁路网，即将于 2015 年底基本建成，之后应当如何发展，急需深入研究大战略。是保持原规划里程，在 12 万公里路网上设法改善服务，努力提高效率；还是适当调增路网规划总里程，再投资建设几万公里新线；或者更大胆地再制定新一轮的 12 万公里建设规划？究竟如何选择，直接关系今后二三十年我国的交通运输格局与国土资源利用，缺少明确的规划目标，铁

路投融资方略的谋划必然迷失方向。

（二）实事求是商定财政部门与经营者各自分担成本费用的范围

核定服务价格，需要充分考虑低收入人群的支付能力，这是各类准经营基础设施都应遵循的共同原则。但由于不同种类准经营基础设施的工程造价与主要设备购置费用差别很大，经营者直接经济效益占各类准经营基础设施总成本费用的比率，高低相差可达数倍，从20%到80%均有可能性。

这种比率差别还可能因客流量不同而在各城市的同种准经营基础设施上表现出来。具体情况千差万别，要确定经营者分担准经营基础设施总成本费用的范围，不能固定使用统一界限，必须实事求是，根据各类设施、各个城市的实际情况协商确定。从经营者角度看分担比率由高到低，从财政部门角度说分担比率由低到高，大致划分为以下三种情况。

一是经营者除了承担日常运营成本和设备购置费用，还分担一半的设施建设费用，财政部门分担另一半的设施建设费用。从多年以来的实际经营状况看，目前我国的铁路系统属于这种情况。如果边远和经济落后区域的铁路线由国家财政出资建设，即近半铁路建设费用由国家财政分担，那么，铁路系统的财务状况就可能一直较好，根本不会出现近年融资难、一些在建项目被迫停工的现象。为从根本上解决铁路建设资金来源困难问题，国家应当在适当时机，对铁路建设出资的长期欠账作出应有补偿。

二是经营者只承担日常运营成本和设备购置费用，不分担设施建设费用，财政部门承担设施的全部建设费用。我国大部分城市的轨道交通属于这种情况。城市轨道交通沿线的土地房屋升值幅度很大，城市政府因此而大幅度增加财政收入，如果将来普遍征收房地产税，轨道交通给城市财政带来的未来在潜税收更多。为促使行人更多使用轨道交通，同时也为公平，城市轨道交通理应全部由市财政出资建设。从另一方面看，建设轨道交通的城市多数人口密集，客流量很大，尽管实行票价优惠，直接经济效益也不是很小，除日常运营成本，经营者还有能力承担车辆购置费。

三是经营者只承担日常运营成本，不分担设备购置与设施建设的费用，财政部门承担全部设施建设与设备购置费用。我国少数城市的轨道交通，可能在发展初期属于这种情况。预计未来一二十年人口将超过百万，但目前人口还不足百万的城市，如果适度超前发展轨道交通，初期经营者从票价取得的收入，有可能只够支付日常运营费用，没能力支付车辆购置费。但这属于过渡情况，市财政分担过渡期的车辆购置费，可以获得低价建设轨道交通的好处。日后升高的工程造价有可能超过车辆购置费，早建等于白得车，免费送给经营者与市民做人情。

（三）大胆实行以财政为依托的负债建设方针

无论属于上述三种情况中的哪一种，都可以通过明确划分成本费用分担范围，将准经营基础设施的一部分成本费用分离给运营公司，由运营公司在经营过程中回收。只要成本费用分担是合理的，运营公司就不应该出现财务困难。因此，准经营基础设施投融资方略的谋划重点主要在财政部门，关键是要搞好财政投融资。

基础设施建设一次性投入大，发挥效益的时间长，无论从资金来源还是从公平分担的角度说，都不适宜主要用本期财政收入支付财政部门应当分担的部分。从资金来源看，财政没有现金积蓄，要从本期财政收入中逐年拿钱参与准经营基础设施建设，其建设速度必然十分缓慢，无法满足客观需要。论公平分担，效益主要体现在日后，全由本期财政担负显然不合理。

单纯算财务账，财政从税收中慢慢拿钱出资参与准经营基础设施建设，也是不明智的。在工程造价年均上升幅度高于借款利率的情况下，借款早建，等于降低工程造价。因而，既现实、公平又明智的投融资方针是财政部门大胆负债，及时足额支付自己分担的建设费用，保证准经营基础设施按规划顺利建成运营。

（四）灵活采用双平台、多渠道的融资策略

财政部门筹集自己分担的准经营基础设施建设资金，可以灵活采用财政融资与国企融资两种平台，充分利用各种直接与间接的融资渠道。譬如，在铁路债券受到市场欢迎、便于发行的时候，不妨由铁道部出面融资，财政部暂不出资。但在铁路债券发行受阻、铁路项目建设遭遇资金困难的情况下，财政部就有必要通过发行铁路建设特别国债，筹集建设资金，履行自己应当分担一半建设费用的责任，偿还以往的多年欠账。

与此类似，在《预算法》禁止地方政府发债的现实情况下，要以人为本、根据客观需要发展城市轨道交通，就必须以市财政为后盾，通过轨道交通建设管理公司的国企式平台，变相进行财政投融资。而当投融资法律体系逐步健全，允许发行地方公债后，就应及时进行债务转换，发行利率较低的市政债券，偿还轨道交通建设管理公司所借银行贷款与市政公司债。

为了保持准经营基础设施的融资灵活性，即使在法律健全、准许发行地方公债后，仍然有必要在相当长一段时间内保留财政与国企两种融资平台，以便根据项目建设的融资期限需要与金融市场变化，自由选用市政债券、市政公司债券、中短期票据等直接融资方式，或者银行贷款与金融租赁等间接融资渠道。

（五）借东家还西家实现借新债还旧债

双平台、多渠道融资的最大好处，是便于拆东墙补西墙、借东家还西家，能够比较顺利地实现借新债还旧债，保持与社会资产积累相对应的公共负债余额可持续增长。这样以债代税的现实社会效果，是在不增加企业与个人税负、保持经济活力的同时，加大准经营基础设施投资建设力度，利民强国。

这样以债代税建设准经营基础设施对后代的影响，是未来子孙们在得到大量可满足社会需要的固定资产的同时，接受巨额债权与数量对等的政府负债，可以平静面对繁荣的证券市场，冷静思辨、热烈讨论他们那时的公债政策。未来人不会抱怨先辈们千方百计、辛苦劳作给他们留下多种遗产，更不会不知所措。那时的多数人或许会主张学前辈善用公债，办利国利民事情。上述猜想，不全是想象，今天美国人对百年前发债先辈们的评价是重要参考。断言发行公债是用子孙钱、不利后代的说法，目前缺少国外历史经验佐证，30 年后还将进一步缺少国内经验佐证，才是真正的凭空想象。

（六）精心选择低成本的融资方式与期限

双平台、多渠道融资，不仅可以增强负债建设的可持续性与抗风险能力，同时还可为精心选择低成本融资方式与期限提供有利条件和机会。融资渠道广，借钱有保证，可以根据资金需要主动转换债务，当然就要进一步在融资成本上多动脑筋，尽可能少付利息，实现低成本融资。具体地说，就不必受融资方式和期限的限制，而应精打细算，采取操作费用与利息两者合计总账最低的融资策略。即使融资期限短，需要反复不断借新还旧，只要其利息加上各次操作费用后算总账是最低的，就值得选取。

（原载《中国投资》2012 年第 10 期）

8.6　城镇化资金筹措战略思考

推进新型城镇化，最受各界关注的问题，除了人口流动与土地利用外，排在第三位的就是城市建设资金的来源与筹集。如果说二三十年前为缺钱而发愁很容易让人理解的话，那么，在理论界惊呼 M2 全球第一、外汇储备多得让总理都感到负担沉重的今天，依旧还为该办的事情缺钱而忧愁，就很难让人理解了。在本币与外汇社会资金总量大得惊人的我国当前形势下，彻底破解城镇化资金来源与筹集之谜，不可就事论事、头痛医头，而是需要进行深入的理论与战略思考。

一、钱的本质与真正来源

现代的钱不同于金银等古代足值货币，不是一般等价物，更确切地说，根本就不是有形之物，而是人与人之间无形的债权债务关系。钱的正面，是持有者的债权，背面是承兑或清偿者的债务。现金如此，存款如此，票据如此，债券如此，磁卡如此，宝宝们也都如此。由此可知，现代钱的真正来源，是信用。那么，谁可以提供信用，也就是钱究竟来自哪里呢？信用涉及双方，产生债权债务关系，创造现代的钱，当事双方都有贡献。如果进一步深究，信用关系双方的贡献未必恒等，可能有时债务方主动些，有时债权方主动些，但总体上看，债务方的信用创造作用要稍大一些。譬如，企业和财政在证券市场上发行债券、买家要签数月后付款的期票给卖家、个人或公司向银行申请贷款、信用卡持有人刷卡消费或支付他人等，都是由债务人一方首先采取主动，债权人事前或事后权衡风险收益予以接受，才创造出相应的社会信用，构成一定的债权债务关系。从这一意义上可以简单地说，现代钱的真正来源是负债。

既然现代的钱来源于负债，那就必然是有多少负债，便有多少钱，全社会钱的有无与多少，主要取决于负债。这就不难理解，钱的筹集问题实质上是人与人之间债权债务关系的疏通问题。只要法律健全，社会信用关系有保障，该用钱的事情，就应当能够以适当的方式筹集到钱。因而，从国家战略层面考虑，可以得出一个明确的结论：新型城镇化所需的资金，全都有来源，总量没有缺口，问题仅仅在于如何寻找适当的筹资途径与方式。

二、城建筹资　六大平台

各国实践早已表明，解决城镇化资金需求的途径与方式很多。2001 年刚刚迎来 21 世纪时，接受中国城市科学研究会邀请，笔者在拙著《如何让"钱"路畅通——纵谈城市建设投融资》一书（中国城市出版社 2002 年 1 月第 1 版）中，划分 13 章深入研讨城市建设的各种投融资渠道。概括起来说，有如下六大平台，对城市建设筹资最为重要。

一是财政税收。税收无疑是城市基础设施建设投资的重要资金来源，但不能主要依靠税收建设城市，否则就会加重企业与市民的税负。主要靠当代人纳税来大量积累后代人也能长期使用的政府实物资产，不仅对当代人不公平，更主要的弊端是降低经济活力，延缓社会发展，致使城市设施落后，实际上对后代人也不利，因而极不明智。

二是地产升值。城市发展带来城市土地大幅度升值。在城镇化进程加快的时期，城建投资多，城市发展快，土地升值幅度大，城市财政理应从中获得更多的土地收益，用于补充城市建设投资。对于发展潜力巨大的城市来说，这样的过程可以持续几十年，但迟早会遇到拐点，不可能永无止境。正因为可转让的土地溢价收益终有止境，在难得的地产大幅度溢价时期内，更应当不失时机地充分利用，尽可能把城市建设好。

三是市政债券。由市财政发行地方公债是世界绝大多数城市成功筹集城市发展资金的重要渠道。我国由于特殊理由，过去曾经严加禁止，致使城市建设因筹资渠道不畅而长期滞后。近年对地方公债的发行有所松动，但仍然控制很严，主要还是以中央政府有关部门的行政管理为主，没有赋予市人民代表大会及地方政府发债自主权，不由市场进行调节。

四是市政公司债。城市自来水公司、供气供暖公司、轨道交通与公交公司等具有专营性的市政公司不同于一般的企业，其产品与服务的价格不可随行就市，频繁变动，而要遵循"保本、微利、高回报"的定价原则，切实接受公众监督和政府审批。总成本微利与资本高回报二者如何才能并行不悖？只有一条途径，准予市政公司以相对于自有资本金的较高比例发债融资。这方面的国外经验极其丰富，可我国却至今未予以注意。

五是银行贷款。这是人们熟悉、非常便捷、资金量最大的融资平台。长期以来，这个平台一直在为城镇化进程提供资金支持，今后仍将发挥举足轻重的支撑作用。

六是民间投资。对新型城镇化来说，这是发展潜力最大、增长空间十分广阔的资金来源。只要体制改革深化到位、产权制度明晰稳定，民间资金就会踊跃地投向发展空间广阔、有利可图的各种城市经营设施与产业。

三、公债非债　国债民财

上述六大平台中运作较好的是财政税收、地产升值与银行贷款三个。另外三个平台，即市政债券、市政公司债和民间投资，则未能发挥各自应起的作用。六大平台，一半瘫痪，这是多数城市深感筹资不易、困于资金短缺的主要原因。因此，解决新型城镇化资金来源问题的关键与主攻方向，无疑应当是设法消除现行法律和体制对市政债券、市政公司债与民间投资形成的各种束缚。

我国《预算法》第二十八条原则上禁止地方财政发行地方公债，市政债券因此长期遭受法律打压。这种利用立法进行的内部打压，对中华民族振兴的束缚与破坏作用，包括对中小学义务教育发展和城市建设等的消极制约，远胜于国外敌对势力的包围扼制。这显然不是立法者们主观上存心捣乱、恶意所为，而是出于他们对公债性质与效用的认识局限，源于经济学界对公债理论探究的缺失与偏颇。

关于"公债非债，国债民财"命题的含义和理由，近年笔者在《中国投资》多有表述，这里不再重复。本文对此仅提醒一点：如果学界和国民对地方公债的旧观念不能更新，受托行使立法权的人民代表依然对市政债券抱有成见，现行《预算法》第二十八条得不到适当修改，那么，我国的新型城镇化，就只能在资金短缺的困境中艰难前行。及时修改《预算法》第二十八条，为市政债券的发行敞开法律大门，将在一定控制比率下是否发行市政债券的自主权归还市级人民代表大会，让证券市场决定哪些城市的债券能够发行出去，我国的新型城镇化才能获得强有力的资金支持。

四、市政公司　优惠发债

在有关债券的法律法规中，需要把市政公司债从一般的企业债券或者说公司债券中单列出来，作出某些特殊规定。这不是要求特殊化，而是基于特殊事实，出于客观需要。具体地说，究竟需要什么样的特殊规定呢？其实很简单，只有一项，就是对于接受调价审批、遵循"保本、微利"原则定价的市政公司，给予融资优惠，准许其以相对于公司自有资本金的较高比例发行市政公司债。那么，为什么要给予市政公司这种融资优惠呢？理由如下。

此种融资优惠，并不是白给的，而是对市政公司接受"保本、微利"定价原则的必要报偿。说白了，这是一种公平交易。从市政公司出资人即股东的角度说，这是用自己产品与服务有利于广大用户与消费者的微利定价，来换取高比例发债融资优惠。从政府与立法机构的角度看，这是用高比例发债融资优惠，换取市政公司对市民与企事业单位都有利的产品与服务微利定价。如果没有这样的融资优惠，总成本微利，必然导致资本微利；而资本微利，不能吸引投资，结果必然是没人愿意投资市政设施，城市建设必然滞后。

在上述交易中，真正聪明的是立法者与市政府，它们用一条法律，推动三方共赢。第一，通过产品与服务的保本定价原则，在价格上保证市政公司不亏本，而成本中包含融资利息与折旧，这样就使借钱给市政公司的所有债权人，都能万无一失地按时收取本息，保护了债权人的利益。第二，根据产品与服务的微利定价原则，价格接近于成本，可以让广大用户与消费者从低价中受益。第三，通过高比例发债与合规借贷（1 元资本金准许发 8 元市政公司债，借 21 元银行贷款，占 30 元总投资的 70%），市政公司可将自有资本金比率大幅度降低至 3.33%。这样利用财务杠杆，市政公司就可以将其仅占 30元资金总额或总成本 0.5% 的 0.15 元微利，转变为 1 元资本金和 15% 的资本回报率，让自己的出资人即股东们获利。债权人、消费者与投资人的利益都得到保障，这样的产业自然会顺利发展，很快满足市民需要。

上述市政公司债的概念，在我国长期遭遇冷漠，连质疑反驳的声音都没有，因而至今鲜为人知。国外这种行之有效的融资工具，在我国究竟有无利用价值，是不是一种很规范的城市融资平台？我国城市与债券市场，为什么对这种融资工具毫无兴趣？我国的城市建设，究竟是真缺钱还是假缺钱呢？

这些问题从一个侧面反映出中国特色。中国特色涉及方方面面，其中就包含市政公司债之谜。破解了这个谜，当前议论纷纷的城市融资平台之谜，就会自动解开，城市经营性设施的完善就不会缺少资金。

五、理顺体制　民资自来

民间资本追求盈利，只要有利可图，即使远隔重洋也愿前往，自然不会冷待国内城市。所以，吸引民间资金参与新型城镇化进程，关键只有一点，就是要给投资者带来利润。事实上，我国民间资本早就尽其所能，拼足全力，积极参与城镇化进程，并且在此过程中大量获取利润、积累巨额资金，迅速发展强大。目前全国随处可见的民间资本活跃身影，是街边餐馆、购物中心、星级酒店、建筑公司与房地产开发商。没有这些民间资本的参与，就没有城市繁华。没有城市繁华，也就没有民间资本的大量积累和亿万富豪的涌现。

回顾改革开放以来的民营经济发展史，可以说，民间投资与城镇化进程息息相关，谁也离不开谁。那么，为什么还说在城市筹资的六大平台中，民间投资像市政债券、市政公司债一样，未能发挥应有的作用呢？这主要是针对城市基础设施建设领域而言的，在这个特定领域，民间资本发挥的作用还不够大。

民间投资在城市基础设施建设领域发挥的作用，不如人们希望的那么大，责任不在民间资本，而是因为存在入门障碍，缺少激励机制。在投资管理体制上，应当向民间资本敞开经营性市政设施的投资建设大门。在中共十八届三中全会作出简政放权、全面深化体制改革的决定后，民间资本的准入问题已经不大，真正难点在激励机制。

投资激励的关键环节，在于产品服务定价原则与融资渠道。融资渠道不通畅，产品与服务的定价机制缺少保障，资本就无法获得高回报，民营企业家肯定不愿意投资市政设施。因此，话又说回去了，至少首先应当立法给予民营市政公司高比例融资优惠，并确认对其产品与服务采取"保本、微利、高回报"的定价原则。这方面的问题解决了，民间资本自然就会积极进入市政设施建设领域。

综上所述，在城市筹资六大平台中，真正有问题、必须首先解决的，其实主要就是两债平台的缺失。只要有关市政债券与市政公司债的两债立法能够获得突破，就可牵两耳动全身，使六个平台联动起来，充分满足新型城镇化对资金的需求。

（原载《中国投资》2014 年第 7 期）

8.7　漫谈钢耗、房价与 M2

最近在一次讨论经济形势的座谈会上，笔者接着朋友们的话题，断断续续插话谈了几点看法。会议记录发给本人整理校对，笔者觉得比个人坐下来认真撰写的文章，更容易让人理解。因而愿意保持不很严谨的口语，作为短文发表，供给读者参考，欢迎批评指正。

对于我国钢材水泥消耗多的问题，笔者认为是由经济发展阶段决定的。任何事物都有发展阶段，即使是无生命的东西，譬如恒星与银河系，也有发展阶段。动物和植物就更有阶段了，孩子也好，树木也好，庄稼也好，城市也好，一切一切都有阶段。到了什么阶段，就会出现什么现象，需要一些什么东西。过了那个阶段，又不需要了。世界万物都是这样的。如果一个国家处于重点建设住房和交通设施的阶段，水泥钢材的消耗，难免多一些。

当然，国情不同，建房子消耗的钢材、水泥和木材的比例就会不一样，甚至可能有很大差别。1985 年笔者去西德，参观过他们制造房屋的工厂，流水线上走的预制墙壁，主要用木方和木板，中间夹泡沫保温材料。后来又随车到安装现场观看，打地基还是用了一些钢筋水泥。欧美家庭的二三层小楼，大量用木材建造。其实，我国古代的四合院建筑也主要用木材，那时没有钢材水泥，即使有，也未必多用。

在土地与森林资源都已经非常短缺的当代中国，用钢材水泥建高楼，既节约土地，又保护森林，是非常合理的建材使用与消耗结构。欧美人均土地与森林资源多，不及时采伐木材也会腐朽在森林里，反而增加二氧化碳排放。因而，欧美多用木材建房，也是合理的。我国和那些国家的人口数量、资源状况不同，不可生硬对比。如果我国的中等收入家庭，家家都是一栋二三层的木制小楼，森林会被砍伐殆尽，土地也难以支撑。所以，我国还是应当尽可能多用钢材水泥，多建一些公寓式住宅，较为适合国情。

　　说到房价，我的看法是有相当大的购买力支撑。倒退 30 年，无论一手房还是二手房，谁要报价 1 万元/平方米，谁发疯。那时候，有需求，没有购买力。购买力是件大事，是件实事，贷款也不是毫无根据随便发放的。现在买房子的人，有没有搞投资的，有，但比例不高，不是主流。城里的房子有没有空置的，有，但和几个人挤在一间房里的进城务工求职青年相比，数量还是少。

　　在我看来，推高房价的首要因素，是货币收入水平总体提高，差距拉大，钱不如以前值钱了，以后还将更不值钱。没有这一条，农民工即使都拿到当年周恩来总理二三百元的月工资，房子的价格也卖不上 1 平方米 2 000 元。推高房价的第二因素是建房的土地供应不足，房子没有积压到卖不出的程度。个别房子积压严重的城市，房价已经大幅度下降，这是供求规律，谁都不能违抗。推高房价的第三因素是成千上万家中有房的青年，受大城市机会多、工资较高等多种因素吸引，不顾一切地非要跑到他没有房子的大城市谋职务工。

　　后面这个第三因素有着深厚的背景，不是谁想劝止就能够停止的。他和她很清楚，他们两家现有的两所房子，将来要面临无人居住的局面。他们当中有的人，甚至更有远见，能够料到他们的独生女和别人的独生子结合，总共将有 5 地 6 所房子需要他们照料。但此时此刻，他和她正在热恋，哪有时间细想未来 6 所房子的处置方案，眼前要解决的紧迫问题是赶快买房结婚。芸芸众生，如此谋生，怎样看呢，只能用时代和阶段来解释：我国踏进了城乡住房结构调整与升级换代的历史时段。在这个时段上，现在 1 元钱的购买力，相当于未来的 10 元钱，正如 38 年前的 39.5 元月工资等于现在的 3 950 元一样。物价只有这样变动，未来年轻一代的活劳动提供者，才有生活希望和劳动热情。

　　关于 M2 与 GDP 的比例，笔者有一个老观点，翻出来供大家参考。1990 年我去日本考察财政投融资，第一次碰到"国富"这个统计指标。翻译成中文，应当叫"国民财富"。在很长的时间跨度内，日本的国富构成都是 80% 左右为地产，钢铁、机械制造、电器等产业的全部机器设备，加起来占国富的比例只有 8%。这样的数字一开始让我惊讶，但仔细想想，也可以理解。日本国土面积小，人口密度大，地产价格高，是一方面因素。土地在哪个国家都是最宝贵的资源，恐怕是更根本的原因。现在我国的土地也开始贵起来，房地产占国民财富的比重在上升。当土地产权进一步明晰后，单算地产，占国民财富的比重也不会低。

说这些，和 M2 与 GDP 的比例问题，有什么联系呢？仔细想，二者之间的关系密切。M2 是货币存量，国民财富是实物资产的存量，而 GDP 是国内生产总值年度流量。大家看，M2 更适合与谁进行对比呢？从历史数据看，60 年前我国 M2 比 GDP 不足 20%，现在升高到超过 200%。比例变动为何如此巨大，因为二者是不同种类、不宜直接进行简单对比的经济变量。看日本的统计数字，M2 与 GDP 的比例，也有很大变动，但 M2 与国富的比例，则变动不很大，M2 总计不到国富的 1/3。

分析其中的原因，首先可以肯定：一国的社会信用规模，不容易达到其国民财富的一半。以家庭部门为例，有新买房者，以首付 20%、贷款 80% 买房，相对于房产的负债率为 80%。但也有早些年买房者，贷款已经还得差不多了，相对于房产的负债率接近于 0。两方面一平均，40% 多。而 M2 是社会信用总规模的一部分，从非金融机构债权人的角度看，除了 M2，还有债券和基金等金融资产。扣除这部分不属于 M2 的金融资产，剩下的 M2 自然很难高于国民财富的 40%。因而，存量与存量相比，M2 与国民财富之间的比例关系相对稳定。

我国目前没有国民财富统计指标。20 多年来，笔者和国家统计局的熟人曾经多次谈论国民财富的统计问题，他们都说暂时办不到。目前我国的土地产权不明晰，都是国家或者所谓集体所有的，地产价值究竟多少，很难估算。但有一点可以肯定，1998 年全面推行房改以来，商品房的建设与销售猛烈推高了我国的国民财富。不管统计还是不统计，由此而迅速增长的实际国民财富，必然显著扩大社会信用规模，大幅度增加 M2，使 GDP 相形见绌。但 M2 与国民财富相比，仍然还是个小东西。将来随着债券与基金、股票等其他金融资产的占比逐渐提高，M2 相对于国民财富的比例，还将趋于降低。

至于国民财富与 GDP 之间的比例关系，可用穷小伙与老富翁作比喻。穷小伙只有 1 套蔽体衣服，尽管他刚打工的年收入很微薄，但比他 1 套衣服的财富存量还是多多了。老富翁则相反，他的财富存量比他的年收入流量多好多倍。当穷小子昂首阔步走出山沟，经过多年拼搏，终于成为老富翁的时候，他的个人财富与年收入之间的比例关系，会发生惊人逆转。

　　一个经历多年战乱、反复折腾的贫穷国家，经过几十年的稳定发展之后富裕起来，其国民财富与 GDP 之比，同样会发生惊人逆转。截至 2013 年 6 月底，相对于 105 万亿元的 M2，按三比一倒算，估计我国的国民财富应当已经突破 315 万亿元人民币，其中大概有 70% 左右为地产。统计部门如若不信，欢迎他们拿出自己的数据，研究人员将从中受益。

（原载《中国投资》2013 年第 8 期）

8.8　大象无形真货币

　　"引人入胜，丰富多彩，浅显易懂"，英国著名杂志《今日历史》如此描述《钱的历史》一书。该书由大英博物馆两位专业馆长——凯琳娜·伊格尔顿与乔纳森·威廉姆斯合著，正如其在前言中说明的那样："本书的全部章节皆由大英博物馆钱币部的管理人员撰写，他们各自都是相应时期、相应区域的硬币与纸币历史行家"，而两位馆长则分别精通现代货币、罗马与铁器时代硬币。

　　这些钱币史行家们整天研磨世界各地古今钱币，并从其保管的数以万计的钱币文物中精选出 500 多幅硬币、钞票图样及古币分布地图，按时序和地域插配相关章节，页页图文并茂，幅幅注解简明，章章超脱金银，节节触及灵魂，可谓"一部全球货币史，千秋人类映心书"。从这一视角看，能够最形象、最生动表现此书立意的，是序言中的一幅油画插图——《放高利贷者和他的老婆》。图中，尽管人体占据大部分画面，但最吸引读者眼球的，是堆放在案几上的金币、金器和天平。

　　领会序言，细读全文，货币历史 5 000 年长卷则清晰展现：贝壳、椰布、银锭、金砖、铅条、盐块、铸币、铜钱、纸钞、支票、塑片、磁卡等多种货币，交错流通，各领风骚，与时俱进，变相存神。无论材料软硬重轻，不管造型圆方粗精，货币以始终不变的独特魅力，牵动人心。

　　货币之魂，催人奋进，甘冒风险，不避艰辛，但也常开玩笑，招引盗匪，诱人黑心。它一心二用，功效两分。有时引发战争，有时驱散乌云；有时带来繁荣，有时惯坏子孙。千秋功罪，系于一身，析理评说，考验学人。限于篇幅，此书作者从众多经济学家中仅选 3 人——亚当·斯密、卡尔·马克思、约翰·梅纳德·凯恩斯，给予特写镜头，各载一幅有代表性肖像，简介各自的货币理论。

而近 50 年续演的货币史则进一步显现了货币的本性，尽情嘲笑"货币拜物教"：1971 年布雷顿森林体系崩溃，美元与黄金彻底脱钩；1992 年马斯特里赫特协定确定欧盟使用单一货币；2002 年欧盟 10 国放弃本币，欧元流通。20 世纪 80 年代欧美开始大量使用信用卡，迅速发展网上支付的电子货币，如今中国的大小城市，信用卡与电子货币正在迅速普及。

显而易见，货币真魂，已不恋金银，不喜盛装，更爱匿身隐形，依附电子，化作信息，不分昼夜，以光速疾驰。据此追寻货币本质，似乎应为"人与人之间的债权债务关系"。因而，纯真货币，其象广大，大至无形，正是此书最后结语"现代货币的基础性悖论是'大象无形'"的含义。而该结语更实在的含义则可能是结语中稍前的一句话："'后工业化'社会开始，挣钱看起来逐渐与工业生产脱离"。

依据上述货币本质，愿再补 3 句：钱债一体，钱是他人债，债为他人钱；钱来自债，债源于无，无本无限更无形；嗜钱如命者败，敢用善用债者胜。

（原载《中国投资》2013 年第 1 期）

第9章　善用财政负债

导读：惧怕公债梦难圆

在本书序言中曾建议读者，为便于理解全书，先读本章。本章提出的主要政策建议，可归纳为4个字：善用公债。善用公债的前提是不能惧怕公债。惧怕公债，不敢多用公债，难圆中国梦。

基于上述认识，本章第1篇《财政也需研究大战略》提出，今后相当长时期内，我国财政的战略目标应当是为实现中国梦提供财力保证。达到这一战略目标的主要战略措施是通过增发公债，既降税又增支。这就需要超越传统的"量入为出"理财观念，辅以"量出为入"的理财思想。

接下来的《适应新常态急需创新公债理念与立法》一文，进一步阐述上述思想，建议更彻底地修订《预算法》，拓展地方公债筹资使用范围，相应修改《中国人民银行法》第二十九条，疏通公债发行渠道。《公债非债　国债民财》、《宁肯欠债　也要加强——多层次住行发展阶段的融资战略》和《城镇化呼唤市政债》等文，又从不同角度论述上述理财思想的合理性，所提建议的可行性，以及采取这些建议措施的积极作用与现实意义。

《善用债者盛　喜藏钱者衰》这篇刊载于《经济学茶座》的短文，通过古今中外对比，分析负债办事与藏钱求富对于国家兴衰的不同影响，得出的结论：公债是当今世界各国加快走向发达的利器，谁不敢充分运用，谁就是自废武功。紧随其后的《中国公债话从头》、《地方公债有盼头》与《公债理论望尽头》3篇书评，借助卢文莹博士《中国公债学说精要》、李冬梅教授《中国地方政府债务问题研究》与尹恒《政府债务问题研究》3本专著，印证了上述道理。

本章最后的《提高财政赤字率展现新方略》一文，对2015年12月中央经济工作会议提出的"阶段性提高财政赤字率"新政策，以及第十二届全国人大四次会议审议通过符合这一新政策的政府工作报告和财政预算，表示高度赞同与热烈欢迎，并希望能够适当加大力度，长期实施。

9.1　财政也需研究大战略

当今世界，无论美国还是欧洲，债务危机的核心症结都在财政。目前我国交通拥堵与校车事故、贫富差距扩大与土地征用冲突，各种问题无不直接或间接与财政相关。既要为改善民生而增加保障性财政支出，又要为实体经济减负降税，如何兼顾双方，财政在新形势下面临新问题。破解处理这个问题，需要用新思维研究财政大战略。

一、财政战略目标

无论何时，财政的战略目标，都应当是为实现国家发展战略提供财力保证。习近平总书记说："人民对美好生活的向往，就是我们的奋斗目标。"具体地说，现阶段我国人民的向往，就是要全面建成小康社会。为实现这一目标，需要在努力发展经济、增强国力的同时，把改善民生、增强公益保障、缩小贫富差距、保持社会和谐作为战略重点。

那么，财政应当怎样为实现上述目标服务呢？很明显，在当前形势下，要加快经济发展，需要给实体经济、特别是民营中小企业减负，这就要求财政适当降税。为改善民生、增强公益保障，有必要优化财政支出结构、适当增加财政支出。因而，能够为全面建成小康社会提供财力保证的财政战略，必须千方百计努力做到"在降税减负的同时增加公益支出"。

世界上有"既降税又增支"的财政战略吗？答案是：理论上没有，但实践中有。从理论上说，由于税率降低，尽管能够产生增强企业活力、促进经济增长、扩大税基的作用，但短期内税收总额未必能够增加，甚至可能减少。根据"量入为出"的理财原则，单凭税收，很难获得增加财政支出的资金来源。

如果看发达国家的实践，则不乏"既降税又增支"的先例。这些国家用于增加财政支出的资金，包括用于支持战争、加强义务教育、发展基础科研等各种费用，主要通过发行公债筹集。他们虽然没有把"宁肯欠债，也要加强""发展才是硬道理"等邓小平名言整天挂在嘴上，但却早已付诸行动，达到了发展科技、增强国力的目的。或许邓小平正是总结他们的经验，揭示他们发达的诀窍，才精炼出上述名言。

二、超越"量入为出"传统观念

贯彻"既降税又增支"的财政战略，必要措施是按需发行公债，此外没有其他途径可行。回顾历史，世界各国走上这条道路者，多为逼上梁山，并非在理论上事先论证明白。其实，直到今天，即使在西方发达国家里，担忧债务危机的心理也非常普遍，反对增发国债的声音也是不绝于耳。美国国会年年都要为发债议案激烈辩论，何方可能在表决中胜出，时时牵动全球债券投资与投机者的神经。

我国人民吃苦耐劳，历来要求不多不高，一穷二白苦日子，曾经过得乐陶陶。因而，没有人会逼迫政府为自己做这做那。但执政者不能这样想，不可安于现状，在无人逼迫的宽松执政环境下，更需要为自己忠厚善良的人民着想，主动上梁山，敢于采取包括增发公债在内的一切可行措施，切实改善民生。

如果不是仅凭一时激情，而是基于冷静思考，理智地登上梁山，那就需要超越"量入为出"的传统理财观念，代之以"量出为入"新理念。任何事物都在变，理财观也不例外。与千万年前恐龙时代相比，百万年来陆地生命的新格局，是人类成为主宰。与百多年前税收财政相比，近几十年财政发展的新趋势是债务收入占比趋于升高，正在加速向负债财政方向演变。顺应这一客观趋势，理财观需要与时俱进，由原先的"量入为出"逐渐向"量出为入"转变。

量出为入，就是根据财政支出的客观需要，组织财政收入，如果税收不足，就通过发债弥补。百多年来，发达国家实际都在这样做，只是没讲新思维，未称大战略。之所以这样，有可能是因为这些国家的政治家与理财家们，早就懂得"实干兴邦，空谈误国"的深刻道理。既然已经实干百多年，得到了大实惠，自然不必再多费口舌。

其实，总结他人经验，悟道理，找诀窍，努力改变对债的传统观念，这件大事邓小平早就为我们做了。1989 年他语重心长地说"宁肯欠债，也要加强。这也是开放，在这方面胆子要大一些"（《邓小平文选》第三卷第 307 页）。现在最需要的就是照此行动，大胆实干，发债兴邦。

三、财政发债可干哪些实事

从公债本质与使用原则角度说，一切需由财政出资的公共事务，在税收不足时，都可以使用公债筹集的资金办。那么，究竟哪些事情属于"需由财政出资的公共事务"呢？不同的人，由于文化背景、个人经历、社会地位与看问题方法的差异，答案不可能完全相同。这种差异，在国家民族之间以及在同一国家民族的不同时期之间，同样会有所体现。国际经验表明，对公债使用的观念与实践差异，实际上是影响国家发展快慢的一个重要因素。按笔者个人观点，至少应当不惜运用公债，尽量办好下面五件事。

第一，加大结构性降税力度。当前需要通过财政发债办的第一件实事，是加大结构性降税力度，通过降低税率有力地支持实体经济发展，助推关系国计民生的关键产业尽快跨上新台阶。举例来说，为了确保粮食安全，让 13 亿人能够把饭碗牢牢端在自己手中，除了大力发展农业、增加国内粮食产量，还需要稳步扩大粮食进口，持续拉动耕地富余的美洲、澳洲与非洲粮食生产，增加全球粮食供给。

但这样进口的粮食在平时不可大量食用，必须主要用于产品出口的粮食深加工，只是在粮食歉收时才发挥其保饭碗的战略性调节功能，暂停粮食加工与粮食制品出口，将工业用粮转为国内食用。为了做大做强这样的粮食深加工产业，财政有必要显著降低出口型粮食深加工企业的税负，同时调低粮食进口关税、产品出口关税与增值税三种税率。需要通过降税促进发展的其他产业很多，限于篇幅不一一列举。

第二，增加社会保障支出。需要通过财政发债办的第二件实事，是增加社会保障支出，从低端抬升角度切实缩小贫富实际差距，促进社会和谐、保持城乡稳定。目前缩小行业之间、企业内部、城乡与地区之间四方面的收入差距，是保持社会稳定的当务之急。中共十八大和 2013 年中央经济工作会议都强调加强民生保障，坚持把人民利益放在第一位，使发展成果更多、更公平惠及全体人民。

　　加强民生保障，显然需要增加中央与地方财政的社会保障支出。举例来说，为了缩小儿童教育差距，减少私家中小学校车事故，尽可能实现人生起点的大致平等，需要效仿发达国家的做法，由地方财政出钱，作为义务教育的一项措施，为划定学区内的公立中小学校的学生开公益校车。开公益校车的总费用，由校车购置费与日常运营成本两部分组成，数量可观。国外解决公益校车资金来源的做法，绝大多数都是通过发行地方公债（或称市政债）筹集。其他社会保障支出，只要是必需的，都可以通过增加负债来筹集资金。

　　第三，加强社会基础设施建设。需要通过财政发债办的第三件实事，是加强水利工程、不收费公路、城市地铁与边远铁路等非经营与准经营社会基础设施建设。对世界主要国家和地区而言，地面与地下的基础设施建设，20世纪70年代以前就已基本完成，早已将建设的重点转向太空，有的国家甚至开始策划捕捉可以用作太空基地的小行星。我国需要正视基础设施差距，奋起直追，加快建设，争取在尽可能短的时间内完善地面设施。

　　从经营管理角度看，基础设施可以区分为非经营、准经营与经营性三类。不收费公路、立交桥、城市中心广场等，显然属于非经营，其建设费用应由财政拨款没有异议。高速公路、高速铁路、自来水厂、电站电网等，显然是经营性的，即使财政投资，也应以财政盈余现金或提供土地等方式出资，不宜通过发行公债筹集。较为复杂、最难处理的，是介于上述二者之间的准经营设施的建设资金来源问题。

　　以城市轨道交通设施为例，由于地铁与轻轨必须购票乘坐，人们常常认为只要经营得好，就可能通过高超的市场运作，由轨道交通公司自己筹集建设资金，因而城市财政往往不将其列为自己的硬任务。这是我国城市轨道交通建设长期滞后、城市交通严重拥堵、城市空气饱受汽车尾气污染、城市居住环境日益恶化的重要原因之一。为切实改善民生，有效解决城市交通问题，需要把发行市政债筹集轨道交通建设资金，明确列为一项重要的财政战略措施。

　　第四，增加科学教育支出。需要通过财政发债办的第四件实事，是增加财政用于基础科学研究与各级教育事业的支出。以人为本，最根本的是提高人的素质。世界历史表明，在人的各种素质中，科学素质极端重要。离开科学精神讲仁义道德，容易落空，容易自傲，容易走向愚昧和伪善两个极端，容易追求低级趣味，容易徇私舞弊破坏法制，容易流行迷信与腐败，容易表现不雅而又不觉羞耻，不容易科技领先、真正实现富强。一个民族一旦染上这种毛病，转入这种基因，无论采取何种政体，都难以在短时期内中断此种遗传，根除其劣根性。为了远离这种致命的基因型毛病，即使财政增加负债，如同拿出黄金救命，是值得的，绝对不亏。

第五，加强国防建设。需要通过财政发债办的第五件实事，是加强国防建设。环顾东西南北，此点不言而喻。但愿30年后，可减此项经费。

（原载《中国投资》2013年第3期）

9.2 适应新常态急需创新公债理念与立法

公债非债，国债民财。不明此理，难赢未来。在我国长期流行观念和舆论的笼罩之下，要说清楚其中的道理，不免要多费一些笔墨。但这些笔墨以及读者阅读本篇文字的时间成本，与明白此理可以带来的巨大社会经济效益相比，完全可以忽略。因而，值得认真进行深入的研讨。

一、公债非债　国债民财

世界上有些事情知难行易，另一些事情则知易行难。运用公债筹资，发展公共事业，促进绿色与共享发展，属于前者，关键在于解除对增发公债的疑虑。本文迎难而上，首先以尽可能短的篇幅，说清"公债非债、国债民财"的含义与道理。道理清楚了，观念更新了，修改有关公债的立法就有了依据。法律改善了，运用公债的操作很简单，成效不难显现。

公债非债的直接含义，简单地说，就是用于发展公共事业的对内本币财政负债，从全民范围看，并非单纯的债务，而是对应着等额的债权，债权与债务相抵，整体对外不显债性。公债非债的间接含义，则是此种债务便于借新还旧，只要新债大于旧债，即可独立地自我生长，无限期滚动扩大，无须实实在在地通过增加税收来偿还。

国债民财的直接含义，从全民范围看，就是债权债务恒等，用于发展公共事业的对内本币国家负债，同时也是等额的国民金融资产。其间接含义则是随着国债余额增多，国民持有的高质量金融资产将越来越多；而持有大量到期国债的国民，有资金也会有意愿购买更多的新国债。只看国家负债一面，忽略另一面的国民债权资产，显然不全面。

二、更新观念　改善立法

常言道：书读百遍，其义自见。公债非债、国债民财的上述含义与其中包含的道理，简单明了，不必阅读百遍，只要读上三遍，其含义自然显现。那么，为什么很多人都对公债增长心存忧虑，相关的法律法规也对公债发行设置很多限制呢？笔者观察，主要是由于存在以下两种误解，导致我国广为流行的公债观念陈旧落后，极大妨碍积极财政政策的稳健实施，严重制约公益事业的健康发展。

误解之一：将来偿债，累及子孙。这一误解内含两个盲点。其一，颠倒债权债务关系。须知国民是公债的债权人而非债务人，后代继承先人的债权资产，需要用钱时可以转让变现，当然多多益善，怎么会累及子孙呢？其二，不明白偿还公债的真正资金来源。上文提到，偿还公债实际上不必增加税收，而是向持有债权资产、怀有购债意愿的人们再借新债。澄清这两点，就没有必要为后代子孙增加税负而担忧了。

误解之二：增发公债，易于腐败。这一误解同样内含两个盲点。其一，毫无根据地将公债筹资与腐败相联系。其实，官员腐败不腐败，不在财政的钱从何而来，由于发行公债必须通过人民代表大会审议，需要向债券投资人详细说明资金用途，因而比税收更难被挪用。其二，忽视官员腐败的根本原因与主要途径。造成腐败的根本原因是官员晋升与行政管理制度欠佳，实现腐败的主要途径是接受各种形式的贿赂，与发行公债没有多大关系。

澄清上述误解，彻底扭转对公债的消极观念，充分认识公债的积极作用，就应当尽快优化有关公债的立法，解除对公债发行的不必要限制。具体地说，需要进一步修改《预算法》，拓展地方政府债券筹资的适用范围。经过多年不懈争取，全国人大常委会终于在 2014 年 8 月 31 日审议通过了《预算法》修正案，允许地方政府发行地方公债。但修改后的法律条款对地方公债的限制甚多，譬如严格规定发债筹集的资金只能用于公共资本项目，而不能用于社会保障等经常性项目支出。这显然有悖公债基本属性，急需趁热打铁，进一步修订完善。

此外，为了进一步疏通国债发行渠道，有必要适当修改《中国人民银行法》中的相关条款。1995 年制定、2003 年修订的该法第二十九条规定："中国人民银行不得对政府财政透支，不得直接认购、包销国债"，只能按其第二十三条第五款的规定"在公开市场上买卖国债"。从发达国家的长期实践经验看，央行认购国债便于进行公开市场业务操作，不应当加以禁止。适当修改该法第二十九条，允许人民银行直接认购我国国债，而非只能从公开市场上购买，可以减少中间倒手环节，有助于更加顺畅地实施积极财政政策。

三、善用公债 赢得未来

更新公债观念，改善公债立法，善于利用公债，筹集公共工程建设与公益事业发展所需的资金，不仅能够减轻个人和企业的当前税负，而且可以全面提升全社会的软硬环境，赢得光明的未来。概括起来说，善用公债至少可在以下五个方面发挥显著功效。

其一，减轻税收负担，增强经济活力。公债与税收同为财政资金来源。与征税相比，发行公债不是强制性的，而是由资金富余的投资者自愿购买，对资金提供者非但不产生压力，反而获得生息激励。因而，在经济增速放缓或者公益事业资金需求巨大的客观形势下，善用公债可以减轻企业和个人的税负，从供给与需求两端同时增强整个社会的经济活力。

其二，发展公益事业，缩小贫富差距。最急需使用公债的领域是发展失业救济与医疗保障等公益事业。通过发行公债筹集资金，加快公益事业发展，可以从贫困端显著缩小整个社会的贫富差距，甚至迅速消灭贫困。与此同时，还可为富裕者增加财源和商业机会，并且降低其税率。显然，贫富两群体都可以从中得到巨大好处。

其三，完善公共设施，整合国土资源。最应当使用公债的领域，是免费公路、偏远铁路、国家公园与图书馆等公共设施的建设。这些设施的建设投资大，使用时间长，受益最多的是后代子孙，不宜更多使用本期税收，理应通过发行公债筹集建设资金。其中交通基础设施与国家公园的建设，可为整合国土资源、优化生产力布局、美化山河、增多旅游休闲场所，提供必要的条件。

其四，加强义务教育，提升国民素质。人的素质关系根本，青少年教育决定未来。因而，最值得使用公债的领域，是加强义务教育，大力提升国民素质。当前在此领域急需使用公债做三件事：一是由财政拨款免费给城乡中小学生开行公益校车，二是普遍实行12年义务教育，三是加固或翻建抗震不达标的公立大中小学教学楼和校舍。

其五，增加环保投入，改善生态环境。目前举国上下都开始高度关注空气、水和土壤的污染问题，必须千方百计扭转不良趋势，争取尽快见到治理成效。为此有必要增加的财政投入，应当百分之百地予以满足。需要通过发行公债筹集资金的，就应当毫不犹豫地发债，不要怕公债余额上升。

（原载《中国投资》2016年第1期）

9.3 公债非债 国债民财

百多年来，发达国家走向发达的重要实践经验之一是发展扩大社会信用，敢用公债，善用公债。不用公债，要想发达，缺乏先例，很少可能。对于近年沸沸扬扬的美国次贷危机与欧洲主权债务危机，不必过分看重，如同越野车遇上小水坑，水花四溅后还将远行。切不可看到水花溅湿行人，就消极地从中汲取教训，以致影响中国公债必要的、合理的运用。否则，别人的越野车就将永远奔驰在我们的前面。要使基础设施与人均收入逐渐接近欧美，需要对公债的效用与本质加深认识。

一、公债与税收的效应比较

为办理公共事务、建设公共工程，税是政府要收的，也是公民应交的，但必须有度，税率不可太高，税率过高会降低企业扩大再生产的能力，抑制个人消费。那么，量入为出，收多少税办多少事，是否可以呢？不能说这绝对不行，如果多数纳税人如此主张，也只能这样做。但可以肯定地说，这不是最佳思路，并非富民强国的有效途径。在税收之外，发些公债，多办一些包括中小学免书费、开校车，甚至观察宇宙、撞碎质子等在内的利民好事，能够更快富民强国。国际经验表明，这是公债的功效。

　　同样作为获取财政资金的手段，较之税收，公债的最大特点是非强制、免公摊、付利息、用闲钱。其突出的社会效应，就在"用闲钱"。闲钱不用，是巨大的社会浪费。对社会甚至对人类来说，借闲钱，发展公益事业、支持科学探索的好处，有目共睹，不言自明。另外，对闲钱持有者，买公债、得利息，也会有人觉得于己有利；不然，他们不会用手中的闲钱买公债。

　　其实，公债带给闲钱持有者们的好处，不仅是公债利息。如果只算利息，债权人很可能得不偿失，因为纸币趋向贬值，世界各国莫不如此，绝非秘密。买公债对闲钱持有者们的更大好处在于公债的运用，会使社会上的闲钱来源增多。闲钱来自何处？闲钱来源于社会经济活动。运用公债，活跃经济，增加闲钱来源，已在社会上处于闲钱获得者地位的闲钱持有者们，自然能够从中获得更多的闲钱，其数量远远超过公债的利息。因而，买债者大多有更多的钱再买公债。

　　由此可知，公债与税收，存在互补关系。税收是未来偿付公债的希望和保障，公债能够弥补眼下的税收不足。善用公债，可以避免税收的负效应，平衡使用、充分发挥社会的闲置财力。公债能够让死钱闲钱有用武之地，并越用越多，显然这是税收做不到的。

二、为什么说公债非债、国债民财？

　　这里需要申明两点。其一，这样讲是针对本币内债，不包括外币外债，本币内债通过市场交易被外国机构与个人购买持有的部分，用本币偿还，仍视为内债。其二，这是从公债一般属性讲的，即设定政府确实为公发债，暂不涉及可能因政府阶级性质与官员腐败等产生的公债用途不公问题（此类问题，越具体越复杂，还可能因政见不同而看法不一，只能与公债本性分开，另当别论）。

　　即使在上述约定下，经济理论界对公债的看法还是长期存在截然相反的对立观点。作为亚当·斯密否定公债的先声，早在 1750 年大卫·休谟就曾说出一句强烈表达"公债亡国论"的名言：国家不消灭公债，公债必然消灭国家。面对公债余额扩大二百多年，负债国家非但未亡、反而率先发达的事实，已经没人再重复该名言了，但"发行公债如吸食鸦片"的替代说法，却还在流传。

（一）国债民财

为深刻认识公债本质，按先易后难顺序，先说国债民财。按上面约定的含义，讲国债民财，逻辑依据有二。其一，将社会主体划分为国与民双方，此方债务必为彼方债权，因而国债即民财。其二，依据债权债务恒等原理，增发国债必然等额增加民财。由此得出结论：依据公共需求增发国债，不仅可以满足相应的社会需要，同时还能为国民提供更多金融资产，起到富民效果。

俗语说：钱是人的胆。国民持有更多国债资产，平时情绪好，敢买车，敢买房，敢送子女上学堂，有助于繁荣经济，增加就业，推动科教，增强国力。战时胆气豪，遇灾少烦恼，有款捐，敢表态，救灾卫国债好卖。这不是顺口溜玩笑话，而是一些国家百多年来经历过的史实。上述民谚、逻辑与史实，可以互相参证。笔者据此肯定国债，曾与我国"公债鸦片论"者当面争辩说：发行公债如婴儿喝奶，虽然一旦喝上，就越喝越能喝，以致仅喝奶不够，还需吃肉，但天下母亲没有因此而拒绝给初生婴儿喂奶的。"公债鸦片论"与"公债牛奶论"，孰是孰非，发达国家的历史已经表明，我国的实践将进一步加以验证。

（二）公债非债

这是凯恩斯学派的说法，其第一层含义是说：内债中的债权债务关系，犹如"左右口袋成双对"。作为全民的共同债务，公债的最终负债人中包括公债持有人。如同原子中正负电中和、对外不显示电性一样，从整个民族与国家的角度看，国与民双方的债权与债务相抵，对外不显示债性。这一联系还直接决定偿债资金的来源随债增长，内债越多，付息还本越多，则购买新债的资金越多。因而，只要政府守信用，完全可以借新债还旧债，除非税收确有盈余，可以永远"以债还债不劳税"。这是公债非债的第二层含义。

其实，如果进一步考虑公债发行和运用必然产生的社会信用创造功效，则公债非债还有第三层含义：自我生长没有罪。这层意思是说：只要政府守信，按时付息还本，则非但无须动用财政税收偿还公债，社会上还将有越来越多的钱要购买公债，需要政府增加公债发行量，扩大公债规模，让国民更富有。从小细胞到大星系，都表现出自我生长现象，既然它们生长无罪，公债扩大也就没有罪，恰当运用还有功。从这个意义上说，公债本性实为国民功狗，至于能否被充分利用造福于民，则取决于国民观念、公债法规与政府决策。

三、对公债风险与忧虑的多角度释疑

既然公债非债、国债民财的逻辑含义如此清楚，社会功效如此显著，历史经验如此确实，那么，为什么直到今天世人还对公债看法不一，社会舆论时常对公债风险表示深深忧虑呢？仔细分析，主要有以下五方面原因。

（一）受私债影响，公债的特殊性质不易被人理解。同样作为社会信用，私债与公债确实具有很多共同点，因此二者的发展趋势大致相同，总量扩大的平均速度也差不太多。人们往往凭直觉理解事物，对公债私债不加细分，忽略公债与私债之间存在的性质差别。这种混同，在实践中恰恰导致人们对公债的忧虑甚于私债。由于私债分散，与纳税人无关，并且每一笔私债的数额与债权人毕竟很少，远不能与公债相比，因而不会像公债那样受到公众普遍持久的关注。其实，这种关注范围与程度之差，本身就反映出公债有别于私债的特殊性质。

（二）社会与经济领域的多数争论，都不易说服对方。例如无神论与有神论之争，至今尚未在全民中形成统一认识。对公债的争论，恐怕短时期内也难以取得一致看法。但发展趋势是明显的，早期经济学界抨击公债的名家多，且言辞激烈，越往现代，肯定公债的人越多。这主要不是理论说服的结果，而是来自公债规模扩大、功效显现的事实压力。可以预见，随着公债数量的进一步增加与社会功效的更多显现，否定公债之声，尽管不会彻底熄灭，但必然越来越小。

（三）公债危机个案，妨碍对公债本性的深入理解与充分运用。正如多种原因可能造成火车、汽车与飞机等现代交通工具发生意外交通事故一样，公债难免由于期限匹配欠佳、金融市场异常变化、法律法规存在缺陷以及监管层不当干预等主客观原因出现偿债危机。总的来说，此类情况属于少数个案，本应具体情况具体分析，是什么问题就解决什么问题，但却往往被公债否定论者拿来作为公债本身存在风险的例证。

在公债危机个案的影响下，有关公债的法律法规与监管原则，往往是肯定和否定公债两种不同意见的折中产物，未能无保留支持公债按实际需求自

主发行，即使在公债发行管制最宽松的国家，立法机构也规定公债余额的上限。而公债非债的第二层含义：以债还债不劳税，其成立的前提是允许公债依据实际需要自主发行。限制借新还旧的自主性，造成公债偿付危机，非但不检讨限制自主发行的不当，却反过来用于论证限制的必要，真正的问题就出在这里。

立法机构规定的公债余额上限，如果是绝对不变、不容再议的，即真限制公债借新还旧自主性，那问题就大了。如果所定上限可重议、能上调，只是将公债借新还旧的自主权保留在立法机构手里，不让与政府，那么就是可以理解的了。因为这样规定，虽然发债程序麻烦，但多一层审议，可以取信于民。经过立法机构辩论后再表决，最后结果通常也还是要提高公债上限，以满足实际需要。这是由立法机构决定公债上限的国家，直到目前还能实现公债非债第二层含义"以债还债不劳税"的原因。

（四）政府官员腐败，降低公债信誉。除了上述经济与法规方面的原因外，政治方面的原因，有时也会使公债发行受到质疑，其中不可忽视的一个问题，是政府官员腐败，滥用财政税收。官员腐败造成的恶劣影响是多方面的，仅从公债角度看，足可使人们普遍怀疑公债发行的公益性与必要性，理论界对此的质疑往往比普通市民强烈。这一在理论上与公债固有本质不相关的实际问题，最容易扭曲对公债本质的深层认识，极大降低公债信誉。为使公众对公债的使用放心，官员的廉洁和财政预决算的高度透明，显然不可缺少。

但问题的复杂性在于：有史以来官员廉洁是相对的，彻底消灭腐败绝非易事，如果等到腐败绝迹才开始发行公债，国家民族落后于人的时间就太长，距离太大了。两害相权取其轻，笔者倾向一心忍、两手抓：一方面明知存在腐败，明知代价高昂，也赞同为该建的公共工程与该办的公益事业发行公债，以换取哪怕打折的改善；另一方面热切盼望加大反腐力度，健全监督制度，能够使腐败官员绝大多数被绳之以法。

笔者对腐败现象所持的这种忍耐，不单出于对国家富强的盼望，同时还含有对腐败资金流向的藐视：逃不出如来佛手心。粗略估计，包括腐败者的各种挥霍在内，大部分腐败资金终究还是在国内转，被金融机构融通给各方面使用；少部分被转移出国门，被地球其他人使用，即使其中有几美元加入旅行者探测器，至今也还没有飞出太阳系。客观地看待这一切，就不会因噎废食，惧腐废债，错过发展时机，延缓修地铁、开校车、治江河、兴科教等利国利民的好事。

（五）政局动荡使公债发行与评价陷入政治纠纷。在政局动荡的特殊时期里，公债发行更难获得一致支持，执政党要增发公债，在野党往往强烈反对。这无疑也是公债本性长期难以得到公认的一个很重要原因。

四、公债发行原则与我国当前需要利用公债的领域

基于对公债本质与作用的上述认识，站在人民立场，为了国家富强，发行公债必须遵循的原则只有一条：依据公共需要。需要发行就发行，不必发行就不发行。在债券市场资金供给允许的限度内，需要发行多少，就发行多少，不必过多考虑其他限制指标。譬如，国际上通常讲的负债率指标等都值得参考，但这类指标世界各国差别很大，而且还在变动中，因而不宜作为决定性判据。渴了就喝，困了要睡，实事求是，发不发行公债，发行多少公债，决定性的判据只有一个，即眼下有无公共需要。这是一元论，易于操作。如果指标过多，判据混杂，就会像喝水犹疑再三妨碍健康一样，不敢充分利用公债，有碍国家发展。本着上述原则，我国当前需要通过发行公债，加快以下领域发展。

（一）发行减税增补国债与地方公债。目前我国企业税负过重，不仅制约经济发展，而且妨碍合理进行初次分配，相当多的职工拿不到合理工资与住房补贴。1998 年国务院决定全国实行房改，其中禁止单位向职工提供实物住房的关键替代政策，是给职工发放住房货币补贴。贯彻该决定十多年来，大致呈现三种情况。一是少数高薪行业，其职工购买商品房不成问题，买别墅者已占相当比例，货币房贴主要体现减税作用，不受重视。二是中等收入行业与公务员，能够拿到住房货币补贴，有些单位还不止一次集体购建房，职工可以从中得到出售或出租住房的额外收入。三是大量的低收入企业，无条件集体购建房，职工工资低，多数拿不到住房货币补贴。

上述第三种情况中的人群，租房难，买房更难，形成目前我国的城镇住房难题。为合理调节初次分配，使工资中包含马克思所说的劳动力再生产住房必要价值，有必要利用减税政策，促使低工资企业给自己的职工发放货币

住房补贴，在缓解城镇住房难题的同时，减轻相关企业的税负，促进经济增长。因减税而减少的中央与地方财政收入，需要各级财政发行公债弥补。其中各城市的减税额与本市所属企业增发的货币住房补贴成比例应当公示，接受领取货币住房补贴的职工监督。由于减税增加住房补贴会提高低薪阶层收入，受此拉动经济总量与税基将会扩大，税收的实际减少数量，或许并不很大。

（二）发行科技振兴国债。当今世界，科技进步神速，为避免扩大差距，我国需要大力加强科研。为此需要增加的科技投入，除一部分取自税收外，还可由中央财政大胆发行国债筹集，只要运用得好，应最大限度满足需要。其中可用一部分设立科研奖励基金，重奖作出突出贡献者，以便在青少年中激起对"数、理、化、天、地、生"的广泛爱好，从根本上提高中华民族的科学素质。国家未来的强弱，主要取决于人的素质和科技水平，对此朴素道理必须保持清醒认识。

（三）发行铁路建设国债。近年我国铁路建设遇到严重的资金困难。剖析造成这一问题的根本原因，既不是我国的铁路建多了，铁路运力大于客观需求，也不主要是铁道部官员贪腐所致，首要原因是铁路投资的巨大社会效益长期被无偿剥夺，没有在铁路财务效益中体现出来。即使不算铁路过去对国民经济发展作出的贡献，仅于现在进行资产估值，也绝不会真的资不抵债。如若不信，可以考虑如国有银行股份制改革那样向外国战略投资者出售铁路股权，测试一下中国铁路网络究竟值不值钱。实际上，中国的铁路网早已大幅度溢价了，资产现价比其账面净值不知要高多少倍。

针对上述原因，对症下药，解决眼下铁路建设资金短缺的最佳办法，也就是最实事求是、最公平合理、最简便易行的办法，是发行铁路建设国债，补充铁路国有资本金。这部分新增资本金，除了用于确保铁路在建项目顺利施工和已批建设项目按计划开工外，还要有一部分用于铁路新线的可行性论证与勘察设计等前期工作，增加线路储备。目前我国的铁路新线储备严重不足，已经规划的 12 万公里铁路网，"十二五"即将全部建成，以后的"十三五""十四五"还延不延长全国铁路网，修不修建新的铁路线？铁路选线与勘察设计前期工作需要深入细致，不是短时间就能轻易完成的。如果铁路还要大发展，线路储备前期准备工作必须抓紧，该投入就要及时投入。一旦国家切实投入国债资金，债券投资与银行贷款就会踊跃跟进，这是金融市场的一大特点。

（四）财政部代发城市轨道交通建设地方公债。解决大城市交通问题，必须大力发展轨道交通。轨道交通产生的沿线房地产价格上升与商业税收增加等巨大社会经济效益，只能在城市财政的层次回收，乘客票价不该分担产生这部分社会经济效益的投资建设成本。按照投入产出对应原则，城市财政无疑应当理应承担轨道交通建设投资。但进一步考虑城市财政通过税收增加与地价上升实际获益的时间，是在轨道交通建成之后，而不是需要大量投资的建设过程中，处理这种时差的最佳办法就是发行公债。在我国《预算法》不允许地方政府发行公债的情况下，只能沿用现行的变通办法，由财政部代发。

（五）财政部代发公益校车地方公债。全世界绝大多数文明国家，都已经在中小学义务教育内容中，包含了开校车，其费用同其他各项义务教育一样，由地方财政出。为此需要发行的地方公债，目前也必须通过财政部代发。

通过发行公债筹集资金，加快上述领域的建设与发展，社会资金不但不会减少，反而还将大幅度增加，为其他领域的发展，提供更多的资金来源。

（原载《中国投资》2012 年第 9 期）

9.4　宁肯欠债　也要加强——多层次住行发展阶段的融资战略

校车与高铁交错出事，保障房并别墅楼明暗争地。大量事实表明：我国正处在需要大力解决多层次住行问题的经济发展阶段。此阶段的内在要求和必然现象是个人与社会财富迅速增长。然而暴富不易，无论国家、企业还是普通居民，都很难在短期内自我积累巨额财富。因而，这样的阶段需要融资，邓小平23 年前讲的 8 个字"宁肯欠债，也要加强"，至今仍然具有战略指导意义。

一、多层次住行需求，需要多渠道融资

我国目前的住房建设与交通发展，已经不仅是要满足人们的基本需求，其中还包括大量的改善需求与一定比例的奢华需求。三层次需求交织在一起，

使我国房地产市场和城乡交通建设呈现出复杂局面，不时引发宏观调控难题。为使各层次需求保持适当比例，协调有序发展，需要有差别地进行多渠道融资。

保障房与校车等基本住行需求，关系社会和谐，公益性强，需要政府介入，积极发挥财政投融资作用。譬如，为解决义务教育辖区内的学生上下学交通问题，很多国家都免费开通中小学校车，所需财政资金大多通过发行公债筹集。日本的住宅金融公库，曾在20世纪后半期基本满足了保障性住房的融资需求。

商品房与高铁等改善性住行需求是我国现阶段最旺盛的经济增长点，可持续拉动内需，无疑是改善民生、振兴中华的关键所在和当务之急。因而，应当允许商业性与政策性金融机构，通过直接与间接的融资渠道，利用一切合规的融资工具，尽可能满足其合理的融资需求。

高档别墅与豪华轿车等奢华性住行需求具有两面性，一方面丰富社会生活，扩大内需，增加就业，另一方面又凸显贫富差距，浪费油地资源。因而，对这类需求既不能禁止，也不宜鼓励，而应运用财税手段，引导其有节制地发展。从原则上讲，满足奢华需求宜用自有资金，无须金融机构提供融资便利。

二、敢于欠债加强，才能避免金融压抑

紧接"宁肯欠债，也要加强"8字之后，邓小平强调："这也是开放，在这方面，胆子要大一些，不会有大的失误。多搞一点电，多搞一点铁路、公路、航运，能办很多事情。"（《邓小平文选》第三卷第307页）讲负债加强，为何特别强调"胆子要大一些"？因为胆子不大，视债如虎，就会犹疑不决，坐失良机。只有敢于欠债加强，才能避免金融压抑，加快发展，迎头赶上先进国家。

在美国次贷危机引发国际金融危机后又爆发欧债危机的畏债气氛下，如何冷静看待债，是个敏感的战略性话题。如果忘记邓小平教诲，让欧债危机吓小我们的胆子，缩手缩脚，压抑金融，那么，真正的受害者，将不是欠债的欧美，而是正需加强住行融资的我国政府、企业和居民，包括没有校车的中小学生。

其实，负债的欧美，早在发债之时已经受益，获得实惠，不仅校车先行，卫星升空，航母战机也都及时加强。因而，真正的受害者，不会是他们，只能是别人，尤其是自我庆幸的债权人。邓小平纵观世界，深刻总结国际经验，看清了债的本质与作用，语重心长地告诉我们：发展才是硬道理，在欠债加强方面，胆子要大。对此，我们需要深思，以免战略失误，延缓发展，长久落后于人。

三、贯彻欠债加强战略，需要配套改革

贯彻"欠债加强"战略，用活社会资金，把需要加强的领域尽快加强起来，最关键的是要遵循市场经济原则，大胆改革有碍市场融资的制度法规。从直接金融与间接金融两个方面看，目前我国急需考虑以下配套改革。

（一）避免金融压抑需在直接金融领域进行改革

1. 修改《预算法》第二十八条，允许地方政府灵活运用财政投融资手段，经当地民意立法机构审议表决通过，在债券市场上适量发行地方公债，以满足保障房与校车等基本住行方面的融资需求。

2. 按市场经济原则制定公司债券法规，允许企业经信用机构评级在债券市场自主发行公司债券。

3. 按市场经济原则制定公司股权交易法规，允许证券公司自主开展非上市公司股票的柜台交易。在此基础上，政府部门逐渐放弃上市审批权，由证券交易所自主选择股票柜台交易量大而稳的公司上市交易。

（二）避免金融压抑需在间接金融领域进行改革

1. 中央与地方财政共同出资设立类似日本住宅金融公库的政策性住房储蓄信贷银行，吸收住房储蓄存款，代管住房公积金，以优惠利率和低首付款比率，向中低收入储户发放保障房抵押贷款。

2. 调低保障性与改善性住行投资项目的最低资本金比率，允许商业银行相应提高此类建设项目的贷款发放比例，更好满足住行投融资需求。

3. 调低保障性与改善性住行投资项目抵押贷款的风险系数，用于鼓励商业银行适当增加此类项目的信贷融资。

（原载《中国投资》2012 年第 4 期）

9.5　善用债者盛　喜藏钱者衰

自美国次贷引发国际金融危机以来，财经媒体近年议论最多的是债务危机。目前西半球仍然笼罩在欧债阴云之下，我国也有许多人为 10 万亿元的地方债担忧。2012 年出版的林茂昌译英国约翰·兰彻斯特著《大债——全球债务危机：我们都是倒霉蛋!》，扰动人心，让人感觉有只无形大手正悄悄触摸自己腰包，不知巨额债务究竟会把人类引向何方。

债务危机果真如此可怕吗？否！真正可怕的，是怕债心理与恐债舆论。

由于怕债，不善用债，政府对人民，往往欠长债。改革开放前，计划经济时，一味追求"既无内债又无外债"。其结果是缩小社会信用，压抑公私金融，延缓经济发展，在居民住房、交通运输、城市供排水系统建设与养老保险等关系国计民生的各个方面，都留下长期欠账，整个国民经济也到了崩溃边缘。

反观发达国家，哪一国不是债台高筑。现代社会，债台不高，信用规模小，金融欠活跃，该办的公益事业政府没钱办，就心安理得不去办，岂能不落后？反之，对于该办的公益事业（包括中小学开公益校车与全民医保等），没钱办发债也要办，这类国家和地区，其基础设施与人民生活自然不会明显落后于人。

税不足，发公债，办实事，有何好处？第一项好处是满足公共需求，改善人民生活，提升教育科技，从根本上增强国力。第二项好处是健全社会保障，缩小贫富实际差距，譬如通过发行公债开公益校车，就可体现社会关爱，较少农村学童车祸，缩小青少年教育差距。第三项好处是减轻企业与个人税负，给市场经济增添活力，反过来扩大税源。此外还有以下好处：让富人的闲钱有用处、能生息，激活潜在劳动，增加就业机会，并使富人的闲钱更多。

须知，债与钱是一物的两面。债是他人钱，钱为他人债，债权债务恒等，债多即是钱多。少这面、缺那面、扩那面、大这面。只看一面，思维片面，合二为一，方才全面。对于钱和债，如能这样看两面，就不难明白：公债非债，国债民财。依据债权债务恒等原理，国债民财易于理解。至于曾有人将民财视为"笼中虎"，随时可能出来乱咬，对物价与国民经济构成巨大威胁的观点，因它已经过时，且又不否认国债与民财之间的对应关系，限于篇幅，这里就不详细剖析了。

较之"白马非马"，公债非债更加耐人寻味。一国之内，国民一体，父子一家。凯恩斯学派沿用梅伦"左右口袋成双对"的说法，认为公债不过是左口袋欠右口袋的钱，国内债务债权总相抵，对外不显债性（如含有电子与质子的氢原子对外不显电性一样）。这是公债非债的第一层含义。

公债非债第二层含义：以债还债不劳税。公债与赋税，同胞亲兄弟，犹如左右手，终生不离弃，偶然遇灾祸，彼此相周济。但二者并非连体儿，而是各具生命力，各有自己的新陈代谢与生存方式。公债生命力是讲信用，按时支付本息，只要发行，就有投资者购买，不靠税收输血。公债的生存方式是借新债还旧债，自我更新，余额越滚越大。

公债非债第三层含义：天仙清偿人不累。为满足公益事业发展和人类整体避险对财政资金的双重需要，在移居火星前，各国不必匆忙通过课税清偿公债。当地球债越滚越大，民财堆积如山，科技突飞猛进，稳健移民火星后，由天上仙人居高处理公债清偿问题，为时不晚，人民不累。在此之前，看公债新旧翻滚，公益事业蒸蒸日上，愚公悠然自得，智叟何愁来哉。

当然，公债必须公用，而且用之得当，办好事，不办坏事。这是"公"字应有之意，无须赘述。在此前提下，完全可以按需发行公债。在地球阶段，暂不设公债发行上限，借新还旧，活力无边。待到火星阶段，人居九天，个个超凡脱俗、粪土金银，知恩图报，理应全额核销地球人的旧债。情理或许应该相反，地球人心更善，关爱远迁子孙，决定全额豁免火星人所欠新债。

总而言之，无论钱与债，均非关键问题所在。君不见南美黄金满堂时，印加国王头方断。君不见金山海运西班牙，物价飞涨工商乱。丝茶换来白银窖，反遭英法洋枪炮。眼界窄、自视高，以为科技属末梢，重财重物不重人，黎民疾苦国运糟。以史为鉴须牢记，金砖不铸金刚罩。

穿越时空看金钱，货币相变五千年。贝壳金锭银元宝，铜钱纸钞磁卡片，近年电子成快钱，网上支付更方便。多质多姿一长卷，货币真相大展现。金不恋、银不恋，岂能真恋小纸片。大象无形真货币，无形方可疾如电。追寻货币真居所，债务关系人世间。离开人世何谈债，非债电波怎传钱？

在钱债一体两面的当今世界，要在包括科学教育在内的关键领域追赶发达国家，需要重温 34 年前邓小平语重心长的一句话："宁肯欠债，也要加强。这也是开放，在这方面胆子要大一些，不会有大的失误。"（《邓小平文选》第三卷第 307 页）坚决贯彻这一战略思想，就不要受任何时候、任何地方债务危机的干扰，充分利用公债不动摇。无论中央还是地方政府，都应抛弃"眼看学童年年撞，痛心疾首，但却不许发债开校车"之类的矛盾做法，大胆按需发行公债，充分弥补税收缺口，尽快满足人民生活与国家发展的各种公共需求。

公债是当今世界各国加快走向发达的利器，谁不充分运用，谁就是自废武功。

（原载《经济学茶座》2013 年第 3 期）

9.6 中国公债话从头

近年接连出现的美国次贷危机、欧洲主权债务危机，使全世界都更加关注公债问题。针对地方政府融资平台，修改《预算法》允许地方政府发债的条款，一审通过、二审否定，反映委员们看法不一。在此背景下，重读复旦大学出版社 8 年前出版的卢文莹博士大作《中国公债学说精要》，以史为鉴，大有裨益。卢博士曾任上海国泰证券公司证券分析师，现任上海证券交易所研究中心高级研究员，长期亲身参与证券实务，熟悉公债发行交易本在情理之中，而深入系统研究我国公债思想与学说的发展史，则是难能可贵的。

全书分上下两篇。上篇：中国公债发展脉络，内含 5 章，由远及近，依次描述了清政府、北洋政府、国民政府、革命根据地政府与中华人民共和国政府公债产生发展的脉络和风云跌宕的历史。不仅使读者从中了解到现代意义上我国公债的发行、交易和偿还情况，而且还从一个侧面透视出 150 年来我国若干重大军事政治事件背后的财务运作过程。其中自然涉及众多虽未出现在军事政治事件前台、因而历史上不太引人注意，但其实际作用却不可低估的筹款人与理财家。这无疑是对历史的一种细化，给人更多启迪。

下篇：中国公债思想源流，内含 7 章，沿时间顺序，按政府更迭，清晰介绍了西方不同派别公债学说在我国由微而著的传播过程，从一侧面反映出西方经济思想和理论，对我国传统经济理念的强烈冲击。反过来也可清楚看到，我国几千年形成、扎根数亿人口的传统观念是多么牢固、何等顽强。尽管列强利用公债致强致富的先例明明摆在那里，尽管在考察留学西方的官员学者中，不乏因亲见公债之利、归国后大声疾呼借债筑路者，国人还是无法认同借债。其结果是长期争议，左右摇摆，铁路没有修建多长，引发的护路运动却很大，以致清廷调鄂兵入川灭火，湖北空虚，为辛亥革命武昌起义提供了有利时机与条件。

其后百年，我国对公债的辩说依然持续不断，有时甚至更加激烈。1949年以前，内战拼杀与政权的更迭，自然使任何一方发行的公债，都难免遭受对立面的强烈谴责。新中国成立前 8 年的经济恢复与建设，从公债中受益匪浅，但紧接着的 22 年却停发了公债，让国人充分感受到了崇尚"既无内债又无外债"的心理自豪与经济窒息。改革开放至 2012 年的三十多年来，公债又发挥出巨大作用。尽管实践经验如此鲜明，对公债的新旧观念差异和理论认识分歧，却依然如故。这种认识分歧，即使在人大立法委员中，也有一定体现。

掩卷长思，往事如潮，借债功罪，评说不一。阅读此书的最大启迪，是觉得在当今世界上，最需要进一步深入思考公债理论、完善公债学说、优化公债政策的就是我们中国。这个问题直接关系今后数十年我国城乡居民生活改善的程度，关系铁路、地铁、城镇供排水系统与全国水利等社会基础设施的投资建设速度，关系教育、科技与国防的发展。一句话概括，就是关系中华民族的振兴与国家强大。因而，读过此书后，笔者产生一个强烈的愿望：希望在最近几年内能够看到一部系统阐述公债理论的专著，其中能够对今后50 年我国的公债政策走向和法律框架，提出鲜明的观点与主张。

（原载《中国投资》2012 年第 9 期）

9.7　地方公债有盼头

尽管全国人大立法委员会二审否定了《预算法》修改稿中允许地方政府发行债券的条款，但经济理论界关于发行地方公债、尽快使地方政府负债阳光化的建议声，还是没有止息。那么，理论界为什么坚持认为应当允许地方政府发行地方公债呢？安徽财经大学李冬梅教授在其 2006 年出版的《中国地方政府债务问题研究》一书中，就这一问题给出过有理有据、肯定明确的回答。

全书分为 8 章，从理论到实践逐层分析，借鉴外国经验，深入剖析地方政府债务的现状与成因，紧紧围绕如何化解中国地方政府债务风险日益增大的现实问题，令人信服地得出了"最终必须允许地方政府发行地方公债"的结论。否则，地方政府的债务风险不仅不会缩小，反而将越来越大。纵观全书，有 3 个突出的亮点，对这一结论提供了强力支撑。

其一，依据多渠道反映中国地方政府债务风险的翔实资料，经过深刻分析，此书作者敏锐地发现，《预算法》禁止地方政府发行债券的客观效果与主观意图相背离，反而使地方政府债务地方部门化与国企公司化了，不易统计，不易监督，不易控制，危险性更大。原因很简单，既然地方财政无权发债，而负债融资又是必需的，地方政府只好允许甚至严厉要求需要办事的各部门自己想办法筹集资金，这就必然促使地方政府负债部门化。而地方政府各部门更无权发债，实践中只好组建公司，建立融资平台，进一步使地方政府负债公司化。实际上这已经成为一种极不规范且极其危险的融资机制，不改肯定不行。

其二，结合国外经验，此书作者从理论上论证了无论是在相对集权的国家还是在相对分权的国家，地方政府都有其存在的理由，因而也有权发债。同时又强调指出，无论是在何种体制的国家，地方政府债务都绝不可脱离地方财政而分散成为部门化或公司化的负债。对地方政府存在与有权发债的理由，作者侧重从公共品受益范围大小，地方公债在优化资源配置、稳定经济增长、调解收入分配等方面所具备的功能与作用角度进行了充分论证。这就超过了以往流行的弥补财政赤字论与周期预算平衡论，将中国公债理论提升到与当今社会经济发展趋势相适应的一个新高度。

其三，将地方公债理论与中国地方政府债务风险现状相对照，此书作者明确提出"适时发行地方公债是解决我国地方政府债务问题的有效途径"。在此书作者看来，要最终化解隐性的、分散的、已经部门与公司化的地方政府负债风险，修改《预算法》中关于禁止地方政府发行债券的条款，或早或晚，势在必行。为此，此书第 7 章紧密结合国情提出"我国发行地方公债的制度设计"，既充分肯定地方政府的发债权，指出地方公债发行交易必须遵循市场经济原则，又强调为了防范地方公债风险，上级政府主管机关实行严格审批制度的必要性。

此书深入浅出，通俗易懂，今日重读，感慨良多。发行地方公债的必要性与好处如此明显，防范地方公债风险的市场机制与行政手段如此有力，为什么至今不被采纳、无法实行呢？中国国情真的特殊到世界少有的程度，以致地方政府债务都要长期隐性化与分散化，将高风险全部合法地留给债权人吗？只要放眼向前看，应信答案不悲观。法律法规年年修，地方公债有盼头。为此，特向热心关注地方政府债务问题的读者大力推荐这本书。

（原载《中国投资》2012 年第 10 期）

9.8　公债理论望尽头

二百多年前，大卫·休谟慷慨言：不是国家毁公债，就是公债毁国家。英伦哲人话音落，公债理论先河开。亚当·斯密紧相随，纵论国富非国债。萨伊、穆勒、李嘉图，亦言公债为公害。正当古典盛行时，有人俚语护公债。梅伦曾经巧比喻，左手取钱右口袋。两臂交叉胸前事，与人体魄无妨碍。沸沸扬扬两世纪，观点分歧依然在。尹君专著政府债，详述理论新动态。抚卷揣摩大趋势，纷争难逾三百载。信以实践验真理，理论尽头即将来。

尹恒的《政府债务问题研究》一书，尽管到 2012 年已出版 5 年之久，仍然不失为便捷概览当代公债理论进展的佳作。此书讨论政府债务对经济的影响，指出现代学者已不再像古典经济学家那样简单地以私债类比公债，不再笼统反对政府举债，而认为政府债务是个发行与赎回的动态问题，需要研究人们在不同时期之间配置资源的动机。通过对不同理论模型的分析可以看出，西方学者多数认为，在有限寿命框架下并存在不确定性时，政府债务对人们的消费与资本积累可能有消极影响，但考虑跨代利他动机后，政府债务对经济的影响便呈现中性，看不出明显的积极或消极作用了。

此书中详细介绍的 20 世纪 80 年代以来西方学者关于政府债务最优规模

与最优结构的理论与模型表明，尽管不同理论的假定条件有别，数学模型与主要变量各异，但现实经济中的不确定性破坏了公债中性，需要防范消极作用，因而客观上存在最优的政府债务问题。

对于财政政策对价格水平和货币需求的影响，热心研究政府债务的西方学者多数认为：主要由中央银行货币政策调控价格水平的理论已经过时，以政府债务为枢纽的财政政策，不仅影响价格水平，同时还对货币需求产生重大影响。通过模型分析，西方学者还揭示出，政治家选择增加政府债务、以"高支出、低税收"向选民显示自己能力与政绩的动机，可能导致周期性的财政政策。

阅读此书，深感西方学者高度重视政府债务问题，各派都尽量使用数学方法，提出精细的理论模型。但要害问题在于：这类模型中包含的诸多变量，在世界各国之间数值差异很大，在一国的不同时期，有些指标变化很快。这就不可避免地带来一个矛盾——根据模型计算的结果，适于此，必不适于彼。这与自然科学中的数学模型大相径庭。

西方各派学者辛勤努力得出的政府债务数学模型，因各国国情有异而不具普遍适用性，未被任何国家的财政部门采用，欧盟债务标准也不是依据这些模型计算出来的。更值得注意的是：在突破议会原定国债上限增发新债的时候，理论模型构建者们往往保持沉默。这预示着复杂的模型化公债理论正在走向尽头。

代之而起的或许是朴素道理：政府应当按需发债。公债如母乳，只要孩子真是自己的，婴儿需要喝多少，母亲就该喂多少。如果政府发债不为民，政府不是公民的，那是明显的政治问题，不属于公债理论范畴。如同欧氏几何学需要设定直线真直一样，科学的公债理论则需设定"政府真是公民的"。

（原载《中国投资》2012 年第 11 期）

9.9　城镇化呼唤市政债

广义市政债包括城市财政债券与市政公司债券，前者属于地方公债，后者属于特种公司债。在城镇化大潮中，上述两种市政债都有逐年增发的客观需求，也都有接受增发的市场容量。简言之，目前我国已经完全具备同时发展两类市政债的客观经济条件，所欠缺的主要是以立法机构为主的社会各界对市政债的共识以及只有达成共识才可能顺利出台的规范的法律法规。

一、城镇化进程中发行市政债的必要性与可能性

城镇化进程中发行市政债的必要性，犹如儿童成长过程中花费父母钱的必要性，类似水稻生长过程中浇灌适量水的必要性，同属事物由小到大阶段的一种客观需求。在城市快速建设阶段，市财政与市政公司的支出都大于其非负债收入，因而需要融资。市政公司完成投资进入运营阶段，收入大于支出，还本付息有来源。财政拨款修建广场、绿地、立交桥，虽然没有直接回报，但好的市政环境带来工商繁荣、税收增加、土地溢价，其实际收益可能更大。

这中间的经济学道理，无须费力深论。市场经济国家长期发行市政债的实践以及在《预算法》禁止地方发债情况下我国实际存在 10 多万亿元地方债未偿余额的客观现实，清楚表明：这是一种客观必然现象。能够解释这种现象，可以算作一种学说；不能解释这种现象，其背后的客观必要性也并不会因此而消失。

至于发行市政债的可能性，不是理论问题，纯属实践问题。因而，无须逻辑论证，准予尝试就行。具体到某一城市的市政债，究竟只能勉强发行出去，还是供不应求、十分热销，或者恰恰相反，无人问津？再高明的预测，事前都是参考；最后答案，须由市场作出。从我国现实情况看，如果准予发行，绝大多数城市的市政债，都将热销，不出半天，销售一空。

二、破解对市政债风险的种种担忧

任何事情，包括结婚生孩子，都存在风险，只是风险程度高低有别。古人生子比今人发债，风险高多了。但若祖先全都不肯冒险生育，肯定就不会有我们今天讨论市政债的机会。如此实话实说，是要明白无误地表述一个朴素的道理：该做的事风险再大也得做，当然在做的过程中要尽量减少风险。相信这句话，可添百倍勇，能排万种忧。

为了让担忧者心里更踏实，在大道理已明的前提下，再扼要剖析对市政

债最为流行的三方面疑虑。一是纳税人担心地方官乱花钱，二是中央政府怕地方政府到期没钱还本付息，三是民众怕公债累积日多会给子孙后代留下过重负担。这些疑虑都是中国人特有的，从侧面体现出中国传统思想特色。

首先说纳税人怕地方官乱花钱。此类事，古今有，中外同，但目前并未严重到市政工程款51%进个人腰包的程度。只要发债筹资能够为民办事，即使办事过程中出现若干贪污浪费，也总比不办强。至于贪污浪费等于犯罪，那是另一码事，不该用罪恶绑架民生。如果收到贪污浪费款的人，钱积攒得多，无处用，拿来购买下期市政债，岂不是又增加了社会购债资金来源。在这种事情上，纳税人的心胸一定要放开，从大处着眼，不与小人计较。大处在哪里？大处在体制。市政债发多了，审议公债用途、审核公债效果的民主制度，必将逐步健全。

再说中央政府怕地方政府没钱还本付息。在规范的市政债法律法规下，负债的责任主体明确，谁负债谁偿还，不牵涉上级政府，这种担心也是没有必要了。至于怕公债给子孙后代留下过重的负担，更是多虑。正如我们早已忘记60年前发行的建设公债一样，子孙后代肯定不会在意这点儿贬了值的负担。他们的平均月工资可能要达到几十万元，或许他们还会贪婪地抱怨：爷爷奶奶为什么没有用金边债券堆满自己的房间。

三、立法规范化是防范与化解债务风险的最佳途径

股票市场，风云激荡，很多人巨亏，证券交易所依然正常运营，没有遭遇打砸风险。原因何在？原因是在"价格优先、时间优先"的交易规则面前，人人平等，自主决策，自担风险。债券市场也是一样，规范公平的立法，是确保债券市场安全有序运行的有力保障。

为使投资者遭受亏损也不抱怨他人，买卖债券，必须决策自主，风险自担。这个道理，世人皆知，十分浅显；此类法律，通行地球，毫不新鲜。只是具体应用到我国的市政债销售，才疑虑重重，忧民怕官；规范立法，难上加难，千呼万唤，刚刚挂边，踏上正轨，未知何年。这是一个很有趣的社会现象，从中可以窥见民智的开发程度和部分学者、主流媒体凸显中国特色的思维习惯。

在政府没有推出股市之前，这部分学者和主流媒体，曾长期宣传"资本

乃万恶之源"。政府决定试办证券交易所，同样的学者与媒体，立即大赞股票发行与交易，并且一致归功于党和国家领导人的大智大勇与改革开放胸怀。照此思维惯例，当规范的市政债券法律法规出台后，同样的赞扬声，还会重起。若问为何变得这样快，必答"此一时彼一时也"。呼吁于前的，是过分超前；赞同于后的，晚了一步。只有他们，恰到好处，最善于拿捏时机。

　　规范的市政债法律法规，对市财政债券，需要在《预算法》和《地方公债法》内，明确赋予城市财政完全独立的责任主体地位，债券发行方案须提交本级人民代表大会审议通过，年度发行额与未偿余额均不得超过国家规定比率，在双控比率下自主发行，风险自担。对市政公司债，需要在公司法和企业债券法中明确市政公债的特殊性质，在市政公司产品和服务遵循"保本、微利、高回报"定价原则并接受调价听证与审批的前提下，准予高比例发债，享受低资本率融资优惠。这是一种公平合理的配套安排，没有低资本率的融资优惠作为财务杠杆，无法做到运营总资产微利与资本高回报二者之间的协调统一，因而也就不可能实现消费者、投资者与债权人的三方共赢。

（原载《中国投资》2012 年第 7 期）

9.10　提高财政赤字率展现新方略

　　第十二届全国人大四次会议审议通过政府工作报告和财政预算，决定将我国 2016 年的财政赤字率由 2015 年的 2.4% 提高到 3%，调高 0.6 个百分点，安排预算赤字 2.18 万亿元，比 2015 年增加 5 600 亿元。参照 2015 年 12 月中央经济工作会议"阶段性提高财政赤字率"的新提法，可见此举绝非一二年的临时应变之计，而是社会经济发展进入新阶段我国政府采取的新方略。

一、新阶段需要积极财政政策

　　我国进入社会经济发展新阶段，是由国内国外两方面因素共同决定的。从全球范围看，2008 年爆发国际金融危机，发达国家失业率普遍升高，反映出因科技快速进步、劳动生产率空前提高，从事物质生产的劳动力已经供大于求。从我国目前情况看，很多领域产能过剩，库存增加，在供给侧反映出同样的问题。但与发达国家相比，我国又存在大量贫困人口，物质文化生活水平较低，从需求侧显示出有购买力的需求不足。

简要地说，我国社会经济发展新阶段的突出特点是，一方面需要在供给侧去产能、去库存，另一方面又必须从需求侧设法增强城乡弱势群体和贫困人口的实际购买力，以提高他们实际生活水平。如果说过去30多年间，城乡弱势群体和贫困人口的大量存在并未影响经济发展，甚至为一些企业获取高额利润提供了低成本支撑，但现在的情况则发生逆转。弱势群体和贫困人口的购买力需求不足，不仅使他们生活困苦，不利于社会和谐，而且在供给侧加重产能过剩，严重制约经济发展，对经营管理企业的富裕阶层也不利。

因此，在社会经济发展新阶段，必须设法增加弱势群体和贫困人口的货币收入，提高他们的购买力。实际上在半个世纪之前，即20世纪六七十年代，欧美发达国家普遍遇到了我们现今面临的问题，结果他们都不约而同地陆续采取积极财政政策进行应对，提高财政赤字率，增加公债发行量，用于提高教育、医疗、住房、失业救济与养老保障等方面的社会福利。这些增强社会保障的措施，使这些国家都实现了数十年的持续发展，其国民的物质文化生活水平普遍提高。

借鉴上述国际经验，在社会经济发展新阶段，为了尽快提高弱势群体和贫困人口的购买力，切实扩大合理需求，促进国民经济持续健康发展，有必要采用积极的财政政策，通过适量增发国债和地方公债筹集社会资金，重点用在提升中小学义务教育水准（包括为家远学生免费提供公益校车等）、统一城乡居民基本医疗保障、普及抗震住房和饮用水达标、完善城镇待业人员和乡村贫困户救济机制、大幅度上调城乡养老金底线等方面，力争在不太长的时间内，尽可能不超过"十四五"规划期，把我国国民的社会福利提高到发达国家10年前的平均水平。

二、百分之三并非赤字率上限

从我国应有的社会发展进程看，确定上述目标，虽然不算保守，但也不能说激进，因为即使经过10年努力，在2015年实现这一目标，与发达国家之间也还是存在20年的差距。那么，在未来10年内，我国究竟能否实现上述目标呢？答案如何，主要取决于积极财政政策的执行力度与精准度。积极财政政策的执行力度足够大,并且首先用于提高社会福利,就能够达到目标。执行力度不够大,或者不能把提高国民福利放在优先地位,则难以实现。

要保证积极财政政策的执行力度足够大,就必须按照切实提高国民社会福利的客观需要,适当确定各个年度扩大财政赤字的额度与相应的财政赤字率水平,而不能主观地预设财政赤字率上限。这中间包含两个必须牢牢把握的要点:一是要瞄准发达国家 2006 年时的国民福利平均水平,找准差距,逐年缩小,确保兑现。二是要在落实上述措施的过程中,财政该出多少钱就出多少钱,为此需要发行多少公债就发多少债,绝不为惜钱怕债打折扣。

切实把握上述两个要点并非易事。实际上,对于发达国家运用积极财政政策提高国民福利的做法,外国经济理论界多有异议,其中不少人把各国财政负债率升高情况看得相当严重,时时为这些国家的高负债率担忧,忧心美债危机之后,紧接着又恐惧欧债危机。这种看法传播到我国,使得我国很多人不赞成利用积极财政政策提高国民福利。反映到立法领域,突出案例就是2014 年 8 月人大常务委员会审议通过《预算法》修改案,虽然终于允许地方政府发行地方公债了,但却规定发债筹集的资金只能用于公共资本项目,而不能用于社会保障等经常性项目支出。

2016 年全国人大会议审议政府工作报告和财政预算,批准将财政赤字率提高到 3%,增加 5 600 亿元预算赤字,社会舆论没有表示多少异议,这是一个好迹象。当然也有人发表看法,认为 3% 的赤字率已经达到多数发达国家控制财政赤字的"天花板",为避免财政债务风险,今后不要再提高了。但"两会"上的主流声音则是认为我国财政负债率还有一定幅度的上升空间,譬如楼继伟在 3 月 7 日记者招待会上就明确表示:赤字率可以适当提高,这方面我们还有一定的空间。在未来几年中,由于去产能、防失业、增救济、求稳定、保和谐,势必对财政资金产生大量需求,相信我国财政部门将会本着实事求是的原则,更加倾向于按需发债,而不是拘泥于赤字率高低。

三、新理念引领新结构新生活

关于发债弥补财政赤字的问题,今后有可能聚焦到对"按需发债"中"需"的具体界定。楼继伟在上述记者招待会上说:我们是保持着"黄金原则",就是债务用于资产,我们留下了很多优良的资产,这是我们心里有点底的地方，没有用于"吃饭"。按当时的语境，楼继伟所说的"吃饭"，显然是指财政饭，本意是讲发债不能用于增加行政支出，这是很对的。但他同时强调的"债务用于资产"原则，则未必适用于社会经济发展新阶段，难以满足提高社会福利对财政资金带来的大量需求。其实，在这样的阶段上，行政性"吃饭"支出无疑需要设法压减，但救济失业与贫困人口的人道性"吃饭"支出，则应当依据实际需要，适当增加，如有必要还应在一段时间内大幅度增加。

在新的发展阶段上，出于加强社会保障的客观需要，不再坚持"债务用于资产"的公债使用原则，必须对公债的发行与资金运用树立起新的理念：公债为公，先保民生。其实，离开人，任何资产都是虚的。以民为本，把民生放到第一位，增发公债的最大着眼点，不是增加国有资产，而是重在提高国民的素质与福祉，改善国土环境。只要敞开胸怀、放开眼界看问题，就不难明白，高素质的人和良好的生态环境才是最宝贵的资产，会从根本上决定国家与民族的未来。

对公债树立起上述新理念，首先在教育、医疗、住房、失业救济、养老保障、环境保护与治理等方面，加大积极财政政策的执行力度，按"以人为本"的标准衡量，有支付能力的需求结构自然就会逐步优化，进而从供给侧优化产业结构。采取这样的政策，比促进国民经济形成新结构更有实际意义的，是使全体国民进入新的生活状态，让弱势群体和贫困地区的人们也能够自豪地对发达国家居民说：我们的生活，不比你们差。

（原载《中国投资》2016 年第 2 期）

第10章　构建清廉政府

导读：初步探讨

笔者长期研究宏观经济与投融资理论政策问题，2014年之前未曾谈过政治。近几年发现，科技文教、环境卫生、社保制度与国民经济发展等，其实都离不开政治，因而不知不觉间有所涉及。选入本章的4篇文章，侧重从政府行为角度，探讨清廉政府对社会经济发展的影响。

在本章的4篇文章中，写作时间最早的是《京津冀一体化下中央行政区迁址问题探讨》。从标题看，直接讨论的仅为中央行政区迁址问题，往深处想也在一定程度上涉及政府清廉。这是因为中央行政区迁出繁华的北京主城区，需要树立"便民"的指导思想，为了缓解交通拥堵，减轻空气污染，政府宁肯自己搬迁，能够体现出更高层面的精神清廉。此外，中央行政区迁离千年皇家宝地，还需要提升政治民主观念，具有脱俗品格与创新魄力。

上文的姐妹篇《京津冀一体化下河北土地利用战略思考》，虽然主要讨论河北省土地利用的经济问题，但也从一个侧面涉及政府清廉。这个侧面就是各级政府究竟追求什么，究竟为了谁？进一步说，这个问题还牵涉政府是否具有远见，制定的土地利用规划是否能够体现国家和本区域居民的长远利益。这是将此文编入本章，而没有放在第3章"创新土地制度"或者第6章"优化城市布局"中的主要原因。

排在最前面的《"十三五"：改革构建清廉政府》一文是本章核心，对我国的政治体制改革主要表达了以下观点。其一，从人大与政协"两会"改起，可以事半功倍。其二，改革"两会"的治本药方是精简代表与委员人数，但要脱产专职付酬，以便有充分的时间征询民意提议案。其三，地方"两会"改革的关键环节，是代表委员竞选，向选民讲清自己的政策主张。

本章也是本书的最后一篇文章《"十三五"：深谋高筑中亚地标》，写作意图是想通过设立并且大力建设级别可比深圳的伊宁特区，在增强西北各民族团结、稳定西部边疆的同时，更加密切我国与中亚国家之间的睦邻友好关系。笔者相信，凭借伊宁的区位与生态环境、历史文化优势，如能高瞻远瞩地编制宏伟规划，精心进行设计与施工，一定可以达到上述目的。

10.1　"十三五"：改革构建清廉政府

目前举国上下，比根治雾霾更热切企盼的，是转变社会风气，治理道德污染，严惩官员贪腐，深化体制改革，构建清廉政府。改革构建清廉政府，相对于转变全社会的风气，属于以点带面，可以收到事半功倍的效果；与严惩贪腐官员相比，实为由表及里，能够获得治本去根的疗效。因此，为了加快走向福利社会，制定"十三五"规划，需要把构建清廉政府，摆上不低于建设生态国家的重要地位。

一、政府是否清廉关键在体制

纵观古今中外，彻底清廉、无一贪官的政府很少见，但政府确实有较清廉与不清廉之分。观察两类政府的形成原因，国民观念与政治体制是其中最主要的两大影响因素。如果在国民的观念中，既畏惧又崇拜官员和权力，不珍重、不伸张自身的权利，因而办事喜欢托人求情，挖门子找官员帮忙，那么，即使政治体制再好，贪官污吏也不会少。贪官逐渐多起来，以致成帮结伙，原本多么好的体制，也将慢慢变坏，以适应贪官的繁殖。

但话还得说回来，按照"存在决定意识"的历史唯物主义观点进行分析，我国民众喜欢求官办事的社会风气，并非天生地长，更不是内心所愿。千百年来，我国严酷的社会现实是：不求官，难办事。正是这种社会现实，产生了上述的国民意识，形成了如今的社会风气，为滋生贪腐提供了肥沃的土壤。官员的贪腐行为作为一种社会存在，毒害了国民意识；不良的国民意识反过来又加剧了官员腐败。由此形成一个自我强化、令人头痛的怪圈。

如何走出这个怪圈？只能在深查严惩贪官污吏、苦药治表的同时，深化政治体制改革，精心固本。通过近两年的严厉打虎拍蝇，已经对官员贪腐形成了强烈震慑，在短时间内给民众带来了巨大希望。此种态势持续下去，作为一种新的社会存在，必能培育出新的国民意识，逐渐形成新的社会风气。乘势在此基础上进一步治本，通过改革构建出官员缺少贪腐机会与渠道的政治体制，新的国民意识和社会风气就将得到强化，由此打破旧的恶性循环，进入新的良性循环。

新一届中央领导班子严打贪官，果断反腐，给中华民族带来千载难逢的新机遇。能否在此基础上由表及里建立起优良体制，关键就在今后十年。其中关键的关键是前五年。"十三五"的体制改革规划，重点突出，积极稳健，后五年的阻力就小，十年可望见到大成效。否则，就可能遇到曲折，甚至出现反复，以致错过良机。因此，制定"十三五"规划，务必要把政治体制改革，摆上优先地位，作出精心安排。

二、政治体制改革重点在"两会"

解决任何问题，都必须抓住重点；抓住重点，事半功倍。规划推进我国的政治体制改革，重点应当放在哪里呢？笔者认为，应当把改革的重点放在"两会"，首先从人大与政协的改革入手。抓住这个重点，政治体制改革就能够绕开各种险滩，由难变易，势如破竹，易见成效。不从这个重点入手，我国的政治体制改革，就是一件极其艰难的事情，要走曲折而漫长的道路，甚至存在引发社会动荡的风险。

人大与政协都是立法与监督机构，应当在加强立法和监督方面，发挥主导作用。举世皆知，目前我国最紧迫的事情是加强法治。加强法治的最基本环节就是要加强立法、执法及执法监督，其中立法最为根本。长期以来，我国的很多法律法规议案，都不是由人大代表或政协委员提出的，而是由政府主管部门草拟，提交人大表决通过。这就不可避免地会使我国立法较多反映部门利益和官员需求，为官员腐败提供便利渠道。正因为如此，"两会"未能很好履行立法职能，被人们戏称为"橡皮图章"。这是造成我国法治薄弱的一个非常重要的原因，不解决这个问题，法治难以健全，即使把更多财力用于维稳，国家也难以长治久安。

对症下药，积极推进"两会"改革，大力支持"两会"的日常运作，使"两会"有条件、有能力更好地履行立法职能与监督职责，彻底改变从部门利益出发草拟法案的不良做法，使法律法规更多体现民众利益，就可以大幅度减少社会矛盾冲突，收到更大的维稳效果。进一步说，把政府主管部门目前担负的草拟议案工作绝大部分都转移给人大代表与政协委员，不仅能够避免立法的部门利益化，而且还可简化政府部门的内部机构设置，减少公务员人数，大幅度节约行政经费，为构建清廉政府提供更好的客观环境。

进一步说，如果"两会"改革的方向正确，措施得当，必能极大提高广大人民群众的参政议政热情，迅速提升国民的政治素质与议政水平，进而形成以讨论说理的方式、少数服从多数的原则心平气和解决公共事务争议问题的社会风气。在这样的国民素质和社会风气下，社会易于趋向稳定。稳定的社会秩序，政治素质较高的国民，反过来又为"两会"的改革提供坚实的社会基础与良好氛围。由此形成良性循环，适合我国国情的良好政治制度，就有望在不太长的时间内建立起来。

三、"两会"改革治本药方在脱产

任何改革要以较小的代价取得较大的成效，都必须抓住主要矛盾，解决现实存在的最迫切问题。只有这样，才能牵一发而动全身，收到事半功倍的效果。

切实解决现实问题，"两会"体制改革需要首先从人大代表和政协委员脱产付酬做起。只有这样，"两会"才能切实担负起立法与监督职责，为实现法治社会提供最基本的制度保障。从财政支出角度说，给人大代表和政协委员支付职务薪金，拨付聘用秘书和调研活动经费，没有太大困难，不构成真实障碍。其实，由此而精简下来的政府主管部门公务员人数，就可能超过脱产的"两会"代表委员人数。

当然，这要求"两会"的代表与委员总人数也必须适当精简。譬如，以省区市为单位分配名额，每100万人给1名代表，每6万平方公里辖区面积加1名代表估算，全国约需要1 500名人大代表。再加上各省区市选派7名、合计200多名的全国政协委员，中央级"两会"总计不到1 800名代表和委员，比现有人数减少很多，财政负担不重。退一步说，即使为此需要适当增加一些财政支出，只要法制健全了，立法的效率和公正性都提高了，让良法给人民带来更大福祉，使官员贪腐从制度上受到严格监督和强有力的抑制，大幅度减少贪腐损失，显然也是值得的。

四、地方"两会"改革亮点在竞选

如果"两会"代表与委员是脱产、专职、付酬的，并且配有秘书和接待来访者的办公室，还要拨付调研经费，那就绝不允许滥竽充数，必须要求他们确有立法才干和高度的责任心，同时还要善于联系选民，勤于倾听各界民众的意见，真正能够担负起立法与监督的职责。怎样才能发现符合上述条件的人士？最有效的办法，就是竞选。竞选的第一关，是让有志于此的人士自己站出来竞选，如果连这点意愿和勇气都没有，显然不可能做好立法与监督工作。

这种由本人站出来参加竞选的程序，特别重要，很有实效，有明显劣迹的人，没有公共业绩可言的人，脱离群众的人，一般都不敢站出来献丑。至于站出来竞选的人士中，谁的能力更强，谁更可信，选民投票是个较好的选择程序。虽然多数人的选择有时也可能出错，但从长期看，多数人总比少数人选择错误的概率小一些。这样的竞选活动，必然迅速提高我国人民的政治觉悟和全民素质，显著提升人民群众的政治鉴别能力和政策评价水平。

由于我们民族以谦虚为美德，自古缺少竞选经验，"两会"代表和委员的竞选工作，需要从基层稳步做起，逐步积累经验。作为第一步，可以考虑用两年多时间进行认真准备，争取于"十三五"规划期间，从 2017 年夏秋开始，在全国开展区县人大代表和政协委员的竞选工作。取得经验后，争取于"十四五"规划期间，从 2022 年夏秋季开始，在全国开展地级市"两会"代表委员的竞选工作。进一步取得经验后，可望于"十五五"规划期间，从 2027 年秋季开始，在全国开展省自治区直辖市"两会"代表委员的竞选。

在此基础上，全国"两会"的代表和委员较易产生，短时期内未必需要进行直接竞选。这是因为各省自治区直辖市的"两会"代表和委员都是在市县选区通过竞选程序选举出来的，具有较好的群众基础，当他们经过一届任期，已经有了履行立法与监督职责的实际表现，就可以考虑以他们为候选人，经由省级"两会"的内部选举，产生全国"两会"的代表和委员。全国"两会"代表和委员要争取连任，或者改换代表与委员职位，都可以回到本省级"两会"去参选。

五、清廉政府构建捷径在精简

通过上述改革，使"两会"全部由脱产的代表与委员组成，专职履行立法与监督职能，法治得到显著增强，政府行政部门就有更好的条件大胆简政放权，更多减少行政审批，更大幅度地精简（减）机构和人员，首先在机构设施和人员数量方面，显示出清廉政府的组织框架。

行政审批事项减少了，官员利用职权寻租的机会自然随之减少。各级政府的机构和人员精简（减）了，能够节省大量的行政经费，除了从中拿出一部分用于支持"两会"改革，为"两会"代表和委员付酬外，更多的可以用来给公务员提高工资待遇，实行高薪养廉。这样就为清廉政府的构建提供了财力保障。

简政放权，精简（减）政府机构和人员，对于构建清廉政府来说，其作用远远不限于物质方面的节约各级政府的行政经费支出，可以提高公务员工资待遇等，最主要的是精神方面的，能够凸显出公务员岗位的稀缺性和荣誉感，使政府官员的工作紧张而又富有社会意义，从而显著提升他们的人生价值。这就有可能使政府官员逐渐增强自尊心和自豪感，在精神上更多追求作出有益于人民的政绩，而不是去追求金钱和不正当来路的物质享受。综合上述分析，我们有理由相信，精简（减）机构和人员，无疑是构建清廉政府的一条捷径。

（原载《中国投资》2015年第5期）

10.2　京津冀一体化下中央行政区选址问题探讨——在"2014京津冀区域经济发展论坛"上的发言

新中国成立以前，中央政府曾经考虑在京西三里河建设相对集中的中央行政办公区。现在的财政部、国家发展改革委与兵器工业集团公司等大屋顶式办公楼，实际上都属于规划中新办公区的一部分。但非常可惜，该建设规划因故中断，结果一延数十年，国家部委散布全城，至今缺少集中便利的中央行政办公区。如今的京津冀一体化，为解决这个历史遗留问题，提供了宝贵的契机，有可能在更加广阔的空间内选址建设新的中央行政区。

一、择址集中建设中央行政区的七个理由

世界上的很多困局都可以通过转变思路走出。红军转战至湖南通道，如果不转变思路，西入贵州，而是坚持北上湘西，危局必成死局。眼下时常雾霾笼罩、车辆拥堵的首都北京，如果不转变思路，人居环境和办公环境都难以从根本上改善。实事求是，摆脱惯性思维，敞开心扉，以利市民、利京官、利办事各地、利驻华使节的四利理念，从战略层面进行思考，不难看出择址建设中央行政新区的多种理由。

第一，择址集中建设中央行政办公区，是迁址不是迁都。北京作为我国的首都，即政治与文化中心，绝对不宜变更。在保持首都北京政治文化中心地位不变的大前提下，为了改善中央办公环境，有利于市民，中央行政办公区完全可以择址新建。在京津冀一体化的新概念下，于京畿之内选择任何地块建设新的中央行政区，都不属于传统意义上的迁都。换言之，以北京为依托，即使在河北某处借地新建中央集中办公区，也可以说是一片属于首都北京的中央行政特区。

第二，高铁支持中央行政区迁址而不迁都。如果仅有京津冀一体化的新概念，而没有高铁"缩地"的硬件支持，从北京核心城区到中央行政特区需要较长时间，那么，距离感还是会给人带来迁都感。有了高铁支撑，情况则大不相同。按照北京人的交通时间观念，只要路上时间不超过 1 小时，人们就会觉得没有离开北京，似乎还在五环以内。

第三，减少流动人口，缓解交通堵塞。扬汤止沸，不如釜底抽薪。中央党政军机关散布于北京城区之内，各地来京办事的人员与车辆，川流不息，无疑是加剧北京交通紧张的一个重要因素。中央行政区离开喧嚣的北京核心城区，迁往百公里之外的某一新址，对于缓解北京的交通堵塞问题，显然是釜底抽薪的有益举措。

第四，有助于改善北京空气质量，施惠市民。中央行政机构搬离时常被雾霾笼罩的北京城区，通过降低首都核心区域的人口密度，相应扩大公园与绿地面积，减少往来车辆，无疑会在一定程度上改善市区空气质量，有益于市民身体健康。

第五，改善国家机关办公条件，提高中央政府办事效率。选择有山有水、负离子多、人口稀少的地方集中建设新的中央行政特区，可以显著改善国家机关的办公条件，提高中央政府的办事效率，同时便于地方党政人员到中央请示汇报工作，外国驻华使馆也能从中受益。

第六，行政功能突出，工作生活设施一流。由于有首都北京为依托，在新建的中央行政区内，不仅无须发展产业，而且不必单设高等院校与大型医院等文教卫生机构。如有需要，相关的顶级专家都可从北京很快赶到。但新区内的街道车站、行政大楼、公寓住宅、中小医院、幼儿园、中小学、图书馆、体育馆、公园广场和购物超市等工作生活设施，则应当建成世界一流。

第七，凭借后发优势，可以领先全球。一张白纸，好画最新最美的画图。刚刚开始探讨，理应后来居上。只要选址得当，理念先进，再加博采众长、精心设计，我国新的中央行政区，一定会超越美国的华盛顿特区，建设成为全世界最亮丽、最便利的大国行政中心。

万事皆有利与弊，中央机关与国家部委集中迁往新址，对北京市难免产生一些不利影响。但各种可能的不利因素都加起来，也很难超过上述七项好处。因而总的来说，以首都北京为依托，选择适当地址，集中建设新的中央行政区，利大于弊，值得进一步探讨。

二、中央行政新区选址的六个条件

第一，中央行政区距离首都北京核心城区的距离，宜在 100～300 公里，高铁运行 20～60 分钟。这样就可避害趋利，既远离闹市喧嚣，又充分利用北京城区的各种资源。

第二，中央行政区选址的大致方向，宜在北京城区西南，太行山东麓。比起北京城区，在遇到战争时，这样的方位，易于进退，便于转移周旋，保证首脑机关安全。

第三，中央行政区选址的可征地面积，宜在 40～60 平方公里，以便远期最多能够容纳 30 万～40 万人口。

第四，中央行政区选址的地形地貌，必须有山有水，有起伏的丘陵，有丛林果树，但不要有大面积的平坦耕地。这样就可避免毁坏宝贵的良田，尽量利用不宜耕土地，同时又可借用自然景观，易于筑造人工园林与防空设施。

第五，中央行政区选址的现有居民应当较少，新区建设完全可以吸纳他们，不必考虑向外地移民的问题。

第六，中央行政区选址的现有交通条件可以相当落后，新区建设完全能够在空地上打造出世界上最先进、最完善、最便捷的立体交通体系。

三、对中央行政区建设格局的五点构想

第一，中央各部门办公楼及国家元首官邸，应当分布于中央行政广场周边，便于彼此联络。为此，中央行政广场需要足够大，足够漂亮。各部门办公楼的楼顶，坚固平坦，能够起降直升机。

第二，中央行政广场的地下，应当建有多层宽敞的轨道交通枢纽，既有自由上升到广场四周地面的步梯与直梯，又有安装着传输带的设卡通道，通向各部门办公楼与行政公寓区。广场地上的椭圆形中心，应当平坦空荡，便于起降直升机。广场周围环绕宽阔的机动车道，连通各部门办公楼的地下停车场。

第三，从外侧环绕中央各部门办公楼的部门首长官邸和行政公寓，形成环形高档廉租行政公寓区。在公寓区与办公区组成的整个环状生活工作区地面上，没有机动车道，只有步行小路，树荫如盖，鸟语花香。在生活工作区的地下，建有多层停车场和宽阔的机动车道，直通从外侧环绕行政公寓区的一环内外辅路。

第四，在一环与二环之间，建设商品房及幼儿园、中小学、图书馆、体育馆、公园、医院、餐馆、酒店、理发店、菜市场、购物超市等公共与商业服务设施。二环之外，可以适当发展物流、娱乐、休闲、观光果园和采摘农场等产业，严禁不必要的产业进入。

第五，按照中央行政区远期发展 40 万人口的城镇规模测算，二环以内的总用地面积应考虑为 50～60 平方公里。其中：中央行政广场大约用地 1 平方公里，行政办公生活区大约用地 19 平方公里，公共与商业服务区大约用地 30～40 平方公里。二环之外的产业区域，不划入中央行政区的建设用地范围。

四、遥想中央行政新区的四首小诗

（一）京与津冀一体化，中央政府迁新家。新家选址看哪里？青天白云太行下。

（二）行政广场立体化，四周环绕部委家。中心停放直升机，高铁站台藏地下。

（三）官员上班步行化，穿过花径即到家。如此中央行政区，便利优雅甲天下。

（四）莫笑此议理想化，缺少理想误国家。为了实现中国梦，历史包袱该放下。

五、建设中央行政新区将产生的三大利好

第一，强劲推动京津冀一体化的发展进程。中央行政新区建在北京核心城区西南百公里之外的地方，会立即坐实京津冀一体化的概念，使全国人民乃至全世界都把整个河北省视为我国的京畿地区。这无疑会极大促进河北省的产业升级，显著加速京津冀一体化的实际发展进程，让我国的第三增长极迅速崛起。

第二，普遍提升全国城市的建设水平。采用现代技术，依据现代理念，新建一片中央行政办公区，形成一座常住人口中等规模的高度现代化新城，这无疑会在市政设施建设方面，为全国城市提供一个可资借鉴的范例。这一示范效应将给我国的新型城镇化注入新的活力，让城市更加宜居，从而普遍提升 21 世纪的城市建设新水平。

第三，必定带来显著的政治利好。远离北京核心城区百公里以上择址集中建设中央行政新区的最大好处，不是经济方面，而在政治领域。从政治角度看，集中的中央行政新区，便于中央机构之间的风气比较，会带来新气象、新作风，有助于简政放权。在中央行政新区内，为使现职官员能够就近居住，保证步行上下班，一环之内的行政公寓，只可租用，不能出售给私人。部委官员调离现职或者退休，都要退出所租公寓，租用新职所在单位的公寓或退居自家房产。这样自然就会增强中央部委官员的公务员意识，显著提高行政效率和透明度。上行下效，如此做法与风气传播到各地，有助于在全国范围

加快实现政治清明。

（发言时间地点：2014 年 6 月 29 日河北定州国际饭店，《中国投资》2014 年第 8 期发表题目修改为《京津冀一体化下中央行政区选址问题战略思考》，文字略有删节）

10.3　京津冀一体化下河北土地利用战略思考

贯彻实施京津冀一体化国家战略，协作三方，各有所求，各有应当作出的特殊贡献。河北的最大优势是土地资源较多，京津发展对河北的最大需求，是借用部分土地，扩大发展空间。提升京津冀一体化的档次，应当优化空间布局，高效利用河北土地。这就需要从国家战略层面进行谋划，科学制定京津冀土地利用整体规划。

一、地扩东南显弊端

只需外出转转，或者打开卫星地图看看，即可一目了然，过去几年北京的快速发展，导致河北廊坊市的三河、大厂、香河、固安及保定市的涿州等位于北京东南方的区县，建设用地猛增。这显示出一种客观趋势，似乎城市周边土地的利用价值高低，同样遵循引力大小与距离平方成反比的物理定律。

这种客观的用地扩展趋势有利也有弊。其利在于必须延伸的交通半径较短，土地开发与建设成本低，见效快，参与各方的收益很高。在眼前利益驱动下，相关各方里应外合，千方百计采取积极行动，致使建设用地呈现圆饼状迅速向北京东南方向扩展。这种态势存在不容忽视的弊端，而且随着时间推移，其中弊端将变得越来越明显。

深入观察，北京周边建设用地呈现圆饼状向河北扩展，日益凸显以下三大弊端。一是大片占用河北地势平坦的宝贵良田。二是过大的圆饼状都市圈，容易加重首都的空气污染与交通堵塞。三是圆饼状扩大北京都市圈，不易发挥对河北经济落后市县的带动促进作用。为克服上述弊端，扭转不良发展势头，需要抑制短期利益驱动，瞩目长远，充分发挥国土规划的指导作用，进行强有力的高层干预。

二、改向太行利有三

有一途径可以避免上述弊端。这就是通过科学而又严格的土地利用规划，强力改变北京发展对河北建设用地的开发利用战略方向，由目前良田成片的廊坊与涿州，转向京昆高速西侧，北起北京西南，南向石家庄西北的太行山东麓弯月形长条地带。毫无疑问，实施这一方案需要巨大的前期投入，并触动廊坊涿州良田征地卖地者的眼前利益。但瞩目长远，不难看到，与巨额金钱投入及少数人眼前利益相对应的，是优化空间、改善山河的全民永恒高额回报。具体地说，上述河北建设用地的方向转变，有三大显著好处。

（一）既满足建设用地需求又保护良田

严格保护良田与满足建设用地需求，二者之间没有根本冲突，完全可以同时兼顾。这是因为高产良田原本稀缺，在有限的良田之外，存在大量的不宜耕土地，可根据地尽其用的原则，用于各类建设。只是利用不宜耕土地可能遇到距离城区较远、交通不便和前期开发费用较大之类的困难。在粮食的生产与供应尚可的情况下，为了避开上述困难，在过去的一段时间里，各级政府没有下定严格保护良田的决心，致使城市周边的一些良田被用于建设了。

但随着城镇人口的增加与饮食结构的变化，我国的人均粮食消费趋于上升，不仅作为油料的大豆早已主要依赖进口，小麦、水稻和玉米三大主粮的进口数量近年也在持续猛增。为将 13 亿人口的饭碗端在自己手里，良田已经成为我国最稀缺、最宝贵的战略资源。在这样的新形势下，必须将严格保护良田确定为不可动摇的重大国策。为贯彻这样的国策，无论需要多少前期开发投入，也要破除万难，尽可能利用不宜耕土地来满足必要的建设需求。

（二）有力带动河北落后地区社会经济发展

上述的太行山东麓弯月形长条地带，大部分位于河北保定市西部，小部分位于石家庄市西北部，经济发展落后，人均收入低。2012 年保定市农村居民人均纯收入 7 096 元，显著低于近邻廊坊市 10 447 元的农村居民人均纯收入，其中一个重要原因，就是受其西部农村经济发展水平低下的拖累。其中唐县的农民人均纯收入 3 698 元，全省倒排第 5；曲阳县 3 308 元，倒排第 4；

阜平县 3 262 元, 倒排第 2; 涞源县 3 079 元, 倒排第 1①。

将大量新增建设用地转向上述地带, 辐射作用大, 不仅能够促进那里的社会经济发展, 迅速提升档次, 而且还将带动衡水、邢台甚至山西忻州东部五台山地区的发展, 显著提升京津冀一体化的整体水平。衡量京津冀一体化的整体水平高低最值得关注的指标, 就是一体化区域内按五等份分组的 20% 低收入户人均收入水平, 尤其是其中农村居民低收入户的收入水平。只有这一统计指标得到显著提升, 才能有力说明区域一体化见到实效。

（三）极大改善北京都市圈的生态与交通环境

把北京发展所需的建设用地, 由目前的呈圆饼状向东南扩展, 改为向西南方向长条形延伸, 相当于给北京都市圈配上一条崭新的长飘带, 不仅能够有力带动河北落后地区, 显著提升京津冀一体化整体水平, 对北京都市圈的生态与交通环境改善, 也会发挥积极作用。这条弯月形长飘带, 吸纳大量城市人口, 却不加重都市圈内的空气污染和供气供热需求, 分担城市功能, 却不增加都市圈内的交通压力与供排水需求。

三、中央牵头需要水路先行

实现河北土地利用的上述战略方向转变, 需要中央政府积极牵头, 不仅要坚持地尽其用的原则, 严格保护良田, 主导京津冀土地利用整体规划的制定, 还需要直接采取行动, 在上述弯月形长条地带选址集中建设中央行政区。制定实施这样大的战略规划, 需要在供水与交通设施建设方面, 谋划在前, 先行一步。

（一）在规划地带选址建设中央行政区

关于在太行山东麓弯月形长条地带择址建设中央行政区的具体设想与建议, 详见本文的姐妹篇《京津冀一体化下中央行政区选址问题战略思考》一文 (《中国投资》2014 年第 8 期)。如果中央政府果真下决心在太行山东麓单独辟地, 精心设计, 建设超过美国华盛顿特区的全世界最便利最亮丽的大国行政中心, 那就肯定能够产生极强的引领作用, 不用经过太长时间, 便可于西南方向给北京都市圈配上一条充满活力的崭新长飘带。

---

① 数据来源:《河北经济年鉴 2013》。

（二）开发太行山东麓新区需要首先考虑用水问题

水资源短缺是制约华北地区发展的最大瓶颈。将河北对北京的建设用地供应由东南廊坊转向西南太行山东麓，对水资源的需求总量影响不大，但却要求改变供水渠道与新建自来水厂的厂址。为了保证包括未来中央行政区在内的新开发区用水，应当从原计划调给北京的南水北调水量中拿出一部分转给太行山东麓新区使用。为此需要提前勘测设计引水线路和自来水厂选址，并且进一步优化太行山东麓的水库与水渠等水利工程建设规划，让山洪变害为宝。

（三）开发太行山东麓新区需要交通建设先行

新区的交通必须十分便利，否则没有人愿意去。由于已经有了京昆高速，要使位于其西侧的太行山东麓长条形新区道路通畅，便不是很难的事情了。只要再加几百公里高速公路和高铁或者快速城际铁路，就能够解决问题。这无疑需要提前规划，并且一定要坚持高标准，打造全球一流的交通体系。

四、比较得失心高才能眼明

既需引水，又要修路，只为保护良田，带动落后地区，就费大力气，花很多的钱来开发太行山东麓半山区，真的值得吗？基于不同的价值标准，会有不同的答案。站在全民高度，放开眼界，瞩目未来，就不难得出结论：值！具体理由如下。

（一）开发建设太行山东麓新区投入的主要是劳动

花很多的钱，费很大的力，说到底，投入的主要是劳动。所有这些劳动都要由相关的脑力与体力劳动者们提供。如果不付出这些劳动，相关劳动者也未必会因此而多活几年。付出这些劳动，或许会由于收入增加、生活改善而延长寿命。由此看来，为开发太行山东麓新区而修渠筑路，付出劳动，算不上大的损失。

在此过程中，需要深一层剖析的问题可能是货币供应量与社会信用规模扩大的效应。即公路、铁路与水利等工程的承建者们，赚到了不少钱，扩大了社会信用规模，对国民而言，算不算一种损失？改革开放前，工人工资少，农民粮价低，人们手中的钱不多，社会信用规模小，并不好。因此，这方面是不是构成损失，也是很难定论的。

（二）改造山河保护良田是看得见的永恒收获

与真正损失什么的问题不同，开发建设太行山东麓新区的收获，是有形的、非常明显的。这就是保护良田，改造山河，优化空间布局，提升京津冀一体化的档次，带动河北落后地区，给人民带来实惠。山河改造、良田保护与空间优化，是实实在在的永恒收获。

以说不准的损失换取不容置疑的收获，利弊得失，显而易见。

（原载《中国投资》2014 年第 9 期）

10.4　"十三五"：深谋高筑中亚地标

2013 年 9 月 7 日，国家主席习近平在哈萨克斯坦大学演讲时，首次提出共建"丝绸之路经济带"的设想和倡议，其后迅速扩展为"一带一路"全球发展战略，得到国内外广泛响应。在习近平总书记上述战略构想提出两周年之际，谨以此文深情纪念，希望能够将中亚新地标的精心设计与大规模建设，纳入我国"十三五"规划，以非凡的魄力，大力促进中亚崛起。

一、中亚崛起是"一带一路"战略首要目标

中亚的地理范围有宽窄两种定义。本文所说的中亚，按照联合国教科文组织的宽泛定义，是指西起里海与乌拉尔河东岸，东抵大兴安岭西麓，南自喜马拉雅山脉北侧，北至西伯利亚南缘的亚洲中部广大地域。从我国的视角看，这样的中亚地理范围，包括国外与国内两大区域。国外区域主要包括土库曼斯坦、乌兹别克斯坦、塔吉克斯坦、吉尔吉斯斯坦、哈萨克斯坦与蒙古 6 个国家（以下简称中亚 6 国家），国内区域主要包括西藏、新疆、青海、甘肃、宁夏与内蒙古 6 个省区（以下简称 6 省区）。

中亚 6 国家的总面积约 556 万平方公里，总人口约为 6 800 万人，平均人口密度约为每平方公里 12 人。我国 6 省区的总面积约为 508 万平方公里，总人口接近 9 000 万人，平均人口密度约为每平方公里 18 人。显而易见，这两大区域的面积较为接近，人口数量和密度相差不太多，大体可以说各占一半。两区域合计，上述中亚地域的总面积约为 1 064 万平方公里，总人口约为

1.58 亿人，平均人口密度约为每平方公里 15 人。

过去两千多年来，由于特定的地理位置，生活在中亚地区的各民族，对于沟通欧亚大陆东西两边遥远国度之间的经济与文化交流，发挥了无法替代的巨大作用，作出了不可磨灭的历史贡献。但受内陆交通不便、气候寒冷干旱和频繁遭遇战乱等不利条件的制约，中亚地区的社会经济发展长期滞后，人民的物质文化生活水平远远赶不上欧亚大陆东西南临近海洋的繁华地带。显然，没有中亚的崛起，就没有整个欧亚大陆的共同富裕，亚洲就无法改变明显落后于欧洲、美洲和大洋洲的不良局面。

值得庆幸的是，一方面交通、通信、能源、建筑等众多领域的科学技术进步为克服交通不便、弥补气候缺欠提供了现代化手段，另一方面和平发展的世界潮流，给长期避免战争和动乱带来了现实可能。两方面紧密结合，为中亚崛起提供了必要的条件。事实上，从 20 世纪 90 年代起，随着中亚五国独立，我国实施西部大开发战略，中亚崛起的实际进程就开始逐步加快，经过 20 多年的持续发展，已经取得一定成效。

作为"一带一路"战略先导的"丝绸之路经济带"概念，首先在习近平访问哈萨克斯坦时提出，不是偶然的，而是在适当时间和适当地点，适当地表达了中亚崛起的紧迫需求。在中亚 6 国家中，哈萨克斯坦的领土面积最大，为 271.73 万平方公里，占中亚 6 国国土总面积的比例接近一半，而且地处要冲，居于欧亚大陆中心，无疑是整个中亚国外区域的典型代表。在哈萨克斯坦首倡共建"丝绸之路经济带"，充分体现出促进中亚崛起是实施"一带一路"全球战略的首要目标。

二、中亚崛起需要增添新地标

知名城市都有自己的地标性建筑，繁华地区也有自己的地标性城市。地标性建筑与城市能够给人留下深刻的印象，产生强烈的吸引力和辐射力。扩而大之，一个大国或者更为广大的地域，仅有一两个地标性城市是不够的。随着经济发展水平提高和文化更加繁荣，一定区域之内的地标性城市会相应增多。反过来，地标性城市增多，又会有力推动所在地域的社会经济发展。改革开放以来我国东部地区深圳与上海浦东的迅速崛起和地标性作用能够充分证明这一观点。

纵观目前整个中亚地域，新起的地标性城市不够突出。仅就其国内区域而言，自实行西部大开发战略以来，主要是呼和浩特、银川、兰州、西宁、乌鲁木齐和拉萨等省区首府城市变化较大，较为稳定地表现出凝聚力，人口都有不同程度的增加。一些新兴城市，如内蒙古鄂尔多斯等，未能如深圳与浦东那样，对所在地区的发展持续发挥强有力的推动作用。

正在崛起的中亚，需要增添一个比国内 6 省区的首府都要亮丽、更具特色、更有辐射力的新地标。这个新地标要充分发挥后期优势，超越上述 6 省区的首府，为整个中亚地域增色，给整个中亚扩大影响，增强自豪感和凝聚力。"一带一路"战略的实施，是千载难逢的好机会，为建设这样的中亚新地标带来了现实可能性。反过来则应当说，下决心建设这样的中亚新地标，是切实贯彻"一带一路"战略，加快中亚崛起，创建千年伟业的不可或缺的重要举措。

三、伊宁具备建设中亚新地标的优越条件

能够发挥上述预期作用的中亚新地标，最理想的选址是我国新疆伊犁地区的伊宁市及其附近的霍城、伊宁县与察布察尔锡伯自治县等所在的伊犁河谷地区（以下简称伊宁）。之所以这样说，是因为伊宁具有下述优越条件。

其一，地理位置居中，自古为欧亚交通要道。从包括国内外两大区域的宽泛的中亚地理范围看，伊宁大致处在较为中间的位置。正因为如此，伊宁自古以来就是联系欧亚大陆东西南北的交通要道，为我国"东联西出"的亚欧大陆桥前沿。这样的地理位置，对于建设中亚新地标，显然是适宜的。

其二，气候宜人，山清水秀，是中亚国内区域一块宝地。伊宁地势东高西低，山脉河流整体朝向亚洲西部的咸海、里海、波斯湾和欧洲东南部的黑海、地中海。那一广阔地带的暖湿气流吹到伊宁后，受高山阻挡，聚成云雨，凝为冰峰。丰沛的雨水使伊宁原披牧草，岭覆青松，薰衣草紫，月季花红，牛羊遍野，骏马奔腾。常言道："不到新疆，不知中国之大，不到伊犁，不知新疆之美"。而伊犁最美丽、最宜居的地方，就在伊宁。伊宁素有"花城"之称，享有"塞外江南"、"西部明珠"美誉，其所在伊犁河谷，被中国国家地理评为"中国十大新天府"。因此，在中亚的我国 6 省区中，伊宁具有建设中亚新地标的最佳气候与景观条件。

其三，民族众多，宗教信仰多元，历史文化底蕴丰厚。伊宁是国家级历史文化名城，为东西方文化交汇地。在西汉以来的两千余年历史长河中，37个民族各显风采，彼此竞赛，相互交融，集草原游牧文化、屯垦戍边文化、民族民俗文化与现代科技文化之大成。从宗教信仰角度看，可以说世界各大宗教应有尽有，伊斯兰教、佛教、基督教都有各自的信众。虎门销烟、决心禁毒的伟大爱国主义者林则徐，在流放伊犁期间，不顾个人身处逆境，积极捐办水利工程，努力推广生产技术，为伊宁发展作出了超越其自身地位的贡献。这种"苟利国家生死以，岂因祸福避趋之"的献身精神，永放光芒，永久地激励着后人。这样的文化底蕴，是把伊宁建成中亚新地标不可或缺的人文要素。

其四，拥有广阔的内地支撑，可依托的国内市场巨大。仅就气候条件而言，中亚的国外区域6国，尤其是狭义的中亚五国，并非没有堪比伊宁的好地方，譬如哈萨克斯坦的阿拉木图。但其中任何地方，都不可能像伊宁，获得地域广大且强有力的内地支持，其都缺少可以依托的巨大国内市场和人力资源。这就是说，相对于中亚的国外区域各地，伊宁拥有得天独厚、无可比拟的特殊优势。

其五，设立多个开发区，得到各级政府的优惠政策支持。目前在本文所指的伊宁地区内，经国务院、新疆和伊犁哈萨克自治州批准，已经设立霍尔果斯经济开发区、伊宁边境经济合作区等多个经济技术开发区，享受三级政府给予的优惠政策。在此基础上进一步整合，瞄准建设中亚新地标的宏伟目标，完全有可能被国家提升为更高等级的特区，获得更加强有力的政策支持。

四、把伊宁建成中亚新地标的总体构想

（一）设立等同深圳的副省级特区

深圳的成功经验，值得伊宁借鉴。为了切实贯彻"一带一路"战略，促进中亚崛起，有必要像当年在东南沿海紧邻香港设立深圳特区那样，在我国西北边陲，紧邻中亚五国，面向整个欧洲，设立伊宁特区。伊宁特区的发展目标明确，就是要建成整个中亚的新地标，人均收入要在我国西部城市中位居第一，旅游人数、旅游业总收入和旅游知名度都要远远超过中亚其他城市。为加快实现这一目标，国家的支持措施需要达到足够大的力度，除了给予优

惠政策外，还应当由中央财政直接拨款，用于大型公益项目建设。

（二）高瞻远瞩编制宏伟规划

与深圳特区前期主要靠政策引导与激励的发展模式不同，伊宁特区从筹建阶段起就要规划设计先行，依据科学规划有序进行大型公益项目建设，通过远景规划鼓励和吸引社会投资。这就需要国家高层高瞻远瞩，直接过问伊宁特区的规划编制工作，要求其必须足够宏伟，能够充分体现出 21 世纪科技快速进步和亚洲振兴的大趋势，可以集中反映中亚地域丰富的历史文化底蕴。这样的伊宁，不仅可以对中亚商贸企业产生很强吸引力，而且能够让全世界各种宗教信仰的人都喜欢来此旅游观光。

可以断言，以此为目标的伊宁特区，其成败的关键就在规划是否宏伟。规划宏伟，观念超前，必定成功；规划保守，魄力偏小，则将失败。世界许多著名城市的建设历史都可证明这一点。我国首都北京之所以能够成为历史名城，首要因素是当初的设计方案宏伟。埃及的亚历山大城，曾经无比辉煌，是因为决定建造这座城市的亚历山大大帝，尽管当年只有 22 岁，却雄才大略，魄力非凡。美国首都华盛顿，至今仍不落后，也是得益于当初富有远见的规划设计。

（三）立足商贸，先上文教

把地处中亚中心位置的伊宁，规划为中亚新地标，其功能定位必须突出两点，一是商贸，二是文教。这就是说，要把新伊宁定位为中亚商贸中心和文教中心。只有立足商贸，才能充分发挥伊宁的地理位置优势，引来众多商贸企业，形成欧亚物流新中心。只有发展文教，聚来人气，才能使国内外商贸企业明显看到伊宁中亚文教中心的发展前景，才能吸引他们积极投资伊宁物流。此外，发展文教还有一大好处，就是可以首先使用中央财政大型公益项目拨款投资，启动快，见效早，事半功倍。如果顺序相反，则将事倍功半。

（四）既建学府，又造神庙

文教内涵丰富。要使伊宁发展成为中亚的文教中心，建设规划重点有二，一是建设学府，二是修建神庙。关于学府的建设，可考虑由中央财政全额预算拨款，高水平建设中亚大学与中亚博物馆。欧亚史学，尤其中亚历史专业，应当成为中亚大学的重点学科。中亚博物馆应当办成中亚文物的收藏、展览与研究中心。关于神庙的修建，其中大型的重点项目，也应当全额由中央财政预算拨款。从中亚地域宗教信仰多元的历史与现实情况出发，世界各大宗教的寺庙与教堂，都需要选择典型，作为重点项目，纳入规划，精心设计，高标准修建。

（五）顶尖建筑，旅游支撑

无论大学、博物馆还是神庙，只要决定建设，就要充分利用后发优势，修建成为当代的顶尖建筑群。这就不仅要求其内部空间必须满足其应有的功能需要，同时还要求外部造型美观，成为世界一流的旅游观光精品。如果不这样来要求，而是为了省钱降低规划设计标准，其结果必然是成本节约不多，价值损失甚大，得不偿失，带来永久的遗憾。采用现代科学技术，精心进行艺术模仿，无论米兰大教堂的外部造型，还是梵蒂冈大教堂的内部雕塑，都不难再现于伊宁。能够超越的，就再上一层楼；无法超越的，不妨照搬照抄。总而言之，就外观和内部装饰来说，只能设计得更好，绝不可逊色。即使其中多数为模仿，但应做到视觉效果不比原创差。

采取这样的规划设计方针，将欧亚大陆上的科隆、米兰、梵蒂冈、伊斯坦布尔、耶路撒冷、麦加、仰光、拉萨、西宁、五台山、嵩山、峨眉山、普陀山、京都等地的著名大教堂、清真寺和寺院，大致按其方位，有序进行排列，仿造于伊宁中心城区西北方向 G3016 国道北侧的山地上，使游客能够对欧亚大陆的著名宗教圣地，一览无余。这样的超大宗教建筑群，有望吸引无数游人，让今日的我国"西部明珠"，一跃成为"中亚明珠"，甚至以"欧亚明珠"大放异彩。为实现这样的目标，现在已经设立的占地 8 平方公里的伊宁市北山坡建材产业园和占地 5.6 平方公里的伊犁新天煤化工循环经济产业园，都需要重新评价其合理性，以免给上述宏伟规划的实施带来障碍。位于该国道南侧，濒临伊犁河谷，占地 37 平方公里的霍尔果斯经济开发区伊宁园区，也应严格控制建设用地，以适应中亚新地标的发展需求。

（六）生态城市，立体交通

现在的伊宁，一片绿色，生态良好。扩建为中亚新地标，建筑物大量增多，固定人口显著增加，旅游人数更是不可胜数，如何保持良好的生态，是需要预先规划好的大问题。解决这个问题的关键有二，一是要做好空间利用规划，二是要设计好交通体系。

规划伊宁空间利用应当遵循的重要原则，是要尽可能少占用伊犁河谷两侧绿地，大力开发利用北部山地，提升文教建筑群的海拔高度，使整个城市形象立体化。设计伊宁交通体系，也要服从上述空间利用原则。在有青山绿水的地方，尤其是河谷两岸，为保持生态，公路都要修得窄，尽可能单行。为满足巨量游人的交通需要，应当更多采用轨道和低空交通。甚至可以考虑禁止私家车进入那拉提草原，促使游人选择轨道交通或者低空飞机。为便于观光，架设于河谷边的轨道，还可考虑适当加高。逶迤的公路，架高了的轨道，和低空飞行器一起组成立体交通体系，有望让新伊宁成为全中国乃至全世界游人的共同乐园。

（原载《中国投资》2015 年第 9 期）

后　记

本书得以问世，首先由衷感谢《中国投资》杂志社张长春社长兼总编辑、肖静秋副社长兼副总编辑、杨海霞原执行主编与张梅主编助理。是他们邀请我做该杂志的学术顾问，并每月都为杂志的"投资论坛"或"方略·实务"专栏撰写"大战略"、"大规划"与"投融资创新"等系列文章。就是说，构成本书主体的多数文章，实际上是在这些朋友们的"逼迫"下写出来的。没有他们的逼迫，就没有本书。

本书能够这么快出版，还要深深感谢中国金融出版社各位领导、第一编辑部黄海清主任和原总编室李柏梅主任。在他们热心推荐和大力支持下，本书才能刚刚完成选编工作即列入出版计划，顺利进入编审程序，使作者如释重负，可以满心愉悦、一身轻松地启程开始为时一个月的澳大利亚自由行。

此次独自一人，游走在异国的广袤土地上，时时处处最温馨的感悟是：本书建议的政策措施，并非空想，此地早已实施；本书追求的愿景，我国已经完全具备客观条件，只待理念转变，因而有望提早实现！

在澳大利亚旅游，不必自带手纸与水杯。街道旁与公园中，相隔不远就会有公厕和饮水喷头，公厕内配有手纸和几秒钟即可干手的暖风机。城市中公园绿地很多，有些还备有野餐桌椅和烧烤设备，供游人自助餐饮。让我触动最深的，是三五成群整天坐卧于公园草地或街角木椅上的土著人。他们不是在乞讨，而是在尽情享受最低社保，却没有引起脚步匆匆上班纳税族的鄙视或不满，默默显示出一种习以为常的和谐。

从1788年押送流刑犯人的"第一舰队"11艘船抵达悉尼植物学湾算起，澳大利亚的开发建设，至今刚刚进入第230个年头。悉尼、墨尔本、布里斯班等城市中的高楼大厦、宽路长桥与坚堤阔港，早已新旧错落、交相辉映了。尤其首都堪培拉，1911年被选做新都时，还只是由沟壑与山峦组成的一片荒原，如今山头矗立高塔，沟壑蓄成平湖，街道宽阔，院落稀疏，绿地连片，独木成林，白鹭鸟盘旋长空，黑天鹅亲近游人。

从 230 年前的千余名流刑犯人登陆垦荒开始起步，到如今也不过两千多万人口。以这么一点儿人力，在这么短的年限内，于如此广阔的国土上建成那么多的港口、道路、机场与桥梁，那么多美观坚固的公共建筑、商厦与民房，还有余力让清洁的饮水喷头遍布大小城镇的街道与广场，每个公交车站都立牌标明各路经停车次的到达时间，使候车者心中有数、不慌不忙。这是哪里来的力量？有谁在帮忙？

思来想去，只有一个答案：流刑犯们带来了故土的理念！

澳大利亚的例子说明，国家发达不发达，决定因素不是人口多少、面积大小、历史长短、外贸环境好坏，甚至与科学技术水平高低，也没有很大关系。决定的因素，是人的理念、民族精神、社会风气，以及由此决定的公共政策。在现代生产力条件下，只要更新理念，下决心立即采取发达的公共政策，不以任何理由推诿拖延，国家很快就会成为全民脱贫的发达国家！

本书各章阐述的正是这样的公共政策。使我国尽快成为发达国家的当务之急，是本书第 2 章讨论的"健全社会保障"。因而此章的导读标题为：现阶段第一要务。社会保障果真健全了，我国与发达国家之间的差距就会明显缩小！

作　者
2017 年 6 月 12 日
拟腹稿于悉尼杰克逊湾